JN207057

取引基本契約書の作成と審査の実務

〔第６版〕

滝川宜信 著

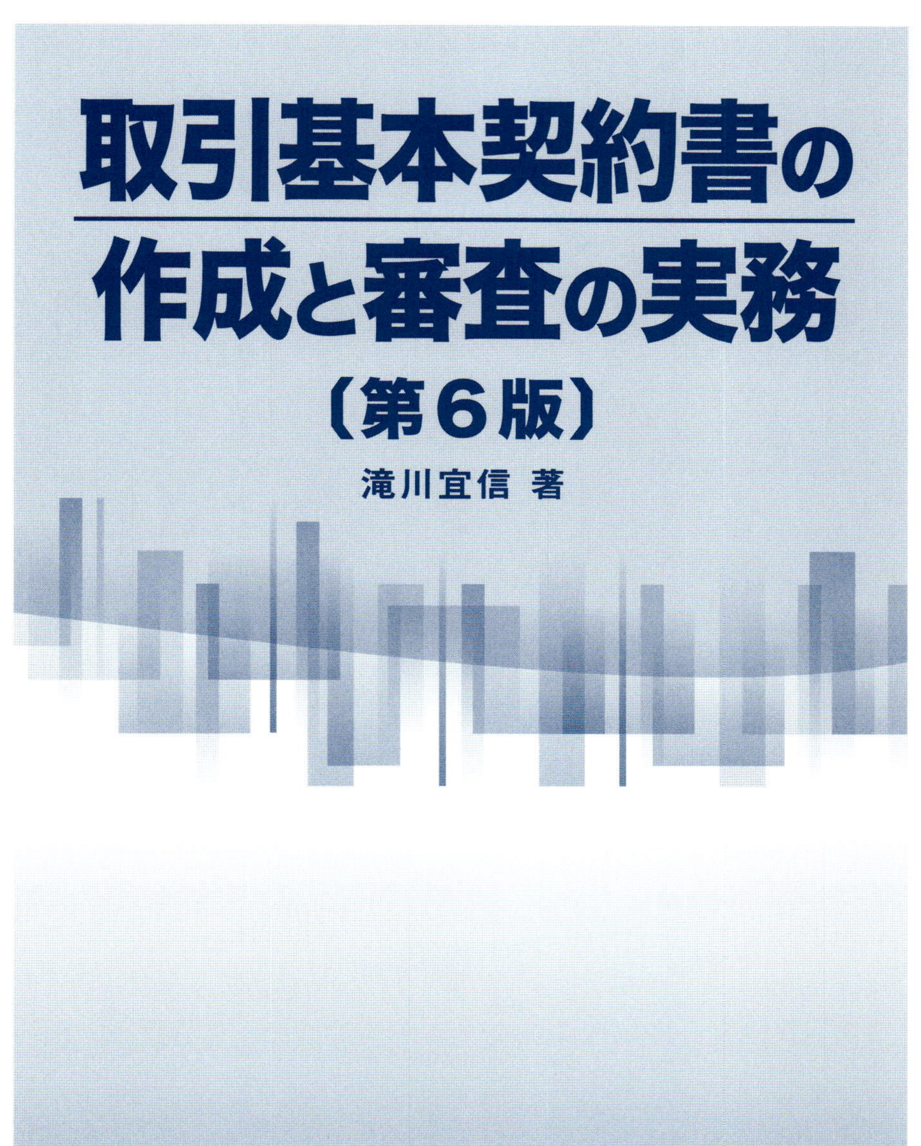

発行 民事法研究会

第６版はしがき

第６版は、民法（債権法）改正に合わせた変更点、最近の契約審査からみた追加点を収録したもので、初版以来の大改訂となります。

本書は、2000年に初版を発行し、すでに19年が経ってしまいました。当初は、メーカーの法務の観点を中心に記述していましたが、この間、著者が、食品商社の顧問のほか、現在の事務所において、商社関係のクライアント等による、売買を主体とする企業を売主とする取引基本契約審査の受託も増加してきているため、第６版では商社・卸・小売業等の観点からの解説も追加しています。また、より実務に耐えうるよう、記載例、検討すべき条文例・変更例も増加させています。

初版時は、㈱デンソー法務部長の傍ら、名古屋大学大学院法学研究科の客員教授として研究室を与えられていたため、定時後、そこで、執筆をしていました。

企業人から転身し大学教授として教えるという著者の望みは、名古屋大学大学院教授の中東正文先生、著者の恩師である中央大学学長の福原紀彦先生および京都大学名誉教授であった故北川善太郎先生をはじめとする多くの先生方のお力添えもあり、叶えることができました。13年間、法科大学院で会社法・商法の教鞭をとったことは、大きな財産となって、企業人とは異なる観点から本改訂版にも影響を与えています。

初版から19年間も継続して、契約書作成・審査の教本として本書を支えてくださる方々を見聞きするにつけ、当時、初版の単著をご快諾いただいた民事法研究会の田口信義社長の慧眼には、今となって感服するとともに敬意を表さずにはいられません。同時に、本書を今までご活用いただいてきた企業法務に携わる方々や弁護士の先生方にもあらためて御礼を申し上げる次第です。引き続き、本書が、企業法務の実務のお力添えになることができれば、望外の喜びです。

初版当時53歳だった著者も、いまや72歳を超え、この第６版の改訂に際しては、四苦八苦の状態で、改訂作業を開始してから１年近くを要してしまいました。

第６版の改訂にあたっては、初版からご指導をいただいている田口信義社長、『M&A・アライアンス契約書の作成と審査の実務』から引き続き編集を担当していただいている松下寿美子氏の両氏には、今回も大変お世話になり、改めて深く感謝申し上げる次第です。

2019年９月

滝　川　宜　信

は し が き

昨年の秋以来、経済界では、日産自動車の取引先選別も含めた再建計画「リバイバル・プラン」が大きな話題となっている。この中で、日産は、1245社ある調達先を2002年までに半減するという方針を打ち出している。日産にとっても、取引している部品・資材メーカーにとっても、両者間で締結した取引基本契約の各条項に従った対応を求められる場面もでてこよう。

メーカーの法務部における取引基本契約書の作成・審査と取引中のトラブルに対し当該契約書の各条項を機能させることは、会社が、円滑な販売・調達活動を行っていくうえでの基本的かつ必要的欠くべからざる業務であると認識されている。

しかし、これまで取引基本契約書を、よく使われるあるいは基本となる条項ごとに解説をしたものは皆無に等しい。

奇しくも、ジュリスト1158号に平井宜雄教授が次のようなことを書かれており、本書で著わそうとしている考え方（ただし、平井教授のお考えとは異なるかも知れないが）と一致していると考えるので、少々長いが引用させていただいた(1)（なお、とくに本書の趣旨と重なる部分については傍線を引いた）。

「……契約実務上重要な問題について、『契約』の規定のみならず民法の規定または体系書すら、ほとんど沈黙していることである。例えば、実務家の指摘によれば(2)、契約実務上重要なのは、締結された契約が①法律的に強制可能であるか否か、②当事者の意図が当該契約に明確に表現されているか否か、③契約違反の場合の効果的な救済手段が用意されているか否か、をチェックすること、の由である。しかし、①および②については、契約法ではなく、民法総則の講義（契約法の講義と無関係に行われるのが一般であろう）において、法律行為の要件およびその解釈に関する箇所で簡単に扱われるにすぎない。とくに②の問題を考えるのに最も重要な、契約の解釈という作業の性質およびその具体的基準についてはほとんどすべての体系書は語らないし、判決例からそれを導き出すことも、後述する理由によって不可能に近い。③については、解除に関する規定を除いて、『契約』に関する具体的規定に即することなく債権総論で扱われるのが常である。こうして、民法の教師は、ここでも現実の契約の世界と全く遊離した問題について教えているのではないか、という不安感に悩むことになるのである」としたうえで、さらに次のように述べておられる。

「『社会学的契約法学』を推進しようとする際の最大の障壁は、一般の契約法の教師が、取引界の実態調査を行ったり、膨大な約款・契約書の類を収集するだけの時間・労力・資金等の『資源』を与えられていないことである。教師の多くが、取引界の現実と遊離した内容を語っているのではないか、という不安感を抱きつつ講義を行っていると推測されるのにもかかわらず、判例学説を素材としてもっぱら民法の規定のみを解説するという伝統的スタイルの契約法の体系書が相も変わらず量産されていることは、これを物語るであろう」。

本書は、こうした一般の契約法の書物では、知識をつけることができない現実の契約条項をもとに解説を加えていこうとするものである。つまり、本書の真のねらいは、民法の契約にかかる解説書ではなく、契約にかかるあらゆる法律の解説書であるという点で、契約実務に寄与するためのものであることをまず強調しておきたい。

その特色として、次の点をあげてよいであろう。

第１に、とりあげている契約が、継続的取引関係の基礎となる契約である「取引基本契約書」である点である。さらに、本書の条項例・ポイント等から取引基本契約以外の各種契約にも十分応用することが可能であるという点である。

第２に、自動車、電気製品、電子部品、コンピュータ、工作機械、光学機器など幅広い業界の各種の取引基本契約書を参考にしているので、それぞれの条項の記載例から、現実の取引や業界の慣行に合ったものをピック・アップすることにより、あらゆる取引に関する基本契約書を作成できるという点である。

第３に、取引先から「取引基本契約書」の締結を求められたら、どの条項をどういう観点から審査すればよいか、その条項をそのまま認めるとしたらどのようなリスクがあるのか、どの部分をどのように変更を申し込むのかが、つぶさにわかるという点である。

第４は、条項そのものの解説のみならず、その基礎となるあるいは周辺の法的問題についても解説を加えているという点である。

そのようなわけで、本書は、取引基本契約の作成・審査や契約履行に関わる問題対応を行ううえで必要な法律情報やその周辺情報を提供するマニュアルと位置づけることもできる。

対象とする読者は、企業法務担当者はもとより、営業や調達部門の契約実務担当者、弁護士、司法書士、契約法を学ぶ学部生や院生なども、その視野においているが、それだけでなく、できるだけ多くの人に読んでいただければ幸いとするところである。

ただ残念なのは、今後の取引基本契約のベースになるであろう企業間の電子商取引契約についても、実務の観点からもっと解説を加えたかったが、時間的および電子商取引契約書がまだ取引基本契約書ほど集積がないなどの制約から、なしえなかったことである。その契約実務についても、今後の研究課題とし、出版を期したいと考えている。

なお、本書で記述した内容のうち意見にわたる部分は、筆者の所属する企業とは関係なく、筆者の個人的見解にすぎないことをあらかじめお断りしておく。

最後に、本書の刊行のために並々ならぬご高配を賜わった㈱民事法研究会代表取締役の田口信義氏に心から御礼を申し上げたい。

2000年７月

名古屋大学大学院法学研究科客員研究室にて

滝　川　宜　信

(1) 平井宜雄「契約法学の再構築(1)―法律家の養成という視角から―」ジュリスト1158号97頁
(2) 柏木昇「契約締結前のプラクティスとしての予防法学(上)」NBL242号37頁以下

凡　例

1 「第２章　取引基本契約書の作成・審査の実務」の利用の仕方

取引基本契約の一般的な条項について基本条文を設定し、各条項について逐条的に解説を試みた。

各条項は次の構成を採っている。

(1) 各条項の見出し

各条項の前に、内容を明らかにする見出しを１、２…の番号を付しゴシックで示した。

(2) 基本条文

基本的なもの、当事者の衡平性が極端に偏らないものを基本条文として掲げた。

ただし、基本条文を推奨するという意味ではない。どのような条文が適切かは、当事者間の具体的な状況や事実からしかいえないものである。

(3) ポイントと記載例

ポイントには、本条項の考え方、契約交渉時に相手方に変更を申し込む事項、本条項に関係のあると思われる法的問題等を掲載した。また、記載例としていくつかの条文例を掲載した。

(4) 関連法令

参考のために本条項に関連のある法令を掲げたものであるが、関連する法令すべてを網羅したものではないので、その旨ご承知おき願いたい。

読者の利便のため関連法令の各条数の後に内容の見出しを明示した。

なお、法令の解釈や運用上必要な通達等についても、この欄を借りた。

(5) *Note*

本文中のルビ(1)(2)…については、（注）として各条項末尾の *Note* で解説している。

2 法令略称

●民法改正（平成29年法律第44号）にかかる表記については、下記のとおりとした。

・改正民法○○条　　改正があった条文
・改正前民法○○条　改正があった条文の改正前の条文
・民法○○条　　　　改正がなかった条文

●商法については、民法改正に係る部分のみ（改正前商法○○条）（改正商法○○条）としている。

●その他の法令については下記のとおりとした。

一般法人法　　一般社団法人及び一般財団法人に関する法律
一般法人法整備法　　一般社団法人及び一般財団法人に関する法律及び公益社団法人及び公益財団法人の認定等に関する法律の施行に伴う関係法律の整備等に関する法律
会更法　　会社更生法
会社法整備法　　会社法の施行に伴う関係法律の整備等に関する法律
割賦　　割賦販売法
金商法　　金融商品取引法
金商令　　金融商品取引法施行令
公益法人法　　公益社団法人及び公益財団法人の認定等に関する法律
下請法　　下請代金支払遅延等防止法
生協法　　消費生活協同組合法
独禁法　　私的独占の禁止及び公正取引の確保に関する法律
非営利活動法　　特定非営利活動促進法
民執法　　民事執行法
民訴法　　民事訴訟法
薬機法　　医薬品、医療機器等の品質、有効性及び安全性の確保等に関する法律
有限組合法　　有限責任事業組合契約に関する法律
利息法　　利息制限法

3　参考文献

以下のいずれかの表示方法によった。

・執筆者名、『書名〔版表示〕』、掲載頁、（出版社・出版年）

・編者名、『書名〔版表示〕』、掲載頁、〔執筆者名〕、（出版社・出版年）
・共著者名、『書名〔版表示〕』、掲載頁、〔執筆者名〕、（出版社・出版年）
・執筆者名、「論文名」、編者名、『書名〔版表示〕』、掲載頁、（出版社・出版年）
・原著者名（訳者名）、『書名〔版表示〕』、掲載頁（出版社・出版年）

（注）　版表示は、初版を除いた。出版年の西暦・和暦は奥付けの記載方法に従った。

・執筆者、「論文名」、掲載誌名、号数、頁数

4　参考判例

最高裁は最（大法廷については最大判と表示し、小法廷については原則として最判と表示した）、大審院は大、高裁は高、控訴院は控、地裁は地、判決は判、決定は決と略記し、裁判所名、判決年月日、判決文所収判例集を示した（所収判例集等については、以下の略語例に従った）。

民録（大審院民事判決録）
民集（大審院、最高裁判所民事判例集）
集民（最高裁判所裁判集民事）
高民（高等裁判所民事判例集）
下民（下級裁判所民事判例集）
裁判所 HP（最高裁判所ホームページ「判例検索システム」）
新聞（法律新聞）
判決全集（大審院判決全集）
法学（東北帝国大学法学会）
判時（判例時報）
判タ（判例タイムズ）
ジュリ（ジュリスト）
金判（金融・商事判例）
金法（金融法務事情）
NBL（NBL）

『取引基本契約書の作成と審査の実務〔第６版〕』

目　　次

第１章　取引基本契約書の意義と構成

第２章　取引基本契約書の作成・審査の実務

第３章　取引基本契約書例

第1章

取引基本契約書の意義と構成

Ⅰ　予防法学としての契約書作成・審査

1　企業における法務部門の役割と紛争予防

企業法務部門の役割は、以下で述べる臨床、予防、戦略という３つの機能を適切に発揮することにあるといわれている。

⑴　臨床的機能（臨床法務）

事業活動の過程では、いろいろな法的紛争に巻き込まれることがしばしば起こる。たとえば、契約違反で損害賠償などの民事責任の追及を受けたり、役員や従業員の法律違反行為に対する刑事責任の追及を受けたりする場合がこれにあたる。

この場合、企業としては、その損害（金銭的なものだけでなく企業イメージや評判なども含む）や費用をいかに最小限に抑えるか考え、当事者間で示談や和解を行うとか、訴訟や調停等による解決を行っていかねばならない。

これらの法的紛争を、企業にとっての一種の病気と考え、これを処置することを病気の治療(1)になぞらえて「法務の臨床的機能」あるいは「臨床法務」と呼んでいる。

⑵　予防的機能（予防法務）

⑴で述べた、企業が臨床法務の対応だけを行っていくことは、もぐらたたきのように提起される紛争の一つひとつの解決に多大な時間や費用を費やさなければならないし、これでは、紛争が起こったことによる企業イメージの悪化を払拭させることにはなりにくい。

そこで、紛争の発生つまり企業としての損害の発生を未然に回避するための手段を、事業活動の中に織り込んで遂行していくことが必要になってくる。

法務部門は、法律の専門家の集団として、どのような行為が法律に違反することになるのか常に予測し、それを防ぐ手段を社内の各部門に指導したり、あるいは警告することによって法的紛争を未然に防ぐ活動を「法務の予防的機能」あるいは「予防法務」と呼んでいる。

最近、一般語化しつつある「コンプライアンス・プログラム(2)」は、予防法務的要素をもつものであるといえる。

⑶　戦略的機能（戦略法務）

⑴のような紛争処理だけに終始しているだけの臨床的機能では、後ろ向きの仕事を一歩も出られないわけであるし、⑵の予防的機能といっても紛争の発生予防という現状維持的なものにとどまって積極的な利益の創造とは直接結びつかないという限界があった。

そこで、最近重要視されるようになってきたのは、企業を取り巻く法的ルール（法律、政府規制、契約）の枠組みの中でこれらを駆使しながら、事業活動の遂行のため有用な戦術や戦略を検討し立案するというような機能であり、これを「戦略的機能」あるいは「戦略法務」と呼んでいる。

とくに、海外への事業進出の場合など、該当国の法的ルールの枠組みの中でその戦略を構築してから実際の進出を図ることなどがこの範ちゅうに属する。

2　予防法学と契約書

予防法学とは、予防法務を学問的に研究することだといわれているが、その他にも、契約締結前のプラクティスをさすという考え方もある[(3)]。

しかし、予防法学は、何も契約締結前のプラクティスに限らず、もっと広汎な分野であると解したい。たとえば、契約締結後、当該契約を遵守するための諸活動、ある理由により契約の遵守が困難になることが予測される場合の相手方との契約変更交渉、企業等の団体の役員や従業員に法律を遵守させるためのポリシーの立案とその啓蒙・教育、問題予見時の相談システム、違反者の告発システムやその者への懲罰などを包含した遵法プログラムまでもが、予防法学の範囲に入るのではないかと考える。まさにこれが、コンプライアンス・プログラムの中心的課題といえる。つまり、予防法学という学問を、企業実務に置き直したものが、予防法務なるものであると解せるのではなかろうか。

契約の作成・審査は、予防法学の中でも第一義的に考えなければならないことであろう。なぜならば、企業にとって、契約の締結は、全く日常的に行われていることであり、紛争に発展する場合も多く、訴訟事件としても取引契約に関するものが最も多いという調査結果[(4)]も出ているからである。

では、紛争に発展させないためには、どのような手立てを打っていけばよいのであろうか。

それは、発生する取引の内容を把握し、提出された契約書を吟味し、将来の紛争の蓋然性、衡平性、自己の利益と相手方の損失の視点等から、どのように条文を変更をしたらよいのかというスキルを身に付けることであり、同様の視点から契約書作成技術を体得することであろう[(5)]。

後者の、作成技術に関しては、具体的なテクニックは「第２章　取引基本契約書の作成・審査の実務」のところで述べるが、曖昧な表現は決して使用しないことが求められる。概して、われわれ日本人は、玉虫色という、各当事者が自分の都合のよいように解釈できる文言を使いたがる。何も起こらなければそれ自体はハッピーなことであるかも知れないが、いったん問題になったら曖昧な表現は、それを規定していない場合より、大きなトラブルに発展しかねない。したがって、第三者（たとえば裁判官・仲裁人）にも明瞭に理解できる明確性が必要であり、問題全体について規定されていることも必要であり、さらに問題が起こったら当事者がどのように対応をとればよいのか判別できる程度の具体性も必要となろう。

しかし、そうだとしても、将来、その取引から生じるありとあらゆる紛争やトラブルを想定して、それぞれの場合の当事者の権利義務を明確化しておき、万が一、それが惹起された場合にも契約書に基づき解決できる、あるいは解決できないとしても訴訟になったときでも有利な判決が得られるというために数百頁にもなる契約書を取り交わすという米国における考え方（それが一般的には米国流の契約締結方法と思い込まれている[(6)]）が、本当に訴訟の予防に役立つのかは、大いに疑問の余地があるところである。

このような何百頁にも及ぶ契約書は、それほど役に立っていないという意見もあり、企業のマネジメントとして考えてみても、弁護士が膨大な検討・交渉に時間をかけたそのコスト対効果という視点からみた場合、本当に釣り合うのであろうか。

そういう分厚い契約書を作成するのは米国だけで、米国がまさに訴訟社会だからであるといわれるが、著者が指導を受けた北川善太郎先生（京都大学名誉教授）は、米英のコモンロー系の契約法が、契約が効力をもつため詳細な書面の作成を必要とし、米国では州間の渉外契約についてどの州法を適用するか明確でなく、判例法を正確に確定することも困難であるという理由をあげて、コモンロー系の契約法と日本法やヨーロッパ大陸法系の契約法が構造的に相違していることを指摘する[(7)]。

米国では、いったん訴訟に持ち込まれてしまったら、契約書に何が書かれてあっても、裁判所は、なかなかSummary judgmentによって不当な請求を全部棄却することはしないで、いくつかの争点を陪審員の審判に残そうとする傾向が強く、日本企業が陪審員の前に連れ出されたら、もはや後の祭りで、契約書は訴訟予防の役には立たない[(8)]ともいわれている。

最近の研究によると、米国において、いままで我々が考えていた詳細・膨大な契約書が、最近は単純なものになってきている、また、たいていの契約においては、長期にわたる取引関係になりそうだと当事者が予測しているような関係の開始においてすら、それを記録にとどめておくために詳細な契約書を作成するということが稀であることも示されたとしている[(9)]。

以上のことから、紛争予防という視点を踏まえたうえで、どのような契約書を作成すればよいのであろうか。

まず、契約書には基本的合意事項と、その他、当該取引を行うことにより、その取引の特殊性からいって将来、紛争の火種になる蓋然性の高い部分を検討し、その部分の権利義務についての特約事項を規定する必要がある。

たとえば、製造物責任が懸念されるなら売主の責任を詳細に載せることが必要であろうし、将来的に、目的物の納入が滞るおそれが強ければ、納入の条項をさらに詳細に規定したり、それに関する損害賠償を明確化するなどである。

いずれにしても、当該取引から発生の可能性がほとんどない場合でも、何でもかんでも条項に入れるのではなくて、その契約書がビジネス活動を適切に反映しているか、将来どのようなリスクがどのような場合に発生するかを見極め、足りない部分については全力を尽くして当事者と協議し、適正な契約規範が設定された効率的かつ効果的な取引契約を作成することが、契約作成者である法務部員や弁護士の必要的なスキルであり、使命といえよう[(10)]。

Note

⑴　広辞苑によると臨床医学とは、病人を実地に診察・治療する医学のことである。

⑵　北川俊光「コンプライアンス・プログラム」根岸哲ほか監修『法政策学の試み―コンプライアンス特集・法政策研究〔第６集〕』12頁（信山社・平成15年）

「コンプライアンス・プログラムの作成においては、①遵守すべき事項を具体的に明記すること。これは事実としての問題であり難しくはない。②コンプライアンス・プログラム違反（法令違反も含んでいる）の予防のための具体的な対応策を定めること。ここでは、遵守を確保するための対応策（例えば、教育・教育終了証、誓約書の提出とか）を明確にすること。この対応策をどうするかは問題点の一つである。③コンプライアンス・プログラムの運用ならびに同プログラム違反が発生したとき緊急の対応を行う社内組織（体制）を明確にすること。④コンプライアンス・プログラム違反事案が内部告発として通報された場合の対応処理手続を定めること。⑤コンプライアンス・プログラム違反発生に伴う防御策を具体的に定めること。社内調査、社外発表の方法も定めること。手続の透明性が要求されている。⑥隠蔽・改竄の防止も明記すること。⑦コンプライアンス・プログラム違反の再発防止のための組織（体制）としての対応策を具体的に明記すること。⑧他の社内プログラム、例えば、リスク・マネジメントプログラムなどとの連携を、明確にしておくこと。」

⑶　柏木昇「契約締結前の法律プラクティスとしての予防法学㊤」NBL242号37頁

本論文では、予防法学を次の文を引用し定義している。「それは、取引を開始するにあたって当事者が目論んでいた目的が、もっとも法的に効率よく確実に達成できるような法律構成を策定し（企画法務）、当事者の意思を相手方との交渉および意思決定者との打ち合わせにより分析し、明確化し、法律上強制可能（enforceable）な形で契約書に表現することであり、その組織なりが、何をしたいのか、それは何の為なのか、を正しく引き出し、その目的を合法的かつ効果的に実現する手段として法律や契約を駆使することでありましょう。（米澤健一郎「変人のすすめ」法と政策1981年８月号77頁）」

⑷　経営法友会『会社法務部第11次実態調査の分析報告』別冊 NBL48頁、59頁（商事法務・2016年）

「１　法務部門の役割⑴法務部門の役割として重視するもの（問10）

〔全体の傾向〕

法務部門の役割として重視するものはどのようなものかにつき、その他を含む11項目を挙げ上位３つを選んでもらったところ、上位３つは「法律相談・契約書審査等を通じたリスクの予防」が89.9％（889社中799社)、「紛争・訴訟への対応」が48.6％（同432社）および「社内教育や社内への情報発信」が36.3％（同323社）となった。」

「3　紛争・訴訟への対応(3)今後、法務部門が対応すると考えられる紛争（問16）

〔全体の傾向〕

今後、法務部門として対応が必要となると考えられる紛争の内容として上位3つを国内と海外に分けてたずねたところ、「取引契約（取引解除・中止を含む)」が、国内51.9％（889社中461社)、海外44.4％（同395社）で、ともに最も多かった。」

(5)　平井宜雄「契約法学の再構築(1)—法律家の養成という視角から—」ジュリスト1158号101頁脚注(13)

(6)　北川善太郎「日本の契約と契約法—裁判規範と行為規範を統合する法解釈の枠組み—」京都大学法学部創立百周年記念論文集刊行委員会『京都大学法学部創立百周年記念論文集〔第3巻〕』34頁（有斐閣・平成11年）

「1984年に発表されたW. グレイ、藤倉両教授の日米共同のアンケート調査によれば、アメリカでも日本でも法律家でない企業人は似たような意識で契約を見ていることを指摘し、この調査は、日本の『近代論者』は、日米という二つの国における異なるグループ、すなわち、アメリカは法律家、日本は企業人を念頭において法意識について論じていたとし、比較の対象を正しくとらえていないとしている。」

なお、マイケル・ヤング（内田貴 訳）「米国における関係的契約の検討」NBL669号7頁

「第1に日本人は、当初思われていたほど契約書を用いることを嫌がっているわけではないらしい。……日本文化会議の援助を受けて行った調査では……契約書が有用だと考えられる場合には、相当に具体的で詳しい契約書を作ることを強く好むことも示された。……第2に、……米国で過去20年間に行われた、いわゆる関係的契約についての研究の大半は、アメリカ人が、取引において、果たして従来考えられていたほどに法律至上主義的で形式主義的なのかという疑いをかけられている。」

(7)　北川・前掲注(6)35頁

(8)　藤田泰弘『日米国際訴訟の実務と論点』75頁（日本評論社・1998年）

(9)　マイケル・ヤング・前掲注(6)8頁

(10)　北川・前掲注(6)70頁

「……詳細な契約書がよくて、単純な契約書はよくないとする理解をとりえないことはすでに繰り返し強調した。」「特に契約とその機能の関係から見て契約がビジネス活動に適切に法的に反映していること、そして不幸にも契

約紛争が発生した場合にそれが契約規範を適切に活用して解決にいたることが肝要である。ここで問題にしているのは契約当事者の紛争解決にあたっての行動パターンではなく、行動の指針となる契約規範そのものが適切に設定されているかどうかである。」

Ⅱ　取引基本契約書とは

1　取引基本契約書の意義

(1)　継続的契約

取引基本契約は、企業間で反復継続して行われる商取引、とりわけ動産取引[(1)]について共通的に適用される事項をまとめてあらかじめ定めたものである。基本契約の取引条件は、特約しないかぎり、個別契約の取引条件となる。このように基本契約方式が多用されるのは、契約関係の画一的処理、取引関係の予測可能性、その迅速で正確な処理、とくに流通系列化のための営業組織化の法的手段（たとえば、買主提示型にあっては、購入先系列化のための調達組織化）、債権保全・債権担保といった機能が規定されているとされる[(2)]。

これに対し、個別取引契約は、品名、数量、単価、納期などについて個別取引のつど、作成するものをいい、実際には、注文書や注文請書によったり、発注をコンピュータで行いその記録を売主が確認するなどによって行われている。

(2)　複合的契約

取引基本契約には、各種の典型契約や非典型契約が複合的に混在している。たとえば、典型契約をとってみても、買主の仕様書等により目的物を製作する取引である「請負」、標準品や市販品を販売する取引や売主への原材料や部品を有償支給する取引である「売買」、売主へ機械、型、治工具などを貸与する取引である「賃貸借」や「使用貸借」などを包含している。

2　取引基本契約書の契約条項

取引基本契約書の主な条項としては、取引の適用範囲、単価および支払い・相殺、所有権・危険負担の移転時期、品質保証、契約不適合責任、契約の解除、期限の利益喪失、損害賠償、有効期間などがあり、その他にも以下の条項あるいはその他当事者が特約した条項が考えられるが、契約自由の原則から、その取捨選択は当事者間の合意による。

原材料の取引、設備・備品の取引、製品の外注取引などの基本契約書では、おのずと必要な項目や内容は異なってくる。

〔表１〕 取引基本契約の条項

条　　項	内　　　　容
１．タイトル	取引基本契約書など
２．前文	当事者の名称、対象、目的、趣旨、合意の旨など
３．契約条項 (1)　基本契約性	基本契約と個別契約の関係
(2)　適用範囲	適用する目的物の特定
(3)　個別契約の締結	品名、数量、価格、引渡時期、引渡場所、支払時期
(4)　納入	納入手続、納入不可時の対応と補償
(5)　不可抗力	天災地変時等の対応や売主の免責
(6)　検査・受領	検査実施と通知義務、検査省略の特約
(7)　不合格品引取り	不合格品、過納品の引取り
(8)　特別採用	不合格品の使用とその価格の協議
(9)　所有権の移転	移転時期（引渡し、検収時、代金完済時など）
(10)　危険負担	不可抗力、第三者による滅失・毀損時の負担
(11)　品質保証	買主の要求に合致することの保証
(12)　仕様	目的物の仕様の基準
(13)　支給品	原材料、部品の有償支給・無償支給
(14)　貸与品	機械、型、治工具等の貸与と取扱い方法
(15)　貸与図面	買主の図面の貸与と管理方法
(16)　見積書	見積書の提出（指定様式・見積指定区分）
(17)　価格	当事者協議、価格条件、見積書の提出義務
(18)　支払い	支払条件（締切日、支払日）、支払方法
(19)　相殺予約	相殺適状前の対当額での相殺
(20)　遅延損害金	納期遅延、支払遅延時の違約金
(21)　契約不適合責任	受領後の目的物の契約不適合についての対応
(22)　製造物責任	目的物の欠陥による第三者の生命、身体、財産への侵害対応

㉓　知的財産権	知的財産権侵害時の対応、改良技術の申請方法
㉔　権利義務の譲渡制限	債権譲渡と債務引受け
㉕　第三者への販売禁止	当事者の図面、仕様に基づいた目的物の第三者への販売禁止
㉖　秘密保持	当事者の営業上、技術上の秘密の保持
㉗　再委託	再委託の承諾、再委託時の売主の保証
㉘　補修部品の供給	生産終了後の供給義務
㉙　輸出管理	安全保障輸出管理（外為法）の遵守
㉚　環境保護	化学物質管理、公害防止、防災、環境の保持
㉛　保安規律遵守	相手方の事業所内立入り時の遵守事項
㉜　解約予告	解約予告の通知方法
㉝　届出・営業状況報告	安定的・継続的な納入が可能かの確認、信用状態の確認
㉞　契約の解除	継続しがたい事由発生時の契約の解除、損害賠償
㉟　期限の利益喪失	当然喪失型・請求喪失型の特約
(36)　反社会的勢力の排除	反社会的勢力の定義、非該当の表明・確約、損害賠償の特約
(37)　担保提供	契約締結時の担保提供、売主要求時の担保提供
(38)　連帯保証人	買主と連帯しての履行責任
(39)　契約終了時の措置	貸与物件の返還、買主に必要な物件の優先買取権
(40)　残存条項	契約終了後も効力を発生させる条項
(41)　有効期間	契約期間、自動更新の有無
(42)　協議解決	定めなき事項、疑義ある事項について双方協議の原則
(43)　合意管轄	合意による裁判管轄
(44)　経過措置	本契約締結以前の基本契約・個別契約の取扱い
4．後文	原本保有当事者、写保有当事者
5．契約締結日	契約発効日、単なる契約締結日
6．当事者名記名・押印	記名押印・署名捺印（代表印、職印、個人認印、個人実印）

3　取引基本契約書と取引の範囲

また、一つの取引基本契約書で、当事者間の全体の取引を包含する場合もあるが、取引の内容や形態によって種々の取引基本契約書を持ち、対象とする取引が発生のつど、締結する場合もある。

たとえば、継続的取引を行う場合、相手方の企業は、「自社で製造・販売する商品の部品の取引に関する基本契約書」、「自社で製造・販売する商品の原材料の取引に関する基本契約書」、「自社で使用する機械、設備等の取引に関する基本契約書」などのいくつもの取引基本契約書を持っており、取引の状況によってすべて、あるいはいずれかの締結をしなければならない。

さらに、同じ定型版の「部品の取引に関する基本契約書」であっても、取引先によって若干内容を変えている場合(3)もあるし、同じ内容の契約書であっても事業部ごとに締結しなければならない場合もある。

Note

(1)　具体的な動産取引の内容

・M 社（家電メーカー）取引基本契約書

「この基本契約は、甲乙間の売買取引及び外注取引に関する基本的事項を定めたものである。」

・I 社（コンピューターメーカー）購買基本契約書

「甲が乙から製品、サービスを購入するための基本的事項を定めたものであるが、以下の取引は基本契約の対象外とする。

①建設業法に定める建設工事　②動産・不動産の賃貸　③産業廃棄物の処理委託　④汎用ソフトウェアの使用許諾および著作権譲渡」

・A 社（自動車部品メーカー）取引基本契約書

「自動車部品、家庭用機器、住宅関連部品等甲が、販売する製品または部品に使用される部品の取引に関する基本的事項について定めたものである。」

・N 社（自動車メーカー）部品取引契約書

「甲の製造する車両にかかわる部品の取引に関して、基本的事項を定める。乙は、この契約に定めるところに従い、部品を製造し、これを継続的に甲に売り渡し、甲はこれを買い受ける。」

・M 社（自動車メーカー）機械・設備取引基本契約書

「甲乙間の機械・設備取引に関し、その基本的な事項について契約を締結する。本契約において納入機械・設備とは乙が製作、改造もしくは修理し、甲に納入する（現地据付調整も含む）機械、型・治具、工具、設備並びにその付属機器及び補用部品をいう。」

・K社（電子部品商社）売買基本契約書

「乙は、電子部品等の乙が取り扱う製品（半製品、部品および材料を含む。以下総称して「本商品」という。）を継続的に甲に販売し、甲は当該本商品を転売することを目的としてこれを買い受ける。」

(2)　北川善太郎『債権各論〔第3版〕』36頁（有斐閣・平成15年）

(3)　下請法の対象となる取引先（下請事業者）とその他の取引先で区別する場合がある。後述（第2章）するが、個別契約の締結、検査および受領、支払い、相殺予約、不良品の返品、瑕疵担保責任などで、内容が変わる可能性がある。

第2章

取引基本契約書の作成・審査の実務

Ⅰ　買主提示型取引基本契約書

買主提示型取引基本契約は、買主であるメーカーまたは商社を発注者とする売買、請負等の取引、すなわち買主が製造販売する商品の製造、販売に必要な原材料や部品などの取引に関して、売主（メーカーまたは商社）が、買主から所定の取引基本契約書の提示を受け、売主がその契約内容について検討し、契約交渉のうえ締結するものであり、外注取引において多用されている。

買主提示型の特徴は、売主提示型と比較すると、債権の保全の手段としての担保提供・増し担保請求や連帯保証人、遅延利息の条項がなく、ほとんどの場合、要求品質を満足するための詳細な品質保証の条項、商品に契約内容の不適合等があった場合の補償の条項、補修部品の供給条項、知的財産権の侵害対応条項、支給品・貸与品など買主側として規定しておく必要のある条項を含んでいる。

なお、以下では、とくに「外注部品の取引に関する基本契約書」を想定しているが、原材料・資材購入、設備購入、カタログ商品購入などについても、若干の部分（たとえば、原材料でいえば甲から貸与される治工具や図面の条項などは必要がない）を除き適用できる。

1　タイトル

⑴　基本タイトル

タイトルは、次のように表示される。

取引基本契約書

⑵　ポイントと記載例

タイトルが契約の対象となる目的・内容に合致しているものなら問題はな

い。単に「売買契約書」「取引契約書」と書いてある場合であっても、継続的売買契約や継続的供給契約の場合がある。

また、タイトルが、「○○○契約書」や「○○○協定書」でなくて、「○○○に関する覚書」であっても契約自体の効力には全く影響しない。

印紙税については、非課税か課税か、課税の場合の税率等は、契約書のタイトルで判断されるのではなく、その実質的な意義に基づいて判断されることになる。取引基本契約書に類する契約書は、一般的には「7号文書の継続的取引の基本となる契約書」に該当する可能性が高い。(1)

なお、課税契約書であるが、一定額の収入印紙を貼付していない場合、契約書の効力には影響はないが、印紙税法違反となり、本来の印紙税額に加えてその2倍に相当する過怠税が課される。

印紙税額は、契約書1通についてみれば低額だが、大量の契約書が発生する場合は、印紙税の不納付が大きな金額になるので注意が必要である。

【記載例1】　タイトル

例1　売買基本契約書
例2　取引基本契約書
例3　基本売買契約書
例4　資材取引基本契約書
例5　購買取引基本契約書
例6　物品取引基本契約書
例7　輸出部品取引基本契約書
例8　基本契約書
例9　部品取引基本契約書
例11　継続的取引に関する覚書
例12　製造委託基本契約書
例13　委託加工基本契約書
例14　物品購入基本契約書
例15　商品取引の基本契約書
例16　外注基本契約書

⑶　関連法令

印紙税法（別表第１課税物件表）２号文書＝請負に関する契約書

同（同表）７号文書＝継続的取引の基本となる契約書

同　20条１項＝印紙納付に係る不納税額があった場合の過怠税の徴収

印紙税施行令26条＝継続的取引の基本となる契約書の範囲

Note

⑴　ただし、実際の印紙の貼付にあたっては、上掲⑶の関連法令および課税物件表の各号の文書について解説的に規定している印紙税法基本通達（昭和52年４月７日付間消1-36国税庁長官通達）等を参照して、契約書に記載されている個々の内容について判断し、適正な課否および課税物件の所属を決定すること。

２　前　文

⑴　基本前文

前文は、次のように表示される。

> 買主（以下甲という）と売主（以下乙という）とは、甲乙間の製品および部品（以下目的物という）の取引に関しその基本的事項について次のとおり契約する。

⑵　ポイントと記載例

㈠　前文の機能　　前文の機能は、契約当事者の特定と、契約の対象となる取引の内容、範囲を概括的に特定することである。したがって、これらの機能を果たすに十分な記述であればとくに問題とはならない。もっとも、従来のわが国の前文は、当事者名と締結する契約名のみを記載するものがほとんどであった。改正民法の趣旨（「契約等の発生原因に照らして[(1)]」「契約不適合責任[(2)]」など）から、必要に応じて、取引の内容、経緯、動機、メリットなどを記述する。

(ロ) 取引内容・経緯・範囲の特定　売主が、買主の信用上の問題、政策的な問題[3]などで取引の範囲を限定しておきたいならば、前文を変更する必要がある。その他の場合でも、当事者にとって取引が広範なものになりすぎるならば、この前文で限定すべきである。

また、契約の不履行の判断要素となる取引理由や経緯、動機等があれば記述しておく。

(ハ) 当事者の特定　契約当事者とは、ここでは、法律的な取引当事者であり、契約上の地位が帰属する者である[4]。

したがって、契約当事者は、電子機器事業部や営業部ではなくあくまでも企業（法人）と企業（法人）、つまり○○○株式会社や△△△株式会社であるので部局を削除しておくのが望ましい。ところが、単に○○○株式会社と△△△株式会社との契約とすると電子機器事業部と営業部間に関する取引だけでなく非常に幅の広いものになってしまい、他の事業部や他の部の取引も含まれてしまう。そこで、そのような場合には、記載例２の「２の変更例」のように前文中か、あるいは適用範囲のところで限定し幅を狭くする必要がある。

契約当事者が実際の取引を動かす者でない場合も生じる。実際に動かしているのは、契約当事者の親会社であったり、取引先であったりする。そこで、契約の履行や取引条件、あるいは将来の契約に関する紛争の蓋然性を考える場合には、単に契約の法律上の当事者だけでなく、その背景にあって、取引をコントロールしている経済的当事者にも目を向けながら契約交渉を進める必要がある[5]。

たとえば、売主が商社[6]であり、実際の目的物に関する契約の履行は、商社の先の特定メーカーであるような場合、実際の仕様書・図面のやりとり等技術的情報交換は、直接そのメーカーと行った方が合理的でありスムーズな製作や納入が期待できる場合も多い。このような場合、そのメーカーの関与の程度によっては、三面契約[7]としたり、メーカーに重畳的に取引基本契約を合意[8]してもらったり、メーカーと特約を結んだり、別の品質保証協定書やクレーム補償協定書においては当該メーカーと締結するなども検討する。

【記載例２】　検討すべき条文例と変更例

〔検討すべき条文例１〕

買主（以下甲という）と売主（以下乙という）とは、甲乙間の継続的取引に関しその基本的事項について次のとおり契約する。

（１の変更例①）

買主（以下甲という）と売主（以下乙という）とは、甲乙間の○○製品の継続的取引に関しその基本的事項について次のとおり契約する。

（１の変更例②）

買主（以下甲という）と売主（以下乙という）とは、甲乙間の○○製品の継続的取引に関しその基本的事項について次のとおり契約する。なお、甲の権利義務は、甲の○○工場に限定して適用され、甲の他の事業所には適用されないものとする。

（１の変更例③）

買主（以下甲という）と売主（以下乙という）とは、甲が甲の取引先（以下丙という）に納入する○○製品に組み付ける○○部品（以下目的物という）につき、丙より乙の部品を使用するよう指定があったため、甲乙間の目的物の継続的取引に関しその基本的事項について次のとおり契約する。

〔検討すべき条文例２〕

○○○株式会社電子機器事業部（以下甲という）と△△△株式会社営業部（以下乙という）とは、甲乙の取引に関し次のとおり取引基本契約を締結する。

（２の変更例）

○○○株式会社（以下甲という）と△△△株式会社（以下乙という）とは、甲の電子機器事業部と乙の営業部との間の取引に関し次のとおり取引基本契約を締結する。

（注）　１の変更例の場合、さらに限定したければ、「××向けの○○製品」とか「○○製品（部品番号１２３４―４５６７）」とかに変更する。

【記載例3】 前 文

例1 買主（以下甲という）および売主（以下乙という）は、○○製品の取引に関する基本的権利・義務ならびに責任につき、以下のとおり契約する。

例2 買主（以下甲という）と売主（以下乙という）とは、甲乙間に発生する部品・資材の取引に関しその基本的事項について次のとおり契約を締結する。

例3 買主（以下甲という）と売主（以下乙という）は、相携えて優良品を豊富に生産して国内のみならず、広く海外に提供し、もって社会生活の改善と向上に貢献し、世界文化の進展に寄与することを念願し、甲乙間の売買取引および外注取引について次のように定める。

例4 買主（以下甲という）と売主（以下乙という）と乙の代理人（以下丙という）とは、○○製品の継続的な取引に関する基本的事項について次のとおり契約する。

例5 買主（以下甲という）と売主（以下乙という）とは、甲の資材調達部が発注する甲乙間の物品の売買等に関して、基本条項を次のとおり締結する。

例6 買主（以下甲という）と売主（以下乙という）は、甲乙間の売買取引および外注取引について次のとおり取引基本契約を締結する。

例7 買主（以下甲という）と売主（以下乙という）とは、甲乙が共同で開発した○○製品に組み付ける○○部品の甲乙間の売買取引に関して、その基本的事項について、次のとおり取引基本契約（以下本契約という）を締結する。

例8 買主（以下甲という）と売主（以下乙という）とは、電子部品等の乙が製造および販売する製品（半製品、部品および材料を含む）の継続的取引に関する基本的事項について、次のとおり契約を締結する。

（注） 例3は取引の目的である基本原則の一部を前文に挿入したものである。

(3)　関連法令

改正民法400条＝特定物の引渡しの場合の注意義務

同 412条の２＝履行不能

同 415条＝債務不履行による損害賠償

同 541条＝催告による解除

同 562条＝買主の追完請求権

同 563条３項＝買主の代金減額請求権

同 565条＝移転した権利が契約の内容に適合しない場合における売主の担保責任

同 566条＝目的物の種類又は品質に関する担保責任の期間の制限

Note

(1)　改正民法400条、412条の２、415条、541条など

(2)　改正民法562条、563条、565条、566条など

(3)　北川善太郎ほか監修『解説実務書式大系２取引編Ⅱ企業間動産取引契約』25頁〔花井正志ほか〕（三省堂・平成10年）

たとえば、「特定の商品についての基本契約であることを明記するのは、売主（あるいは買主）の他の部署が同じ取引先と行っている取引の契約条件がこの基本条約の条件に拘束されないためである」とする。

(4)　北川善太郎『現代契約法Ｉ』41頁（商事法務研究会・昭和48年）

(5)　北川・前掲(4)41頁

(6)　実際には、①買主が取引口座数を増加させたくない、②売主がメーカーの代理店である、③債権保全のため、等の理由で、商社を介在させる場合がある。

(7)　東京地判平成20年９月18日判時2042号20頁

三者契約のほか、中間者(A)の代金債務を保証するＸ（売主）Ｙ（買主）の連帯保証覚書があり、その後も販売径路や本件商品の継続的取引の継続の有無について直接協議する関係は続いている中で、XYの締約経過、Ａの性格や契約加入の経過、商品供給の実態、代金の支払方法などの認定事実を総合して、「本件ではXY間に直接の契約が成立している。Ｘが当該商品の製造から販売に至る各場面においてＹの要望に応え、Ｙとの間で強い関係を維持してきた事情の下では、当該契約期間中は、Ｙは契約上の債務として、発注義務を負う」とした裁判例がある。

(8)　北川善太郎『債権総論〔第３版〕』243頁（有斐閣・平成６年）

本例の場合、重畳的債務引受は、売主とメーカーの合意により成立はするが、有効に成立するためには、買主（この場合債権者）の承認が必要である。

3　目的・基本原則（第１条）

⑴　基本条文

目的・基本原則については次のように表示される。

> **第１条（目的・基本原則）**
> 甲（＝買主）および乙（＝売主）は、本契約に基づく取引を、相互繁栄の理念に基づき、かつ甲乙間の円滑な取引が甲の安定的な販売に寄与することを目的とし、信義誠実の原則に従って行うものとする。

⑵　ポイントと記載例

(イ)　改正民法と目的等の契約内容の重要性　　改正民法は、特定物債権の保存義務の程度である善良な管理者の注意の有無（改正民法400条）、債務の履行不能の有無（改正民法412条の２）、債務不履行の有無（改正民法415条１項ただし書）、軽微な解除の有無（改正民法541条）に関して、「契約その他の債務の発生原因及び取引上の社会通念に照らして」判断されるとしている。

「契約その他の債務の発生原因及び取引上の社会通念に照らして」とは、契約の内容（契約書の記載内容等）のみならず、契約の性質、当事者が特約をした目的、契約の締結に至る経緯を始めとする契約をめぐるいっさいの事情を考慮し、取引通念をも勘案して評価・認定される契約の趣旨に照らして」という意味であるとされる(1)。

以上から、「契約その他の債務の発生原因」と「取引上の社会通念」を「及び」でつなぐが、前者から契約内容を導くことができたときに、これを「取引上の社会通念」で上書き・修正することを容認する意図はないとされる(2)。

さらに、改正民法は、「引き渡された目的物が種類、品質又は数量に関して契約の内容に適合しないものであるとき」および「買主に移転した権利が契約の内容に適合しない場合」の売主の担保責任を規定する（改正民法563条～565条）。

したがって、改正民法上、目的等を含め債務の履行に関し、契約の内容をどのように契約書に記載するかが、従前以上に重要となってきている。

契約の内容は、必ずしも目的条項の記載のみに基づいて認定されるわけではないが、目的条項に記載されている文言が、契約当事者によってその主張のよりどころとされる可能性を検討しながら、作成・審査を行っていく必要がある。

【記載例４】　目　的

例１（目的）　甲（＝買主）および乙（＝売主）は、乙が製造する別紙○記載の原材料（以下目的物という）が、防水性、透湿性および防風性を持った唯一のものであり、甲が目的物に撥水性等の加工を加えた商品（以下商品という）を安定的に販売するため、甲は乙から目的物を継続的に購入する（以下本件取引という）ものとし、本件取引に必要な基本的事項を定めることを目的とする。

例２（信義誠実）　甲（＝買主）および乙（＝売主）は、甲が、電気洗濯機用のモーター（以下目的物という）として転売するため、目的物を乙から購入する取引に関し、本契約を締結するものとし、甲および乙は、本契約の各条項に従い、互いに協力し、信義に従い誠実に契約を履行しなければならない

例３（目的）　甲（＝買主）が顧客から依頼を受けたその顧客の条件を満足する中古建設機械を乙（＝売主）が乙の在庫中から、または第三者から調達し、甲に販売することを目的とし、本契約を締結する。

例４（目的）　本契約は、甲（＝買主）が行う自動車の部品の製造に必要なアルミ板を、毎月一定量を購入する継続的な調達を目的とし、乙（＝売主）が甲のために、継続的に供給することに関し、共通に適用される事項を定める。

例５（売買の目的）　乙（＝売主）は、複写機やプリンターのドラム

ならびにトナーカートリッジおよび甲乙間で別途作成する覚書（品名および品番、仕入先ならびに納入価格等）により定めるその他のオフィス向け消耗商品を覚書で定める仕入先より買い入れ、これを継続的に甲（＝買主）の発注のつど、甲に売り渡すものとする。

例６（目的）　本契約は、甲乙間の継続的な売買に適用され、その対象となる商品は、乙（＝売主）が、甲（＝買主）の○○工場向けに納入する溶解用鉄スクラップとする。

例７（目的）　乙（＝売主）は、ステンレス鋼管類のうち下記の製品（以下製品という）を甲（＝買主）に販売し、甲はこれを転売するものとし、甲および乙は、法令を遵守するとともに信義に従い誠実に本契約を履行するものとする。

記

○○鋼管株式会社（以下メーカーという）のステンレス鋼管

例８（目的）　この契約は、甲乙間の電子部品の取引を通じ、相互の繁栄を図り、もって甲乙間の取引を円滑かつ合理的に維持推進することを目的とする。

2　前項の目的達成のため、甲および乙は、信頼と協調の精神に則り、信義に基づき誠実にこの契約を履行する。

(ロ)　契約と信義誠実の原則　契約は当事者間の信頼関係を基礎として成立している。民法は、契約当事者のみならず広く社会的行動規範として民法総則中に信義誠実の原則を置いている(3)（民法１条２項）。

資本制社会では、商品交換によりあらゆる生産関係が組み立てられており、この商品交換は等価交換というルールがあってこそ可能になる。

民法においても、この等価交換の実現の要請に応えるべきものとして各種契約の効力、担保責任、同時履行、危険負担等の諸制度がある。この商品交換における等価性は、民法の構成上、形式的な意味でしか把握されていないために、時としては、無限の多様性をもつ社会的・具体的事実に適しない場合もある(4)。

けだし、取引は信義を基礎として初めて円満に行われるものであり、信義誠実の原則がとくに重要な意義を有すべきことは当然である。取引の範囲がますます拡張し、取引の関係がいよいよ複雑となっている現代社会においては、信義誠実の原則によって法律および契約を補足する必要性が著しく増加している[(5)]。

(ハ)　**信義誠実条項の必要性**　　基本原則は、取引の目的を明示し、信義誠実の原則に従って取引基本契約を運用することを明言したものである。これらの義務は、当然に、買主・売主の両者に対等に発生するためとくに問題となるところはない。本条項は、協議解決の条項（Ⅰ「48　協議解決」(287頁)参照）と同様に契約書全体の格調を高め、体裁を整えることが主な狙いであるので、記載例のような内容であれば絶対に必要であるとする理由もない。

【記載例５】　基本原則

例９（基本原則）　　甲および乙は、相互対等、自主性尊重と自由競争の理念に基づき、かつ信義誠実の原則に従って本契約を履行するものとする。

例10（信義誠実）　　甲および乙は、本契約の履行においては、法令を遵守すると共に信義に従い誠実な取引関係を維持するよう努めるものとする。

例11（基本原則）　　甲および乙は、共存共栄の精神に則り、相互に研究と創造および競争力の強化に努め、オープンでフェアな取引関係を構築することにより長期安定的な成長を図り、もって社会、経済の発展に寄与するものとする。

２　前項の目的を達成するため、甲および乙は、本契約により甲乙間の取引の基本的条項を定め、信頼と協調の精神に則り、信義誠実の原則に従って本契約を履行する。

例12（基本原則）　　甲ならびに乙は、相互の自主性の尊重と信義誠実の精神に基づき取引を行うことを原則とする。

例13（基本原則）　　甲および乙は、甲乙間の取引が相互の信頼にその基礎を置くものであることを認識し、信義に則り、誠実に契約を履行し、もって甲乙間に公正な取引関係を続けることを目的として本契約を締結する。

⑶　関連法令

改正民法400条＝特定物の引渡しの場合の注意義務

同 412条の２＝履行不能

同 415条＝債務不履行による損害賠償

同 541条＝催告による解除

同 562条＝買主の追完請求権

同 563条３項＝買主の代金減額請求権

同 565条＝移転した権利が契約の内容に適合しない場合における売主の担保責任

同 566条＝目的物の種類又は品質に関する担保責任の期間の制限

民法１条２項＝基本原則

Note

⑴　法制審民法（債権関係）部会第90回会議の部会資料79-3第７頁以下

⑵　潮見佳男『民法（債権関係）改正法案の概要』48頁以下（きんざい・2015年）

⑶　谷口知平＝石田喜久夫編『新版注釈民法⑴』75頁〔安永正昭〕（有斐閣・昭和63年）

⑷　谷口ほか・前掲⑶78頁

⑸　鳩山秀夫『債権法における信義誠実の原則』255頁以下（有斐閣・昭和30年）

4　適用範囲（第２条）

⑴　基本条文

適用範囲については、次のように表示される。

第２条（適用範囲）

本契約は、特別の定めがない限り、甲（＝買主）乙（＝売主）間の目的物に関するすべての個別契約に適用する。

⑵　ポイントと記載例

㈠　適用範囲　取引基本契約の範囲を特定したものであり問題はない条文であり、特別の契約があればそれに従うことになる。

ただし、売主として、この契約の範囲を限定する必要がある場合は変更を申し込む。

㈡　基本契約、特約、個別契約の関係　本条項は、基本契約と個別の売買契約および特約との関係を述べたものである。本条項により、これら３契約の内容や条件に齟齬がある場合の上下・先後関係を明確化する。

これら３契約の上下・先後関係は、一般的には次のとおりと解される。

〔表２〕　契約の上下・先後関係

	１契約のみ						数契約共有						一般的な優先順位
取引基本契約	個有	◎					共有		共有		共有		③
特約			個有	◎					共有	◎	共有	※	②（または①）
個別契約					個有	◎	共有	◎			共有	◎	①（または②）

（凡例　個有：それぞれの各契約にしか定めのない場合、共有：数種の契約に同じ事項につき異なる定めのある場合、◎＝適用される契約）

（注）　ただし、特約が個別契約と同時または個別契約締結後に個別契約を修正する意味でなされた場合は特約が◎となる（※印）。

㈧　注文書付属約款　海外においては、取引基本契約書の締結はせずに、Purchase Order（あらかじめ裏面に約款を記載してある購買注文書）による方法が多用されている。わが国でも、商社取引や、メーカーであっても単発取引においては裏面約款を伴った注文書や注文請書[(1)]で取引を行うことがある。

問題なのは、取引においてこれらの注文書・注文請書を常用しているような買主で、かつ取引基本契約の中に、注文書・注文請書等の個別契約を優先適用されるような条項のある場合には、基本もしくは個別契約の内容検討時や契約交渉時に、裏面約款の適用を排除しておくことも必要となろう。

【記載例６】　売主にとって検討すべき条文例と変更例

〔検討すべき条文例〕

本契約に定める事項は、甲乙間の個々の取引契約（以下個別契約という）に共通的に適用されるものとする。

ただし、個別契約の内容が、本契約と異なるときは、個別契約の定めを適用する。

（変更例①）

本契約に定める事項は、甲乙間の個々の取引契約（以下個別契約という）に共通的に適用されるものとする。

ただし、個別契約の内容が、本契約と異なるときは、個別契約の定めを適用する。なお、個別契約の定めには、注文書・注文請書記載の標準約款は含まないものとする。

（変更例②）

（検討すべき条文例の、ただし書以下について）

ただし、個別契約の内容が、本契約と異なるときは、本契約記載の条項が優先される。

（変更例③）

（変更例②に追加）

本契約に定める条項の変更は、書面によりかつ甲乙間で記名押印した場合を除き有効とはならない。

【記載例７】　適用範囲

例１（適用範囲）　本契約に定める諸条項は、本契約の有効期間中、本契約に基づき、甲乙間に締結される甲（＝買主）の資材部が発注するすべての個々の売買等に関する契約（以下個別契約という）に適用されるものとする。

例２（適用範囲）　本契約に定める事項は、別に定めある場合を除き、納入部品に関する甲乙間の個々の取引契約（以下個別契約という）のすべてに適用する。

例３（適用範囲）　乙（＝売主）は、本契約の定めるところに従い継続的に甲（＝買主）が発注した部品、材料、副資材および用品（以下目的物という）を甲に売り渡し、甲はこれを買い受ける。

２　本契約の規定は目的物に関する甲乙間の個々の取引契約（以下個別契約という）に適用する。

例４（基本契約）　本契約に定める事項は、本契約の有効期間中、甲乙間に締結される商品の売買契約（以下個別契約という）いっさいにつき、共通に適用される。ただし、個別契約において、本契約と異なる事項を定めたときは、当該個別契約の定めが優先して適用される。

例５（適用）　本契約は、甲乙間において締結される甲（＝買主）を発注者とする売買または請負に関する個々の取引（以下個別契約という）の基本となる事項および共通する事項についての甲乙間の合意を規定するものとし、個々の取引に特有の事項については、そのつど個別契約の定めるところによる。

２　本契約の条項の適用の排除または本契約と異なる事項の合意は、甲乙両者の書面によらない限りその効力を有しないものとする。

例６（基本契約と個別契約）　本契約は、甲（＝買主）が乙（＝売主）から製品、サービスを購入するための基本的事項を定めたものであり、その有効期間中に甲乙間で締結される第○条所定の個々の契約（以下個別契約という）のすべてについて適用される。

乙は、本契約（これに対する補足契約書がある場合、これを含む）および個別契約の定めに従い、甲に対し、製品、サービスを供給・提供するものとする。

例7（優先適用）　本契約、補足契約および個別契約の内容が相違する場合には、⑴個別取引契約書による個別契約、⑵補足契約、⑶基本契約、⑷注文書／注文請書による個別契約の順位で適用するものとする。

なお、注文書の標準契約条項は支払方法の記載を除き適用されないものとする。

例8（基本契約と個別契約）　本契約は、次条以下に規定するすべての個別契約（本契約締結前より存する個別契約も含む。以下同じ）に適用される。

2　個別契約の内容が、本契約と異なるときは、個別契約が優先する。

例9（基本契約と個別契約）　本契約は特約のない限り甲乙間のすべての個々の取引（以下個別契約という）について適用する。

2　甲および乙は個別契約において本契約の定める条項の一部の適用を排除し、または本契約と異なる事項を定めることができる。

例10（適用）　甲乙間に個々に締結されるすべての物品または役務の購入（開発、製造、修理等を委託する場合を含む）にかかる取引契約およびこれに付帯する契約（以下個別契約という）は、別段の特約のない限り、本契約に基づき締結されかつ履行されるものとする。

例11（適用範囲）　本契約は、甲（＝買主）の本社および各事業所の資材部門から乙（＝売主）に対し発注されたすべての目的物（無体物、役務等を含み以下資材という）に関する甲乙間個々の取引契約に適用される。

例12（定義および適用範囲）　本契約において、目的物とは乙（＝売主）が製作（加工・組付けを含む。以下同じ）し、甲（＝買主）に納入する次の各号のものをいう。

⑴　材料

⑵　部品

(3)　製品

2　本契約に定める事項は、別に定めのある場合を除き、目的物に関する甲乙間の個々の取引契約（以下個別契約という）のすべてに適用する。

Note

(1)　注文書付属の約款例

契約条件：本注文書に基づく〇〇株式会社（以下買主という）の申込みを売主が承諾されることにより成立する売買契約（以下本契約という）の条件は、以下の条項の適用（以下本契約条件という）を受けるものとする。

1　買主が売主に発注する本注文書記載の物品（以下物品という）の所有権は、買主が本注文書記載の指定場所で売主から物品を受領したときに売主から買主に移転する。

2①　売主は買主に引き渡した物品に第三者の権利設定または権利の申し出のないこと、もしくは特許権、意匠権、商標権等の知的財産権等の第三者の権利侵害がないことを買主に保証する。

②　前項の権利侵害により買主または第三者に損害を与えた場合、売主は損害を賠償するとともに、売主の費用と責任においてこれを解決しなければならない。

3　本注文書および本契約条件が、別に定める契約に抵触する場合、本注文書および本契約条件の記載が優先する。

4①　売主は、本注文書および本契約条件に基づく売主の債権または債務を、買主の事前の書面による承諾なくして第三者に譲渡してはならない。

②　売主が、本注文書および本契約条件に基づく債務の履行を第三者に請け負わせようとするときは、買主の事前の書面による承諾を得なければならない。

5①　売主は、定められた納入期限内に買主があらかじめ指定した場所に納入する。

②　本注文書に別段の記載がないときは、梱包費、運賃、荷おろし費用、保険料等納入にかかる費用の一切は、売主の負担とする。

6①　売主の責めに帰すべき事由によるか否かにかかわらず、売主が納入期限内に物品を納入できないときは、原則として、買主は、物品を受領しない。ただし、その旨および納入予定日を事前に買主に通知し、買主が承諾した場合は、この限りでない。

②　前項ただし書の場合で売主の責めに帰すべき事由により納入期限内に物品を納入できないときは、売主は買主の被った損害を補償する。

7①　売主は、物品が買主の指示、仕様書、図面またはあらかじめ買主の承認した仕様書、図面等に合致するなど、物品に機能上の瑕疵のないことを買主に保証する。

②　前項の瑕疵があることが明らかになったときは、買主は、代品の納入、物品の修補およびその納入日を指示することができる。

③　前項①の瑕疵により、買主または第三者に損害を与えた場合、売主は損害を賠償するとともに、売主の責任と負担においてこれを解決しなければならない。

8　買主または買主の顧客は、売主の事前の承諾を得たうえで、売主の事業所、倉庫等において物品等の検査をすることができる。

9①　売主は、買主の物品受領後、買主が売主に送付する購入明細書および買主に届け出た銀行口座等の必要項目を確認し毎月20日までに各購入明細書の請求書を買主の経理部○○課あてに提出する。

②　買主は前項の請求書を受領した月の翌月末までに売主の銀行口座に振り込んで支払う。

10①　買主は、売主に対する書面の通知をもって、本契約の全部または一部を解約できる。その場合、売主の被った損害について買主にその賠償を請求できる。

②　買主および売主が、本注文書および本契約条件の各条項に違反したときは、相手方は本契約を解約することができる。この場合、当該相手方は、その損害を請求できる。

11　本注文書または本契約条件に定めのない事項もしくは解釈上の疑義については、買主と売主が誠意をもって協議のうえ、解決する。

5　個別契約の内容（第３条）

(1)　基本条文

個別契約の内容については、次のように表示される。

第３条（個別契約の内容）

個別契約には、発注日、目的物の名称、数量、引渡期日、引渡場所、検収完了期日、価格、支払期日等を定めるものとする。

⑵　ポイントと記載例

(イ)　個別契約の内容　　商品の品名、数量、価格、引渡日[(1)]、引渡場所など個別契約ごとに定めるものもあるが、支払方法などのように各個別契約に共通の事項もあり、これらについては、あらかじめ買主・売主間で定めておくのが一般的である。

個別契約の内容としては、次のようなものがあげられる。

〔表３〕　個別契約の内容

ア．発注年月日
イ．目的物の名称、仕様、数量、納期、納入場所、梱包方法、検査その他の受渡条件
ウ．目的物の代金の額、単価、決済日、決済方法
エ．原材料等支給品の名称、数量、引渡日、引渡場所、引渡条件
オ．支給品の有償・無償の別、有償の場合の代金の額、単価、決済日、決済方法

(ロ)　下請法[(2)]と発注書面　　下請法では発注書面の内容を規定しているので、下請事業者に対して製造委託・修理委託・情報成果物作成委託および役務提供委託を行う場合には個別契約の中身について注意が必要である。

【記載例８】　個別契約の内容

例１（個別契約）　　個別契約においては次の各号に掲げる事項を定めるものとする。ただし、各個別契約に共通する事項については、甲乙協議のうえ、あらかじめ定めることができる。

(1)　発注年月日
(2)　品番・仕様
(3)　数量
(4)　単価・代金額
(5)　納期
(6)　納入場所
(7)　支払方法
(8)　受渡条件

⑼　その他、細部約定事項

例2（個別契約の内容）　乙（＝売主）から甲（＝買主）に売り渡される商品の品名、数量、単価、荷姿、引渡条件、支払条件その他売買につき必要な条件は、この契約に定めるものを除き、個別契約をもって定める。

例3（個別契約）　乙（＝売主）が甲（＝買主）に納入する注文品の品名、数量、単価、納期、納入場所等、個別契約に必要な条件は、本契約に定めるものを除き、個別契約のつど定める。

例4（個別契約の内容）　甲および乙は、個別契約において発注年月日、目的物の名称、仕様、数量、納期、納入場所、受入検査その他の引渡条件および代金の額、単価、支払日、支払方法等を、また、甲（＝買主）が原材料を支給する場合には、その品名、数量、引渡日、引渡場所その他の引渡条件および代金の額、単価、支払日、支払方法等を定める。

例5（個別契約）　甲（＝買主）の乙（＝売主）に対する発注は、甲の発行する注文書、またはこれに準ずる書面に、発注年月日、号口（号機）、品番（品名）、仕様、数量、単価、納期、納入場所、決済方法等を記載して乙に交付して行う。

例6（個別契約の条件）　個別契約には、発注年月日、品名、仕様、数量、納期、納入場所、検査その他の受渡条件、代金の額、単価、決済日、決済方法を定めるものとする。

2　製作物供給契約および委託加工契約にあっては、支給すべき原材料、部品の品名、数量、引渡日、引渡場所、その他の引渡条件、有償無償の別、有償の場合の代金の額、決済日、決済方法などを定めるものとする。

3　前2項にかかわらず、個別契約の内容の一部を甲乙協議のうえ、あらかじめ付属協定書に定めることができる。

例7（個別契約の条件）　個別契約には、発注日、目的物の名称、数量、引渡期日、引渡場所、検査完了期日、支払代金額、支払期日その他の取引条件を定める。ただし、各個別契約に共通な事項については、あらかじめ別に定めることができる。

例 8（個別契約）　乙（＝売主）が甲（＝買主）に納入する注文品の品名、数量、単価、要求される品質水準、約束納期、納入場所その他当該個別契約の遂行に必要な条件は、この契約に定めるものを除き、個別契約のつど甲の指定する様式により別途決定する。

(注)　例 1 の 9 号の「その他、細部約定事項」には検査の方法、初品検査書や検査結果一覧表の添付、梱包方法、などが定められる。

例 1 および例 7 のただし書、例 6 の第 3 項については、下請事業者に対しては、125頁の【記載例37】支払方法等についての書式例が想定される。

例 4 の後段、例 6 の第 2 項は、支給品に関する個別契約の内容を規定する。

⑶　関連法令

下請代金支払遅延等防止法第 3 条の書面の記載事項等に関する規則（改正平成21年 6 月公正取引委員会規則第 3 号）1 条＝ 3 条の書面の記載内容

「①　親事業者および下請事業者の商号、名称等であって親事業者および下請事業者を識別できるもの

②　製造委託等をした日、給付や提供される役務の内容ならびにその給付を受領する期日や役務を提供する期日・期間および場所

③　給付内容を検査する場合は、その検査を完了する期日

④　下請代金の額および支払期日

⑤　下請代金の全部または一部を手形で交付する場合は、その手形の金額および満期

⑥　下請代金の全部または一部を、親事業者、下請事業者および金融機関の間の約定に基づき、下請事業者が債権譲渡担保方式またはファクタリング方式もしくは併存的債務引受方式により金融機関から当該下請代金の額に相当する金銭の貸付けまたは支払いを受けることができることとする場合は、次に掲げる事項

㋑　当該金融機関の名称

㋺　当該金融機関から貸付けまたは支払いを受けることができることとする額

㋩　当該下請代金債権または当該下請代金債務の額に相当する金銭を当該金融機関に支払う期日

⑦　原材料等を親事業者から購入させる場合は、その品名、数量、対価および引渡しの期日ならびに決済の期日および方法」

下請代金支払遅延等防止法2条＝定義

Note

(1)　新潟地長岡支判平成12年3月30日判タ1044号120頁

継続的供給取引において、買主（原告：スキーウェア製造業者）が提示した希望納期に売主（被告：裏地供給業者）の納品が遅れたことを原因として、買主の製造が遅延し納入先から買受契約を解除されるなどの損害を被ったとして売主に損害賠償を求めた訴訟について、個別発注が発注日から約1カ月後を希望納期とした発注書の発行がされていた場合には、希望納期の趣旨は、債務履行の確定期限ではなく、個々の発注ごとに事情の許す限りその期限までに納品する目安の期日と考えるのが相当であり、納品できない特段の事情（ナイロンブームによる需要の逼迫）があるときは、売主が納期から遅れを少しでも解消すべく善管注意義務を果たして納品している限り、納期に遅れたとしても直ちに債務不履行責任を負うことにはならない。

(2)　滝川宜信『リーダーを目指す人のための実践企業法務入門〔全訂版〕』156頁以下（民事法研究会・平成30年）

「下請法は、規模の大きい会社（親事業者）が規模の小さい会社や個人事業者（下請事業者）へ、製品の製造を委託したり、あるいは機械・設備等の修理を委託する場合（これを「下請取引」と呼ぶ)、一般的に弱い立場にある下請事業者を保護するため、親事業者の義務や禁止行為を定めた法律である。……

資本金が一定額を超える事業者が、資本金が一定額以下の事業者と下請取引を行う場合、下請法の適用対象となる。

①　製造委託・修理委託および政令で定める情報成果物作成・役務提供委託

・資本金が3億円を超える事業者と、資本金が3億円以下の事業者あるいは個人との間の取引

・資本金が1000万円を超え3億円以下事業者と、資本金が1000万円以下の事業者あるいは個人との間の取引

なお政令で定めるものは情報成果物ではプログラム、役務では運送、物品の倉庫における保管、情報処理の4業種となっている（下請代金

支払遅延等防止法施行令１条)。

② 情報成果物作成・役務提供委託（政令で定めるものは除く）

・資本金5000万円を超える事業者と、資本金が5000万円以下の事業者あるいは個人との間の取引

・資本金１千万円を超え5000万円以下の事業者と、資本金が1000万円以下の事業者あるいは個人との取引」

6　個別契約の成立（第４条）

⑴　基本条文

個別契約の成立については、次のように表示される。

> **第４条（個別契約の成立）**
>
> 個別契約は、甲（＝買主）が原則として所定の注文書により乙（＝売主）に発注し、乙がこれを承諾することによって成立する。
>
> 2　乙は、甲の発注内容に疑義または異議ある場合には、注文書到達後10日以内に申し出るものとし、申し出のない場合は、甲の発注どおり承諾したものとする。

⑵　ポイントと記載例

(イ)　注文書による契約の成立　個別契約は、買主の申込みに対する売主の承諾により口頭や電話でも成立するが、口頭や電話による発注は、発注内容が不明確になりトラブルが生じやすいので、必ず注文書によるなど記録が残る発注にすべきである（下請法３条)。

一般に注文書は課税文書に該当しないが、「請負に対する注文書であって、かつ、見積書に基づく注文書」は、見積りという契約の申込みに対する承諾事実を内容とするものであるので、契約書に該当し買主の印紙貼付が必要となる。また、これらに該当しない場合でも、「請負に対する注文書に対する注文請書」は課税文書となり、売主は相当額の印紙を貼付しなければならないので留意する必要がある（印紙税の課税標準および税率については〔別表

第一　課税物件表〕２号文書)。

また、買主の注文書による発注に対して、「売主が注文請書を買主に交付することにより成立する」という条文になっている場合は、上掲の理由で、印紙貼付が必要となるので、節税の観点からは、注文請書を発行するシステム自体を変更した方がよいだろう（なお、次項(ロ)の電子商取引の場合、承諾の通知が買手に到達し契約が成立したとしても、電子文書は、印紙税本来の課税対象である「文書」とはカテゴリーが異なるため非課税とされる。また電子文書である「当該承諾通知」を紙に印刷する場合も、相手先が電子文書を原本として認める（紙は単なる「控え」として取り扱う）ならば、紙は課税対象とはならないとされる)。

個別契約の成立に関する条文の多くは、取引の迅速化・明確化のため改正民法523条２項の規定に対する特約を設けているが、申込みを断るまでの期間が、売主において検討できる期間内にあれば問題ないだろう（製品の性質、内容、数量等により異なるが、一般的には売主の営業日で５日以上が適当であろう)。

なお、改正民法527条では、買主は、売主が承諾の意思表示をしてこなくても、売主が製作の準備に入っていたり、製作に着手していたような承諾の意思表示と認めるべき事実があったときは、契約は成立したものとみなされるし、また、商法509条においては、商人が平常取引をなす者から自己の営業の部類に属する商品の注文を受けた場合、遅滞なく諾否の通知を発すべき義務を課し、売主の諾否の通知が注文書交付後相当期間経過したような場合は売主が承諾したものとみなされる。

もっとも、「契約は発注書の発行により発効する」ような特約は、売主にとって申込みを断れないので問題も多く、実務の状況等からどうしたらよいか検討する必要がある。なお、「ジャスト・イン・タイム[(1)]方式」を採用している場合のように売主にとって特別の継続的取引関係がある場合は、このような特約があっても問題は少ないと思われる。

(ロ)　企業間電子商取引（B to B）における契約の成立　EDIとは、Electronic Data Interchange（電子データ交換）の略称であり、コンピュータによる企業間のオンライン受発注システムのようなケースが典型例とされており、企業間取引（B to B; Business to Business）に念頭が置かれている。その後のインターネットの普及により、インターネット技術を活かしたWeb-EDIサービスが提供されるようになった。近年のBtoBにおいては、画像データ交換の点、受注処理の利便性を高め通信コストを削減する観点から、Web-EDIへの移行がみられる。

電子商取引によって隔地者間で意思の伝達を行う場合、郵便等とは異なり文書そのものが相手方に伝達されるのではなく、単に電子的データが通信回線を通して相手方に伝達されるだけで、その媒体が送付されるのではなく、また送付されると即時に相手方に到達する点でも郵便と違っている。

改正前民法は、隔地者間の契約については承諾の通知を発したときに成立するとする（発信主義、改正前民法526条）。しかしそれは、承諾の通知が相手方に到達するまで数日間を要した立法当時の郵便事情等を前提に規定されており、ほとんど瞬時に相手方に意思表示の通知が到達する電子商取引においては、ルールとして適切ではない、との指摘がされていた[(2)]。

そのため、平成13年に「電子消費者契約及び電子承諾通知に関する民法の特例に関する法律（電子契約法[(3)]）」が制定され、電子データによる承諾の通知（電子承諾通知）が相手方に届いた時点で契約が成立するとされた。この法律によって今後の電子商取引においては到達主義が採用され、発信主義は排除されることになった（同法4条）。

そして、高度な通信手段が整備された今日では、あえて隔地者間の特例を設ける必要性もないことから、改正民法は発信主義を定めた規定（改正前民法526条）を削除し、対話者間、隔地者間を問わず、また電子契約とそれ以外の契約を問わず、承諾の通知が申込者に到達した時点で契約が成立するとした（改正民法97条1項）。

【記載例9】　売主にとって検討すべき条文例と変更例

〔検討すべき条文例1〕

個別契約は、すべて甲（＝買主）が注文書を発行することにより効力を生じる。

（変更例）

個別契約は、甲が、品名、数量その他の事項を記載した注文書により申し込み、乙（＝売主）がこれに承諾することにより成立する。

〔検討すべき条文例２〕

２　乙（＝売主）が前項の注文書到達後、５日以内に異議の申し出がない場合は、甲（＝買主）の注文書の内容を承諾したものとみなす。

２　乙が前項の注文書到達後、甲の５営業日以内に異議の申し出がない場合は、甲の注文書の内容を承諾したものとみなす。

（２の変更例）

２　乙が前項の注文書到達後、乙の５営業日以内に異議の申し出がない場合は、甲の注文書の内容を承諾したものとみなす。

（注）検討すべき条文例に関して、単に５日以内とすると、通常でも土日をはさむと正味３日、長期連休では注文の可否検討手番がなくなる可能性がある。また、甲の５営業日としても、この場合、受注可否を検討するのは乙（＝売主）であり、甲ではなく乙の検討期間を基本にすべきであるので、変更例のようにしたい。

【記載例10】　個別契約の成立

例１（個別契約の成立）　個別契約は、甲（＝買主）が原則として、毎月所定日までに翌月１カ月間の納入部品について、所定の書面（部品注文書または部品納入指示書等）により乙（＝売主）に発注し乙がこれを承諾することにより成立する。

２　前項にかかわらず書面交付の日より７日以内に乙の諾否の回答がないときは、乙は甲の申込みを承諾したものとする。

例２（個別契約の成立）　個別契約は、甲（＝買主）より前条の取引内容を記入した甲の所定の注文書を交付し、乙（＝売主）が甲あてに注文請書を提出するか、甲の注文書交付の日から乙の５営業日以内に乙から受諾拒否の申し出をしないとき成立する。

例３（個別契約の成立）　個別契約は注文書その他注文内容を明示した文書による甲（＝買主）からの申込みに対し、次のいずれか早い時期に成立する。

(1)　乙（＝売主）が甲あてに注文請書で受諾の通知をしたとき
(2)　申込み後7日以内に、乙から受諾拒否の申し出がないとき

例4（個別契約の成立）　甲（＝買主）の乙（＝売主）に対する発注は、甲の発行する注文書を乙に交付して行い、乙は、注文請書または口頭で承諾することにより受注する。乙は、受注しない場合、または、甲の発注の内容に異議がある場合は、注文書受領後、乙の5稼働日以内にその旨を申し出るものとし、乙に特段の意思表示がない場合、甲の発注内容どおりに承諾したものとする。

例5（個別契約の成立）　個別契約は、目的物に関する取引の内容を記載した甲（＝買主）所定の注文書等により甲が乙（＝売主）に申込みを行い、乙が注文請書または口頭もしくは電話等により受諾の通知をしたときに成立するものとする。

2　前項の注文書を受領した後乙の5営業日以内に、乙から甲に対する文書による承諾拒否の通知その他別段の意思表示がない場合は、乙が甲の注文を受諾したものとみなす。ただし、本製品の仕様変更前後の発注方法については、別途協議する。

3　甲乙間で「企業間電子商取引支援サービス利用に関する覚書」を締結したときは、個別契約の成立は当該覚書の定めによるものとする。

例6（個別契約の成立）　個別契約は、甲（＝買主）が乙（＝売主）に所定の注文書を交付して注文し乙がこれを承諾することによって成立する。ただし、注文書の交付後乙の3営業日以内に乙が当該注文の承諾拒否の通知をしないときは、当該注文を乙が承諾したものとみなし、甲の注文どおりに個別契約が成立する。

2　甲乙間で電子データ交換システムを利用する場合には、システム上の通知をもって前項の注文書の交付とみなす。

3　甲は乙に対し、毎月一定の日に、翌月を含む3カ月間における各月ごとの目的物の所要量の予定を通知する。

例7（個別契約の成立）　個別契約は、甲（＝買主）が所定の注文書または注文データをもって契約の申込みを行い、乙（＝売主）がこれを承諾することにより成立する。

2　乙は、甲に対し注文書受領後７営業日以内または注文データ受信後７営業日以内に注文に対する諾否を通知するものとする。なお、当該期間内に乙が諾否の通知を行わない場合には、乙がこれを承諾したものとみなすものとし、当該注文にかかる個別契約は注文日に遡って成立する。

例８（本契約の変更または補充）　本契約は、必要に応じて書面による甲乙間の合意により変更または補充されることがある。この場合、この合意は本契約と一体のものとなる。

2　電子データ交換サービスを利用する場合には「電子データ交換サービス利用に関する覚書」締結により、前項の変更または補充がなされたものとみなす。

（個別契約）　甲（＝買主）は、原則として注文書を発行することにより個別契約の申込みを行う。

2　前項の申込みは、原則として甲の定める様式の注文書を用いて行う。個別契約は、乙（＝売主）が甲の申込みを承諾することにより成立する。

例９（個別契約の成立）　個別契約は、甲（＝買主）が前条の取引内容を記載した注文書を乙（＝売主）に交付し、乙がこれを承諾することによって成立する。

2　乙は甲の注文に対し乙の○稼働日以内にその諾否を甲に通知するものとする。なお、乙において甲の注文に異議がある場合、甲および乙はその処置につき協議するものとする。

3　第１項の規定にかかわらず、甲は別に乙と協議のうえ、前条の取引内容を記録した電磁的記録媒体を乙に交付し、または前条の取引内容を通信回線を通じて乙に通知することにより、注文書の交付に代えることができるものとする。ただし、この場合においても、乙が電磁的記録媒体の交付または通信回線を通じた通知に代えて注文書の交付を希望する場合には、乙は、甲にその旨通知するものとし、以後第１項の規定に従うものとする。

（注） 例２および例９の前条の取引内容とは、発注日、目的物の名称、数量、引渡期日、引渡場所、検収完了期日、価格、支払期日などである。

⑶　関連法令

改正民法522条＝契約の成立と方式

同 523条＝承諾の期間の定めのある申込み

同 524条＝遅延した承諾の効力

同 525条＝承諾の期間の定めのない申込み

同 97条＝意思表示の効力発生時期等

改正商法508条＝隔地者間における契約の申込み

商法509条＝契約の申込みを受けた者の諾否通知義務

印紙税法（別表第１　課税物件表）２号文書＝請負に関する契約書

同 20条１項＝印紙納付に係る不納税額があった場合の過怠税の徴収

下請代金支払遅延等防止法３条＝書面の交付等

Note

⑴　Ⅰ「７　個別契約の変更」⑵㈡（46頁）参照

⑵　経済産業省情報経済課『電子消費者契約及び電子承諾通知に関する民法の特例に関する法律逐条解説』〔１〕第１条（趣旨）２。解釈⑵（平成13年12月）

⑶　民法改正により、電子契約法の到達主義を定めた規定（同法４条）が削除されるのに伴い、法律名は「電子消費者契約に関する民法の特例に関する法律（電子消費者契約法）」に変更された。

７　個別契約の変更（第５条）

⑴　基本条文

個別契約内容の変更については、次のように表示される。

> **第５条（個別契約の変更）**
>
> 甲（＝買主）は、仕様変更その他必要があると認めたときは、書面による通知のうえ、個別契約の内容を変更することができる。

> 2　前項の変更により、乙（＝売主）に損害および特別の費用が発生した場合は、乙の申し出により甲乙協議のうえ、補償内容を決定する。

⑵　ポイントと記載例

(イ)　個別契約内容の変更　　基本条文では、買主の個別契約に対する変更しか認められていない。仕様は買主が決定するのなら、やむを得ないかも知れない。しかし、このような場合であっても、売主としては、変更後の仕様内容、仕様変更期日、変更前後の製品の納入や納入数量等のトラブルの発生を防ぐため、買主から書面により通知をもらう必要がある。

一方、売主としても、法律・規格の改変等により材質や仕様を変更せざるを得ない場合もあるので、個別契約を変更できるようにしたい。ところで実務では、売主の要請を受け買主が材質や仕様等の最終承認をするのが一般的であるため、一方的な売主からの通知ではなく「甲および乙は……相手方と協議のうえ」を加えることで目的を果たせるだろう。

なお、売主の数量、納期等の変更については、納入の条項に規定されている（I「8　納入」⑴第2項（49頁）参照）。

(ロ)　個別契約変更時の補償　　買主の急な仕様等の変更は、原材料、仕掛品、完成品などが不要になり、売主にとって損害が発生する可能性があるので、損害補償の条項は必要である。とくに、基本条文の第1項のように買主のみに変更を認めている場合は、売主にとってこの条項が重要となる。

買主からの変更が、不可抗力や買主の販売先の事情など、直接買主の責に帰さない場合も考えられるため、この点からも甲乙協議して補償内容を決定するのが妥当であろう。

また、(イ)の後段のように、売主の変更も認められているなら、買主としても同様に補償を請求するのは当然である。

なお、次項8の「納入」の基本条文では、売主の納入が不可抗力や第三者の責により不可能となった場合も、同様に甲乙協議して乙の負担割合を決めるようになっており、本基本条文との関係でも衡平性が保たれている。

(ハ)　下請法と発注変更　　下請法（同法4条1項1号）上、下請事業者

（＝売主）に発注した後、買主が仕様等が変更になったとして発注分を取り消したり、数量を減じた場合「受領拒否」となる。このような場合、売主が既に原材料を購入していたり、製造に着手している状態で個別契約の変更がなされると、売主が被った損害を賠償しなければならない。

㈡　**ジャスト・イン・タイム方式と下請法**　　ジャスト・イン・タイム方式[(1)]は、①継続的な量産品であって、生産工程が平準化されているものについて双方の合意のうえで導入する、②正式な注文書（月単位の発注書[(2)]）は、事前に十分なリードタイムをとって交付する、③ジャスト・イン・タイムによる納入指示書（いわゆる「かんばん」）は、正式な注文書に記載された納入月日を微調整するため交付するものであるという考え方で運用する等の条件をすべて満たした場合に、下請法上の実施が認められている。

ジャスト・イン・タイム方式においては、下請法上、月単位で売主に交付される発注書が正式の注文書とみなされるので、個別の納入指示書の月度合計数量が発注書の数量より少ない場合には「受領拒否」にあたるとして問題になると取り扱われているが、従来より企業等の実務者から、長期間の継続的取引を月度で区切るのは困難であり、個別の納入指示書による数量の合計が、発注書の数量を下回ることが見込まれるとしても、その差が少なく、かつ、それを次期発注期間に繰り越すとしても下請事業者の不利益にならないと認められるときは、問題ないのではないかという意見もあった[(3)]。

平成11年７月の公正取引委員会の運用見直しにより、個別の納入指示書による納入数量の合計が注文書記載の発注数量を下回った場合には、従来どおりであるものの、それが、ⓐ納入の微調整にとどまり（たとえば、当該発注期間の最終納入予定日が、次期発注期間の最初の納入予定日または当該納入予定日より早い時点に変更された場合などをいう）、ⓑ下請事業者に不利益が生じない場合（たとえば、納入時期がずれることによって、運送・保管費用等が増加するなど下請事業者が損害を被った場合は、その損害額を下請事業者に支払う必要がある）には、下請法上認められる（上記の①～③を満足する）ジャスト・イン・タイム方式においてはやむを得ないものとして認められることになった[(4)]。

【記載例11】　個別契約の変更

例１（個別契約の変更）　甲（＝買主）は、設計変更、生産変更その他甲の都合により個別契約の全部または一部について、変更をすることができる。ただし、乙（＝売主）に損害が生じた場合は、乙の申し出により甲乙協議のうえ、甲は乙に対してその損失を補償する。

例２（個別契約の変更）　甲または乙は、個別契約の内容を変更する場合が生じた場合、速やかに相手方に通知し、相手方と協議のうえ個別契約を変更できるものとする。なお、個別契約を変更する場合、当該個別契約にかかる注文書等を訂正し、または新たにこれらの書面を作成するものとする。

２　個別契約の変更が甲（＝買主）の責めに帰すべき事由によるときは、乙（＝売主）はこれにより被った損害の賠償を甲に請求できるものとし、当該変更が乙の責めに帰すべき事由によるときは、甲はこれにより被った損害の賠償を乙に請求できるものとする。

例３（個別契約の変更）　甲および乙は、個別契約の内容を変更する必要が生じた場合、双方協議のうえで個別契約を変更できるものとする。この場合、甲（＝買主）は変更された内容につき新たに前条の規定に従って注文書等による個別契約の変更手続を行うものとする。

２　前項の変更により損害が生じた場合の取扱いは次の各号による。

⑴　甲の責めに帰すべき事由により乙が損害を被った場合、乙は甲に対して損害賠償の請求を行うことができる。

⑵　乙（＝売主）の責めに帰すべき事由により甲が損害を被った場合、甲は乙に対して損害賠償の請求を行うことができる。

⑶　甲乙双方に責めがある場合または双方に責めがない場合には、甲乙協議のうえ定める。

例４（個別契約の変更）　甲または乙は、目的物の銘柄、等級、仕様、数量、納期等の変更の必要があると認めたときは、相手方の同意を得て、個別契約の内容を変更することができる。ただし、これにより甲または乙に損害が発生した場合は、甲乙協議のうえ、補償内容を決定する。

2　個別契約の変更は、原則として文書による。

例5（個別契約の変更）　甲（＝買主）が個別契約を変更しようとするときは、変更注文書または変更注文データにより当該変更の意思表示を行うものとし、この成立は前条を準用する。

例6（個別契約の変更）　甲（＝買主）は、注文の内容を変更または取消しをする場合、その事由を記した注文書またはこれに準ずる書面で乙（＝売主）に通知する。

2　甲は、甲乙間で各々の生産システムの効率化のため、双方の合意に基づき、いわゆる「かんばん方式」を採用した場合、「かんばん」によりそのつど、乙に対し納入期日または納入期日ごとの納入数量を微調整することができる。

3　甲は、前2項により乙が損害を被った場合に、乙の申し出により甲乙協議のうえ補償するものとする。

例7（仕様書等の変更）　甲（＝買主）は、必要があると認めたときは、仕様書等を変更することができる。

2　甲は、仕様書等の変更があった場合、速やかに乙（＝売主）に通知するものとし、乙はこれに基づき遅滞なく必要な措置を講ずるものとする。

3　乙は、甲が提示した仕様書等について変更を希望する場合は、速やかに甲に申し出て協議を行うものとする。

（注）　例5の前条とは個別契約の成立条項をいう。

例6の第2項は、ジャスト・イン・タイム方式による個別契約の変更を規定する。

例7の第3項は、売主からも仕様変更が可能な条文となっている。

⑶　関連法令等

下請代金支払遅延等防止法4条1項1号＝親事業者の遵守事項

下請代金支払遅延等防止法に関する運用基準第4-1受領拒否（改正平成28年12月公正取引委員会事務総長通達第15号）

Note

(1)　「かんばん方式」とも呼ばれる。トヨタ自動車が、昭和50年代よりムリ、ムダ、ムラを排除するためジャスト・イン・タイムに生産することを目的として確立した独自の生産方式である。「必要なときに、必要な量だけつくる」ことを基本理念に、限りなく在庫ゼロをめざすものである。最近では、電子かんばん方式として、コンピュータネットワークを使った受発注システム、生産管理・物流管理システムの基本となっている。

(2)　下請法3条（書面の交付）に基づく発注書面となるものである。

(3)　佐藤芳雄ほか『下請法の運用上の問題と今後の見直しの方向―企業取引研究会報告書』10頁（公正取引委員会・平成10年6月）

(4)　中泰彦・小室尚彦「下請法の運用の見直しについて」公正取引585号14頁

8　納入（第6条）

(1)　基本条文

納入については、次のように表示される。

第6条（納入）

乙（＝売主）は納期に甲（＝買主）の指定する場所へ、甲の指示する数量を甲所定の納入手続により納入する。

2　乙は納期に所定の数量の全部または一部を納入できない事情が生じたときまたはそのおそれのあるときは、ただちにその理由および納入予定時期等を甲に申し出て、甲乙協議のうえ、対策を決定し実施する。

3　前2項により甲が損害を被ったときは、甲は、乙に対し、その補償を請求できる。ただし、その損害につき甲の責めに帰すべき事由があるときは、その範囲において乙は義務を減免されるものとし、不可抗力または第三者の責めに帰すべき事由があるときは甲乙協議のうえ、乙の負担割合を決定する。

(2)　ポイントと記載例

ポイントと記載例については、Ⅱ「7　納入」(2)（324頁）も併せて参照されたい。

(イ)　**商品の納入**　　商品の納入場所や納入手続については、製品の仕様と同様、買主の指示に従うことで基本的には問題ない。

(ロ)　**納入遅延時の措置**　　基本条文第2項は納入遅延が発生したり、発生するおそれのあるときの措置について定めている。この場合、買主の生産計画に重大な影響を及ぼすことが考えられるので買主の一方的な指示に従わねばならないとしている条文もあるが、できれば、両者で話し合って決めたい。

(ハ)　**誤納・納入遅延時の賠償請求**　　基本条文第3項のように、売主の帰責事由だけが売主の賠償責任になっていれば問題はないが、売主は、売主の責任に帰さない納入遅延や納入不能まで損害賠償責任を負うこととなっていないかチェックする。なお、買主の責めに帰すべき事由とは買主からの支給品の納期遅れや不可能な納期指定による場合などがあげられる。

(ニ)　**誤納・納入遅延時の違約金**　　目的物の納入が遅れた場合、売主が買主に対し、1日あたりいくら支払う、あるいは目的物を納入できなかった場合にいくら支払うという約束を遅延損害金という。

あらかじめ、債務不履行があった場合を想定して、請求すべき遅延損害金を約定しておくことは、債務不履行があった場合でも損害額を立証せずにすむことと、定められた日での履行を確保することになるので有用である。とくに、買主としても日程が遅れると後工程に重大な支障のでるような場合は、遅延損害賠償条項の挿入も検討したい。

ただし、買主が経済的強者の場合、見込まれる損害額と遅延損害金の額が大きく相違するようなときは、優越的地位の濫用にもなりかねない[(1)]。

遅延損害金の性格は、損害賠償額の予定（改正民法420条3項）であったり、あるいは損害賠償額の最低額を決めるものであったり、賠償額の損害は別に立証して賠償をさせる違約罰であったりして明確ではない。そこで、民法は争いを避けるため、当事者の意思が明らかでないときは、違約金は賠償額の予定と推定するとした。

したがって、遅延損害金の性格がどれにあたるかを明確に定め、その金額についても絶対額で決めておくか、計算できるようにしておく必要がある。当事者が、賠償額の予定とは異なる違約罰の性質を有することを証明し、その結果、損害賠償額の予定ではなく、違約金ということになれば、違約金の他に実損の賠償を請求することになったり、違約金を超える実損部分の賠償を請求しうることとなる。(2)

㈭　**不可抗力**　　買主提示型では、不可抗力について、時として売主が責任を負うような条文になっている場合も多く、もし負うとしても特定し、かつその範囲をできるだけ小さくしておきたい。できれば、損害賠償責任を個々の事例に基づき、当事者で協議して決めるように変更しておいた方が現実的である（不可抗力を売主の免責とする場合は、Ⅱ「8　不可抗力免責」(332頁) 参照)。

【記載例12】　売主にとって検討すべき条文例と変更例

〔検討すべき条文例1〕

乙（＝売主）がその責めに帰すべき事由により納入を遅延したときは、乙は、甲（＝買主）に対し違約金を支払う責めを負うものとする。

（1の変更例①）

乙がその責めに帰すべき事由により納入を遅延したときは、乙は、甲に対し甲の被った損害を賠償する責めを負うものとする。

（1の変更例②）

乙がその責めに帰すべき事由により納入を遅延したときは、甲は第○○条および第○○条の規定によるほか、以下に定める遅延金を乙に請求することができる。

遅延金の額は、納期の翌日から目的物を受領した日までの日数（以下遅延日数という）1日につき契約金額の履行遅滞部分の相当額の2000分の1とする。

〔検討すべき条文例2〕

乙（＝売主）は、甲（＝買主）の責めに帰すべき事由による場合を除き、納入部品を納期に納入できなかったため生じたいっさいの損害を賠償しなければならない。

（2の変更例）

乙は、乙の責めに帰すべき事由により納入部品を納期に納入できなかったために生じたいっさいの損害を賠償しなければならない。なお、不可抗力など乙の責めに帰すべきことができない事由がある場合には、甲乙協議して対応を決定するものとする。

（注）　1の変更例②の文中の第○○条および第○○条には、損害賠償の条項および契約解除の条項が入る。

【記載例13】　納　入

例1（引渡し）　乙（＝売主）は、引渡期日、数量その他個別契約に定める取引条件に従って甲（＝買主）に部品等を引き渡す。

2　乙は、前項の引渡しをすることのできない事由を生じたとき、またはそのおそれがあるときは、ただちにその事由、引渡予定日、対策等を甲に申し出て、その指示に従う。

例2（納入）　乙（＝売主）は、納入部品を納期に個別契約で定めた納入場所に納入するものとする。

2　乙は納期に納入部品の全部または一部を納入できない事由が発生したとき、またはそのおそれがあるとき、事前にその事由、納入予定を甲（＝買主）に申し出るとともに、甲の必要とする処置に協力する。

3　乙の責めに帰すべき事由により、納期に目的物が納入されず、甲に損害が発生した場合は、乙はその損害を甲に賠償するものとする。

例3（納入）　乙（＝売主）は、甲（＝買主）の定める手続に従い、甲の要求する必要書類を添付して甲の指定した場所に注文品を納入する。

2　乙は、甲が指示または承諾した場合を除き、過少、分割、または併合して納入することはできない。

3　甲は納入された注文品について、品名、数量、荷姿および第1項記載の必要書類の有無等を確認のうえ、受領書を乙に交付する。

4　乙は納期前に注文品を納入する場合、あらかじめ甲の承認を得なければならない。

5　乙は、納期に注文品を納入することができない場合、事前にその理由、納入予定日等を申し出て、甲の指示を受けなければならない。

6　甲は乙の責めに帰すべき事由により、納期遅延となり、その結果、損害を被ったときは、乙はその損害を甲に賠償する。

例4（履行遅滞）　乙（＝売主）は、納期までに目的物の納入を完了することができないと予想されるとき、または完了することができなかったときは、ただちにその理由、納入（予定）日等を文書等をもって甲（＝買主）に届け出てその指示を受けるものとする。

2　前項の定める乙の届出は、乙を免責するものでなく、また甲が前項に定める指示を行わなかったことは、乙の遅滞を容認するものとはならない。

例5（遅延損害）　甲（＝買主）は、納入遅延により損害を被った場合、乙（＝売主）に対してその補償を請求することができる。ただし、乙の責めに帰すことができない事由がある場合は、甲乙協議のうえ、補償額を減免する。

例6（遅延損害）　納入遅延により甲（＝買主）が損害を被った場合、乙（＝売主）の申し出により、甲乙協議のうえ、甲の損害を賠償するものとする。

例7（遅延損害）　乙（＝売主）が、注文品の納期を遅延した場合は、甲（＝買主）は乙に対し延滞損害金を請求できるものとし、この場合の延滞損害金の額は両者協議して決定するものとする。

例8（遅滞損害金）　乙（＝売主）が納期までに契約物品の納入を完了することができなかった場合は、甲（＝買主）は第○○条および第○○条の規定によるほか、以下に定める遅滞損害金を乙に請求することができる。なお、遅滞損害金は契約金額の10％を上限とする。

2　遅滞損害金の額は、契約上の納期の翌日から目的物を受領した日まで（以下遅滞日数という）1日につき契約金額の履行遅滞部分相当額の0.1％とする。

3　前項に定める目的物の受領は、乙が受入検査に合格しなかったときは、遅滞を終了させる効力を生ぜず、受入検査合格日までの日数を遅滞日数とする。

4　乙の申し出により、甲がその事由を妥当と認めたときは、甲は、遅滞日数を減じる。

（注）　例８第１項の文中の第○○条には、損害賠償の条項および契約解除の条項が入る。

⑶　関連法令

改正民法412条＝履行期と履行遅滞

同 412条の２＝履行不能

同 413条の２＝履行遅滞中又は受領遅滞中の履行不能と帰責事由

同 415条＝債務不履行による損害賠償

同 416条＝損害賠償の範囲

民法417条＝損害賠償の方法

改正民法419条＝金銭債務の特則

同 420条＝賠償額の予定

Note

⑴　奥田昌道編『注釈民法⑽債権⑴』668頁および711頁〔能見善久〕（有斐閣・昭和62年）

⑵　奥田編・前掲⑴714頁

9　検収および受領（第７条）

検収および受領については、次のように表示される。

⑴　基本条文

第７条（検収および受領）

甲（＝買主）は、乙（＝売主）による目的物の納入後、ただちに甲の定めた検査方法、検査規格に基づき受入検査を行い、合格したもののみ受け入れる（以下検収という）ものとし、不合格となったものについては、すみやかに書面等により乙に通知するものとする。

2　前項の定めにかかわらず、甲乙間であらかじめ受入検査を省略することとした場合は、甲は、乙が納入した納入品をただちに受領するものとし、これをもって検収とみなす。
3　乙は、検査の結果、不合格になったものについては、乙の負担で引き取り、甲の指定する期限までに代品納入を行い、また数量不足が判明したときには追加納入をしなければならない。
4　乙は、検査の結果、契約数量を超えて超過納入をした場合には、甲の指定する期限までに乙の負担で超過分を引き取るものとする。
5　本条第３項および第４項について別段の指示を行った場合には、乙は、これに従うものとする。また、甲は、甲が行った当該不良品の選別・修理費を請求することができる。
6　乙は、甲による受入検査結果に関し、疑義または異議のあるときは、遅滞なく書面により甲に申し出て、甲乙協議のうえ解決するものとする。

⑵　ポイントと記載例

㈠　商法規定の内容　　商人間の売買においては、改正商法526条が適用される。

同条１項は、改正前と変更はなく、目的物を受領後の買主の遅滞ない検査義務が定められている。２項は、売買の目的物に、契約不適合（種類、品質または数量に関して）を発見したときの買主の請求および契約解除について定められている。すなわち、買主は、ただちに売主に対して契約不適合である旨の通知を発しなければ、その不適合を理由とする、①履行の追完請求、②代金の減額請求、③損害賠償の請求、および、④契約解除ができないと定め、ただちに発見することができない契約不適合（数量は除かれる）を６カ月以内に発見したときも同様とする旨が定められている。

改正商法526条は任意法規なので、これらと異なる契約条項（特約）があれば、それに従うことになる。

目的物の性質、内容、緊急度、買主の方針などにより、また、請負、委任、賃貸借、使用貸借などが含まれるなど、改正商法規定になじまない場合があり、特約を定める必要性が高い。

たとえば、「新たに製作したり、修理したりするのに一定の期間を要する場合」は、代金の減額請求および損害賠償を定める、「契約に適合する物が全数揃わなければ、取引先へ販売できない場合」は、契約解除および損害賠償を定めるなどが考えられる。また、「目的物の不合格（契約不適合）の内容により修理期間が異なるような場合」は、修理・補修を避け、○日以内の代替品の納入を定めるなどである。

(ロ)　検査と通知義務　　基本条文第１項のように、あらかじめ売主に検査方法や検査規格が開示されており、しかもそれが合理的なものであれば、買主が定めても大きな問題とはならない。

しかし、売主の目的物が、売主の図面により、または売主の特殊な技術や専門的技術により製作されている場合には、売主は、買主の検査方法や検査基準に関与することが妥当である。このような場合は、「乙と協議のうえ、定めた検査方法、検査規格」と変更した方がよいであろう。

(ハ)　納入日（＝受領日）と検収日　　目的物が納入されると、買主は、受入検査を行った後、検収をする。この検収により、買主は、経理上の買掛金に計上し、支払債務を発生させることになる。

前掲８の「納入」の基本条文第６条第１項でいう納入した日、つまり買主が実際に受領した日と、受入検査を行って検収した日との間があいていると問題になる場合がある。たとえば、毎月末に締め切り、翌月末日に支払うような条件だとすると、末日に納入したものは検収が翌月にずれ込むことも考えられ、このような場合、月内に納入したにもかかわらず支払いが、１カ月遅れてしまい下請法上問題となる。

売主が下請法でいう下請事業者にあたる事業者については、受領日（＝実際に物を受領した日）を起算日にして60日以内に支払いをしないと違反となり、60日を経過した日から実際に支払いをする日までの期間について、その日数に応じて未払金額に年率14.6％を掛けた額の遅延利息を支払わねばならないので、検収についてのリードタイムをできるだけ短縮する必要がある。

(ニ)　検査の省略　　信頼のある売主（過去の品質状況が良い、品質保証体制が確立しているなど）や問題のない目的物（買主が品質管理上重要だとする安全部品や保安部品に未指定、法による規制がないなど）の場合、検査を省略する場合があるが、売主にとっては、とくに問題はない。ただし、売主が下請事業者の場合、検査の省略は納入された目的物がすべて合格品とみなされるので、買主は、どのような場合であっても原則として返品できないことになる[(1)]。

また、買主自体は無検査であっても、売主に検査を依頼する場合も多い。このような場合、買主は、後日のトラブル防止のためにも検査方法や検査規格、不合格品処理方法等について文書に記載して委任する必要がある。とくに、売主が下請事業者の場合、文書による委任がないと上記の検査の省略と同様にみなされるので注意が必要である[(2)]。

㈭　不合格品・数量過不足時の措置　　数量過不足や不合格品が発生した場合の事後措置については、まずは買主の指示に従うことになる。

なお、基本条文第３項では、買主の指定する期限までに代品納入をしなければならないとなっているが、買主から一方的に指定された期限が、物理的に対応することができない場合も考えられるので、「買主から売主に通知のあった後、○日以内に」あるいは「売主・買主間で協議のうえ取り決めた期限」に変更することも考えておく必要がある（次項㈫の返品時の引取期限も同様に考えればよい）。

㈫　不合格品・過納品の返品　　売主が下請事業者の場合、検査に要する標準的な期間内に不合格品や過納品があった場合、速やかに返品の手続をとることが必要であり、買主が検査期間を延ばしたりすると返品は認められなくなる[(3)]。さらに、通常の検査では発見できないような瑕疵等が、ある程度期間が経過した後、発見された場合は、この物品を受領した後６カ月以内しか返品を認められていない。ただし、買主が一般消費者に対して６カ月を超えてクレーム補償期間を定めている場合は、その補償期間に応じて最長１年までは売主に返品できる[(4)]。

なお、下請事業者の納入した部品の瑕疵が原因で損害が発生した場合の損害分を下請事業者に賠償させる問題は、下請法とは別の問題である。

㈦　売主の異議申立て　　買主の検査に異議や疑義がある場合、売主が申し出る機会を確保しておくことが必要である。

【記載例14】　売主にとって検討すべき条文例と変更例

〔検討すべき条文例１〕

甲（＝買主）は、納入された目的物を甲が定める検査基準および検査方法により速やかに検査し、合格したもののみ検収するものとする。

（１の変更例）

甲は、納入された目的物を甲乙協議のうえ定める検査基準および検査方法により、納入後甲の３営業日以内に検査し、合格したもののみ検収するものとする。

〔検討すべき条文例２〕

乙（＝売主）は、前項の不合格通知を受けた場合、甲（＝買主）の指示に従い、ただちに代替品の納入その他の処理をするとともに、不合格となった目的物を当該受入検査の通知を受けた日から〇営業日以内に引き取らなければならない。

（２の変更例）

乙は、前項の不合格通知を受けた場合、ただちに甲と協議のうえ、代替品の納入その他の処理をするとともに、不合格となった目的物を当該受入検査の通知を受けた日から甲の〇営業日以内に引き取らなければならない。

（注）　２の変更例について、乙が引取行為を行うので、「乙の〇営業日以内」としたいところだが、それが甲の休業日にあたれば引取りが遅延することになるので、明確化のため「甲の〇営業日以内」としている。

【記載例15】　検収および受領

例１（検収）　　甲（＝買主）は、事前に甲と乙（＝売主）とが協議して定めた検査方法、検査基準に基づき目的物を検査し、合格したもののみ受け入れる。

２　甲は、乙が製造した目的物が検査に不合格となった場合、目的物受領後甲の稼働日〇日以内に、その旨を乙に通知しなければならない。

3　第１項により不合格となった目的物については、乙は前項の通知受領後、ただちに乙の費用で引き取り、甲の指定する期限までに修理するか、または代品を納入しなければならない。

例２（検収）　甲（＝買主）は、目的物の引渡しを受けた時点で、ただちに検査し、引渡日後○日以内に検査を完了して合否を通知するものとする。

2　前項の検査に不合格となった場合、乙（＝売主）は速やかに目的物を調査し、契約不適合が存在することを確認した場合、乙は、甲の選択に従い当該目的物を修補するか、代替品を納入するか決定するものとする。

例３（目的物の検査および検収）　甲（＝買主）は、目的物の受領後遅滞なく、甲乙が別途協議した検査方法に基づき、目的物の数量および内容の検査を行い、合格したもののみ検収する。目的物に種類、品質の契約不適合または数量不足があった場合は、甲は、目的物の受領後、甲の○営業日以内に、契約不適合の内容およびその個数、または数量不足の個数を乙（＝売主）に通知する。

2　前項の通知を受けたときは、乙は、甲の指示に基づき、速やかに代品を納品しなければならない。ただし、乙が、甲の指示に基づく対応が困難な場合は、ただちにその旨を甲に通知するものとし、目的物の契約不適合または数量不足の個数に応じて代金の額を減額するものとする。

例４（受領・検査）　甲（＝買主）は、乙（＝売主）が目的物を納入するつど、甲が定める手続等により、全品またはロット単位で速やかに受入検査を行い、合格と認定したもののみ受け入れる（以下検収という）。

2　前項の定めにかかわらず、あらかじめ前項の受入検査を省略することとした場合は、甲は、乙が納入する目的物をただちに検収する。

3　甲は受入検査の結果、数量過不足または不合格品を発見したときは、ただちに書面により乙のその旨を通知し、乙は、甲の別段の指示がない限り、自らの負担において、次の各号に定める措置をとるものとする。

(1)　数量過剰の場合：甲の指定する引き取り期限までに過剰分を引き取ること

(2)　数量不足の場合：甲の指定する納期までに不足分を納入すること

(3)　不合格品の場合：甲の指定する引取り期限までに不合格品を引き取り、甲の指定する納期までに代品を納入すること

例5（検査および不合格の場合の処置）　甲（＝買主）は、乙（＝売主）が資材を納入後、納入した資材を検査する。なお、甲は、納入場所が甲の事業所以外の場合には、甲の指定する者を派遣して検査を行うことができる。

2　甲は、不合格の場合は、ただちに乙に通知する。

3　検査不合格となったときは、乙は、甲の指示によりただちに資材の代品を納入し、不合格品の修理を行い、または個別契約で定めた役務の提供を行わなければならない。

4　検査の結果、数量不足が判明したときは、乙は、甲が指定する期間内に、不足分の資材を納入しなければならない。

（不合格品の納入）　甲（＝買主）は、引渡し後、目的物に不具合・数量不足を発見した場合は、前条第2項に従い、ただちに乙（＝売主）に通知する。乙は不足品または代替品を納入するか、もしくは不合格品を手直ししなければならない。ただし、別に甲の指示があるときは、これに従う。

（不合格品または過納品の処置）　検査の結果、目的物に不合格品または過納品が発生した場合は、乙（＝売主）は、甲（＝買主）から通知を受けた日から10日以内にこれを引き取らなければならない。ただし、甲の特別採用または甲が過納品を引き取る場合を除く。

2　乙が前項の期限までに不合格品または過納品を引き取らないときは、甲はこれを返送し、または乙の承諾を得て廃却することができる。この場合、これらに要するいっさいの費用は乙の負担とする。

3 甲が不合格品または過納品を保管する間に、その全部または一部が滅失、毀損または変質した場合、その損害は乙の負担とする。ただし、甲が自己のためにするのと同一の注意を怠った場合は、甲の負担とする。

例６（納入・受領） 乙（＝売主）は、第○条に定める個別契約に従い、所定の商品（数量）を定められた期日、納入場所に納品書添付のうえ納入し、甲（＝買主）はこれを受領する。

2 納入の結果、検査不合格品が発生した場合、甲は乙に通知し乙はただちに商品の補充、代替品を甲に納入し、かつ甲の指定する期限内に乙の負担で不合格品を引き取る。なお、当該期間中に甲の責めに帰し得ない事由により、商品の全部または一部が滅失、毀損または変質した場合は、その損害は乙の負担とし、また当該期間経過後は甲は当該商品を任意に処分することができる。

例７（検査） 甲（＝買主）は、乙（＝売主）からの目的物を受入検査基準に基づいて、遅滞なく検査を行うものとする。

2 検査の結果、不合格になった場合、甲はただちに不合格になったことを証する書面を乙に交付するものとする。

3 甲が、受入検査を行わない目的物については、検査合格品として取り扱う。

例８（検査） 甲（＝買主）は目的物を受領後、甲の定める手続に従い検査を行う。

2 甲は必要と認めた場合、目的物について乙（＝売主）に対し検査の立会いを求めることができる。

（不合格品の処置） 甲（＝買主）は前条第１項の検査の結果、不合格になったもの、および甲の製造工程で発見された不合格の内容についてただちに乙（＝売主）に通知する。

2 乙は、前項の通知を受けたときはただちに不合格品を引き取り、甲の指定期日までに代品を納入するか、または不合格品を補修する。

3 乙が遠隔地である等、やむを得ない事情により、自ら不合格品を引き取ることができない場合、乙の申し出により、甲は乙の費用で返却するか、廃却・売却等の処分を行うことができ、乙が相当期間を過ぎても引き取らない場合も同様とする。

4　甲が不合格品を保管する間に、これらの一部または全部が消失、毀損、変質したときは、その損害は甲の責めに帰する事由を除き乙の負担とする。

(注)　例5の（検査および不合格の場合の処置)、(不合格品の納入）および（不合格品または過納品の処置）は、それぞれ独立した条項となっている。例8も同様である。なお、以後の記載例でも同様に表す。

⑶　関連法令等

改正商法526条＝買主による目的物の検査及び通知

「買主が商品を受け取ったが、その商品に瑕疵があったり、数量が不足していたような場合、民法の規定（改正民法566条）では、買主はその事実を知った時から1年以内にその旨を通知すれば履行の追完、代金の減額、損害賠償の請求および契約解除ができるわけであるが、これでは長期間、売主が不安定な状況に置かれてしまうため、迅速に行う必要のある売買取引には合わない。

そこで、商人間の売買では、商品を受け取ったときは遅滞なく検査し、万が一、欠陥や数量不足を発見したときは、ただちに売主に通知しなければ履行の追完、代金の減額、損害賠償請求および契約解除ができなくなることがある（改正商法526条1項および2項前段)。

ただし、その商品にただちに発見できないような契約不適合が内在していた場合、商品を受け取ってから6カ月以内にその欠陥を発見したときだけ、ただちに売主に通知すれば損害賠償などの請求や契約解除ができるとされる(改正商法526条2項後段)。

しかし、売主が初めからその商品に契約不適合があることを知っていた場合には、商法の規定は適用されず、民法の規定により処理されることになる(改正商法526条3項)。

商法526条の規定は、商人間の売買であれば、不特定物売買にも適用があるとされる（最判昭和35年12月2日民集14巻13号2893頁）が、改正民法562

条ないし566条においても不特定物売買が認められ、その点の違いはない。

なお、本条は、任意規定であるので、次で述べる下請法等の強行規定に違反しない限り、本条と異なる特約を結ぶことは自由である。」

改正民法562条＝買主の追完請求権

同 563条＝買主の代金減額請求権

同 564条＝買主の損害賠償義務及び解除権の行使

同 566条＝目的物の種類又は品質に関する担保責任の期間の制限

下請法に関する運用基準について（改正平成28年12月事務総長通達15号）

「下請法では、返品できる期間についての特別の規定はないが、運用面で以下のような制限を設けている。

ただちに発見できる瑕疵の場合には、『下請事業者の責めに帰すべき場合』すなわち、数量不足のように委託の内容と異なる場合や納めた商品に瑕疵がある場合、受領後速やかに引き取らせる場合に限られる。

また、商品に瑕疵があることをただちに発見できない場合には、受領後６カ月（下請事業者が納入した物を使用した親事業者の商品について、一般消費者に対し６カ月を超える保証期間を定めている場合においては最長１年）を経過しない場合のみ返品することができる。

ただし、ただちに発見できる瑕疵の場合の返品できる期間について以下のような運用が図られている。すなわち、親事業者がロット単位の抜き取り検査を実施している場合における合格ロット内のただちに発見できる瑕疵がある場合の返品については、①継続的な下請取引が行われている場合において、②発注前にあらかじめ、ただちに発見できる瑕疵について返品を認めることが合意、書面化されている場合であって、③当該書面と発注書面との関連付けがなされているときに、④遅くとも、物品を受領後、当初受領に係る最初の代金支払時までに返品する場合には、これを返品することが認められることになった。」

Note

(1)　辻吉彦＝生駒賢治『詳解下請代金支払遅延等防止法〔改訂版〕』168頁（公

正取引協会・平成12年）
(2)　辻＝生駒・前掲注(1)145頁・151頁
(3)　中小企業庁計画部下請企業課監修『下請取引ハンドブック〔第４版〕』98頁（通産資料調査会・平成４年）
(4)　中小企業庁計画部下請企業課監修・前掲(3)同頁

10　特別採用（第８条）

(1)　基本条文

特別採用については、次のように表示される。

> **第８条（特別採用）**
> 甲（＝買主）は、受入検査の結果、不合格になった物について、その不合格が些細な事由によるものであり、甲の工夫により使用可能であると認めるときは、乙（＝売主）と協議のうえ、価格を決定し特別にこれを引き取ることができる。

(2)　ポイントと記載例

(イ)　特別採用と減額　特別採用（以下特採という）とは、検査により不良と判定されたものを、納期やコストの関係から良品と扱われて受け入れられることをいう。

これは、売主の契約責任を免除するというよりは、契約不履行の要件に該当しないという扱いであるといえる[(1)]。

特採は、当該目的物が検査不合格品であることを前提としているので、どうしても売主が不利な立場におかれる。そこで、両当事者の公平を極力確保するため、条文上、価格についての協議を規定しておくことが必要になってくる。この価格の減額については、修補費用分に見合った額に関する代金条項の改訂とみるべきとする説もある[(2)]。

特採の原因が、売主に責任があるが、特採品自体は加工、組付けに影響なく、買主の生産工程数の増加とならず、完成した製品の特性も問題のないものであれば、数パーセントの減額程度での協議となるであろう。減額率が大きくなるような特採品は、特採品としての目的を果たさないからである。

ただし、特採の原因が買主の責任の場合もあり、このような場合の減額は問題があるといわざるを得ない。いずれにしても、特採価格の決定には、当事者の協議が必要となろう。

⑵ **売主からの特採申請**　また、売主にとってみると、使用上、全く問題ないと思われる製品や若干の手直しを要する製品であっても、不合格品となれば、廃却しなければならず大きな損失となる。それよりも納期やコストの問題を考えると若干の組立ての困難さや相手部品の若干の手直しで済むなら、新たに代品を納入するより特採のほうが全体としてメリットを享受できる場合もある。そこで、このような場合、売主からも特採の申請ができるようにしておくことが望ましい。

⑶ **特採と責任の帰趨**　特採の原因となった些細な契約不適合が、実際には大きな欠陥に結びつき、それにより損害が発生した場合、その責任をめぐって売主・買主間でトラブルが発生することも予想される。特採は、原則として、買主が使用可能と判断するものであるので、このようなことが可能性として考えられる（たとえば、買主が特採を選択する場合が多いなど）ならば、買主の判断で特採した製品の些細な契約不適合が原因で事故が発生した場合の買主の責任を明確にしておくことも考慮する。

【記載例16】　売主にとって検討すべき条文例と変更例

〔検討すべき条文例１〕

甲（＝買主）の受入検査の結果、不合格となった目的物であっても、甲が支障なしと認め、乙（＝売主）が契約価格を甲の指示に基づき値引きしたときは、甲はこれを引き取ることができる。

（１の変更例①）

甲の受入検査の結果、不合格となった目的物であっても、甲が支障なしと認め、甲乙協議して契約価格を値引きしたときは、甲はこれを引き取ることができる。

（１の変更例②）

（第２項を追加）

2　甲が前項に基づき値引きした目的物を引き取った場合、当該目的物は、受入検査によって発見された契約不適合の範囲に限り、第10条（品質保証）および第20条（クレーム補償責任）が適用されない。

〔検討すべき条文例２〕

乙（＝売主）の納入した目的物が検査不合格となった場合であっても、甲（＝買主）の目的に支障のない程度の契約不適合であると甲が認めたときは、甲は当該目的物の代金額の２分の１を限度として、その代金額を減額したうえ、当該目的物を受領することができる。

（２の変更例）

乙の納入した目的物が検査不合格となった場合であっても、甲の目的に支障のない程度の契約不適合であると甲が認めたときは、甲は乙と協議によりその代金額を減額したうえ、当該目的物を受領することができる。

〔検討すべき条文例３〕

甲（＝買主）が受入検査において目的物の契約不適合を発見した場合であっても、その瑕疵が、些細なものであり、甲の工夫等により使用可能であると甲が判断したときは、甲は、乙（＝売主）と協議のうえ減額し引き取ることができる。

（３の変更例）

甲が受入検査において目的物の契約不適合を発見した場合であっても、その瑕疵が、些細なものであり、甲の工夫等により使用可能であると甲が判断したときは、甲は、乙と協議のうえ減額し引き取ることができる。なお、当該契約不適合または欠陥により生じた損害は、甲が負うものとする。

（注）　検討すべき条文例２の２分の１の限度まで減額を取り決めておくことは減額が大きすぎる。「ポイントと記載例」で述べたように、これだけの額で決まるとすると、もはや特別採用の範囲を逸脱しているとしか思えない。

【記載例17】 特別採用

例１（特別採用）　甲（＝買主）は、検査不合格となったものについて、その事由が些細な不備に基づくものであり、甲の工夫により使用可能で、かつ代品の提供を求めるいとまがないと認めるときは、契約価格を値引きしてこれを引き取ることができるものとする。

２　前項の値引額については、甲は乙（＝売主）と協議して定めるものとする。

例２（値引き採用）　甲（＝買主）は乙（＝売主）に対し、不合格品であっても、甲乙協議して当該目的物の代金を減額したうえで納入を認めることがある。

例３（特別採用）　不合格となった資材のうち、甲（＝買主）が使用可能と認めたものについては、甲は、適正な評価額に代金を減額してこれを引き取ること（以下特別採用という）ができる。

２　甲は、乙（＝売主）に対し、資材の選別、評価、修理等を含む特別採用に要した合理的価格を請求することができる。

例４（特別採用）　甲（＝買主）は、受入検査の結果、不合格となった物であっても、不合格の原因が些細なものであり、かつ甲が使用可能と判断した場合には、甲は乙（＝売主）の申請に基づき甲乙合意した価格で当該不合格品を引き取ることができる。

例５（特別採用）　甲（＝買主）は、前条の規定にかかわらず、不良品と判定されたものについて不良の程度、範囲等を総合的に考慮し、甲乙協議のうえ決定した新価格をもって、特別採用としてこれを引き取ることができる。

例６（特別採用制度）　乙（＝売主）は、乙の工程内検査、もしくは出荷検査あるいは甲（＝買主）の受入検査において不合格となった目的物にあって、甲の検査規格もしくは検査基準に著しく不適合とならないものについて、甲の定める特別採用規定に基づき特別採用の申請をすることができる。ただし、これの採否については甲が決定する。

2　前項において生じた損害額、およびその補填方法については甲乙協議のうえ定めるものとする。

例７（特別採用）　不合格品の不備欠陥が些細な場合、甲（＝買主）は乙（＝売主）の求めによりこれを減額して特別採用することがある。この場合、契約価格減額の有無にかかわらず、乙はその特別採用によって生じる危険について責任を免れることはできない。

例８（特別採用）　乙（＝売主）は、甲（＝買主）の仕様には完全に合致しないがその不備欠陥が些細でそれと承知のうえで納入しようとする場合には、納入に先がけて甲に申し出なければならない。

2　甲は前項および不合格品に対し、その不備欠陥が些細で甲の工夫により使用可能と判断した場合は、乙の要請に基づいて、これを特別採用品として契約価格を減額のうえ引き取ることがある。この減額は甲乙協議のうえ定めるものとする。

（注）　例６、例７、例８は、売主が特別採用の申請をできるところに意義がある。

Note

⑴　北川善太郎『現代契約法Ⅱ』159頁（商事法務研究会・昭和51年）
⑵　北川善太郎編『現代契約法入門』176頁〔高橋弘〕（有斐閣・昭和49年）

11　所有権および危険負担の移転（第９条）

⑴　基本条文

所有権および危険負担の移転については、次のように表示される。

第９条（所有権および危険負担の移転）

目的物の所有権は、第７条に定める検収をもって乙（＝売主）から甲（＝買主）へ移転する。ただし、前条の規定により特別採用された目的物の所有権については、甲が乙に対して特別採用の意思表示をした時、甲に移転する。

2　危険負担は、目的物が甲に引き渡された時をもって乙から甲に移転する。
3　本目的物が前項の甲に引き渡される前に、甲の責めに帰さない事由によって滅失したときは、甲は本契約または個別契約を解除することができる。

⑵　ポイントと記載例

ポイントと記載例については、Ⅱ「10　所有権および危険負担」（337頁）を参照されたい。

(イ)　危険負担にかかる民法改正　改正法は、特定物に関する危険負担に関しても、債務者主義に変更した（改正民法は、534条を削除)。もっとも、民法改正前においても、ほとんどの場合、特約を設け、債務者主義に修正しており、契約実務としては大きな問題は発生しない。

それより重要な改正は、危険負担が、「債権者が反対債権を拒絶するための制度」と位置づけられたことである。すなわち、改正前は、当事者双方の責任によらないで債務の履行ができなくなった場合に、「債務者は反対給付を受ける権利を有しない（改正前民法536条１項)」とされ、債権者は代金支払債務が当然に消滅するものとされていた。しかし、改正民法は、この場合でも、契約は失効せず、債権者は反対給付債務の履行請求に対し、その履行を拒むことができるだけであり（改正民法536条１項)、反対給付の義務から免れるためには、契約解除の手続が必要となる。

債務者にとっても、契約拒絶権がいつまで存続するのか不明であり、履行不能の一定期間後（たとえば、台風通過後、震災の修復後）の債務の履行がある場合なども考えられ、解除条項の追加の検討が必要となる。

債権者の帰責事由により履行不能となった場合、改正民法536条２項は「債権者は反対給付の履行を拒絶できない」とするが、改正前民法536条２項の「債務者は反対給付を受ける権利を失わない」とする規律を実質的に変更するものでないとされる[(1)]。

(ロ)　所有権の移転時期　所有権は、物を全面的に支配する機能であり、法令の制限内においてどのようにでも利用（使用、収益、処分）することのできる権利である。所有権の移転時期は、当事者の合意で決定することができ、通常は引渡し時、検査合格時（検収時)、売買代金完済時が考えられる。しかし、一般的には、買主が検査を行って、合格した目的物に所有の意思を示した時、つまり検査合格時が妥当であろう。

(ハ)　危険負担の移転時期　　危険負担とは、当事者の責めに帰さない事由により目的物が滅失・毀損したような場合に、買主に対して目的物の代金を請求できるかということである。取引基本契約においては、引渡し時や検査合格時に危険も移転すると定めるのが一般的である。とりわけ、目的物を、自己の占有下に置いた者が危険も負担するというのが、合理的かつ公平であると考えられるので、改正民法の定めのように引渡し時に危険負担が移転するのが妥当であろう[(2)]（改正民法567条１項、559条参照)。

商品の国内売買では、危険移転時期を当事者間の特約により、引渡し時とするものが最も多く、検査合格時とするものが若干ある[(3)]。特約の状況をみても、取引上の通念にかなっており、基本的には「引渡し」によって危険が移転するというのが妥当と思う。その理由は、引渡し後は、目的物の物理的支配権が買主の手に帰し、売主は自力で損害の発生の防止に努める等の方策を取り得ないからである[(4)]。

(ニ)　「引渡し」「受領」の定義の必要性　　「引渡し」および「受領」という用語は、使用する者によって理解が異なる場合がある。このように当事者によって理解が異なる状況だと危険負担（または所有権）の移転等において当事者間でトラブルが発生するおそれがある。

「引渡し」とは、法律用語では、物の占有を移転することである（民法182条１項)。売買において売買目的物の事実としての移転をさして「引渡し(買主からいうと『受取り』)」と呼び、買主が、商品が契約条件に合致するか否かを検査した後それを受け入れる意思的行為をさして「受領」と呼ぶとされる[(5)]。

以上から、一般的には、「引渡し」は、物を事実として移転することであり、売主が買主の事業所内に目的物を搬入し、買主の担当者が納品書に受取印またはサインをした場合と解される。

しかし、「引渡し」は、取引契約上、ⓐ上記の「引渡し」すなわち、実際に目的物を納入時に引き渡したとされる一般的な意味のほかに、ⓑ納入後の受入検査合格後に引き渡したとされる受領の意味であるとする場合があり、契約条項をチェックするとともに、ⓑの場合および文脈から明瞭でない場合には定義を定めておくことが必要となる。なお、本書では、別段の定めなしに「引渡し」としている場合は、ⓐの一般的な意味として使用している。

以上から、検査完了後の「受領」という意味でも使用されることがあり、契約上、「引渡し」を危険の移転時期と定めた場合であっても、買主のヤードに置いてあった目的物が当事者の責めによらずに滅失、毀損したような場合、ⓐであれば買主が危険を負担することになるが、ⓑであれば、売主が危険を負担することになるので、売主は、契約内容に注意を払うべきである。

また、「受領」とは、民法上、弁済の受領という用語を用いており、債務の弁済を受けることであり、弁済とは、それにより債権が消滅することになるため買主の協力が必要とされる。商品の受領とは、上述したように、商品が契約条件に合致するか否かを検査した後それを受け入れる意思的行為であるとされる。

ただし、下請法の受領日は、検査するかどうかを問わず買主（親事業者）が売主（下請事業者）の給付を受領した日（役務提供委託の場合は、売主がその委託を受けた役務の提供をした日）となるので注意が必要である（下請法2条の2）。

下請法では下請事業者が売主の場合に、検査合格日（検収日）から60日の期間内に支払期日を定めることは認められておらず、買主は、売主（下請事業者）に対する発注書面の交付義務があり、下請事業者の給付を受領する日および支払期日を記載しなければならない（下請法3条1項、下請法3条書面の記載事項等に関する規則1条）。

【記載例18】　引渡しの定義の例

例1　目的物の引渡しとは、個別契約に定めた引渡場所に目的物が搬入されたときに完了する。

例2　納入と同時に、目的物が売主から買主に引き渡され、危険も移転するのとする。

例3　売主は、個別契約に定める納期に買主の指定する場所へ目的物を納入し、買主に引き渡すものとする。

例4　買主は、売主が個別契約に基づき納入場所に納入したつど、目的物を受領し受領証を売主に交付する。なお、買主が目的物を受領した時に、目的物の引渡しがあったものとする。

例5　売主による目的物の納入後、買主が受入検査を行い、合格したもののみを受け入れるものとし、これをもって引渡しがあったものとする。

例6　目的物は、買主の受入検査合格をもって引渡しが完了する。

例7　買主による検査に合格し、または検査省略により、買主から売主に対し受領書等が到達したときをもって、目的物の引渡しがあったものとする。

例8　目的物の売主から買主への目的物の引渡し完了時期は、受入検査合格の時とする。

例9　目的物を納入する際の引渡しの条件は、目的物が受入検査に合格した時点を買主への目的物の引渡しとする場合をいう。

例10　目的物を受領した時点を買主への目的物の引渡しとする。ただし、受入検査を行わない場合は売主より納入のあるつど、目的物を受領し、同時に受領証を売主に交付し、受入検査を行う場合は当該検査完了後受領証を売主に交付する。

例11　目的物が受入検査に合格し、かつ納入書類等の提出が行われた時に目的物が売主から買主へ引き渡されたものとする。

例12　売主は、検査に合格した目的物を検査表添付のうえ買主の指定場所に納入し、甲は数量、単価等を納品書と照合し、買主に受領書を交付し、その時点で目的物の引渡しがあったものとする。

例14　納入のつど、目的物を受領し、受領を証する書面を売主に交付し、買主が目的物を受領した時に引渡しがあったものとする。

例15　受領書を交付した時点で目的物の引渡しがあったものとする。

㈭　**所有権留保と危険負担**　　買主に対する債権保全の観点から、所有権移転時期を代金完済時にする場合も考えられる(6)。

このような場合であっても、危険負担は、引渡し時で問題はない。つまり、分割支払いや長期手形による支払いのように、売主が長期間所有権を留保しているときであっても、目的物が買主の占有下にあるので、買主は危険を負わねばならないとするのが適当であると解されるからである。

所有権留保をしておけば、買主に代金不払い等があった場合、売主は留保されている所有権に基づき商品の取戻しを請求できることになる。しかし、所有権留保は、買主の手元に置かれ使用・収益する生産用の機械、機具、什器などには有効であるが、再販される商品には即時取得があり不向きである（民法192条。所有権留保については、Ⅱ「10　所有権および危険負担」（337頁）参照）。

㈬　売主優位、買主優位の移転時期　　理論的に可能な、売主に有利な所有権・危険負担の移転時期は、以下のアルファベット順のとおりである。

〔表４〕　売主有利の移転時期

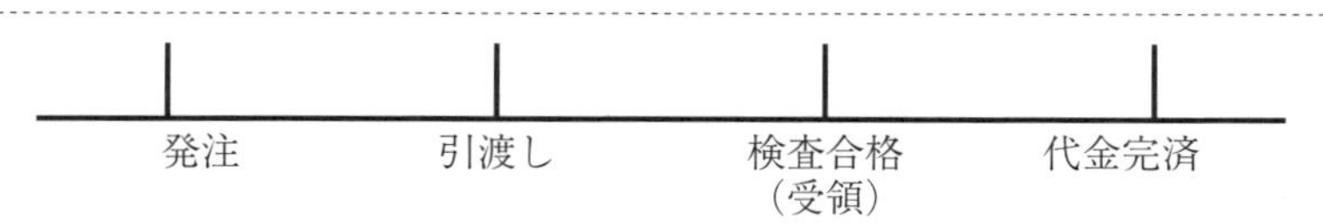

ａ．所有権＝売買代金完済時、危険負担＝引渡し
ｂ．所有権＝売買代金完済時、危険負担＝検査合格時
ｃ．所有権＝検査合格時、危険負担＝引渡し
ｄ．所有権＝引渡し、危険負担＝引渡し
ｅ．所有権＝検査合格時、危険負担＝検査合格時…売主は、引渡しから検査合格時までの期間が長い場合は、移転時期を引渡しに変更交渉をする。
ｆ．所有権＝売買代金完済時、危険負担＝売買代金完済時
ｇ．所有権＝引渡し、危険負担＝検査合格時…売主にとって逆ザヤになっており、最低でも危険負担の移転時期を引渡しに変更交渉をする。
ｈ．所有権＝検査合格時、危険負担＝売買代金完済時
ｉ．所有権＝引渡し、危険負担＝売買代金完済時…ｈ．ｉ．についても、売主は、最低でも同一時期に移転が行われるように変更交渉をする。

逆に、買主に有利な順はｉからａとなる。

もっとも、ｃ．ｄ．ｅ．の場合のいずれかが一般的であろう。

（注）　表４における「引渡し」は、㈡の引渡しのⓐの一般的な意味である。

なお、前掲のａ．ｂ．ｈ．ｉ．の他、所有権の移転が顧客への販売時点、危険負担の移転が引渡し時点、あるいは、所有権の移転が発注時点、危険負担の移転が検査合格時点などのように所有権の移転時期と危険負担の移転時期に大きな差がある場合は、売主・買主間の公平性を欠くことになる。

さらに、このほかに、所有権の移転が引渡しより前の場合は、引渡し日の前に買主は目的物を使用できることになってしまうので、普通ではありえないことである。しかし、前払金などがある場合は、所有権を早めに移転することも予想される。このような場合であっても、目的物が現実に売主の手にある場合は問題は少ないが、売主が製作途中であったり、図面作成段階であったりすると、売主に契約解除事由が生じ売主が契約を解除したような場合、買主は即時に目的物の返却を求めることができなくなるので、別の担保等によるリスクヘッジが必要となることがある。

買主が、引渡しの前に危険を負担せざるを得ないような場合、当該目的物に保険を付保することも検討し、売主とその負担割合について協議することも必要となろう。

【記載例19】　検討すべき条文例と変更例

〔検討すべき条文例１〕

目的物の所有権は、当該目的物の売買代金が完済された時点で乙（＝売主）から甲（＝買主）に移転するものとする。ただし、売買代金が完済される前に、当該目的物が顧客に販売される場合は、その販売時点で、当該目的物の所有権は、乙から甲に移転する。

２　甲乙いずれの責めにも帰さない事由による目的物の滅失、毀損等の損害は、目的物の引渡しをもって区分し、引渡しまでの損害は乙が負担するものとする。

（１の変更例）

目的物の所有権は、当該目的物が検査に合格した時点で乙から甲に移転するものとする。

２　甲乙のいずれの責めにも帰さない事由による目的物の滅失、毀損等の損害は、目的物の引渡しをもって区分し、引渡しまでの損害は乙が負担するものとする。この場合、甲および乙は、本契約または個別契約を解除できる。

〔検討すべき条文例２〕

ただし、製品の納入前といえども、甲（＝買主）は乙（＝売主）への通知により、目的物の所有権を乙から甲に移転させることができる。

（２の変更例①）

（このようなただし書は削除する）

（２の変更例②）

ただし、製品の納入前といえども、甲が支払代金の全部または一部を前払いした場合には、甲乙協議により、目的物の所有権を乙から甲に移転させることができる。

〔検討すべき条文例３〕

目的物の引渡し前に生じた目的物の滅失、毀損、盗難、紛失、減量または変質等についての危険の負担は下記による。

(1)　甲（＝買主）の責めに帰すべき事由によるときは、甲が危険を負担する。

(2)　その他の事由によるときは、乙（＝売主）が危険を負担する。

（３の変更例）

目的物の引渡し前に生じた目的物の滅失、毀損、盗難、紛失、減量または変質等についての危険の負担は下記による。

(1)　甲の責めに帰すべき事由によるときは、甲が危険を負担する。

(2)　その他の事由によるときは乙が危険を負担するものとし、甲は本契約または／および個別契約を解除することができる。

（注）　２の変更例②に関し、買主は、売主の諸事情を考慮して、支払うべき債務の履行到来前に、全部または一部の支払いをなし、目的物の完全な履行を図ろうとする場合があり、このような場合には、所有権移転時期を納入前に認めてもよいと解する。

３の変更例の２号の「その他の事由」とは、①乙の責めおよび、②甲乙の責めに帰さない場合である。①の場合はもとより、②の場合においても、甲の権利行使は制限されない。

【記載例20】　所有権および危険負担の移転

例1（所有権および危険負担の移転）　目的物の所有権および危険負担は、検査合格をもって乙（＝売主）から甲（＝買主）に移転する。

例2（所有権の移転）　目的物の所有権は、検収の時に乙（＝売主）から甲（＝買主）に移転する。

（危険負担）　目的物を指定した受入場所に納入する前に、甲乙いずれの責めにもよらない事由により、当該目的物が滅失、毀損し、乙の債務を履行することが不可能になったときの危険は乙の負担とする。

例3（所有権の移転）　本契約もしくは個別契約において別段の定めなき限り、契約の目的物の所有権は、甲（＝買主）の受入検査合格または特別採用の意思表示の時に乙（＝売主）より甲に移転するものとする。

（危険負担）　契約の目的物の全部または一部が、甲の受入検査合格または特別採用の意思表示の時までに、甲乙いずれかの責めにも帰すべからざる理由により滅失もしくは毀損したときは、乙がその損害を負担する。

例4（所有権および危険負担の移転）　目的物の納入後、甲（＝買主）への引渡しまでの間に、乙（＝売主）の責めに帰し得ない事由により目的物の全部または一部が滅失、毀損または変質等した場合、これによるいっさいの損害は、甲の負担とする。なお、甲は、乙の責めに帰すべき事由により目的物の全部または一部が滅失、毀損、または変質等した場合、代替品の納入またはこれにより被った損害の賠償を乙に請求できるものとする。

2　目的物の所有権は、甲への目的物の引渡しがあった時に乙から甲に移転するものとする。

例5（所有権および危険負担の移転）　目的物の所有権は、引渡しが完了した時に乙（＝売主）から甲（＝買主）に移転する。ただし、目的物の引渡し前であっても甲が代金の全部または一部を前払いした場合は、現状有姿の状態で商品の所有権は甲に移転する。この場合、乙は甲の指示に従い必要に応じて甲の所有物であることを明示し、他の物と区別して保管する。

2　引渡し前に生じた目的物の滅失、毀損、盗難、紛失等については、前項ただし書の場合を含め甲の責めに帰すべき場合を除き乙が危険を負担する。

例６（目的物の所有権移転）　目的物の所有権は、第７条第１項または第２項の検収があった時点で乙（＝売主）から甲（＝買主）に移転する。

（危険負担）　前条の規定により、所有権が甲に移転するまでに目的物の全部または一部が滅失・毀損・減量または変質したときの損害で、甲の責めに帰することのできないときは乙の負担とする。

例７（目的物の所有権移転）　目的物の所有権は、次の各号の一に該当する時点で乙（＝売主）から甲（＝買主）に移転する。

⑴　第７条第１項または第２項に定める検収があった時

⑵　第８条に定める特別採用をした時

（危険負担）　目的物の納入後、甲（＝買主）が第７条第１項または第２項に定める検収を行う前にまたは第８条に定める値引採用をする時までに目的物の全部または一部が滅失、毀損または変質したときの危険負担は次の各号によるものとする。

⑴　甲の責めに帰すべき事由によるときは、甲の負担とし、乙（＝売主）は甲に対し代金を請求することができる。

⑵　乙の責めに帰すべき事由によるときは、乙の負担とし、甲は乙に対し代品納入または損害賠償を請求することができる。

⑶　甲乙双方の責めに帰すべきまたは責めに帰すことのできない事由によるときは甲乙協議して定める。

例８（目的物の所有権・危険負担）　甲（＝買主）が乙（＝売主）に対して発注した目的物の所有権および危険負担は、甲の受入検査完了の時に、乙から甲に移転する。

例９（所有権移転および危険負担）　目的物の所有権は、甲（＝買主）

が受入検査を完了した時点で、乙（＝売主）から甲に移転する。
2　受入検査完了前に生じた目的物の滅失、毀損、減量、変質等による損害は、乙の責めに帰すべき事由によるときは乙の負担とし、甲乙の責めに帰すことのできない事由によるときは、甲乙協議のうえ定める。

(3)　関連法令

民法176条＝物権の設定及び移転
　同192条＝即時取得
改正民法536条＝債権者の危険負担等
　同567条＝目的物の滅失等についての危険の移転

Note

(1)　筒井健夫＝村松秀樹『一問一答・民法（債権関係）改正』229頁（商事法務・2018年）
(2)　契約実務においては、原則として、目的物の引渡しの時に目的物の滅失等の危険が売主から買主へ移転するという考え方が定着していると考えられる（法制審民法（債権関係）第82回会議の部会資料73-A・30頁）。
(3)　星野英一『民法概論Ⅳ（契約）』56頁（良書普及会・昭和50年）
(4)　沢井裕「危険負担」遠藤浩ほか監修『現代契約法体系・第２巻現代契約の法理(2)』105頁（有斐閣・昭和60年）
(5)　江頭憲治郎『商取引法〔第８版〕』17頁（弘文堂・2018年）
(6)　沢井・前掲(4)105頁

12　品質保証（第10条）

(1)　基本条文

品質保証については、次のように表示される。

第10条（品質保証）
　乙（＝売主）は、目的物について、甲（＝買主）の指示する仕様に合致しており、甲の要求を満足する品質および性能を保証する。
2　乙は、目的物の品質を保証するために、目的物の品質管理基準、検査方法等を整備し、これに基づき責任をもって品質管理、検査等を行うものとする。
3　乙は、目的物の新規設計、設計変更、工程変更を行った場合は、初期管理体制の確立に努め、十分な初期管理を実施する。
4　甲は、必要と認めた場合、乙に目的物の品質を保証する書面を求めることができるものとする。

⑵　ポイントと記載例

⑴　品質保証条項　　買主の要求品質に適合する目的物の納入を、売主に保証させるのが、この条項の目的である。ただし、その保証の範囲はあくまでも売主の責めに基づく責任までであって、無制限に買主に対し保証を与えるべきではない。

別に品質保証協定書等の品質保証に関する契約を締結する場合には、基本条文第１項のみで、その他に「本契約に定める事項のほか、目的物の品質保証に関しては、『品質保証協定書』による」という文言を入れる場合が多い。

⑵　買主の品質管理制度　　買主は、売主も含めた全体的な品質管理体制の必要性から、買主の定めた品質管理制度により指示および依頼がなされるのが一般的であり、その場合は、売主は、買主の定めた「品質管理基準書」などを入手し徹底を図る。

⑶　品質管理体制　　売主は、納入部品の品質を維持するため、品質保証体制を確立するのは当然のことであり、その体制について買主の指示があったとしても、不当に売主に負担を強いるものでなければ、とくに問題ない。

また、新規設計時、設計変更時、材質変更時、工程変更時などの品質管理体制には、気配りをし体制を充実する必要があるが、このうち工程変更は社内生産体制の問題であり、売主としては、事前の買主への申請を必要とする場合は、条文上、目的物の重大な機能に関する部分の工程変更などにとどめたい。

【記載例21】　売主にとって検討すべき条文例と変更例

〔検討すべき条文例１〕

乙（＝売主）は、目的物について、甲（＝買主）の指示する仕様に適合し、甲の満足する品質であることを保証し、かつそれに関するすべての責任を負う。

（１の変更例①）

乙は、目的物について、甲の指示する仕様に適合し、甲の満足する品質であることを保証し、かつそれに関する乙に帰すべきすべての責任を負う。

（１の変更例②）

乙は、目的物について、乙の仕入先に対して、甲の指示する仕様に適合し、甲の満足する品質であることに万全の注意を払わせるものとする。

〔検討すべき条文例２〕

乙（＝売主）は、目的物の工程変更を行う場合、事前に甲（＝買主）の許可を得なければならない。

（２の変更例）

乙は、目的物の重大な機能に係わる部分の工程変更を行う場合、事前に甲の許可を得なければならない。

〔検討すべき条文例３〕

甲（＝買主）は、目的物の品質の維持向上のために必要がある場合、目的物の製造に立ち会いその作業状況、製造工程等を調査できるものとする。

（３の変更例）

甲は、目的物の品質の維持向上のために必要がある場合、乙の書面による事前の同意を得て、目的物の製造に立ち会いその作業状況、製造工程等を調査できるものとする。

（注）　１の変更例②は、乙（＝売主）が商社、卸売等の販売業者の場合である。

【記載例22】　品質保証

例１（品質保証）　乙（＝売主）は、甲に引き渡す目的物が次条に定める仕様に適合し、甲（＝買主）および市場の要求に満足する品質であることを保証する。

2　乙は、目的物の品質を保証するため、品質保証体制を確立し、品質管理に関する文書を整備し、品質管理記録を作成する。

3　甲は、本契約の目的を達成するため必要な限りにおいて、乙に対し、前項の文書および記録の提出を求めることができる。

4　甲は必要があると認めたときは、乙の施設において目的物の製造工程その他品質管理の状態を調査することができる。この場合には、甲は乙に対し、調査の時期および方法等について事前に通知し、協議する。

5　目的物に不良が発見され、甲がその不良に対する対策を乙に要求した場合には、乙は、その原因を解析し、再発防止の処置を実施し、その結果を甲に報告する。

6　目的物に関する乙の品質保証体制または品質管理の状況について改善すべき事項を甲が指摘した場合、乙はその事項を検討のうえ、必要な処置を実施し、その結果を甲に報告する。

例２（品質保証）　乙（＝売主）は、目的物が次条に定める仕様に合致しており甲（＝買主）の要求を満足する品質および性能を有していることを保証する。

2　乙は、納入部品の品質を保証するため、甲が交付する「取引先に対する品質管理基準書」等に基づき、目的物の品質保証基準、検査方法その他品質管理基準を確立、整備し、責任をもって品質管理を行う。

3　乙は、目的物につき新規設計、設計変更または工程変更を行った場合は、初期管理体制の確立に努め、十分な初期管理を実施する。乙は、甲からとくに要求があった場合には、目的物の品質を保証する書面を、遅滞なく甲に提出する。

例３（品質管理）　乙（＝売主）は、目的物の品質を維持し、高めるために、品質管理体制の確立および充実に努めなければならない。

２　甲（＝買主）および乙は、不良率・故障率等、品質管理上の個別事項について、別途協議し、前項の推進を図る。

３　乙は、目的物の製造方法・製造場所の変更その他の事由により、第１項の品質管理体制の変更を行う場合は、事前に甲に連絡する。

例４（品質保証）　乙（＝売主）は、目的物が第11条第１項に定める貸与図面等などに合致するものであり、かつ、甲（＝買主）の満足する品質であることを保証する。

２　乙は、目的物の製造にあたっては、甲が別に定める「部品メーカーのための品質管理基準書」によるものとする。

３　甲は、必要があると認めたときは、乙の同意を得て、購入部品の製造に立ち会い、その作業状況、製造工程等を点検することができる。

４　目的物が、甲の定める重要保安部品、重要部品、安全・環境等の法規制部品、もしくはその他甲の指定する部品に該当するときは、乙は、甲の指示する事項を確実に実施するものとする。

例５（品質）　乙（＝売主）は、品質が甲（＝買主）の理念を支える基本であり、甲乙間の取引における最重要事項であることを認識し、目的物の製作に関しては万全の注意を払うとともに、その品質が甲の定める仕様に適合することにつき責任を負うものとする。

例６（品質保証）　乙（＝売主）は、全生産工程にわたり一貫した品質保証体制の確立に努め、目的物について甲（＝買主）の仕様に合致させ、かつ信頼性ある品質を確保しなければならない。

２　甲および乙は、必要に応じ相互に実施すべき品質保証上の事項と製造物責任について別に「品質保証協定書」を締結する。

例７（品質保証）　乙（＝売主）は甲（＝買主）の求める品質を維持保証するため、全生産工程にわたり、一貫した品質保証体制の確立に努めるとともに注文品について甲の仕様に合致させかつ信頼性のある品質を保証する。

2　甲および乙は、必要に応じ相互に実施すべき品質保証上の事項について、別に品質保証協定を締結する。

（注）　例１第１項および例２第１項の仕様とは、次項の基本条文第11条をいう。

例４の第３項は、売主の事業所内での立会いを規定しているが、売主の同意を得ているので問題ない。この「売主の同意を得て」がないと、買主はいつでも必要があると認めたときに製造に立ち会うことができることになってしまう。

例６、例７は、別に「品質保証協定書」を締結する。

13　仕様（第11条）

⑴　基本条文

仕様については、次のように表示される。

第11条（仕様）

目的物の仕様は、次の各号に準拠していなければならない。

⑴　図面、仕様書、規格、標準、各種資料およびこれらに準ずる書類で、甲（＝買主）が作成し、乙（＝売主）に貸与したもの（以下貸与図面という）

⑵　図面仕様書類で、乙が作成し、甲が受領したもの（以下納入仕様図面という）

⑶　JIS 規格等、公に定められた規格

ただし、公に定められた規格と貸与図面または納入仕様図面との間に不一致がある場合は、貸与図面または納入仕様図面を優先する。

⑷　法令、条例等に定められた基準

⑸　前各号のほか、甲が乙と協議して決定した事項

2　乙は、乙または乙の製作者の図面、仕様書等について、甲から発注された目的物の製作の着手前に、甲から受領印を受けなければならない。納入仕様図面の変更もしくは追加の場合も同様とする。

3　甲または乙は、第１項各号の内容に関して疑義または異議を有するときは、遅滞なく相手方にその旨を申し出て、甲乙協議のうえ解決を

図るものとする。

(2)　ポイントと記載例

ここでいう納入仕様図面とは、一般には承認図面といわれるものである。売主が、納入の決定した目的物に関する図面や仕様書を作成し、買主に提出し、承認印をもらったり、受領したことの確認印をもらったりした図面や仕様書のことをいう。

この納入仕様図面については、実際の場面において、買主が承認しているかどうかが課税文書か非課税文書の分かれ道になる。

実務的には、売主が、作成した納入仕様図面等について、買主がその内容を承認していることが文書上明らかであれば、契約内容の変更または補充の事実を証する文書に該当し課税文書となる。

なお、納入仕様図面等であっても、①売主が単に買主に交付するだけで、交付を受けた買主が承認印を押して売主に返却しないもの（売主から交付を受けたものについて買主が社内的に承認印を押すだけで売主に返却しないものも同様）、②承認印ではなく、単に納入仕様図面等を受け取ったことを示す受領印を押印して返却していることが文書上明らかなものは契約書に該当しないとされる[(1)]。

したがって、納入仕様図面等が、課税文書とはならないためには、実際にも基本条文第１項第２号および第２項のような形で行われる必要がある。

ちなみに、継続する取引にかかるもの、つまり、取引基本契約書に基づいているもので、営業者間における物品の売買または請負の場合は、通常は印紙税法の７号文書（Ⅰ「1　タイトル」(2)（16頁）参照）に該当し、税率は１通につき4000円となるので、注意が必要である。

【記載例23】　仕　様

例１（仕様決定の基準）　乙（＝売主）は、甲（＝買主）の指定する仕様に合致する目的物を製造しなければならない。

２　甲の指定する仕様とは、次の各号のいずれかに適合するものをいう。

⑴　図面、仕様書、諸標準、諸規格、甲の社内規格および以上に準ずる書類、資料（以上を合わせて、以下図面、仕様書類という）。

⑵　乙が作成した図面、仕様書で甲が受領し、承認したもの（以下受領図、仕様書類という）。

⑶　JIS 等公に定められた規格。ただし、第１号または前号の図面、仕様書類との間に不一致がある場合には、第１号または前号の定めるものが優先する。

⑷　前各号のほか、甲乙協議のうえ、決定した事項。

例 2（仕様書類）　部品等の仕様は、甲（＝買主）から乙（＝売主）に原則として図面、承認図（乙が作成し甲の承認を得た図面、仕様書類をいう）、部品等規格、品質規格、限度見本、その他の資料（以下仕様書類という）を提示することにより、指示されるものとする。

2　乙は、甲より指示を受けた仕様書類その他の指示に関し不明または疑義のある場合、遅滞なく申し出て甲の指示を受けるものとする。

例 3（仕様）　乙（＝売主）が甲（＝買主）に納入する目的物は、甲が指定するいずれかの使用に適合していなければならない。

⑴　甲が作成して乙に貸与する図面、仕様書、検査基準書、甲の技術規格およびこれらに準ずる書類（以下甲図面等という）に示された仕様。

⑵　乙が作成し、甲が内容を確認のうえ受領した図面、仕様書およびこれらに準ずる書類（以下乙図面等という）に示された仕様。

⑶　前各号に該当しない場合で JIS 規格等の公に定められた規格があるときはその規格。

⑷　法令、条例等に定められた基準。

⑸　その他甲乙協議したうえ決定した基準。

2　甲図面等および乙図面等には、コンピュータデータ、コンピュータデータ用の記録媒体、コンピュータデータを出力して作成した書面も含む。

3　乙は、目的物の仕様またはその要件として甲から提示された事項について、乙の技術と経験に基づき検証し、改善すべき事項を甲に申し出る。

4　甲または乙は、目的物の仕様に関し、疑義または異議のあるときは、遅滞なく相手方に申し出て、甲乙協議のうえ解決する。

(注)　例1第2項第2号の「受領図」は、「納入仕様図面」と同じである。

⑶　関連法令

印紙税法（別表第一）７号文書＝継続的取引の基本となる契約書

Note

⑴　林訓「納入仕様書、変更仕様書の課否判定」税務通信2354号26頁

14　支給品（第12条）

⑴　基本条文

支給品については、次のように表示される。

第12条（支給品）

甲（＝買主）は、次の各号のいずれかに該当する場合は、乙（＝売主）と協議のうえ、乙との取引に必要な原材料、製品、半製品、部品、包装材等（以下支給品という）を乙に有償または無償で支給することができる。

⑴　目的物の品質、機能または規格を維持するため必要な場合

⑵　乙からの依頼に基づき、甲が必要と認めた場合

⑶　その他、正当な理由がある場合

2　甲は、支給品を乙に支給する場合、あらかじめ品名、品番、数量、納期等を乙に通知する。

⑵　ポイントと記載例

(イ)　支給品とは　　外注計画に基づき外注品目や数量が決められると、外注先の技術、機械設備等のレベル、経営状態、立地条件を考慮し売主が選定されるが、買主は、品質、コスト、納期などの政策的観点から、部品・原材料などを大量購買契約によって、安定した品質のものを安い価格で購入し、それを外注先に支給することによりコスト低減を図ろうとするケースも出てくる[(1)]。つまり、支給品とは、目的物の製作に必要な資材（材料・部品）で、かつ〔表５〕に掲げた理由等により、売主に対して支給するものをいう。

(ロ)　有償支給と無償支給　　支給品には、無償支給品と有償支給品があり、前者は文字どおり、無償にて買主から提供されたものであり、所有権は買主にあるのが普通であり、これらを乙の製品を組み込んで甲に販売される場合、売主から買主への製品の販売価格には支給品自体の価格は含まれないのが一般的である。また、後者は、乙が甲から購入した物であり、所有権は一定時点で甲から乙へ移転するのが普通であり、これらを乙の製品に組み込んだ場合、その製品の販売価格には支給品自体の価格も含むのが一般的である。

〔表５〕　支給の理由[(2)]

ア．中間工程まで自社または他社に下請させ加工させた部品・原材料を支給する。 イ．部品・原材料の品質や規格の維持を図るため、支給する。 ウ．買主（発注先）が部品・原材料の量を確保して購入をするため、支給する。 エ．買主が部品・原材料の単価を低減させるため、支給する。 オ．買主が、売主の資金繰り、調達・製作の負荷低減などを支援するため、支給する。

有償支給品であっても、便宜的に有償として価格を設定している（たとえば、１円、100円、500円、1000円など）ものや、政策的に価格を高くしたり安くしたりして、実際の物の価値ではない場合がある。

買主との交渉で、現実の価格とするか、実勢価格との差を明確にして取引する必要があろう。

(ハ)　支給品の種類　　支給品にはその支給態様に応じ次のようなものがあ

る。

① 買主で加工・製作した後、売主に支給される部品・原材料

② 買主の仕入先から買主のところに納入され、検収後、買主の加工・製作工程を経て売主に支給される部品・原材料

③ 買主の仕入先から買主に納入され、検収後、売主に支給される部品・原材料

④ 買主を経由せずに、買主の仕入先から直接売主に支給される部品・原材料

なお、④については、納期・納入管理を売主で行うことを義務づけられることが多い。

㈡ 支給時の協議　売主は、本来、自己の考えによって原材料や部品を調達すべきである。したがって、いちばん問題となるのは、買主の一方的な判断で支給するかどうかが決定されるようになっていないかである。

目的物の品質、機能、規格等を維持するためなど[(3)]、買主・売主ともに必要な場合ならとくに問題はないが、買主からの支給が、買主の子会社・関連会社その他特定の事業者の売上を上げる目的で行われる場合、売主の既存の取引先への発注減や目的物のコストアップを招くおそれがある場合など、売主としてマイナス面が発生する場合もあり得るため、買主・売主間の協議や、売主の同意を要件としたい。

また、この協議の中には、支給をする場合の、支給材料や部品の種類、数量、価格、引渡方法なども入る。

㈭ 購入強制の禁止と有償支給および有償支給原材料等の対価の早期決済の禁止　買主が、下請事業者（＝売主）に対して発注した物品の品質の維持や向上を図るためなど正当な理由がないのに、買主の指定する部品や原材料を有償支給と称して強制的に購入させると、下請法違反となる（下請法４条１項６号[(4)]）。

したがって、下請事業者が買主を通じて特定の部品や原材料を購入した方が安価であり、任意に購入を依頼したときは、購入強制の禁止に該当しない。

ただし、この場合であっても、有償支給原材料等代金の早期決算の禁止（買主が下請事業者に有償支給した原材料等の対価を、下請代金を支払うよ

り早い時期に決済することは、下請事業者が不当な不利益を受けるため禁止されている）に該当し違反となる（下請法4条2項1号、98頁参照）。

【記載例24】　売主にとって検討すべき条文例と変更例

〔検討すべき条文例〕

甲（＝買主）は、次の各号のいずれかに該当する場合、部品を乙（＝売主）に有償または無償で支給することができる。

(1)　目的物の品質、機能または規格を維持するために必要な場合

(2)　乙から依頼がある場合

(3)　その他正当な理由がある場合

〔変更例〕

甲は、次の各号のいずれかに該当する場合、乙と協議のうえ、部品を乙に有償または無償で支給することができる。

(1)　目的物の品質、機能または規格を維持するために必要な場合

(2)　乙から依頼がある場合

(3)　その他正当な理由がある場合

（注）　下線のところは、「乙の同意を得て」でもよい。

【記載例25】　支給品

例1（支給品）　甲（＝買主）は、次の各号のいずれかに該当する場合には、乙（＝売主）と協議のうえ、目的物の製造・納入に必要な原材料、部品または包装資材等を有償もしくは無償で乙に支給する。

(1)　目的物の品質、機能または規格を維持するため必要な場合

(2)　その他正当な理由のある場合

2　前項に基づいて支給品を乙に支給する場合、甲は、原則として、目的物の正規手配時までに、支給品の部品番号、種類等を部品計画書等により乙に通知するものとし、甲および乙は数量、納期等について事前に協議して決定するものとする。

例2（支給材の支給方法）　甲（＝買主）は、目的物の品質、性能、および規格を維持するために必要な場合、その他正当な理由がある

場合に、乙（＝売主）と協議のうえ、乙に対し目的物の製作に必要な材料および部品等（以下支給材という）を供給することができる。

2　前項の場合、原則として甲が定める金額による有償支給とする。

例3（材料支給）　乙（＝売主）は、原則として目的物の製造に必要な材料を自己調達する。ただし、とくに必要がある場合、甲（＝買主）は乙と協議のうえ、乙が使用する原材料、半製品、部品等（以下支給材という）を有償または無償で乙に支給することができる。

2　甲の支給材を甲の指定業者から直接乙に支給することができ、この場合はあらかじめ乙にその旨を通知するものとする。

例4（材料支給）（第1項は、例3と同様）

2　乙（＝売主）は、支給材を乙の外注先に再支給する場合、事前に甲の承諾を得るとともに、当該乙の外注先との間で再支給手続を行い、甲に報告するものとする。

例5（材料部品等の支給）　甲（＝買主）は、必要により乙（＝売主）に対し目的物に関する材料、部品、半製品を支給（以下支給品という）するが、この場合、その有償無償の別、支給日、受渡場所、有償支給品の対価、決済方法等の条件は個別契約で定める。

2　乙は支給品を受け入れたとき遅滞なく受領書を甲に提出する。また、甲の指定業者から直接乙に搬入した支給品についても、着荷後ただちに受領証を甲に提出する。

例6（支給品）　甲（＝買主）は、必要に応じて、乙（＝売主）と協議のうえ、目的物の製作に必要な材料、半製品または部品（以下支給品という）を有償で支給することがある。

2　甲は、支給品を甲を経由しないで甲の指定する者（以下指定業者という）から直接乙に引き渡すことができる。この場合には、乙は、指定業者との間で、当該支給品（以下直送支給品という）の引渡期日、引渡場所等について調整を行うことができる。

例7（支給品）　甲（＝買主）は、次の各号のいずれかに該当する場合は、乙（＝売主）と協議のうえ、納入品の製作・納入に必要な原材料、部品等を有償または無償で乙に支給することがある（以下支給品という）。
⑴　納入品の品質、機能、または規格を維持するために必要な場合
⑵　乙からの依頼がある場合
⑶　その他正当な理由がある場合
2　支給品の種類は次の各号のとおりとする。
⑴　甲が製作し、乙に支給する原材料または部品（以下内製支給品という）
⑵　甲がその指定業者から購入し、甲を経由して乙に支給する原材料または部品（以下別送支給品という）
⑶　甲がその指定業者から購入し、甲を経由しないで直接乙に支給する原材料または部品（以下直送支給品という）
3　有償支給品の価格については、甲乙協議してこれを決定するものとする。
4　第2項各号の支給品を乙に支給する場合、甲は、原則としてあらかじめ品番、数量、納期等を乙に通知するものとする。
なお、乙は、直送支給品については指定業者との間で納期、納入場所、受渡条件等の調整を行うことができる。

(注)　例1の第1項第2号に該当する場合には次のようなものがある。
①　売主の購入価格と買主の支給価格に著しい差異がある場合、または原材料等の安定供給を図る場合
②　売主から買主に要求のあった場合
例3第2項、例5第2項後段、例6第2項、例7第2項第3号は、指定業者から直接売主へ支給される支給品について規定する。実際にこのような形態が多ければ直送支給品の条項も必要となる。
例4第2項は、支給品を売主の委託先へ再支給する場合の規定である。

⑶　関連法令等

下請代金支払遅延等防止法4条1項6号＝親事業者の遵守事項
同　4条2項1号＝同
下請法に関する運用基準　6購入・利用強制（改正平成28年12月事務総長通達第15号）

Note

⑴　新村敏『外注管理入門』109頁（日本能率協会マネジメントセンター・平成４年）
⑵　新村・前掲⑴110頁
⑶　その他、売主では調達が困難な場合や調達価格が著しく割高となる場合など支給にした方が当事者にとって有利である場合が考えられる。
⑷　辻吉彦＝生駒賢治『詳解下請代金遅延等防止法〔改訂版〕』196頁（公正取引協会・平成12年）

15　支給品の検査（第13条）

⑴　基本条文

支給品の検査については、次のように表示される。

> **第13条（支給品の検査）**
> 　乙（＝売主）は、前条により甲（＝買主）から支給品を受領した場合は、受入検査を行い、かかる検査の結果、数量過不足または不合格品を発見したときは、ただちにその旨を甲に通知し、甲の指示に従う。

⑵　ポイントと記載例

売主が、支給品の検査をすることについては、問題はない。なお、公平の観点からは、基本条文第７条第３項（納入品の検収および受領）以下との整合性をどう取るかも検討しておくべきである。

【記載例26】　支給品の検査

> **例１（支給品の検査）**　乙（＝売主）は、支給品の引渡しを受けたときは、第７条の規定に準じて、自らの責任において、支給品の受入検査および検収を行うものとする。この場合、甲（＝買主）は、乙が実施する受入検査について、乙と協議のうえ、検査項目、検査方法等を指示することができる。
> ２　乙は、前項の受入検査の結果、数量過不足または不合格品を発見

したときは、甲に対し第７条第３項および第４項の規定に準じて必要な措置を取るものとする。

例２（支給材の検査）　乙（＝売主）は、甲（＝買主）から支給品の支給を受けたときは、遅滞なく検査するものとし、瑕疵または数量不足を発見した場合は、支給日から７日以内にその旨を申し出るものとする。この場合、甲はこれを確認のうえ、代品または不足分を乙に供給するものとし、過量あるときは、乙はただちに過量分を甲に返還しなければならない。

例３（支給品の検査）　乙（＝売主）は支給品を受け入れたときは遅滞なく検査を行い、もし支給品に不良または数量の過不足があった場合は、ただちに甲（＝買主）に通知し、その指示を受けるものとする。また、個別契約の履行の途中において不良を発見した場合も上記同様甲の指示を受けるものとする。

例４（支給材の検査および通知義務）　乙（＝売主）は、支給材の引渡しを受けた後、遅滞なく検査し、種類、品質の契約不適合または数量不足を発見したときは、ただちに甲（＝買主）にその旨通知しなければならない。

２　乙は、前項の検査時に発見できなかった契約不適合を後に発見したときは、ただちに甲に通知しなければならない。

例５（支給品の検査）　乙（＝売主）は、支給品の引渡しを受けたときは、自らの責任において支給品の受入検査および検収を行う。この場合には、甲（＝買主）は受入検査の実施、方法、項目等について乙と協議することができる。

２　乙は、前項の受入検査の結果、数量過不足または不合格品を発見したときは、ただちに、甲または指定業者に対しその旨を通知し、甲または指定業者は、甲の負担と責任において次の各号に定める措置をとる。

⑴　数量過剰の場合は、甲の指定する期日までに引き取る

⑵　数量不足の場合は、甲の指定する期日までに引き渡す

⑶　不合格品の場合は、甲の指定する期日までに不合格品を引き取

り、甲の指定する期日までに代品を引き渡す

例６（支給品の検査）　乙（＝売主）は、支給品の引渡しを受けたときは責任をもって検収し、合格品のみを受け入れる。

２　前項の場合、甲（＝買主）は乙が実施する支給品の受入検査について乙と協議のうえ、検査項目、検査方法等を指示することができる。

３　乙は、支給品の受入検査の結果、数量過不足または不合格品を発見したときは、ただちに甲または指定業者に対し、第○○条（検収および受領）に準じて必要な措置を取るものとする。

（注）　例２の第２項は、補償の内容なので、次項の記載例27の例２に載せた。

⑶　関連法令

改正商法526条＝買主による目的物の検査及び通知

16　支給品の不良補償（第14条）

⑴　基本条文

支給品の不良補償については、次のように表示される。

第14条（支給品の不良補償）

乙（＝売主）は、検収後、工程内で、支給品につき甲（＝買主）または指定業者の責めに帰すべき不良品を発見した場合、次の各号の補償を請求できる。

⑴　代品納入

乙は、甲に対し、代品納入を請求することができる。

⑵　選別・修理費用

乙は、不良品の選別・修理をした場合、これに要した工賃等の費用を甲に対し請求することができる。

２　支給品に甲の責めに帰すべき重大な不良があり、そのため乙に損害を与えた場合に、乙から申し出のあるときは、その補償について甲乙

で協議する。

(2)　ポイントと記載例

支給品の契約不適合により売主に損害が発生した場合、買主は妥当な範囲内でその補償を行うべきであり、補償内容を明確化しておくのが望ましい。

また、買主の支給品に起因して、目的物に不良が生じ売主が損害を被ったときの処置まで規定されるならなおよい。

【記載例27】　支給品の不良補償

例1（支給品の不良補償）　乙（＝売主）は、甲の支給品の契約不適合に起因して甲（＝買主）に納入する目的物に不良が生じた場合は、速やかに甲に通知し、その対策および処理方法について甲と協議する。なお、乙は、支給品の契約不適合に起因して損害が発生した場合、次の各号の補償を請求することができる。

(1)　代品納入

(2)　選別・修理費用

(3)　その他前各号によっても償われない乙の要した費用

例2（不良品の検査）　2　前項に規定にかかわらず、乙（＝売主）は支給品の加工中または加工後において甲（＝買主）の責任と認められる契約不適合を発見したときは、ただちにその旨を甲に申し出るものとし、甲は確認のうえ、代品と交換し、既になされた加工費については甲乙別途協議のうえ甲が負担する。

例3（支給品の不良補償）　支給品の不良により乙（＝売主）に損害を与えた場合は、甲乙協議のうえ、その補償内容を決定する。

例4（支給品の瑕疵通知）　乙（＝売主）は、支給品の受領後、支給品に品質不良または変質、数量不足等の契約不適合を発見した場合は、速やかにその詳細を甲（＝買主）に通知するものとし、その原因が甲の責めに帰するときは、甲は支給品を追加支給するか代替品を支給するものとする。

例5（支給品の不良補償）　支給品の検収後、乙（＝売主）の工程内で、甲（＝買主）または指定業者の責めに帰すべき不良が支給品に発見され、これによって乙に損害が生じたときは、乙は、甲または指定業者に対し、その補償として次の各号について請求することができる。

(1)　不良があった支給品（以下不良支給品という）に代わる支給品の引渡し

(2)　不良支給品の選別、交換または修理に要した費用の支払い

2　乙は、甲および指定業者の同意を得たときは、指定業者に対し、不良品の選別、交換または修理を指示することができる。

3　乙は、第1項に基づき直送支給品について指定業者に対して補償を請求したときは、その内容を甲に通知する。

例6（支給品の不良補償）　乙（＝売主）は、検収後工程内で、甲（＝買主）または指定業者の責めに帰すべき、支給品の不具合品を発見した場合、その取扱いについては第○○条（検収および検査）を準用することとする。

（注）　例2の第1項は、内容が補償なので、記載例26の例2に載せた。

(3)　関連法令

改正民法415条＝債務不履行による損害賠償

　同 416条＝損害賠償の範囲

民法417条＝損害賠償の方法

改正民法562条＝買主の追完請求権

　同 563条＝買主の代金減額請求権

　同 564条＝買主の損害賠償請求及び解除権の行使

17　支給品の取扱い（第15条）

⑴　基本条文

支給品の取扱いについては、次のように表示される。

第15条（支給品の取扱い）

乙（＝売主）は、甲（＝買主）から支給された支給品について、善良な管理者の注意をもって管理するとともに、甲の許可なく支給された用途以外に使用したり、第三者に貸与、売却または担保提供等の処分をしてはならない。

2　乙は、甲からの無償支給品について、甲の営業年度中半期ごとの甲の指定する時期に実地棚卸しを行い報告するとともに、甲が必要と判断した場合には、甲は乙の立会いのもとに実地棚卸しを行うものとする。

3　前項の場合において、在庫数を確認し、その結果、甲に損害を与えたことが明らかになったときは、甲は乙に対しその補償を請求することができる。

4　無償支給品の余剰、端材、切粉等の処置については、甲乙協議のうえ、決定するものとする。

5　無償支給品の所有権および危険負担は、乙への引渡し後も甲に帰属する。

6　有償支給品の所有権および危険負担は、乙の検収をもって甲から乙へ移転する。

⑵　ポイントと記載例

㈠　支給品の管理　　基本条文第１項は、支給品は目的物の製作のため有償または無償にて支給されたものであるので、売主が善良な管理者の注意義務を負い、目的外に使用したり譲渡してはならないとしている。この程度の制限ならばとくに問題はないと思われる。

(ロ)　棚卸し　　とくに無償支給品については、買主に所有権があり、買主としては定期的に棚卸しを実施するのは当然である。したがって、売主の棚卸し時期と異なっても、買主の棚卸し時期と同一であればやむを得ない。

(ハ)　立入り調査　　無償支給品の保管状況、使用状況の調査であっても、買主が当然、かつ、いつでも一方的に売主の保管場所に立ち入りできるとするのは問題がある。したがって、「買主は、売主に事前の書面同意を得る」という文言を入れるのがよい。

(ニ)　損害賠償　　棚卸しの結果、買主の無償支給品に損害が発生していることが発見された場合、売主が損害賠償責任を負うのも当然のことである。

また、無償支給品にあらかじめ損耗率を決定しておき、その損耗率を超えて使用した場合、売主がその損耗分について補償する場合もある。

(ホ)　残材処理　　支給品が有償の場合は、余剰品、残材等の処理は、買主と売主の協議が必要かも知れないが、無償支給品では買主の指示に従っても問題はない。

支給品が無償の場合、残材くず自体の所有権も買主にあるが、この残材の量の把握と回収が煩雑な場合もあり、現実には、発注時に標準歩留り率を決定しておき、買主の代金支払い時に、スクラップ額と相殺する方法が採られることも多い。

(ヘ)　所有権と危険負担の移転　　有償支給品の所有権と危険負担は、取引基本契約で目的物がどのようになっているかも検討して、公平の観点から決めたい。

しかし、買主側にとってみれば、売主の倒産時等に、円滑な転注（＝発注先の変更）のための一手段として有償支給品の代金完済まで所有権留保をしておく必要性も説かれている。

(ト)　下請法上の有償支給原材料等の対価の早期決済の禁止と所有権留保　　下請法では有償支給原材料等の対価の早期決済の禁止（下請法４条２項１号）が定められている。それによると、有償支給品を用いて製造または修理した目的物の下請代金の支払期日より早い時期に当該支給品の対価を下請事業者に支払わせたり、下請代金から相殺したりして下請事業者に対し不当な利益侵害がある場合は違反となる。しかし、現実には、このような行為は、下請事業者の利益を不当に害するのが一般的なので禁止されていると解するのが相当である[(1)]。

いずれにせよ、下請事業者の製作・加工期間に注意をはらい目的物に対応する支給品の使用状況を把握するか、それが困難な場合には、翌々月の代金支払いまで相殺を延ばすことが、早期決済防止のため必要となる[(2)]。

親事業者である買主にとっては、同法の定めに従って早期決済にならないような請求や相殺を実施していれば、(ヘ)で述べた代金完済まで所有権を留保することによって、実質的には全量の有償支給品について所有権を有することになる。

(チ)　**少額の無償支給品の対応**　　無償支給品を用いて製作した仕掛品や完成品にまで買主に所有権があるとする条文も多いが、たとえば無償支給品が、ビス１本だった場合などは問題がある。このような条文では、万が一、買主が倒産した場合、買主の債権者が、これらの仕掛品や完成品まで差押えなどの行為に出てくる可能性がある。

したがって、売主としては、次のような対応が考えられる。

①　無償支給品を使用し、売主が製作や加工した目的物およびその仕掛品の価値（無償支給品の価値を除く）が無償支給品の価値を著しく超えたときは、所有権は売主に移転する（民法246条２項参照）。

②　条文上は、無償支給品そのものの所有権のみに留めておき、売主が無償支給品を使用して製作・加工した場合は、当該目的物および仕掛品の所有権については別途協議する。

実務上、買主の資産である物品を売主に無償で支給・貸与することは、会社の財産保全上、適切な処置が要請されるし、その手続も煩雑となるうえ、上述のようなトラブルも発生しやすい。買主しか調達が不可能、売主が購入すると非常に高くなるなどの場合を除いて、売主による調達に任せることが必要だろう。また、支給がどうしても必要とされる場合だとしても、極力、無償支給は避けるべきである。

【記載例28】　売主にとって検討すべき条文例と変更例

〔検討すべき条文例〕

無償支給材ならびにこれをもって製作した仕掛品および完成品の所有権は、甲（＝買主）に帰属する。

（変更例）

無償支給材ならびにこれをもって製作した仕掛品および完成品の所有権は、甲に帰属する。ただし、無償支給材を除く仕掛品、完成品の価値が無償支給材の価値を著しく超えたときは、その所有権は乙（＝売主）に移転する。

【記載例29】　支給品の取扱い

例1（支給品の取扱い）　乙（＝売主）は、支給品について善良なる管理者の注意をもって取り扱うものとし、あらかじめ甲（＝買主）の書面による承諾を得ないで、これを甲の指定する使用目的以外に使用し、または第三者に譲渡し、または占有の移転をしてはならない。

2　甲は、無償支給品について、乙の立ち会いのもとに、甲の必要と認めるときに実地棚卸しを行い、在庫数およびその適否を確認するものとし、その結果、乙が前項に反して甲に損害を与えたことが明らかになった場合には、乙に対し、その補償を請求することができる。

3　有償支給品の所有権および危険負担は別途定める場合を除き、甲の支給品については乙に引き渡した時、直送支給品については乙による検収の時、甲から乙に移転するものとする。

例2（支給品の取扱い）　乙（＝売主）は支給品について善良なる管理者の注意をもって管理するとともに、甲（＝買主）が同意した場合を除き、これらを所定の用途以外に使用したり、第三者に譲渡、貸与、もしくは担保提供（以下譲渡等という）してはならない。

2　無償支給品は、甲が所有権を有し、甲は甲の営業年度中半期ごとに、乙の立会いのもと棚卸しを行い、在庫数の適否を確認する。

3　乙は、支給品が滅失、毀損または変質した場合は、速やかに甲に申し出る。

4　甲は、乙と協議のうえ、支給品の保管状況、作業状況等を検査するため、乙の工場等に立ち入ることができる。

5　乙が、第1項に違反して甲に損害を与えたことが判明したとき、もしくは第2項および第3項の原因が乙の責めに帰すべき場合でありかつ甲に損害を与えたときは、甲は乙に対しその補償を請求できる。

6　無償支給品について次の各号に定める事由が生じたときには、甲の申し出により、未使用の無償支給品を速やかに甲に返却する。

(1)　納入品の設計変更により、その引き当て無償支給品が不要となったとき

(2)　甲が合理的な理由を付して返却を求めたとき

7　無償支給品の余剰、端材、切粉等の処理については、甲乙協議のうえ決定する。

8　有償支給品の所有権については、次の各号に定める時に、甲から乙に移転する。

(1)　内製支給品および別送支給品については、乙への引渡しの時

(2)　直送支給品については、乙の検収の時

例3（無償支給品の特則）　無償支給品の所有権は甲にあり、乙（＝売主）はこれを乙所有の材料等と区別して保管し、善良な管理者の注意をもって管理しなければならない。

また、甲（＝買主）が必要により甲所有の表示等保管方法に関し指示した場合は、乙はこれに従う。

2　甲は必要により乙立ち会いのもとに無償支給品の棚卸しを行うことができる。

3　無償支給品が滅失または毀損した場合に、その原因が乙またはその代理人、もしくは使用人の故意または過失等乙の責めに帰するも

のであるときは、乙はただちにその損害額の全額を甲に対し賠償し、甲は新たな無償支給品を支給する。

例4（支給品の管理）　乙（＝売主）は、支給材を善良な管理者の注意をもって管理し、現品保管上および帳簿上区分して管理し、甲（＝買主）の承諾を得ることなく支給材を当該目的物の製造以外の目的に使用し、または第三者に譲渡、貸与、質入等の処分をしてはならない。

例5（支給品の棚卸し）　乙（＝売主）は、無償支給品について定期的に（甲（＝買主）から別段の指示がない限り毎月）実地棚卸しを行い、在庫数の適否を確認するものとし、その結果、乙が前項に違反して甲に損害を与えたことが明らかになったときは、甲は乙に対しその補償を請求することができる。なお、甲はかかる棚卸しに立ち会うことができる。

例6（支給品の立入調査）　甲（＝買主）は、必要に応じて支給品の保管状況および使用状況を検査するために、乙（＝売主）の承諾を得て、乙の工場、事務所等に立入りができるものとする。

例7（売主の賠償責任）　乙（＝売主）は、無償支給材の滅失、毀損または変質の原因が乙に帰すべき場合、甲の指示に従い、乙の負担において、補修・代品提供、または損害賠償を行う。

例8（無償支給品の損耗率）　甲（＝買主）と乙（＝売主）とは、無償支給品の損耗率を、別途協議のうえ決定することができる。

2　乙は、前項の損耗率を超えて使用した無償支給品については、甲乙別途協議して定める価額を甲に支払うものとする。

例9（残材等の処理）　支給材の残材、端材、切粉等の処理について、支給材が無償支給の場合には、乙（＝売主）は甲（＝買主）の指示に従うものとし、有償支給の場合には甲乙協議して定めるものとする。

例10（有償支給品の所有権・危険負担）　有償支給品の所有権および危険負担は、次の各号に定める時に、甲（＝買主）から乙（＝売主）に移転するものとする。

⑴　甲の指示により、甲の指定業者より直接乙に納入される原材料または部品は、乙の検査完了の時

⑵　その他は乙への引渡しの時

例11（無償支給品の所有権）　甲（＝買主）が乙（＝売主）に無償で支給する支給品（以下無償支給品という）の所有権はすべて甲に帰属する。

（注）　例１、例２は支給品全般の取扱いについて規定する。
例６以下は、支給品に関する個別事項である。

⑶　関連法令

民法176条＝物権の設定及び移転
　同 246条＝加工
改正民法536条＝債務者の危険負担等
　同 562条＝買主（注）の追完請求権
　同 563条＝買主の代金減額請求権
　同 564条＝買主の損害賠償請求権及び解除権の行使
下請代金支払遅延等防止法４条２項１号＝親事業者の遵守事項

（注）　上記の改正民法規定の買主は、本条では支給品の買主である乙（＝売主）である。

Note

⑴　辻吉彦＝生駒賢治『詳解下請代金遅延等防止法〔改訂版〕』225頁（公正取引協会・平成12年）
⑵　中小企業庁計画部下請企業課編『下請取引ハンドブック〔第４版〕』106頁（通産資料調査会・平成４年）

18　貸与品（第16条）

⑴　基本条文

貸与品については、次のように表示される。

第16条（貸与品）

甲（＝買主）は、必要に応じ甲乙（＝売主）協議のうえ、機械、型、治工具等を乙に貸与することができる（以下貸与品という）。

2　貸与の方法、期間、賃貸料等については、甲乙協議のうえ、決定するものとし、貸与品の取扱いについては第15条第１項、第２項、第３項、第５項を準用する。

⑵　ポイントと記載例

(イ)　設備等の貸与　買主は、目的物の製作に必要な機械、設備、計測器、型、治工具、などを貸与する場合がある。業種によっては、ソフトウェアも貸与品の中に入れることが必要であろう。また、型については、①その構造・精度が製品の品質・コストに重大な影響を与える、②その製作費が高額になる、③型を用いた生産数量が事前には決まらない、④量産を打ち切った後でも補給用部品の生産に使用する、⑤将来、売主を変更した場合でもスムーズに生産を継続できる、などの理由により、買主（発注先）から貸与される場合も多い。

とくに⑤が想定されるのは、売主の倒産や売主側からの急な転廃業を理由にした契約解除の場合である。そのための予防措置として金型などを買主側で製作し貸与することが行われるが、このような場合、貸与品の返却が円滑に実施されないと、貸与したメリットを活かすことができない（貸与品の返却に関しては、Ⅰ「45　契約終了時の措置」（275頁）参照）。

貸与品については、取扱いが支給品に類似しているので、取引基本契約の支給品の条項に包含されている場合もある。

その他、これらの物品を譲渡する場合もあり、譲渡を同時に規定しているものもある。

(ロ)　賃貸借・使用貸借契約の必要性　貸与品については、多種の物やソフトウエアが考えられるので、貸与するごとに、個別の賃貸借契約や使用貸借契約が必要となろう。

【記載例30】　使用貸借契約の書式例

動産使用貸借契約書

買主（以下甲という）と売主（以下乙という）は、金型、治具、工具、計測器等の使用貸借について次のとおり契約（以下本契約という）を締結する。

第1条（目的）

甲は、自己の所有にかかる物件（以下物件という）を乙に無償にて貸し渡し、乙は、使用収益した後返還することを約する。

第2条（物件）

甲は、以下の物件を無償貸与する。

物件名称：

資産 No.：

価格：

数量：

乙の設置場所：

第3条（使用目的および管理）

乙は、甲の発注する目的物を製作する目的にのみ物件を使用する。

2　乙は、物件を、物件本来の用法、使用態様で使用する他、常時整備し、品質の維持に努める等、善良な管理者の注意をもって管理する。

3　乙は、甲の書面による承諾なしに物件を改造しまたは付属品を付加する等の変更を加えてはならない。なお、甲の承諾を得て、付属品を付加する等の変更を加えたときは付属品の所有権は甲に帰属する。

4　乙は、第三者に対し、物件の転貸、譲渡、質入、その他の処分を行ってはならない。

5　乙は、物件について、第三者からの強制執行その他の侵害を受けないよう保全するとともに、そのような事態が発生したときはただちに甲に通知し、速やかにその事態を解決せねばならない。

6　乙は、甲の指示に従い、物件に甲の所有物である旨の表示をしなければならない。

第４条（保険）

乙は、本契約締結後速やかに物件につき、乙の負担で甲を保険金受取人とする物件の価格相当額の火災保険を付し、その証書を甲に交付する。

第５条（報告義務）

乙は、甲から要求のあった場合、物件の保全状況を明らかにする書類を甲に提出する。

2　甲は、必要と認めたとき、乙の同意を得て、設置場所、その他の乙の事業所に立ち入り、物件の状況を調査することができる。

第６条（費用負担）

物件の保守、整備、修繕に要する諸経費は乙の負担とする。

2　本物件の引渡し、返還に要する費用は、乙の負担とする。

3　第３条の甲の承諾を得て物件を改造または付属品を付加する場合の費用は、甲の指示による目的物の使用・設計変更等に起因するときは甲の負担とし、その他については乙の負担とする。

第７条（損害賠償）

乙は、原因の如何を問わず、物件を滅失、毀損したとき、その他甲に損害を与えたときは、その損害を賠償する。

第８条（返還）

本契約が終了したとき、または甲から返還を求められたときは、ただちに、乙は甲の指定する場所に物件を搬入し返還する。

2　乙が、物件の返還を遅滞したときは、乙は遅滞した期間につき別途定める損害金を支払う。

3　第１項の場合、甲が乙の事業所等に立ち入り物件を引き取るにあたり、乙は何らの異議を申し立てることなく協力するものとし、物件が乙の委託先にあるときも甲による引取りに支障のないよう協力するものとする。なお、これらの引取りに要する費用は乙の負担とする。

第９条（協議）

本契約に定めのない事項その他本契約に疑義を生じたときは、甲乙

協議のうえこれを決定する

本契約の証として、本書を２通作成し、甲乙記名押印の上各１通を保有する。

○○○○年○月○日

甲（貸主）

乙（借主）

【記載例31】 貸与品

例１（貸与品） 甲（＝買主）は、必要に応じ、機材、金型等を乙（＝売主）に貸与することがある。

２ 甲は貸与品の貸与方法、期間、賃料等について乙と協議のうえ、決定するものとする。

３ 乙は、貸与品について善良なる管理者の注意をもって管理するとともに、甲がとくに必要と認める場合を除きこれらを所定の用途以外に使用したり、第三者に譲渡等してはならない。

４ 甲は、必要に応じ、乙の同意を得て貸与品を乙の立ち会いのもとで、実地調査を行うことができる。その結果、乙が甲に損害を与えたことが明らかになったときは、甲は乙に対しその補償を請求できるものとする。

例２（機械・金型等の貸与） 甲（＝買主）は必要に応じて、乙（＝売主）に機械、器具、金型等（以下貸与品という）を貸与することができる。

２ 貸与品の種類、貸与の方法・期間・料金・手続・修繕費および改造費の負担等については、甲乙協議して定めるところによる。

３ 乙は、甲の貸与する貸与品として、乙が金型等の発注、または製作を行う場合は、甲と協議のうえ、行う。

４ 甲は必要に応じ、乙との間に貸与に関する契約書を作成する。

例３（甲の提供品）　本契約の履行を援助するため甲（＝買主）が乙（＝売主）に提供し、または代価を支払った物品、工具機器その他のもの（以下提供品等という）の所有権は、甲に帰属する。

２　前項に定める甲の所有にかかる提供品等については、乙は善良な管理者の注意をもって保管するものとし、その保管料は無料とする。

３　乙は、乙の責めに帰すべき事由により保管中の提供品等を滅失または損傷したときは、代替品もしくは同等品の補充または損害賠償の義務を負う。

例４（型・工具・機械機具類等の貸与・譲渡）　甲（＝買主）は、必要と認める場合、目的物の製作に使用する型、工具、機械機具類等（以下型等という）を乙（＝売主）の同意を得て、貸与または譲渡できるものとする。

２　型等の貸与または譲渡の場合の価格、賃料その他の条件については、甲乙協議のうえ、定めるものとする。

３　型等の受入れについては第13条および第14条、型等の譲渡の場合の所有権および危険負担の移転時期については、第15条第６項を準用する。

例５（設備等の貸与）　目的物の開発・設計または製造に際し、乙（＝売主）において甲（＝買主）の所有する機械、器具、治工具、型等の設備の使用が必要となった場合には、甲に当該設備の貸与を依頼するものとし、甲がこれを認めた場合には当該貸与を実施するものとする。

２　前項の貸与に際しては、甲乙は別途甲所定の賃貸借または使用貸借にかかる契約書を締結するものとする。

例６（貸与品）　甲（＝買主）は、必要に応じて、乙と協議のうえ、目的物の製作に必要な機械、金型、治工具等（以下貸与品という）を乙（＝売主）に貸与することがある。貸与の方法、期間、賃料、その他必要な事項については甲乙協議のうえ決定する。

２　乙は、貸与品を善良な管理者の注意をもって保管し、甲が必要と認めた場合を除き、貸与品を目的物の製作以外に使用し、または第三者に譲渡し、貸与し、もしくは担保に供してはならない。

3　乙は、甲が請求したときは、甲の指定する期日および場所において貸与品を甲に返還する。

例7（貸与品）　甲（＝買主）は、必要に応じ、機械、金型、試作用部品、各機具等を乙（＝売主）に貸与することがある（以下貸与品という）。

2　甲は、乙と協議のうえ、貸与の可否、貸与する場合の方法、期間、賃料等を決定する。

3　貸与品の取扱いについては、第○○条（支給品の取扱い）を準用する。

例8（型・治工具などの貸与）　甲（＝買主）は、必要により製造・加工委託に関し、型、治工具・試験機器、ソフトウェアなどを貸与（以下貸与品という）する。この場合、貸与に関する方法、期間、料金および手続は、別に甲乙協議して定めるものとする。

例9（金型等の貸与）

1　甲（＝買主）は目的物の製造に必要かつ適切と自ら判断する機械、設備、治工具、計測器、金型等（以下金型等と総称する）を乙（＝売主）に貸与することができる。

2　乙は金型等を借り受ける場合、甲の定める「金型等受領書」等を甲に提出する。

3　乙は金型等を善良な管理者の注意をもって使用可能な状態に維持するよう使用、管理するとともに、乙は事前に甲の書面による承諾を得ることなく、金型等の原状に変更を加え、または金型等を甲の定める目的以外の目的に使用してはならない。

(注)　例4の第3項は、基本条文の該当する条項を参照のこと。

(3)　関連法令

改正民法601条＝賃貸借

同 593条以下＝使用貸借

19　貸与図面等の取扱い（第17条）

⑴　基本条文

貸与図面等の取扱いについては、次のように表示される。

> **第17条（貸与図面等の取扱い）**
>
> 乙（＝売主）は、貸与図面について、甲（＝買主）が定める手続に従い、善良な管理者の注意をもって管理するものとし、甲がとくに必要と認める場合を除き、これらを所定の用途以外に使用したり、第三者に開示もしくは譲渡してはならない。
>
> 2　乙は、貸与図面を使用しなくなったときは、確実に廃却（焼却または裁断）するか、または甲からとくに要求があったときは、すみやかに貸与図面を甲に返却しなければならない。
>
> 3　甲および乙は、あらかじめ書面による相手方の承諾を得ることにより、納入仕様図面を第三者に開示または譲渡することができる。
>
> ただし、乙は、あらかじめ甲乙協議により、甲の承諾を不要とした納入仕様図面および乙が独自に開発した製品の納入仕様図面については、甲の承諾なしに第三者に開示または譲渡することができる。

⑵　ポイントと記載例

㈠　貸与図面の管理責任　売主は、買主のノウハウが含まれている買主の所有物について善良な管理者としての注意義務を負い、買主の承諾を得ない限り複写、開示、再貸与等ができないのは当然である。

善良な管理者としての注意（善管注意）とは、債務者の職業、その属する社会的・経済的地位などにおいて一般に要求される注意をいう。基本条文では、売主は、使用借主として、返還をなすまで善良な管理者の注意義務をもって目的物を保存しなければならない[(1)]。

㈡　納入仕様図面の開示・譲渡制限　売主が作成した納入仕様図面（Ⅰ「13　仕様」⑴第１項第２号（83頁）参照）には売主のノウハウが含まれている

こともあり、買主が納入仕様図面等を第三者に開示する場合、事前に売主の承諾をとることは当然である。

一方、売主が独自に開発した製品の納入仕様図面や売主の一般市販品や標準品などについての納入仕様図面を、売主が自由に取り扱うことができないとなると、独占禁止法の拘束条件付取引にも該当することになる（I「33 目的物の譲渡制限」（191頁）参照）。

(ハ)　納入仕様図面等の関連会社への開示　最近のグローバル化、グループ化、分社化などに対応して、納入仕様図面等の技術情報に関する秘密情報を買主の関連会社への開示を自由にして、その他の第三者についてのみ開示できないとするものがある。

別条項で、「関連会社[(2)]」を定義するが、持株比率だけでは、M&A や発行済株式数の保有割合の増減により、関連会社が激しく変動する可能性があり、問題は多い。

また、図面等の管理規定の条項にしても、売主は買主自体と取引しているのに、買主の関連会社に秘密情報が筒抜けになることになり、もし当該関連会社が、売主の競争会社であった場合でも、秘密情報が何の制約もなく開示されることになる。また、買主へ納入する製品とは、関係のない全く異なる事業をしている関連会社に情報が開示された場合でも規定上制約がないが、その会社にとって当該情報は無意味であり、そのため、その会社での秘密管理がおろそかになる可能性も否定できない。関連会社が、同様の規定を持っているとしたら、さらに当該関連会社の関連会社にも秘密技術情報が開示されるおそれがある。

売主が直接、買主の関連会社と取引基本契約を締結している場合には、当該条項はどのような位置づけになるのであろうか。

以上のような、多くの問題点を含んでおり、基本的には、当事者間のみでの技術情報の保有であり、事前の許可を得て初めて第三者への開示を認めるのが筋であろう。

【記載例32】　売主にとって検討すべき条文例と変更例

〔検討すべき条文例〕

（関連会社の定義）　以下の会社を関連会社に含めるものとする。

⑴　子会社　　甲（＝買主）が、その総株主の議決権の51％以上を有している会社

⑵　親会社　　甲の総株主の議決権の51％以上を有する会社

⑶　兄弟会社　　甲の親会社が、その総株主の議決権の51％以上を有している会社

（図面等の管理）

3　甲は、納入仕様図面の中に○○条で規定する秘密情報を含む場合、乙（＝売主）に事前の同意なく、当該秘密情報を、甲の関連会社以外の第三者に開示してはならない。

（変更例①）

（関連会社の定義）　以下の会社を関連会社に含めるものとする。

⑴　子会社　　甲が、その総株主の議決権の51％以上を有している会社のうち、A株式会社、B株式会社、C株式会社およびD株式会社とする。

⑵　親会社　　甲の総株主の議決権の51％以上を有する会社であるD株式会社とする。

2　前項の関連会社が、子会社および親会社である条件を喪失した場合は、ただちに甲は乙に通告してその対象からはずすものとする。

（図面等の管理）

3　甲は、納入仕様図面の中に○○条で規定する秘密情報を含む場合、当該秘密情報を甲の関連会社に開示した場合には乙にその旨通知するものとし、甲の関連会社以外の第三者に対して開示する場合には、乙に事前の同意を要するものとする。

（変更例②）

（関連会社の定義）は変更例①と同じ。

（図面等の管理）

3　甲は、納入仕様図面を、乙に事前の同意なく、甲の関連会社以外の第三者に開示してはならない。

（注）①（関連会社の定義）は、本条において関連会社を定義するものであり、財務諸表規則８条５項で定義される関連会社とは異なる。

②（変更例①）について

子会社を、たとえ総株主の議決権の51％以上としても株式保有は常に変動し、取引の相手方が、その変動をタイムリーに知るのは困難である、かつ、中小会社は有価証券報告書には「その他子会社」として固有名詞で会社名が掲載されない可能性がある。

売主としては、交渉のうえ、買主の子会社を、なるべく特定し、子会社から外れた場合はただちに売主に通告して対象外とする（子会社であっても、競争事業者、今回の取引とは全く関係のない業種の企業、その子会社の出資者として競争事業者が入っている場合などはこの特定からはずす。この場合、資本割合、取引先、業務内容など細かなチェックが必要となる）。なお、売主の子会社等を関連会社として規定する場合も同様とする。

支配力基準による定義は、相手方にとって外観から子会社かどうか判別しがたいため避けるべきである。

海外子会社については、対象とはしないことが必要であろう。もし、対象とする場合は、海外子会社との別途の特約を必要としたい。

兄弟会社は、買主とは基本的に直接、資本的関係がないので、対象とはしていない。買主自身は、この兄弟会社については、直接、コントロールできるか疑わしい。

【記載例33】　貸与図面の取扱い

例１（図面等の管理）　乙（＝売主）は、甲（＝買主）が貸与した図面・仕様書・規格・技術資料（以下貸与書類という）の保管管理については、厳重にこれを行うものとし、貸与目的完了後、または甲が指示したときはただちに返還する。

２　乙は、事前に甲の承諾を得ない限り、貸与書類を複写してはならない。

３　乙は、事前に甲の文書による承諾を得ない限り、貸与書類を第三者に閲覧・貸与・提供などしてはならない。

４　乙は、貸与書類を滅失、毀損し、甲に損害を与えたときは、その損害を賠償しなければならない。

例２（図面、仕様書等の管理）　乙（＝売主）は、甲（＝買主）より貸与された図面、仕様書、規定、規格等（以下貸与書類という）について、善良な管理者の注意をもって管理するとともに、甲に対しいっさいの責任を負い、貸与目的完了後または甲が指示したときに、遅滞なく返却しなければならない。

2　乙は、甲から貸与された書類を個別契約に定めた目的以外に使用したり、甲の事前の承諾なしに複写してはならない。

3　乙は、文書による甲の事前の承諾がないかぎり、貸与書類を第三者に閲覧、貸与、提供をしてはならない。また、前項の承諾を得て複写した書類も同様とする。

例３（図面の管理）　甲および乙は、相手方より提供された図面について次の各号の義務を負う。

(1)　善良な管理者の注意義務をもって管理する。

(2)　相手方の承認を得ない限り貸与図面を複写し、または第三者に閲覧させ、あるいは貸与してはならない。

(3)　個別契約の履行以外の目的に使用しない。

(4)　貸与目的が完了した場合、または正当な理由により相手方から返却の要請があった場合、遅滞なくこれを相手方に返却する。

例４（貸与資料）　甲（＝買主）は、個別契約にあたり必要と認めたときは、乙（＝売主）に対し図面、仕様書、甲の社内規格等を貸与する（以下本項で貸与されたものを貸与資料という）。

2　乙は、貸与資料が改版または廃止となった場合には、甲の指示に基づきこれを甲に返却するか乙の責任と負担により破棄する。

3　乙は、貸与資料の保管、管理について、甲に対しいっさいの責めを負うものとし、甲が指定した目的以外に使用してはならない。

4　乙は、貸与資料を甲の書面による承諾なしに複写してはならない。

5　乙は、貸与資料を第三者に転貸または閲覧させる必要があるときは、その転貸先、必要事由、転貸期間について甲に通知し事前に甲の書面による承諾をとる。

例５（図面等の管理）　乙（＝売主）は、甲（＝買主）より貸与された図面、仕様書、見本等（以下貸与図面等という）を破損、汚損、紛失等しないよう善良な管理者の注意をもって使用、管理しこれを第三者に貸与、開示、漏洩および目的物の製造以外で使用しないものとする。

２　乙は、目的物の完納、製造の終了、中止もしくは仕様の変更等により貸与図面等を使用しなくなった場合、ただちに甲に返還するものとする。

例６（図面等および提供情報の管理）　乙（＝売主）は、甲（＝買主）から貸与された図面、仕様書、フィルム、磁気テープ、磁気ディスク、光ディスク、光磁気ディスク、ROM、CD-ROM、フラッシュメモリーその他の書類、媒体等（以下図面等という）ならびに図面等により提供されたプログラム等いっさいの情報（以下提供情報という）を善良な管理者の注意をもって管理し、次の各事項を遵守する。

⑴　甲から貸与されまたは提供された目的以外に使用しない。

⑵　事前に甲の書面による承諾がない限り、複写しまたは第三者に対し閲覧させ、貸与し、開示し、漏洩し、もしくは提供しない。

⑶　目的が完了したとき、または甲が指図したときは、ただちに返還する。

２　乙が甲の承諾を得て複写したものは、図面等および提供情報として取り扱い、前項を適用する。

（注）　例１から例５は、書類が主体であるが、例６は、その他の情報媒体やプログラムを含んでいる。

⑶　関連法令

改正民法400条＝特定物の引渡しの場合の注意義務

同 601条＝賃貸借

同 593条以下＝第６節　使用貸借

Note

⑴　我妻栄『新訂債権総論（民法講義Ⅳ）』26頁（岩波書店・昭和39年）

⑵　(ハ)項および記載例32の「関連会社」は、契約書上で定義を定めたものであり、財務諸表規則８条で定める「関連会社」の定義とは異なるものである。

20　目的物の単価（第18条）

⑴　基本条文

目的物の単価については、次のように表示される。

> **第18条（目的物の単価）**
>
> 　目的物の単価は、乙（＝売主）から甲（＝買主）に提出される見積書に基づいて甲乙協議のうえ決定するものとする。
>
> 2　目的物の単価は、特約のない限り甲の指定場所受渡価格であり、包装費、運賃、その他いっさいの経費等を含むものとする。
>
> 3　第１項で定めた単価に、改訂の必要が生じたときは、甲乙は、再度協議するものとする。

⑵　ポイントと記載例

(イ)　価格決定方法　　価格は、売買契約の中心課題であり、本来、買主・売主で協議するものであるので、買主からの一方的な価格決定の場合は、当事者双方による協議を加える必要がある。

とくに、売主が、下請法でいう下請事業者であるときには、買主が下請事業者と十分な協議を行わないで一方的に価格を決定したりすると、それが同種、類似の取引において一般に支払われる対価に比べて著しく低い額なら「買いたたき」に該当し、下請法違反（下請法４条１項５号）となる。この他、次のような方法[(1)]で下請代金を決めることは、「買いたたき」に該当するおそれがある。

①　多量の発注を前提にして売主に見積書を提出させ、その見積単価を少量しか発注しない場合の単価として決定する。

②　買主の予算単価を基準に、通常の単価より低い単価で決定する。

③　合理的理由がないのに特定の下請事業者を差別し、他の下請事業者より低い単価で決定する。

④　同種の取引について、輸出向けや特定の販売先向けという理由で通常よりも低い単価で決定する。

(ロ)　**価格の内訳**　どのような費用が含まれるかによって売主の見積単価も大きく変動するので、実際の見積りにあたっては、何が含まれるかを明確にしておくべきである。

買主が見積書の提出だけでなくその根拠資料をも要求している場合は、その中にノウハウや機密も含まれる場合もあるので、売主としてはその提出範囲について協議できるようにしておきたい。

包装費、運送費、積み降ろし費など弁済のための費用の負担についての規定がない場合は、売主（債務者）の負担となる（民法485条本文）。ただし、契約費用すなわち目的物の評価、契約書に貼付する印紙代、公正証書作成の手数料等は、原則として売主・買主双方、平分して負担する（民法558条・559条）。

(ハ)　**価格の変更**　価格の変更についても、価格の決定同様、協議が必要である。

なお、価格の変更においても売主が、下請法でいう下請事業者である場合には、「買いたたき」や「下請代金の減額」にあたるおそれがあり注意が必要である。

(A)　「買いたたき」に該当する場合(2)

①　一律に一定比率で単価を引き下げて決める。

②　同じ製品について、輸出向けが出てきたことにより、この分について、今までの単価より低い単価を決める。

(B)　「下請代金の減額」に該当する場合

買主は、発注時に決定した下請代金を「下請事業者の責めに帰すべき事由がない」にもかかわらず、発注後、代金を減額すると下請法違反になる（下請法4条1項3号）。

(ニ)　**目的物の単価と営業秘密**　薬品販売店Ｙが、大手製薬会社「Ｘ社の薬品の原価販売セール」と称して、その仕入れ価格を記載したチラシを配布した。これに対しＸは、仕入価格（卸価格）は営業秘密であり、また第三者に開示してはならないという正当な商慣習および商慣習法が存在するとしてＹを訴えた（東京高判平成16年９月29日[(3)]裁判所 HP）。

裁判所は「不正競争防止法２条１項７号は『営業秘密を保有する事業者（保有者）からその営業秘密を示された場合において、不正競業その他の不正の利益を得る目的で、又はその保有者に損害を与える目的で、その営業秘密を使用し、又は開示する行為』を『不正競争』とするものである」とし、「同規定は営業秘密を保有者から『示された』ものが、不正競争などの目的をもって、その営業秘密を不正に開示するなどの行為を対象とするものである」から、「Ｙは、Ｘ商品に関するＹとＸとの間における売買代金額（仕入価格）という情報を『示された』ものでないのであるから、……対象とする行為に該当しないことは明らかである」とし「いうまでもなく、売買代金額は、売買契約の主要な要素の一つであり、契約当事者が合意することにより形成されるものである。本件においても……売買代金額（Ｘにとっての卸価格、Ｙにとっての仕入価格）を合意したことにより、仕入価格という情報が成立し、双方が保有することになったのであり、Ｘが保有していたものがＹに『示された』ものでないことは明らかである」とした。

さらに、裁判所は、XY 間で締結された「取引基本契約書によれば、その１条において『甲（判決注：X）が乙（判決注：Y）に売り渡す価格は、予め甲が定めます。』とされている」が、「仮に、本件仕入れがこのような形態でされたのであったとしても、Ｙの意思により、Ｘが定めた金額で合意して売買契約が成立していることに変わりはないのであって、両者の意思の合致により、売買契約が成立し、その要素である売買代金額（仕入価格）も成立したものであることに変わりはない」として不正競争行為には該当しないとした。

また仕入価格を開示してはならないという正当な商慣習および商慣習法が存在するとのＸの主張については「上記証拠（略）によってうかがわれる医薬品等の販売業者（小売り）の一般的な認識としては、仕入価格は自らの利益確保のための秘密事項であって、それを消費者に公表したのでは経営が成り立たなくなるか、少なくとも困難になるので、自ら進んで開示するはずのない事項であるという趣旨であると認められ」、「成立しているとしても、利益追求としての経済原理にとどまり、法的な義務として開示してはならないとの商慣習ないし商慣習法が成立していないことは明らかである」とした。

そして、「おわりに」として「事業活動上、仕入価格の開示による不都合を制限する合理性・必要性が存在する場合のあることも想定し得るところであって、本判決の判断は、独占禁止法などの諸法令に反しない限度において、当事者間において一定の場合には秘密を守る義務を課する合意をすること自体否定するものではない」として「本件においては、取引基本契約においては守秘義務を生じるような合意はされておらず、……」と述べ、卸価格に係る秘密保持条項があれば義務違反を生じることがあることを暗に示唆している（なお第一審の東京地裁判決では、明解に基本契約書に秘密保持条項があれば、売主との間で契約上の義務違反の問題を生じることはあるとしていた）。

以上から、買主にとっての購入価格、売主にとっての販売価格は、取引契約書の一般秘密保持条項では、第三者への開示を止める効力のないことが明らかになった。業界によっては、価格に関する秘密保持条項を検討する必要があるだろう。

㈭ **仮単価**　価格が決まっていない場合、仮単価で取引を行い、正式単価が決定した後、精算を行う場合がある。しかし、売主が下請事業者の場合は、試作品製造委託や修理委託であって、作ったり修理してみないと費用が算定できないとき、原材料等が外的な要因により変動するときなど具体的に金額を記載することが困難なやむを得ない事情がある場合に、例外的に仮単価が認められているに過ぎない。この場合であっても、注文書には仮単価の旨明記し、代金支払い時までには正式単価を決定し書面で交付する必要がある。

㈬ **算定方法による目的物の価格**(4)　前掲㈭のほか、具体的に金額を記載することが困難なやむを得ない事情がある場合に、発注書に下請代金の額として確定できる算定方法があれば、それを記載してもよい。

ただし、この算定方法による場合は、代金の具体的金額が自動的に確定するものでなければならない。代金支払い時までに正式決定し書面で交付することは、仮単価と同様である。

【記載例34】　売主にとって検討すべき条文例と変更例

〔検討すべき条文例１〕

製品の価格については、乙（＝売主）は、甲（＝買主）の指定する見積書により甲に提出し、甲がこれを決定する。なお、甲の要求があったときは、乙は見積書に付属する資料、見積価格の内訳など提出しなければならない。

（１の変更例）

製品の価格については、乙は、甲の指定する見積書により甲に提出し、甲乙協議のうえこれを決定する。なお、甲が、見積書に付属する資料、見積価格の内訳などの提出を要求した場合には、そのつど甲乙協議して対応を決定するものとする。

〔検討すべき条文例２〕

目的物の価格については、乙（＝売主）が甲（＝買主）の指定する様式の見積書を提出し、甲乙協議のうえ、これを決定する。ただし、甲が指定した加工品については、甲からの適正な指値方式を採ることができる。

（２の変更例）

目的物の価格については、乙が甲の指定する様式の見積書を提出し、甲乙協議のうえ、これを決定する。（ただし以下を削除する）

（注）　条文例２の指値方式とは、買主が目的物の加工費、材料費などを分析・検討し、あらかじめ購入価格を定めて、一方的に売主に提示する方式である。適正とは、買主により、売主の各工程の加工状況が把握できており、原価計算の基礎が明確となってることが条件となる。しかし、実際には、買主が、自社の子会社以外でそれらを把握することは、困難である場合が多いと考えられるうえ、売主にとっては異議を唱えることもできなくなる。

【記載例35】　検討すべき条文例と変更例

〔検討すべき条文例１〕

甲（＝買主）の発注する目的物の単価は、原則として、乙（＝売主）が甲に提出する見積書に基づき甲乙協議のうえ決定する。

（１の変更例①）

（第２項を追加）

2　目的物の単価は、第三者に開示することができない。

（１の変更例②）

（第２項を追加）

2　甲および乙は、目的物の単価を第三者に漏洩してはならず、相手方の事前の承認を得ないで第三者に開示してはならない。

〔検討すべき条文例２〕

商品の価格は、甲（＝買主）乙（＝売主）協議のうえ決定する。

（２の変更例）

（第２項を追加）

2　建値のある原材料、および建値のある原材料を使用する商品については、前月の建値平均値に基づき当月の購入価格を決定するものとし、その対象となる商品および具体的方法については、別に、甲乙が取り決めるものとする。

（注）　売主としては、あらかじめ納入する商品の価格に関連ある部分についての物価指数や建値（たとえば、原油、金、銀、道、アルミ地金（＝NSP））、為替レートなどを連動させ、原材料などの価格高騰リスクを減少させることも必要になる。また。買主にとっても、物価指数等が下落した場合は、商品の購入価格を下げることができるので、基礎となる数値と商品の価格の一定割合または全部との相関性が高いならば合理的である。

【記載例36】　目的物の単価

例１（単価）　目的物の単価は、甲乙協議のうえ決定する。このため、乙（＝売主）は、甲（＝買主）の依頼により、見積書およびその付属資料を提出するものとする。

2　目的物の単価には、特別の定めがない限り、荷造包装費、運賃、荷積み降ろし費、保険料その他いっさいの諸掛かり費用を含む。

3　目的物の単価は、特別の事情がある場合に限り、甲乙協議のうえ変更される。

例２（価格の決定）　製品の価格については、乙（＝売主）が甲（＝買主）の指定する様式の見積書に希望価格を記入し甲に提出し、甲乙協議のうえこれを決定する。

2　前項の価格の決定の基礎となった数量、仕様、納期、代金支払い、材料等の条件が当該価格の適用期間中に変更されたときは、その価格について再協議することがある。

3　製品の価格は、別に定める場合を除き、乙が指定する場所に搬入し、納入完了までの荷造包装費、運賃、荷積み降ろし費、保険料等いっさいの諸掛かり費用を含むものとする。

例３（取引単価）　取引単価は、取引数量、品質、材料価格、労務費等を考慮し、合理的な計算による金額とし、特約のない限り甲（＝買主）の指定場所における受渡価格であり、運賃、その他雑費を含むものとする。

2　前項の取引単価は、特別の事情のない限り、当該納入部品の取引開始時および毎期定期的（４月・10月）に適正な価格を甲乙協議して決定する。

例４（価格）　目的物の価格については、乙（＝売主）が甲の指定する様式の見積書（コンピュータ用データを含む）に希望価格を記入して甲に提出し、甲乙協議のうえ、これを決定する。

2　目的物の価格は、別に定める場合を除き、乙が甲の指定する場所に搬入するまでの荷造梱包費、運賃、保管料その他引渡しに関するいっさいの費用を含むものとする。

例５（単価）　単価は、数量、仕様、納期、代金支払方法、材料価格、労務費、市価の動向等を考慮し、合理的な算定方式に基づく製造原価に適正な管理的経費および利益を加え、甲乙協議のうえ定めるものとする。

2　単価の決定の基礎となった数量、仕様、納期、代金支払い、材料等の条件が契約期間中に変更される場合は、単価についても再協議するものとする。

例6（見積書の提出）　乙（＝売主）は、甲（＝買主）の依頼により見積書を提出する。また、甲の要求があるときは、指示された様式、区分内容に従って見積価格に関わる内訳を提出する。

2　乙は、見積りに際して、談合その他不正を行ってはならない。

（単価）　納入品の単価は、甲乙協議のうえ決定する。この場合、甲は乙に対して見積書およびその明細書等の提出を求めることができる。

2　納入品の単価には、別に定めのある場合を除き、検収までの荷造包装費、運賃、荷積み下ろし費、保険料等いっさいの諸掛かり費用を含む。

3　納入品の単価は、甲または乙のいずれか一方が見直しを申し入れたときには、そのつど甲乙協議してこれを改定する。

例7（取引価格）　取引価格は、甲乙協議のうえ、公正に定める。

2　取引価格は、原則として包装費、運賃、その他諸掛りを含み、甲の指定場所渡しの価格とする。

（見積書）　乙（＝売主）は甲（＝買主）の依頼により見積書を提出する。この場合、甲の要請があるときは、甲が指定した様式、区分および内容に従った内訳を提出するものとする。

2　乙は、見積り提示に際し、他社と談合等の不正行為を行ってはならない。

（注）　例2第2項および例5第2項は、実務上、売主が下請事業者の場合は注意しなければならない。

たとえば、先月から銅地金の建値が大幅に値下がりしていたとしよう。これに基づき当月に、新しい価格を決定したが、先月の購入分についてもこの新価格を適用した場合、下請法の遡及値引に該当し違反となる。

例3第2項は、定期価格改定について規定する。定期的（たとえば半年ごと）に価格改定をする慣行のある業界もある。

例6、例7は、見積書と価格に条項が分かれている。

⑶　関連法令等

民法555条＝売買

同 558条＝売買契約に関する費用

同 559条＝有償契約への準用

同 485条＝弁済の費用

下請代金支払遅延等防止法４条１項５号・３号＝親事業者の遵守事項

下請法に関する運用基準　第４親事業者の禁止行為　５買いたたき（改正平成28年12月事務総長通達第15号）

下請法に関する運用基準　第４親事業者の禁止行為　３下請代金の減額（平成28年12月事務総長通達第15号）

Note

⑴および⑵　これらは、買いたたきのおそれのある代表的事例であり、これら以外は問題とならないとしたものではない。

⑶　第一審は東京地判平成14年２月５日判時1802号145頁・判タ1114号279頁

⑷　中泰彦・小室尚彦「下請法の運用の見直しについて」公正取引585号11頁

21　支払いおよび相殺（第19条）

⑴　基本条文

支払いおよび相殺については、次のように表示される。

第19条（支払いおよび相殺）

甲（＝買主）は、目的物の代金を、別に定める方法により、乙（＝売主）に支払う。

（注）　乙が下請事業者のときは「別に定める方法」を「別に書面により定める方法」に改める。

２　甲および乙は、互いに相手から支払いを受けるべき金銭債権を有するときは、いつでも当該金銭債権と前項の代金とを相殺することができる。

（注）　乙が下請事業者のときは、次のようなただし書を追加する。

ただし、甲は、有償支給品の代金については、当該有償支給品を用いた目的物の代金の支払日以降に相殺するものとする。

3 甲および乙は、前項の相殺にあたっては、相手方に対してその明細書を送付することにより通知し、所定日に相殺する。

⑵ ポイントと記載例

㈠ 支払方法 本条項に、実際の支払方法や支払条件を掲載するか、別に定めるかは自由である。しかし、いずれにしても代金支払方法は、当事者にとって重要事項であり、公平性・合理性の観点からも、共通的な代金支払制度を採っている場合は買主が事前に売主と協議したり、発注品や取引の態様に応じて異なる場合には注文書にて代金支払方法を具体的に明示すべきであろう。

売主が下請法の下請事業者にあたる場合は、支払方法や支払条件について次のような制約がある。

支払期日は、書面で交付する義務がある（下請法３条）。ただし、支払制度の共通的事項については、あらかじめ下請事業者に通知しておけば、通知した日から一定期間は注文書にその通知による旨を明らかにしておけば足りるとされている。この通知は、取引基本契約書に含んでも問題ないとされるが、支払制度の変更時に、契約書自体の変更や別に特約が必要となるので、通知書による方式を勧めたい。

【記載例37】 支払方法等についての書式例

年　月　日

○○株式会社御中

＊＊＊＊＊株式会社 印

支払方法等について

当社が今後注文する場合の支払方法等について下記のとおりとしたいので、ご承諾ください。なお、ご承諾の場合は、ご連絡ください。

記

1．支払制度　納品毎月××日締切り　翌月××日支払い

2．支払方法　支払総額○○万円未満　現金

支払の総額○○万円以上｛現金　○％
電子記録債権　○○％
（決済は支払期日から起算して○日目）

なお、現金による支払いは金融機関への口座振込みによります。支払期日が金融機関の休業日にあたる場合、順延期間が２日以内の場合には当該金融機関の翌営業日に支払います。振込手数料については、当社が負担するものとします。

3．検査完了期日　納品後○日

4．実施期間

年　月　日から本通知の内容に変更があり、新たに通知するまでの間（新たな通知の実施期間の開始日の前日まで）

以上

（注）1　「支払方法等について」の内容に変更があった場合、当該変更部分のみ通知するのではなく、全体を通知し直す必要がある。

2　なお、親事業者から「支払方法等について」の承諾の通知を求められた場合、下請事業者がその通知を文書で行うこととすると、その承諾書が印紙税課税文書となる。

3　支払期日が金融機関の休業日にあたる場合における２日以内の順延が認められるには、親事業者および下請事業者との双方が合意し、書面化する必要がある。

なお、上掲の書面（契約書、規定等でこれと同性格のものも含む）を下請事業者に交付するときは、個々の注文書に「支払条件等は○○○○年○月○日付け『支払方法等ついて』」によることを明記しなければならない。

支払期日は、目的物を受領した日から起算して60日以内のできる限り短い期間内で定める義務がある（下請法２条の２第１項）。

手形期間が120日を超える手形は、割引困難な手形の交付の禁止に違反するおそれが強い（下請法４条２項２号）。

(ロ)　**支払条件の種類**　検収後一括支払い、検収後一定期日内一括支払い、検収後分割支払い、前渡金および検収後残金一括支払い、前渡金および検収後一定期日内残金一括支払い、前渡金[(1)]および検収後残金分割支払いなどがある。

また、最近では、検収後一定期日内一括支払いについて、手形発行交付事務の省力化、手形紛失時の繁雑な手続の解消、手形の印紙税不要などの視点から、買主・売主・銀行（ファクタリング会社）間の契約により、売主に対し支払手形を使用しないで、一括決済方式[(2)]によって支払いを行うほか、紙ベースの手形取引に代わる電子記録債権を利用する企業も増加している。

(ハ)　**相殺とは**　売主が買主に対して100万円の売掛金債権があり、逆に買主は売主に対して50万円の売掛金債権を持っている場合、売主または買主の一方的な意思表示により対当額（この場合50万円）において両者の債権債務を消滅させることを相殺という。この場合、民法では、相殺は、両者の債権が弁済期にあること、つまり支払期日にきていることを条件に行うことができるとされている（改正民法505条）。このようにお互いの債権が相殺されうる状況にあることを相殺適状という。

なお、相殺が認められているのは、いつでも決済できるという安心感、当事者相互の公平の実現のほか、相互に担保的機能をもっているということがあげられる（相殺の担保的機能と倒産・差押えとの関連については、Ⅱ「14　相殺予約」（356頁以下）を参照されたい）。

(ニ)　**相殺予約**　上述したように、民法の相殺の規定は、双方の対立する債権が弁済期にあることが要件となっているため、弁済期まで待たなければならず迅速な相殺は難しい。そこで、取り決めによりお互いが対立する債権を持った場合には、弁済期であるかどうかにかかわらずいつでも相殺できるようにしておくとスムースな債権回収ができることになる。

金銭債権であれば、買主のみが、いつでも相殺できるとするのは相殺の性格からいって問題がある。したがって、当事者の一方が相手方に対して金銭債権を持っているときはいつでも相殺できるように変更するか、あるいは本契約に相殺予約の規定を入れないで民法の相殺の規定に従う方法もある。

(ホ)　**下請法上の早期相殺の禁止**　売主が下請法の下請事業者にあたる場合

には、有償支給原材料等の対価の早期相殺について禁止されているので注意する（I「17　支給品の取扱い」(2)(ト)（98頁）参照）。

買主が下請事業者である売主に対し、納品に必要な原材料等を有償で支給している場合に、売主の責めに帰すべき理由がないのに、この有償支給原材料等を用いて製造または修理した物品の下請代金の支払期日より早い時期に下請代金から相殺すると下請法違反になる（下請法４条２項１号）。

(ヘ)　**遅延損害金条項**　　買主提示型取引基本契約書においては、ひな型に遅延損害金条項が設けてある例はほとんどないため、売主は、当条項の追加を検討する必要がある（【記載例38】（３の変更例））。当条項のポイントと記載例については、II「13　遅延損害金」(2)（352頁）を参照されたい。

【記載例38】　売主にとって検討すべき条文例と変更例

〔検討すべき条文例１〕

甲（＝買主）は、目的物の代金を、別に甲が定める方法により、乙（＝売主）に支払うものとする。

（１の変更例）

甲は、目的物の代金を、甲乙間で別に定める方法により、乙に支払うものとする。

〔検討すべき条文例２〕

甲（＝買主）が有償支給品の代金等、乙（＝売主）から支払いを受けるべき金銭債権を有するときは、甲はいつでも当該金銭債権と前項に定める代金とを対当額で相殺することができる。

（２の変更例）

甲または乙は、相手方から支払いを受けるべき金銭債権を有するときは、甲または乙は、いつでも当該金銭債権と前項に定める代金とを対当額で相殺することができる。

〔検討すべき条文例３〕

本件商品の売買代金の支払方法については、甲乙協議のうえ、別に定めるものとする。

（３の変更例）

（第２項を追加）

2　前項で定めた支払期日に代金の支払いを怠ったときは、支払期日の翌日から完済に至るまで年14.6%の割合による遅延損害金を現金で支払うものとする。

【記載例39】　支払いおよび相殺

例１（支払い）　甲（＝買主）から乙（＝売主）への代金の支払いについては、毎月末日締切り、翌月月末支払い（当該日が土曜・日曜、祭日等休日となるときは、その後の最初の営業日）とする。

2　代金支払条件は、別途個別に協議して定める。

例２（支払い）　甲（＝買主）は、乙より引渡しを受けた目的物の代金を甲乙間で別に定める方法により乙に支払うものとする。

2　乙は、甲より引渡しを受けた有償支給材の代金を甲乙間で別に定める方法により乙に支払うものとする。

例３（代金支払い）　甲（＝買主）は、甲乙間に別段の合意のない限り毎月検収完了した目的物に関し、乙（＝売主）より請求書受領後目的物の代金を、翌月末日限り乙に支払うものとする。

2　甲が有償支給品の代金その他乙から支払いを受けるべき金銭債権を有するときは、甲は当該金銭債権と前項に定める代金債権を対当額につき相殺することができる。

例４（支払い）　甲（＝買主）は、乙（＝売主）より引き渡された目的物の代金を、甲乙間で別に取り決めた方法により支払う。

2　甲は、目的物の代金を支払う際に、乙に対する金銭債権があるときは、その対当額をもって支払代金と相殺することができる。

例５（支払い）　甲（＝買主）は、別紙に定める支払方法および条件に従って、乙（＝売主）に契約代金を支払うものとする。ただし、個別契約において、別に支払方法を定めているときは、それに従うものとする。

2　甲は、契約代金の支払いについて、円貨により乙の指定する銀行口座に振り込むものとする。ただし、甲および乙が合意する場合は、その他の方法により行う。

（契約代金の相殺）　甲（＝買主）は、本契約および個別契約に定めるところによるか否かを問わず、乙（＝売主）から支払いを受けるべき金銭債権があるときは、乙への契約代金等の甲の金銭債務と対当額で相殺することができる。

例6（支払額の確定）　目的物品の支払額は、第○○条の引渡し完了時に確定する。ただし、引渡し完了後といえども、特段の事情のある場合には、甲乙間で協議して支払額を変更できる。

2　甲（＝買主）は、毎月末日締切として前項の支払額を集計し所定の明細表または明細データを作成し、これを乙（＝売主）に交付または送信することにより通知する。

3　乙が、前項通知内容に異議ある場合は、明細表の発行日付または明細データの発信日付から起算して7営業日以内に書面による異議申立てを行うものとし、甲乙は関係書類を相互に照合して確定させるものとする。

ただし、乙が認めた場合は、当該期間経過後であっても乙と協議のうえ処理できるものとする。

（支払方法）　甲は、前条により確定された代金支払総額を、甲乙間で協議して定めた支払手段および支払期日に支払う。

2　乙が、甲に有償支給材の代金、貸与設備の賃借料その他の金銭債務を負っている場合には、甲は乙に通知することにより乙に対する目的物代金の支払債務と対当額をもって相殺できる。

例7（相殺等）　期限の到来、期限の利益の喪失、その他の事由によって乙（＝売主）が甲（＝買主）に対する債務（本契約による債務に限定されない）を履行しなければならない場合には、甲は、乙に対し負担する債務（この契約による債務に限定されない）と乙に対し有する債権とをその債権の期限のいかんにかかわらず、いつでも対当額において相殺できるものとする。

(注)　例１は、支払日が金融機関休業日の場合、その後最初の営業日を支払日とするものである。下請法の運用においてはこのような場合、親事業者・下請事業者間で支払日を翌営業日に順延することについてあらかじめ書面化されている場合に限り認められる（したがって、書面化されていない場合は、金融機関休業日直前の営業日が支払日となる)。ただし、認められる場合であっても、順延の期間が金融機関の通常の休業日である土日を超えるなど３日以上となるときは支払遅延として取り扱われることになる。

例５は、相殺規定が別条項として設けられている。

例６は、支払額の確定方法について詳細な別条項を置いた例である。

例７は、旧銀行取引約定書ひな型第７条をベースにした相殺予約条項である。

(3)　関連法令

民法402条＝金銭債権

改正民法 533条＝同時履行の抗弁

　同505条以下＝第２款　相殺

破産法67条以下＝相殺権

会社更生法48条以下＝相殺権

民事再生法92条以下＝相殺権

下請代金支払遅延等防止法３条＝書面の交付等

　同 ４条２項２号・１号＝親事業者の遵守事項

Note

(1)　前渡金の買主のリスク・ヘッジについては、Ⅰ「11　所有権および危険負担の移転」(2)(ホ)（72頁）の所有権留保や、Ⅱ「15　担保」(2)(ニ)（366頁）の買主からの担保の請求も考えられる。

(2)　一括決済方式については、（昭和60年12月公正取引委員会事務局長通達第13号）改正平成11年７月事務総長通達第16号「一括決済方式が下請代金の支払手段として用いられる場合の下請代金支払遅延等防止法及び独占禁止法の運用について」による。

22　クレーム補償責任（第20条）

⑴　基本条文

クレーム補償責任については、次のように表示される。

第20条（クレーム補償責任）

甲（＝買主）は、検収後、次の各号のいずれかに該当する乙（＝売主）の責めに帰すべき不良品および当該目的物に起因して付随的に不具合の発生した物品（以下総称して不良品という）により損害を被った場合は、別に定めるクレーム補償期間内に限り、乙に対し書面で通知し、その補償を請求できる。

⑴　市場に出る前に発見された不良品（以下工場クレーム品という）

⑵　市場に出た後に発見された不良品（以下市場クレーム品という）

2　前項の補償期間後といえども、甲が甲または甲の納入先の製品の機能に重大な影響を及ぼすと認定したクレームが発生した場合には、引き続き乙が補償の責めを負う。

⑵　ポイントと記載例

ポイントと記載例についてはⅡ「17　契約不適合」⑵（389頁）も併せて参照されたい。

㈠　売主の契約不適合責任　民法改正前の「瑕疵担保責任」に代わるものとして、改正民法において「契約不適合責任」が設定された。改正民法では、売主は、種類、品質または数量に関して契約の内容に適合する目的物を買主に引き渡す義務および権利が契約の内容に適合する権利を買主に移転する義務を負っている（改正民法562条１項ほか、565条)。買主が、これらの義務について債務不履行がある場合が「契約不適合」であり、債務不履行責任を負うことになる（契約不適合責任については、389頁以下に詳説しているので参照していただきたい)。

改正民法は、目的物に物理的な欠陥（種類または品質に関する契約内容の不適合）がある場合に、担保責任の期間の規定を設け、「買主が、その不適合を知った時から１年内に（ただし商取引では６カ月内に）売主に通知しない」限り、その旨の通知をすることにより、損害賠償の請求ができること、契約の解除ができることを規定している（改正民法566条本文、改正商法526条２項）。この場合、売主に悪意または重大な過失があったときは、期間制限は適用されない（改正民法566条ただし書、改正商法526条２項）。なお、数量や移転した権利の契約不適合については、買主の権利行使に関する期間制限は設けられていない。

商人間の売買については、商人は当該商品について専門知識をもっているので、容易に契約不適合を発見できるとの考え方から、改正商法526条に特則が設けられている。つまり、買主に目的物受け取り後遅滞なくそれを検査し契約不適合や数量不足をただちに通知する義務が課され、その懈怠があるときは、買主は追完、代金減額、損害賠償の請求および契約解除ができないと定められ、さらに目的物にただちに発見することのできない契約不適合があった場合には、買主が６カ月以内に発見した場合に限って、ただちに通知することにより買主は売主に対して権利行使ができるとする。

しかし、目的物の種類によっては、契約不適合が６カ月経過後に現れるものもあるので、たとえ商人間では商取引の迅速処理と取引関係の早期確定といった趣旨があるとしても、この規定は酷であるとの指摘もある(1)。

ただし、契約不適合責任に係る改正民法や改正商法526条の規定は任意規定であり、当事者間の特約でその義務の範囲を変更できる。事実、民法は現代の複雑かつ新種の取引まで想定したものではないため、民法の規定をそのまま適用すると、いずれかの側の負担が過大になったり、消費者等の第三者の救済が困難になるなどの不都合が生じるおそれがあり、取引基本契約締結の目的の一つがこの特約の締結であるといっても過言ではなく、ほとんどの場合、担保条項（クレーム補償条項）を入れ、民法の規定に優先させている。

(ロ)　本条項で規定する補償期間と改正商法526条との関係　取引基本契約等で特約により保証期間（あるいはクレーム補償期間）を定めた場合、たとえば、保証期間を２年と定めた場合、買主の通知期間が契約内容の不適合が発見されてから２年内であればよいのであろうか。この点について、「保証期間を１年とする定めは、売主の瑕疵担保責任の存続期間を定めたに過ぎず、瑕疵の存否に関する買主の検査期間や通知期間を１年に延長したものと考えるべきではない」とした判例がある[(2)]。保証期限までに余裕があったとしても、契約不適合を発見したら、正常な取引慣行からして遅滞なく売主に通知することが必要となろう。

基本条文では「別に定める補償期間」となっている。買主の製品が、多岐にわたるような場合は、補償期間を一律に決めないで、別に決めるということも必要であろう。この補償期間の未確定は、実際に不良品が発生した場合、トラブルのもとになるので、別であっても必ず決めておくべきである。

(ハ)　別途締結の「クレーム補償契約」　別に売主・買主間で「クレーム補償協定書」の締結を行う場合は、基本契約書には一般条項のみ掲載され、「クレーム補償協定書」にクレーム処理とその補償について詳細に定められる。

なお、別途締結する「品質保証契約」の中に、同様に、クレーム処理とその補償の詳細を定めるものも少なくない。

(ニ)　補償期間経過後の補償責任　補償期間経過後であっても重大事故につながるような不良に対しては、回収、交換等が必要となる。ただし、この場合、買主によって一方的に買主または買主の納入先の製品の機能に重大な影響を及ぼすと認定されてしまう可能性もあるので、売主としては、「重大」という曖昧な表現を明確化することを交渉したり、その認定を当事者の協議による旨に変更することを交渉することも検討する。

そのほか「重大」以外に、「傾向的不良」や「流行性不良」という用語が使われている条文もあり、これは、同一傾向の故障が多発する可能性のある契約不適合であるが、このような契約不適合であったら軽微なものまで含むのかどうかも問題となる。

(ホ)　リコール　リコール（製品の市場からの回収）も当然、本条項に包含される。各メーカーは、消費者の使用上の安全性に重大な不具合が発生することが予見されるような場合、市場から製品のリコールを自主的に行っているが、関係する規制が適用されないような不具合については、莫大な回収コストの発生や世間からの評判の悪化をおそれ、個別にクレームが寄せられたつど対策をしたり、点検キャンペーンなどと絡めて密かに回収を行ったりしてきたことも事実であった。しかし、今日では、企業の透明性からしても、隠れた回収が露見した場合の企業のダメージからしても、さらに製品の性能に対する消費者の期待からしても、リコールによる迅速な対応が求められている。

わが国においては、所轄官庁が、関連法規に基づき特定製品のリコールを命令することが可能となっている。

〔表６〕　リコール規制関連法令の概要

	規制品目	回収発令者	回収受令対象者
医薬品、医療機器等の品質、有効性及び安全性の確保等に関する法律（以下「薬機法」という）70条	医薬品、医薬部外品、化粧品、医療機器、再生医療等製品	厚生労働大臣または都道府県知事	欠陥製品の製造業者、輸入業者、流通業者、小売業者
食品衛生法７条、８条、10条、16条、17条など	食品、同添加物、同包装等	厚生労働大臣	欠陥製品の製造業者、輸入業者、流通業者、小売業者
消費生活用製品安全法32条および38条、39条	消費生活用製品（食品衛生法に規定する食品等、道路運送車両法に規定する道路運送車両、薬機法に規定する医薬品等、などを除く）	主務大臣	欠陥製品（特定製品）の製造・輸入・販売業者、欠陥消費生活製品の製造、輸入業者
有害物質を含有する家庭用品の規制に関する法律６条	一般消費者の生活用製品（食品衛生法で規定する食品等、薬機法で規定する医薬品等、などを除く）	厚生労働大臣または都道府県知事	欠陥製品の製造業者、輸入業者、流通業者、小売業者
電気用品安全法42条の５	電気用品、携帯発電機、蓄電池および特定電気用品	経済産業大臣	製造業者、輸入業者
道路運送車両法63条の２お	自動車	国土交通大臣	製造業者、輸入業者

よび63条の３			

リコールは、一般的に完成品を対象として行われるものであり、目的物を組み込んだ完成品メーカー自身が行うべきものであるが、当該リコールの原因が売主の瑕疵の場合は、本基本条文以降の条文（Ⅰ「23　クレームの認定～26　不良品の返却」（142頁以下）参照）により、売主は、回収や交換にかかる費用の請求を受けることが予測される。日本全国あるいは全世界でのリコールとなるとその費用も膨大となる。売主としては、費用の負担について、買主と協議できる特約も必要となろう。

このような状況の下で、早い段階からの自主回収が消費者の損害の未然防止につながり、またレピュテーションに関してもよい影響を与えるなどの認識のもと、買主からは自主回収の判断についてフリーハンドをもちたいという要請がでてこよう。迅速な判断や消費者重視のため、その必要性もわからないわけではないが、合理的判断の前提としては、買主の独断で決定するのではなく、不具合の分析や対応方法などについて売主と事前に協議をもつことが必要であり、それを飛ばして買主の品質会議や取締役会での決定後、もしくは所轄官庁への届出後の売主への事後報告は、売主と共同した円滑な対策の実施が困難になる可能性もある。

また、対策費用等に関する売主の責任は、売主の責任の範囲内での直接的費用に限定されるべきであり、間接的あるいは検証できないコストや損失（たとえば売上の損失や利益の損失など）にまで及ぶべきではない。

【記載例40】　売主にとって検討すべき条文例

〔検討すべき条文例〕

甲（＝買主）または乙（＝売主）は、目的物に関し、品質上の問題が発見された場合、ただちに相手方に通知しなければならない。

2　甲は、甲の合理的判断に基づき自主回収を決定するものとする。乙は、甲に発生した乙の責めに帰すべきいっさいの損害を負担するものとする。

（変更例）

甲または乙は、目的物に関し、品質上の問題が発見されたら、ただちに相手方に通知しなければならない。

2　甲は、乙との協議のうえ合理的判断に基づき自主回収を決定するものとする。乙は、甲に発生した損害のうち、直接損害につき乙の責めに基づくものとして合意した負担割合に基づき補償する。

【記載例41】　クレーム補償責任

例１（不良補償）　　甲（＝買主）は、次項に定める補償期間内に目的物につき次の各号のいずれかに該当する甲の責めに帰すべき不良が発見され、これによって甲に損害が発生したときは、乙（＝売主）に対し、その補償を請求することができる。

⑴　甲の製品が顧客に売り渡されるまでに発見された不良（以下工場不良という）

⑵　甲の製品が顧客に売り渡された後に発見された不良（以下市場クレームという）

2　補償期間は、甲がその製品の顧客に対して保証する期間の終期までとする。甲が本契約締結日現在顧客に対し保証している期間は、別表に定めるとおりである。甲は、これを変更のつど乙に通知するものとする。

3　前項に定める補償期間後といえども、乙の引き渡した目的物に重大な不具合が発生しまたは発生するおそれがあることにより甲に損害が発生した場合には、甲は、乙にその補償を請求することができる。

（傾向的不良を含む場合の第３項）

3　前項に定める補償期間後といえども、乙の引き渡した目的物に重大な不良および傾向的不良（同一傾向の故障が発生する可能性のある不良）が発生しまたは発生するおそれがあることにより甲に損害が発生した場合には、甲は、乙にその補償を請求することができる。

例2（クレーム補償責任）　甲（＝買主）は、検収後、次の各号のいずれかに該当する乙の責めに帰すべき不良品（これに起因する付随故障部品も含む。以下同じ）により損害を被った場合は、本契約の別表に定めるクレーム補償期間内に発見されたものに限り、乙（＝売主）に対し、書面で通知し、その補償を請求できる。

(1)　市場に出る前に発見された不良品（以下工場クレーム品という）

(2)　市場に出た後に発見された不良品（以下市場クレーム品という）

2　甲は、前項のクレーム補償期間経過後といえども、甲の製品の品質、機能に重大な影響を及ぼす乙の責めに帰すべき不良品により、在庫品対策、リコール等の損害を被った場合は、乙に対し、その補償を請求することができる。

3　本契約別表を変更する必要が生じた場合には、甲が乙に対し、1カ月の予告期間をもってその変更内容を書面にて通知し、この予告期間内に乙からの書面による異議申立てのない限り、本契約別表を変更することができる。

例3（目的物の契約不適合による損害の補償）　乙（＝売主）は、目的物に乙の責めに帰すべき契約不適合があって、甲（＝買主）、甲の販売会社、または甲の顧客その他の第三者に次の損害が生じたときは、その補償の責めを負うものとする。なお、目的物の契約不適合が甲乙いずれの責めに帰すべきかについては、甲乙協議して決定するものとし、その手続については別に定めるものとする。

(1)　不適合のある目的物の取替えまたは修理によって生じた損害

(2)　不適合のある目的物に付随して生じた他の物品の故障による損害

(3)　不適合のある目的物が原因となって生じた人および物の損害

2　乙が行う補償の詳細については、別に甲乙間で締結する「クレーム補償契約書」による。

例4（不良補償責任）　甲（＝買主）は、目的物の検収後、次の各号のいずれかに該当する不良に起因して損害を被った場合は、乙（＝売主）に対しその旨を通知してその損害額の補償を請求することができ、乙は甲に対し、その補償の責めを負う。

(1)　甲の工程内において発見された不良品（付随故障を含む）（以下工程内不良品という）

(2)　目的物が、甲の製品に組み込まれ、もしくは単体で出荷された後に発見された不良品（付随故障を含む）（以下市場不具合品という）

　ただし、工程内不良品または、市場不具合品の発生が乙の責めに帰すべき事由によらない場合はこの限りではない。

2　前項に該当する契約不適合により損害が多発すると予想され、甲が未然防止策を実施した場合にも、乙に対してその費用を請求することができる。

例５（不良補償責任）　甲（＝買主）は、本契約書第12条（品質保証）および「品質保証協定書」に基づく、次の各号のいずれかに該当する乙（＝売主）の責めに帰すべき不良品（これに起因する付属故障部品を含む。以下同じ）により損害を被った場合には、乙に対し、書面でその旨を通知し、その補償を請求することができる。

(1)　乙より甲への引渡し後、甲の出荷までの間に発見された不良品

(2)　甲の出荷後、甲の顧客の定める不良補償期間内に発見された不良品

2　甲は前項第２号の不良補償期間経過後であっても、甲の製品の品質、機能に重大な影響を及ぼし、かつ乙の責めに帰すべき不良品により損害を被った場合には、乙に対し、その補償を請求することができる。

例６（契約不適合責任）　乙（＝売主）は、第９条の所有権が移転した後、目的物に契約不適合が発見された場合、甲（＝買主）と乙とが別に締結する「クレーム補償協定」および「工程内不良補償協定書」に従い、当該契約不適合の補修、代替品納入、代金減額、代金返却ならびに契約不適合に起因する甲の損害の補償の責めを負うも

のとする。

例7（製品責任）　検収後、目的物に不良が発見され、当該不良により甲（＝買主）が損害を被った場合は、別に甲乙間に締結する「クレーム補償協定書」に基づき、その損害を乙（＝売主）に請求することができる。

例8（リコール）　甲が、目的物および目的物を含んだ製品を市場からリコールする場合は、乙（＝売主）は可能な限りこれに協力する。ただし、リコールにかかる費用の分担については、甲乙による原因究明調査の結果等をもとに、甲乙協議のうえ決定する。

例9（リコール等）　乙（＝売主）は、目的物に起因したリコール、サービス・キャンペーンまたはそれに類似する処置（以下リコール等という）が実施された結果、甲（＝買主）に発生した損害（通知、部品交換、労務費、買い戻しに要した費用を含む）を乙の責めに帰すべき範囲内において、甲に補償する。なお、リコール等の実施については甲が決定する。

例10（自主回収等）　甲または乙は、目的物に関し、品質上の危険が発見された場合、ただちにその内容を相手方に通知しなければならない。

2　甲（＝買主）は、乙（＝売主）との協議を経て、甲の判断に基づき自主回収等の対策方法を決定するものとする。

3　前項の対策を採ることにより甲に発生した費用のうち、直接的な費用について、甲および乙の負担割合を取り決めるものとする。

例11（リコール等）　甲（＝買主）は、次の各号の一に該当する場合、目的物の通知、検査、回収、交換、手直しその他の不具合または被害の発生もしくは拡大を防止するための措置（以下リコール等という）を行い、これに要したいっさいの費用を乙（＝売主）に請求することができる。

(1)　目的物に関して、同一の原因による契約不適合または欠陥が累積して、別に甲乙協議して定める基準を超える割合で発生（以下傾向的不良という）し、目的物に不具合が生じている場合

⑵　目的物の契約不適合または欠陥により、目的物の契約不適合もしくは欠陥により、目的物の使用者その他第三者の生命、身体または財産に被害が生じた場合

⑶　前各号の不具合あるいは被害が発生する可能性が合理的に認められる場合

2　乙は、目的物に関して傾向的不良あるいは前項の被害が発生し、またはそのおそれがあると予測される場合は、ただちにその旨を甲に通知するものとする。

（注） 例2の別表とは、製品ごとあるいは部品ごとのクレーム補償期間の一覧表のことである。

例5～例7は、甲乙間で「クレーム補償契約書」を取り交わすため、これ以外にクレーム補償に関する条項はない。

⑶　関連法令

改正民法415条＝債務不履行による損害賠償

　同 416条以下＝損害賠償の範囲、以下

民法559条＝有償契約への準用

改正民法562条＝買主の追完請求権

　同 563条＝買主の代金減額請求権

　同 564条＝買主の損害賠償請求権及び解除権の行使

　同 565条＝移転した権利が契約の内容に適合しない場合における売主の担保責任

　同 566条＝目的物の種類又は品質に関する担保責任の期間の制限

　同 572条＝担保責任を負わない旨の特約

　同 636条＝請負人の担保責任の制限

　同 637条＝目的物の種類又は品質に関する担保責任の期間の制限

改正商法526条＝買主による目的物の検査及び通知

道路運送車両法63条の2＝改善措置の勧告等

　同 63条の3＝改善措置の届出等

有害物質を含有する家庭用品の規制に関する法律6条＝回収命令等

消費生活用製品安全法32条＝危害防止命令
　同 38条＝事業者の責務
　同 39条＝危害防止命令
電気用品安全法42条の５＝危険等防止命令
薬機法（医薬品、医療機器等の品質、有効性及び安全性の確保等に関する法律）70条＝廃棄等
食品衛生法７条以下＝食品及び添加物等の販売等の禁止
　同 16条以下＝器具及び容器包装等の販売使用等の禁止

Note

(1) 江頭憲治郎『商取引法〔第８版〕』33頁（弘文堂・平成30年）
(2) 東京高判昭和56年10月７日判タ462号151頁
「『本機械の機構上の保証期間は甲に引渡したる後１ケ年とする』との文言の意味は、本件売買契約に基づく売主の瑕疵担保責任の存続期間（改正前民法570条、同566条所定の除斥期間）を本件印刷機の買主に対する引渡後１か年とすることを約定したものにすぎないものと解するのが相当であり、これをもって、本件印刷機の瑕疵の存否に関する買主の検査期間ないしその瑕疵が発見された場合の売主に対する通知期間（改正前商法526条１項所定の検査ないし通知の期間）を買主に対する引渡後１か年に延長したものと解するのは困難である。」

23　クレームの認定（第21条）

(1) 基本条文

クレームの認定については、次のように表示される。

第21条（クレームの認定）
　クレーム補償の請求時までに、甲（＝買主）が認定すべき内容は以下の各号とする。
(1) 不良品の存在およびその内容
(2) 不良品に対する乙の責任およびその範囲
(3) 不良品により甲の被った損害および乙の負担割合

2　乙（＝売主）は前項の認定に対し異議がある場合には、乙は申立てを行い、甲乙協議のうえ解決する。

⑵　ポイントと記載例

買主が認定したクレームについて、もし不服なら異議を申し立てる必要があるので、基本条文第２項のような文言が入っていない場合、売主にとっては追加したほうがよい。

【記載例42】　クレームの認定

例１（認定）　甲（＝買主）は、次の各号について認定するものとする。ただし、乙（＝売主）がこの認定に対し文書により異議を申し立てた場合、甲は乙と協議のうえ、これを決定する。

⑴　クレーム品についての不具合の存在

⑵　クレームの不具合が納入品の不具合に起因すること

⑶　不具合に対する乙の責任および範囲

⑷　当該クレームにより甲の要した費用および乙への請求金額

例２（認定）　甲（＝買主）は、次の事項を認定し、乙（＝売主）に通知する。

⑴　目的物に乙の責めに帰する不良があるとき

⑵　不良があった目的物（以下不良品という）に関連して、他の製品に不具合が発生したときは、その不具合が乙の責めに帰する不良品に起因すること

⑶　乙の責任およびその範囲

⑷　発生した損害および乙の負担

2　前項の内容について、乙に異議のある場合には、甲乙協議のうえ取り決めるものとする。

例３（認定）　甲（＝買主）は次の各号についてそれぞれ認定を行う。

⑴　クレーム部品についての不良の存在

⑵　クレームが納入部品の不良を原因とするかどうか

(3)　クレームによる損害の範囲および損害額

2　前項の認定に対して異議ある場合は、乙（＝売主）は甲にその旨を申し出る。この場合、甲乙協議のうえ決定する。

例4（クレームの認定）　甲（＝買主）は、前条のクレームに関し、下記各号に定める事項について認定し、書面をもって乙に請求する。

(1)　クレームの存在およびその内容

(2)　クレームに対する乙の責任およびその範囲

(3)　クレーム処理により甲の要した費用および乙への請求金額

（異議）　乙は、甲より前条の認定請求を受けたときは、請求後15日以内に甲の認定に対する異議の有無およびその内容を甲に書面で回答する。乙より甲に異議の申し出があったときは、甲乙協議のうえ、解決する。

2　前項の回答が期限内になされないときは、甲の認定に対する乙の異議はないものみなす。

例5（クレームの認定）　甲（＝買主）（甲の国内および海外の販売会社を含む）は、クレームの発生が乙の納入した目的物の契約内容の不適合によるものか否かを認定し、乙（＝売主）の責めに帰すべき損害の割合を乙と協議のうえ決定する。

2　乙が前項の認定に対し文書により異議を申し出た場合、甲は乙と協議のうえこれを決定する。

（注）　例4は、異議の方法について詳細に規定するため別条項としたものである。

24　クレーム補償の内容（第22条）

(1)　基本条文

クレーム補償の内容については、次のように表示される。

第22条（補償の内容）

前条の認定に基づき甲（＝買主）は、次の各号の補償を請求できる。

(1)　代品納入：甲は、不良品について、乙（＝売主）に対し、代品の納入を請求できる。

(2)　選別・修理費用：甲は、甲が不良品を選別・修復（手直し、取替え、脱着等）するために要した費用を乙に対し請求することができる。

(3)　その他の費用：甲は、人的損害その他前各号によっても補償されないいっさいの損害について、請求することができる。

(2)　ポイントと記載例

ポイントと記載例についてはⅡ「17　契約不適合」（389頁）を併せて参照されたい。

(イ)　改正民法の補償の内容　改正民法の売主の担保責任（契約不適合責任）では、売買契約等の有償契約において、目的物に契約内容の不適合があるときは、①追完請求、②代金減額請求、③債務不履行に基づく損害賠償請求、④解除権行使の手段をとることができる。

改正民法は、売主の担保責任を契約責任とするので契約内容に不適合な目的物を引き渡したときは、不完全履行であり、当然に買主が完全履行請求権すなわち追完請求権を有することになる。

追完請求（改正民法562条）は、その１項本文で、売買の目的物が特定物か不特定物であるかを問わず引き渡された目的物の種類、品質または数量に関して契約内容不適合がある場合に、買主が目的物の修補請求権、代替物または不足分の引渡請求権を有することを定めている。したがって、追完方法の選択は買主が有している。もっとも、１項ただし書は、買主に「不相当な負担」を課するものでないときは、売主が別の追完方法をとることができることを定める。たとえば、修補で可能な目的物の契約不適合なケースで、買主が代替物の引渡しを請求してきたときに、売主は修補によって追完をすることが可能である。もっとも「不相当な負担」とはどの程度か明らかではなく、今後の実務での形成、集積がまたれるところである。なお、目的物が契約の内容に適合しないことが買主の帰責事由によるときは、買主は追完請求をすることができない（改正民法562条２項）。

民法の本規定は、任意規定であり、民法改正前に締結されている本条（補償の内容）などの定めの継続や、買主の追完請求権や買主に不相当の負担を課するものでないときの売主の選択権を排除することも可能である。

代金減額請求（改正民法563条）は、その１項で、売買の目的物が契約内容不適合である場合、買主が相当の期間を定めて催告し、その期間内に履行の追完がないときは、買主が代金減額請求権を行使できることを定めている。代金減額請求権は、改正民法564条（同415条）の損害賠償請求権とは異なり売主に帰責事由がない場合でも、買主が行使できる。同条２項は、無催告解除（改正民法542条１項１号、２号、４号、５号）と同様の要件（同条２項各号）の場合には、追完の機会を与えることを要しないため、買主は催告を要せずに代金減額請求権を行使することができる旨を定めている。また、３項は、契約内容に不適合があったとしても、それが買主の責めに帰すべき事由によるときは、買主は代金減額請求をすることができないとしている（改正民法562条２項と同旨。上記参照）。

債務不履行に基づく損害賠償請求（改正民法564条、415条）は、買主が契約不適合責任としての追完請求権および代金減額請求権だけではなく債務不履行による損害賠償の一般準則（改正民法415条１項本文）に従い、債務不履行に基づく損害賠償請求権を有することを定めている。ただし、売主が債務不履行に帰責事由がないことを主張立証したときは、売主は損害賠償責任を負わない（同条１項ただし書）。

解除（改正民法564条、541条、542条）は、売主に契約内容の不適合があるときに、契約目的の達成の可否にかかわらず、催告または一定の場合（改正民法542条）には無催告で、解除権の行使ができる旨を定めている。ただし契約不適合の程度が軽微であるときには、催告解除をすることができない（改正民法541条ただし書）。

(ロ)　補償の限度　　民法上の債務不履行による損害賠償の範囲は、契約責任説を基本とするため「目的物に契約不適合がなかったとすれば買主が得たであろう利益」すなわち履行利益にまで及ぶ。

もっとも、民法の債務不履行による損害賠償は、任意規定であり、損害賠償の範囲を特約することができる。

たとえば、製品の特性等により損害額が莫大なものとなるおそれがあり（たとえば、1個数十円の半導体のチップの不具合により、製品機能が働かないような場合など）、売主は、業界の取引慣行等も考慮して特約によって合理的な賠償範囲まで補償を制限することも検討する。

たとえば、「過去○年間の目的物の売買金額の合計を上限として損害を賠償する」などの取り決めがあれば、損害賠償額の予定と同様、売主とすれば支払いが容易となる。

欧米の部品メーカーが提示する売買契約には、これらの損害賠償の上限を規定する条項が存在する場合があるが、我が国においては買主提示型（16頁参照）が多く、このような取決めがなされることが比較的少ない[(1)]。

【記載例43】　売主にとって検討すべき条文例と変更例

〔検討すべき条文例〕

甲（＝買主）は、前各号により補償されないいっさいの損害を乙（＝売主）に請求するものとする。

（変更例①）

甲は、前各号により補償されない損害があるときは、その負担について乙と協議するものとする。

（変更例②）

甲は、前各号により補償されない損害は、当該不良品が直接の原因で現実に発生した通常損害に限り、当該不良品の納入日以前○カ月分の売上代金相当額の限度内で、損害賠償の請求をすることができる。

【記載例44】　クレーム補償の内容

例1（補償内容）　甲（＝買主）は、乙（＝売主）に対し、工場クレームによる損害の補償として次の各号を請求できる。

⑴　不良品に代わる目的物の引き渡し

⑵　不良品の選択、交換、または修理

⑶　甲自らまたは第三者をして不良品および不良品に起因して不具

合が発生した部品の選別、効果、修理を行った場合には、これに要した部品代、油脂代、工賃、出張費、開梱費、梱包費、運送費、けん引費等の支払い

2　甲は、乙に対し、市場クレームによる損害の補償として前項第3号について請求することができる。

例2（補償内容）　乙（＝売主）は、甲（＝買主）に対し、部品代、工賃、出張費、運送費、その他甲が補償のため要した費用を負担するものとする。ただし、甲および乙がクレーム費用の負担割合を別途取り決めた場合は、これに従うものとする。

2　前項の甲が補償のため要した費用の計算方法について、別途甲乙協議のうえ決定するものとする。

例3（補償の内容）　納入品の不良により、甲（＝買主）に損害が発生した場合、乙（＝売主）は甲に対して、次の各号に定める補償の責めを負うものとする。

(1)　代替品納入

不良品の代替品を納入。

(2)　選別・修理費用

甲は自ら、また第三者をして不良を選別修理した場合、これに要した部品代・油脂代、工賃・出張費等の費用。

なお、甲は、乙の同意を得て、乙に対し甲の立会いのもとでの不良品の選別・修理を指示することができる。

(3)　点検費用

同一機種に同類の不良が発生し、今後多発が予想され、甲および乙の企業・製品イメージを損ない、もしくは販売政策上の影響を及ぼすおそれのある場合、または重大事故、人身事故等の発生が予想され、安全上の未然防止を図る場合には、甲は自ら、または第三者をしてユーザーへ出向き不良状況を点検した場合、これに要した部品代、油脂代、工賃、出張費等の費用。

なお、甲は、乙の同意を得て、乙に対し、甲の立会いのもとでの点検を指示することができる。

> ⑷　その他の補償
> 　前各号により、補償されないいっさいの甲の損害。
> **（乙の異議申立て）**　乙は、乙の責任範囲、不良の認定および補償の内容につき異議を有するときには、遅滞なく書面により甲に申し出るものとし、甲乙協議して決定する。
> 2　前項の協議開始後、1カ月以内に協議が調わない場合には、乙は甲の請求額を支払いのうえ、協議成立後に精算を受ける。

（注） 例3は、買主の認定した補償の内容について異議の申立てができ、当事者間で協議のうえ決定するものである。

⑶　関連法令

改正民法562条＝買主の追完請求権
　同　563条＝買主の代金減額請求権
　同　564条＝買主の損害賠償請求及び解除権の行使
　同　415条＝債務不履行による損害賠償
　同　416条＝損害賠償の範囲
　同　420条＝賠償額の予定

Note

⑴　損害賠償の上限を設定する契約として、2008年 JEITA ソフトウェア開発基本契約書第53条第2項、平成20年 JISA ソフトウェア開発委託基本モデル契約書第53条がある。

25　クレームの支払処理（第23条）

⑴　基本条文

クレームの支払処理については、次のように表示される。

> **第23条（支払処理）**
> 　前条各号による乙（＝売主）の甲（＝買主）に対する支払いは、甲の定めるクレーム求償手続により行う。

(2) ポイントと記載例

買主の定めるクレーム求償手続について売主は、事前に買主から開示や説明を受けたりしておくことが必要である。

なお、この支払処理は、通常、買主の買掛代金債務と相殺することになろう。しかし、買主が一方的に差し引くべきではなく、売主の実際の支払いでなすべきとの意見もある。

【記載例45】 クレームの支払処理

例1（支払方法）　乙（＝売主）が甲（＝買主）より前条の請求を受けたときは、乙は、甲に対して原則としてその月の末日までに請求額を支払う。

例2（支払方法）　前条のクレーム費用の支払方法については、甲乙協議のうえ定めるものとする。

例3（不良補償費請求の時期）　甲（＝買主）は、不良補償費を毎月、乙（＝売主）に請求する。

ただし、市場不良については、当該市場不良の修理、対策が終了した6カ月以内に乙に請求する。

（不良補償費の支払い）　乙は、甲より不良補償費の請求を受けたときは、速やかに全額を甲に支払う。

2　前項の不良補償費につき甲が乙に対し買掛金その他の債務を有する場合には、甲は当該債務と対当額で相殺できるものとする。

26　不良品の返却（第24条）

(1) 基本条文

不良品の返却については、次のように表示される。

第24条（不良品の返却）

甲（＝買主）は、原則として、乙（＝売主）に対し不良品の返却は行わないものとする。

　ただし、乙が不良品の返却を必要とする場合には、甲乙協議のうえ、取扱いを決定するものとする。

(2)　ポイントと記載例

(イ)　不良品の返却請求　売主が、買主に対して不良品を返却できないと、原因の究明や改良品の検討、対策も実施しにくくなる。そこで、売主が必要とする場合は、不良品を返却してもらえるようにしたい。

(ロ)　下請法と不良品の返却　売主が下請事業者の場合、買主がクレーム補償制度に基づいて、ただちに発見できない瑕疵を理由として当該目的物を返品してきた場合に限り、返品許容期間は受領後６カ月（親事業者の製品の一般消費者に対し６カ月超の保証期間を定めている場合は最長１年）まで認められている。

　ただし、買主が不良状況の調査や解析報告のため目的物を返却しても、下請代金の減額や返却を伴うものでなければ、下請法上問題となるものではない。

(ハ)　返却費用の負担　不良品の性格を考えれば、売主負担が当然であろう。

【記載例46】　売主にとって検討すべき条文例と変更例

〔検討すべき条文例〕

　甲（＝買主）は、原則として、乙（＝売主）に対し不良品の返却は行わないものとする。

　ただし、乙が不良品の返却を必要とする場合には、甲乙協議のうえ、取扱いを決定するものとする。

（変更例）

　甲は、原則として、乙に対し不良品の返却は行わないものとする。

　ただし、乙が不良品の返却を必要とする場合には、甲乙協議のうえ、乙の費用負担により、その返却を請求できる。

【記載例47】　不良品の返却

例１（不良部品の引取り）　乙（＝売主）は、乙の負担により不良部品を引き取ることができる。

例２（不良現品の返却）　前条に関し、乙（＝売主）は、甲（＝買主）の定める手続に従い、不良現品の返却を甲に請求することができる。

例３（不良品の返却）　乙（＝売主）は、甲（＝買主）が定める手続に従い、甲乙協議のうえ、不良品の返却を請求することができる。

例４（不良現品の返還）　乙（＝売主）は、甲乙協議のうえ、不良現品の返還を甲（＝買主）に請求することができる。

例５（不良部品の返却）　工程内不良品につき、乙（＝売主）は甲（＝買主）の同意を得て、乙の費用負担で不良現品の回収を実施するものとする。

２　市場クレーム品につき、乙は、甲の定める手続に従い、甲乙協議のうえ、原則として乙がその費用負担で不良部品を回収することを甲に請求することができる。

例６（クレーム部品の返却）　乙（＝売主）よりクレーム部品の返却請求がある場合は、甲乙協議のうえ、その取扱いを協議する。

例７（クレーム部品の返却）　クレーム品は原則として現品を乙（＝売主）に返却しない。ただし、乙が現品の返却を必要とするときは、別途協議する。

例８（不良品の処置）　甲（＝買主）は、工程内不良の場合を除き、原則として不良品を乙（＝売主）に返却しないものとする。ただし、海外を除き、乙が、返却を必要とするときは、甲への申し入れにより、返却できるものとするが、その場合の梱包費および運賃は乙の負担とする。

（注）　例１、例２は当然に返却可能なもの。
例３～例６は返却に際して協議を必要とするもの。
例７、例８は原則返却しないとするものだが、例８は工程内および国内での不良品発生については返却できるとする。

(3)　関連法令等

下請代金支払遅延等防止法４条４号＝親事業者の遵守事項

下請法に関する運用基準　第４―４返品（改正平成28年12月公正取引委員会事務総長通達第15号）

27　製造物責任（第25条）

(1)　基本条文

製造物責任については、次のように表示される。

> **第25条（製造物責任）**
> 乙（＝売主）の責めに帰すべき事由による目的物の欠陥に起因して、第三者の生命、身体または財産に損害が生じたときは、乙はその処理解決にあたり最善の努力をするものとし、これにより甲（＝買主）が被った損害を補償するものとする。

(2)　ポイントと記載例

ポイントと記載例についてはⅡ「18　製造物責任」(2)（399頁）も併せて参照されたい。

(イ)　売主の責任・買主の責任　　買主提示型の基本契約書にあっては、製造者である売主にできるだけ製造物責任を負わせようとする傾向が強く、売主は、公平性の観点からチェックする必要がある。

とくに、目的物の欠陥に起因して、万が一事故が起こった場合、買主の仕様書や貸与図面による指示、買主の作成した取扱説明書による注意の内容、支給品・標準品の使用、買主による保管・輸送時の原因の場合など買主の責任も考えられるので、買主が被害者に対し支払った損害賠償の全額を求償できるとは限らない。したがって、このような場合、売主・買主両者の責任の度合や因果関係を考慮し、両者の協議により、両者がそれぞれ負担すべき割合を決定すべきものと考える。

(ロ)　売主の訴訟協力・訴訟参加　　製造物責任法の責任主体は、第一義的には「業として製造、加工した者」であり、メーカー間の取引にあっては、部品を製作した売主、組み立てて完成品にした買主のいずれもが第三者からみて責任主体となりうる。しかし、売主が専門メーカーであり、かつ売主の部品が汎用的なものであったり、買主の指示が規格のみで部品自体は売主の設計にかかるような場合には、買主自身による証拠の提出も困難であり、かつ買主の責任も少ないと考えられる。このような場合の製造物責任訴訟においては、売主が、その防衛に全面的に協力するとともに損害賠償費用、弁護士費用を含めた訴訟費用を責任割合に応じて負担することも必要となろう。

ただし、売主側としては、訴訟参加を約した条項がある場合は、訴訟に参加せざるを得なくなるので協力の約束までに留めておくべきであろう。けだし、訴訟参加とは、他人間（この場合、他者と買主間）に継続する一定の利害関係を有する第三者（この場合、売主）が、その訴訟に加入することをいう。訴訟参加は、第三者が、自らの利益をかけて、自ら当事者として、あるいは一方の側について訴訟を行うものである。したがって、単なる証人や補佐人として訴訟に関与することは訴訟参加とはいわない(1)。

民事訴訟法では、この訴訟参加について、引受承継（民訴法50条）を除き、任意参加としており、第三者が訴訟に参加するかしないかは本来、自由であるのに、訴訟参加の契約条項があることにより訴訟参加を義務づけられてしまう。

では、訴訟参加の条項がない場合はどうか。この場合であっても、訴訟の当事者・補助参加人およびこれらの者は、当該訴訟係属中に、利害関係を有する第三者に対して、訴訟係属の旨の訴訟告知（民訴法53条１項および２項）をすることができるので、それにより一定の限度でその目的に沿うことができる。

この訴訟告知は、訴訟の係属の事実の報告であり、第三者に対する参加の命令や催告でなく第三者に対する裁判上の請求でもない(2)。つまり訴訟告知は参加の機会を与えるのみであり、被告知者（この場合売主）が、訴訟参加するかどうかは自由である。ただし、訴訟告知の趣旨は、告知者（この場合買主）が敗訴した場合に、被告知者に不利益な判断について拘束力を及ぼさせることにあるので、被告知者は訴訟参加しなかったときでも、遅れて参加したとしても、告知を受けて遅滞なく参加できたときに参加したのと同じ状態で、民訴法46条の参加的効力を受けることになる（民訴法53条４項）[(3)]。すなわち、訴訟告知により、告知者は被告知者に対し間接的に訴訟への参加を促すことになる。

(ハ)　書類等の保管年限　目的物の欠陥に起因して事故が起こった場合、被害者（原告）が訴えることのできる期間は当該目的物を出荷したときから10年である（製造物責任法５条）。このため、特約で、目的物の品質に係る資料について最後に納入した時から10年の保存を義務づけているものがある。除斥期間が10年だとしても、それだけで、書類の保存年限を10年と義務づけるのは疑問がある。保存年限は各社の合理的な書類保存基準に従って決められているものであり、万が一それと齟齬があった場合（たとえば、契約では10年と決まっているのに、会社の書類保存基準では５年となっていたような場合）、米国において原告側弁護士が取引基本契約書の保存年限の条文に基づき書類提出要求をしてきたとしても、目的の書類は廃棄されて既になくなっている。このような場合、被告側が、不都合な内容なので特約した保存年限の前に破棄したともとられ、それが重要な証拠であれば、米国の製造物責任訴訟では被告敗訴の可能性が高い。したがって、保存年限の条項は自社の文書保存基準と照合しながら、検討すべきである。

なお、合理的な文書の保存基準を作成することは重要であるが、それ以上に重要なことは、そのとおりに保存されていたり、そのとおりに廃棄がなされていることである。

(ニ)　生産物責任保険（＝PL保険）の付保と追加被保険者　被保険者とは生産物責任保険においてカバーを受ける者を指している。保険契約者は通常、被保険者と同じであるが、生産物責任保険では被保険者の範囲をどこまでとするのかをあらかじめ定めることができる。被保険者には、「記名被保険者」と「追加被保険者」がある。後者は、記名被保険者の製造・販売・加工した製品の流通過程に携わり、その製品に起因する事故について連帯責任を負う可能性がある者で、保険契約に追加されることにより当該損害について保険適用を受ける者をいう。売主が、生産物責任保険を自己の費用と責任で付保し、買主を追加被保険者として定めることも、その逆も可能である。たとえば、売主が記名被保険者である場合、追加の範囲の中には、買主、売主に部品を供給する者、買主の販売会社などが含まれる。理論的には、当該製品に関するすべての流通過程に籍をおく者が追加の対象となるが、記名被保険者との取引関係、資本関係、流通経路などを十分検討したうえで決定することになろう(4)。

(ホ)　販売業者における製造物責任条項

(A)　取引基本契約における製造物責任条項

製造物責任法上は、製造業者等を対象としたものであり、商社、卸売業者、小売業者等の販売業者（以下これらを総称して「販売業者」という）は製造業者等の定義（製造物責任法２条３項）に含まれない限り、製造物責任法上は責任主体とはならない。

しかし、ほとんどの取引基本契約における製造物責任条項は、製造物責任法上の「製造業者等（輸入業者やPB商品等の業者を含む)」であるか否かに関係なく、売主として製造物責任を負担する定めになっている。

この場合、「製造業者等」に含まれない販売業者が基本契約上の特約である製造物責任条項を認めると、製造業者が負うべき責任を負担することになる。

なお、買主の損害は、当該条項がなくても、製造物責任法によらなくても、販売業者が欠陥のある目的物を納入した場合に債務不履行責任（改正民法415条）または故意過失がある場合に不法行為責任（民法709条）に基づき請求することも可能である。

(B)　販売業者の当該条項変更対応

取引基本契約上の製造物責任条項における損害賠償責任の主体を製造物責任法２条３項の「製造業者等」に変更することである。そうすれば、製造物責任法の対象とはならない販売業者は、製造物責任の事案が発生したときでも自己が製造業者等に含まれなければ、製造物責任法上の責任を負うこともない。ただし、販売業者が輸入元やPB商品の販売元などである場合は、販売業者であっても製造物責任法の対象となる。

具体的な変更例は、【記載例48】（４の変更例）を参照されたい。

【記載例48】　売主にとって検討すべき条文例と変更例

〔検討すべき条文例１〕

乙（＝売主）は、目的物の欠陥により、甲（＝買主）または第三者の生命、身体または財産に損害が生じたときは、その損害を補償するものとする。

（１の変更例①）

乙は、目的物の欠陥により、甲または第三者の生命、身体または財産に損害が生じたときは、その損害を補償するものとする。

ただし、その欠陥が甲の仕様書、図面等による指示に従ったことにより生じた場合は、この限りではない。

（１の変更例②）

ただし、その欠陥が甲の仕様書、図面等による指示に従ったことにより生じた場合であり、かつ乙に欠陥が生じたことにつき過失がない場合は、この限りではない。

〔検討すべき条文例２〕

乙（＝売主）は、甲（＝買主）が消費者等の第三者から製造物責任訴訟を提起された場合、甲より通知を受けしだい、当該訴訟に参加する者とし、その防御につき最善を尽くすものとする。甲が当該訴訟により損害を被った場合、乙は、訴訟費用を含むいっさいの損害についてその賠償の責めに任ずる。

（２の変更例）

乙は、甲が消費者等の第三者から製造物責任訴訟を提起された場合、甲より通知を受けしだい、当該訴訟に協力するものとし、その防御につき最善を尽くすものとする。甲が当該訴訟により損害を被った場合、乙は、訴訟費用を含むいっさいの損害について、乙の責任割合に応じてその賠償の責めに任ずる。

〔検討すべき条文例３〕

乙（＝売主）は、目的物の品質に係わる図面、仕様書、規格および製造に関する技術資料、試験・検査の要領書・成績書および規定等の各原本（原本相当を含む）等を、当該目的物を甲（＝買主）に最後に納入した時から11年を経過するまで保管するものとし、甲がこれらの提出を求めた場合、速やかに応じるものとする。

（３の変更例）

乙は、目的物の品質に係わる図面、仕様書、規格および製造に関する技術資料、試験・検査の要領書・成績書および規定等の各原本（原本相当を含む）等を、乙の文書保管基準に基づき保管するものとし、甲がこれらの提出を求めた場合、保管中のものについては速やかに応じるものとする。

〔検討すべき条文例４〕

目的物の欠陥に起因して、第三者の生命、身体または財産に損害が生じたときは、乙（＝売主）は、第三者および甲（＝買主）が被ったいっさいの損害（甲が第三者に支払った賠償額、甲が市場から回収するため要した費用、弁護士費用を含むが、これらに限らない）を賠償しなければならない。

（４の変更例）

目的物の欠陥に起因して、第三者の生命、身体または財産に損害が生じたときは、乙が製造物責任法２条３項の「製造業者等」に該当する場合、第２項に基づき処理をするものとする。

2．前項の場合、乙は、第三者および甲が被ったいっさいの損害（甲が第三者に支払った賠償額、甲が市場から回収するため要した費用、弁護士費用を含むが、これらに限らない）のうち甲乙それぞれの損害に対する責任の度合等を考慮し、甲乙協議のうえ、乙の賠償額または賠償割合を決定するものとする。

3．乙が製造物責任法２条３項の「製造業者等」に該当しない場合にあっては、乙は、製造業者等と前項の折衝等が円滑に行われるよう甲に対して協力、支援し、かつ関連する資料等があれば提出するものとする。

【記載例49】　製造物責任

例１（製造物責任）　甲（＝買主）は、目的物または目的物を用いた製品の使用により、第三者が損害を受け、その原因が目的物の欠陥による可能性があると判断したときは、速やかに乙（＝売主）に連絡し、甲乙協力してその原因究明に努めるものとする。

２　前項の第三者との間の処理解決に要した甲および乙の支出、または負担した見舞金、和解金、賠償金、訴訟費用（弁護士費用を含む)、その他の損害があるときは、当該損害額の負担は、以下の各号によるものとする。

⑴　乙の責めに帰すべき事由による場合は、乙の負担とする。

⑵　甲の責めに帰すべき事由による場合は、甲の負担とする。

⑶　甲乙の双方に責めに帰すべき事由があるときは、甲乙協議のうえ、その責任の度合を考慮し、負担の割合を決定するものとする。

⑷　甲乙のいずれの責めに帰するかが不明の場合は、甲乙協議のうえ、負担の割合を決定するものとする。

例２（製造物責任）　乙（＝売主）が甲（＝買主）に納入した目的物の設計上、製造上または指示警告上の欠陥に起因して、第三者の生命、身体または財産に損害が生じ、これにより甲が損害を被った場合には、乙は、甲と損害賠償額を協議のうえ、当該損害を賠償するものとする。ただし、甲の指定する仕様書等に起因する場合で、かつ欠陥が生じたことについて乙に過失がない場合は、乙は賠償の責めを負わない。

例３（製造物責任）　乙（＝売主）は、乙の責めに帰すべき事由に基づく目的物の瑕疵もしくは欠陥により、目的物または目的物を組み込んだ製品の使用者その他第三者の生命、身体または財産の損害の発生により、甲（＝買主）が損害を被った場合、当該損害を賠償するものとする。なお、乙は賠償すべき範囲および賠償額について、甲に協議を申し入れることができるものとし、甲は誠意をもってこれに対応する。

例 4（第三者損害）　乙（＝売主）の責めに帰すべき事由により乙が製作した目的物に起因して第三者の生命、身体または財産に損害が生じたときは、乙の責任とし、乙は、その処理解決にあたっては、甲（＝買主）と事前に協議する。

例 5（製造物責任問題発生時の処置）　乙（＝売主）の責めに帰すべき目的物の欠陥に起因して第三者の生命、身体、および財産に関わる製造物責任問題が発生した場合は、甲乙協議のうえ、解決するものとする。

2　前項の場合において、乙はその責任に応じた費用を負担するものとする。

例 6（製造物責任）　乙（＝売主）は、目的物の設計上、製造上および表示上の欠陥がないよう最大限の努力を払うものとする。

2　目的物に関し、第三者との間に製造物責任に関わる紛争が生じたときは、速やかに一方の当事者に連絡し、この紛争の解決には甲乙協力してあたるものとする。

3　甲（＝買主）が、目的物に関して製造物責任に関わる損害を受けた場合は、乙は甲に対し損害賠償の責めを負う。ただし、甲の指定する仕様書等に起因する場合で、欠陥を生じたことに乙に製造上の過失がない場合はこの限りでない。

例 7（製造物責任）　目的物の欠陥に起因して目的物または目的物を組み込んだ甲（＝買主）の製品が第三者に対し損害を与えたことにより、当該第三者から甲に対して損害賠償請求がなされ、甲がこれを支払った場合、甲は当該欠陥と相当因果関係のある損害の賠償を乙（＝売主）に請求することができる。なお、賠償額は、当該目的物および製品の性質、価格、甲乙各々の損害に対する責任の度合等を考慮し、(…を上限として)、甲乙協議のうえ、これを定める。

ただし、次の各号の一に該当する場合は乙は責任を負わないものとする。

(1)　乙が目的物を甲に引き渡した時点の科学・技術水準では目的物の瑕疵を発見することができなかった場合

(2)　当該欠陥が設計に関する甲の指示に従ったことにより生じ、かつ当該欠陥が生じたことにつき乙に過失がなかった場合

(3)　甲が目的物について通常予測される故障発生率、故障モードを考慮した製品の安全設計を怠っていた場合

(4)　当該欠陥が、その遵守が義務づけられている公的機関の定めた基準に従って製造したことに起因する場合

(5)　当該欠陥が、目的物の改造または乙の定めた使用、保管、廃棄等に関する諸条件（目的物の取扱い説明書、カタログ、仕様書等に記載された注意書、警告を含むが、これに限らない）に反したことに起因する場合

(6)　当該欠陥が、目的物の甲への引渡し後に生じた場合

(7)　目的物の欠陥が生命、身体に危害を及ぼすおそれの強い製品または多大な物的損害を発生させるおそれの強い製品に目的物が使用される場合で、事前に乙の同意を得ていない場合

2　乙に対し第三者から直接に損害賠償請求がなされ、乙がこれを支払った場合、前項に基づく乙の負担部分を超える額については、乙は甲に求償できるものとする。

例8（製造物責任保険の付保）　乙（＝売主）は、自己の納入する目的物につき、自らの費用と責任において国内生産物賠償責任保険（製造物責任保険）を、甲（＝買主）を追加被保険者として付保するものとする。

（注）　例7は、（一社）電子情報技術産業協会（JEITA）の前身である㈳電子機械工業会が公表した「取引基本契約・製造物責任条項試案」（平成7年3月14日）である。第1項では、「責任度合を考慮し」とあるが、売主の作成した取扱説明書、カタログ、パンフレットなど指示警告上の欠陥や、売主の仕様書や貸与図面に基づいて製作したための欠陥も考えられるため、当然と考えられる。しかし、このように7項目すべてを記載するのは、実際上は、難しく、目的物の性質や販売方法に合致した項目を、双方合意のうえ、記載すべきではないかと考える。

1号は、開発危険の抗弁といわれるものであるが、この場合、売主が証明する必要があるが、目的物の流通時点での最高の科学・技術水準が基準とな

るため医薬品、化学製品などの長期間の使用後はじめて欠陥が顕在化するような製品を除き、このような抗弁は認められる可能性が少ないといわれている。

２号は、部品・原材料メーカーの抗弁といわれるものであり、部品・原材料に欠陥が存在し、その欠陥が買主の指示によるものであって、かつその欠陥の発生について過失がなかったことを売主（部品・原材料メーカー）が証明した場合、売主は責任を免れるというものである。

しかし、売主は、自己の無過失を証明しなければならず、これが認められるのは非常に限定された場合であると考えられる。とくに、売主が当該部品・原材料の専門メーカーであった場合、予見可能性もしくは結果回避性があったと考えられ、無過失の証明は非常に難しいと考えられる。

７号は、医療機器（たとえばペースメーカーなど）などへの使用を排除しようとするものであるが、買主、売主でその範囲について考え方が異なることも考えられるので、身体に危害を及ぼすおそれのある範囲を特定したり多大な物的損害を発生させるおそれのある製品等を具体化する必要があろう。

例８は、売主のPL保険に買主を追加被保険者とすることを義務づける。

⑶　関連法令

製造物責任法２条＝定義

同　３条＝製造物責任

同　４条＝免責事由

民事訴訟法42条以下＝第３節　訴訟参加

note

⑴　上田徹一郎＝井上治典編『注釈民事訴訟法⑵当事者⑵・訴訟費用』92頁〔井上治典〕（有斐閣・平成４年）、小室直人ほか編『別冊法学セミナー新民事訴訟法１』101頁〔井上治典〕（日本評論社・平成９年）

⑵　上田ほか編・前掲注⑴274頁〔上原敏夫〕

⑶　上田ほか編・前掲注⑴290頁〔上原敏夫〕

⑷　商社PL対策特別研究会『商社の製造物責任法への対応』90頁（社団法人日本貿易会・平成７年）

28　知的財産権の侵害（第26条）

(1)　基本条文

知的財産権の侵害については、次のように表示される。

第26条（知的財産権の侵害）

乙（＝売主）はあらかじめ甲（＝買主）の承諾を得なければ、甲の特許権、実用新案権、意匠権、商標権、著作権、ノウハウ等の知的財産権を使用してはならない。

2　乙は、目的物に関して、第三者の知的財産権を侵害しないよう、万全の注意を払わなければならない。

3　乙は第三者との間において知的財産権の侵害が生じた場合、またはそのおそれがある場合には、遅滞なく書面により甲にその旨を通知する。

4　乙は、第三者との間において紛争が生じたときは、自らの責任と負担において紛争を解決するものとし、甲に何ら迷惑をかけず、また甲が被った損害を補償する。

ただし、当該紛争の原因が、甲の指定する設計・仕様に起因する場合には、この限りではない。

5　前項の場合において、知的財産権の権利者が甲との間でのみ実施権の許諾等の問題解決を希望するため、乙自身で処理解決できない場合には、甲乙協議して対応を決定するものとする。

(2)　ポイントと記載例

(イ)　知的財産権とは　知的財産権という言葉は、法律用語の Intellectual Property の訳語として、1980年代の初めから使われはじめた。知的財産権は、産業財産権と著作権に大別され、前者は特許、実用新案、意匠、商標、サービスマークなどであり、後者は、著作物（小説、論文、絵画、音楽など人間の思想、感情を創作的に表現したもの）を保護するものであったが、近年、急激に発達したコンピュータプログラムやデータベース（著作権法２条１項10号の２、３）も保護を受けられるようになった。

特許権についても、最近では、バイオテクノロジーの分野で著しい保護の拡大が図られており、遺伝子組み換え技術など最新技術の成果である微生物、植物、動物すべてに範囲が広がった。さらに1995年には、貨幣の機能を電子情報で代替するシステムの発明（電子マネー）についても特許が認められた。

〔表７〕　知的財産権の種類(1)

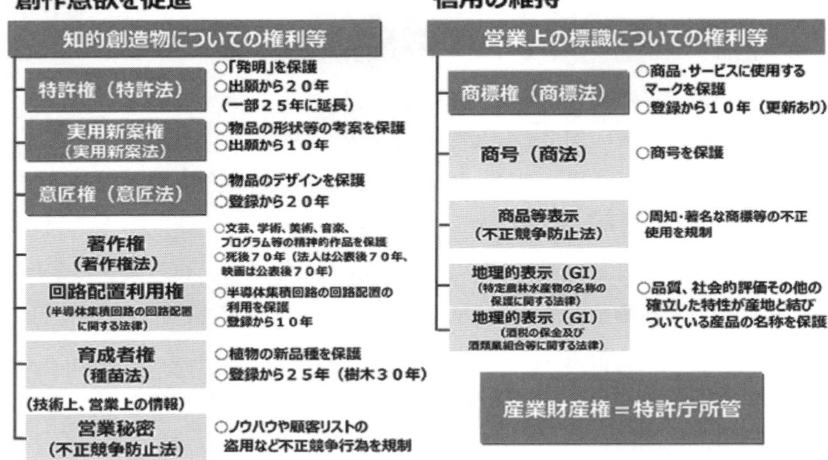

※特許庁 HP より引用

（注）　知的財産権のうち、特許権、実用新案権、意匠権、商標権の４つを総称して「産業財産権」という(2)。

(ロ)　第三者の知的財産権の侵害　　売主が、第三者のもっている知的財産権の内容のすべてを把握することは非常に難しいので、基本条文第２項のように「万全の注意を払う」とか「最善の注意を払う」などの文言までにとどめておきたい。

「第三者の知的財産権（出願中のものも含む）を侵害しないことを保証する」というような条文は、目的物の種類にもよるが、一般的には各国の知的財産権を洩れなく調査することは不可能に近く、売主としては、保証まではすべきではない(3)。

(ハ)　第三者との知的財産権の紛争　また、基本条文第４項のように売主と第三者との間で紛争が生じた場合でも、その原因が、買主の指示、買主からの貸与図面、支給品など売主の責めによらないで生じる場合もあり、その場合には売主の損害賠償は免責される旨の条文が必要となる。

(ニ)　紛争時の買主の協力義務　売主と第三者の間で紛争が生じた場合、売主だけでは紛争が解決できない場合も考えられる。そこで、このような場合を想定して、売主から要請があれば、買主にも協力してもらえるようにしておくことも必要である。

なお、買主主導での紛争解決の処理が行われるような場合には、第三者との地道な交渉による合理的な解決策よりも、拙速をもって短期間で、買主の判断による高額な賠償金で解決し、当該賠償金とそれに要した費用のすべてを売主に転嫁してくる可能性も考えられる。買主が前面にでるとしても、最初の処理解決方向の協議や、第三者との交渉のつどもしくは定期的な対応方法についてのすり合わせがどうしても必要となる。

【記載例50】　売主にとって検討すべき条文例と変更例

〔検討すべき条文例１〕

乙（＝売主）は、納入品が第三者の知的財産権を侵害しないことを保証する。

2　乙は納入品に関して万一第三者より知的財産権侵害の理由でクレームを受け、もしくは提訴されたときは、乙は遅滞なく甲（＝買主）に連絡する。

3　乙は、前項の知的財産権の侵害問題に関し甲に何ら迷惑をかけないものとし、万一甲に損害が生じた場合には、乙はただちにいっさいの損害額を甲に支払う。

（１の変更例）

乙は、納入品が第三者の知的財産権を侵害しないよう万全の注意を払う。

2　乙は納入品に関して万一第三者より知的財産権侵害の理由でクレームを受け、もしくは提訴されたときは、乙は遅滞なく甲に連絡する。

3　乙は、前項の知的財産権の侵害問題に関し甲に何ら迷惑をかけないものとし、万一甲に損害が生じた場合には、乙はただちにいっさいの損害額を甲に支払う。ただし、侵害問題が、甲の具体的指示等による場合にはこの限りではない。

〔検討すべき条文例２〕

乙（＝売主）と第三者の間に知的財産権に関し紛争が生じた場合、乙はその責任と負担において紛争の処理解決にあたるものとし、甲（＝買主）が損害を被ったときは、そのすべてにつき責任を負担するものとする。

2　前項の定めにもかかわらず、甲は自らの判断で当該紛争の処理にあたることができるものとし、乙は甲が当該紛争の処理解決に要した費用および甲が当該紛争により被った損害を負担するものとする。

（２の変更例）

乙と第三者の間に知的財産権に関し紛争が生じた場合、乙はその責任と負担において紛争の処理解決にあたるものとし、甲が損害を被ったときは、そのすべてにつき責任を負担するものとする。ただし、当該紛争が、甲の具体的指示等、甲の責任に起因する場合はこの限りではない。

2　前項の定めにもかかわらず、処理対応等についての甲乙協議のもと、甲は当該紛争の処理にあたることができるものとし、乙は甲が当該紛争の処理解決に要した費用および甲が当該紛争により被った損害を負担するものとする。

【記載例51】　知的財産権の侵害

例１（知的財産権等）　乙（＝売主）は、目的物の製造および納入に関し、次の各号に定めるものを含む第三者の知的財産権を侵害しないように万全の注意を払うとともに、第三者との間に当該知的財産権上の権利侵害等の紛議が生じたとき、またはそのおそれがあるときには、ただちに甲（＝買主）に連絡しなければならない。

⑴　目的物を生産する方法に関する特許権

⑵　目的物自体にかかる特許権、実用新案権および意匠権

⑶　商標権

⑷　著作権

2　前項の紛議が生じた場合において、乙は、その責任と負担において当該紛議を処理解決するものとし、甲が損害を被ったときは、そのすべてを賠償する。ただし、甲が第11条第1項第1号の貸与図面により、甲自身の発案で具体的に指示した内容に起因する場合については、この限りではない。

例2（第三者の知的財産権の侵害）　注文品またはその製造工程、仕様、販売等が第三者の産業財産権または著作権（以下知的財産権という）を侵害し、または侵害する旨を主張された場合は、乙（＝売主）はその責任により解決を図るものとし、甲（＝買主）にいっさいの損害を及ぼさないものとする。ただし、当該部分が甲の仕様または指示による場合はこの限りではない。なお、甲において解決する場合においても乙は可能な限り甲に協力するものとする。

2　甲の仕様または指示にかかる注文品またはその製造過程、仕様、販売等に関し、第三者の知的財産権の実施もしくは第三者の有する知的財産権を侵害するおそれがあることを乙が知ったとき、または乙が第三者から何らかの警告を受けたときは、乙はただちにその旨を甲に通知するものとする。なお、乙がその通知を怠った場合はそれにより生じた損害のすべてについて乙が責任を負うものとする。

例3（第三者の知的財産権）　乙（＝売主）は、目的物および目的物の製造方法が、国内および目的物の輸出対象国において第三者の知的財産権を侵害しないように、適切な調査その他の方法に基づき、万全の注意を払わねばならない。

2　乙は、目的物および目的物の製造方法に関して、第三者との間で知的財産権の侵害等の紛争が発生するおそれのあることまたは発生したことを知ったときは、ただちに甲（＝買主）に通知する。

3　乙は、目的物および目的物の製造方法について、国内および目的

物の輸出対象国において、第三者の知的財産権を侵害しないことを保証し、第三者との間で知的財産権の侵害等の紛争が発生し、これにより甲に損害が発生した場合には、その損害を賠償する。ただし、紛争が甲の仕様または設計にかかる部分等、甲の責めに起因する場合はこの限りではない。

例4（第三者の知的財産権の侵害）　乙（＝売主）は、納入品の製作および納入にあたり、次の各号に定める第三者の権利を侵害しないよう、万全の注意を払わなければならない。

⑴　製作方法に関する特許権

ただし、甲（＝買主）が製作方法を指示した場合は、この限りでない。

⑵　製品自体にかかる特許権・実用新案権および意匠権

ただし、貸与図（開発委託図を除く）または、甲の具体的な指示に基づいて製作する場合はこの限りでない。

⑶　商標権

⑷　著作権

2　乙は、第三者との間において、甲の指示の有無にかかわらず、前項各号に定める権利の侵害等の紛争が生じたとき、またはそのおそれのあるときは、書面により、遅滞なくその旨を甲に通知する。

3　乙は第三者との間において、第1項各号に定める権利の侵害等の紛争が生じたときは、その責任と負担において当該紛争を解決し、甲が被った損害を補償する。ただし、紛争が甲の具体的指示に起因する場合は、この限りでない。

例5（知的財産権）　乙（＝売主）は、目的物に起因して第三者との間に産業財産権・著作権・回路配置利用権等（以下知的財産権と総称する）に関する権利侵害等の紛争が生じたときは、乙の責任と負担において処理解決するものとする。ただし、甲（＝買主）の指定した仕様自体が侵害の対象である場合は、この限りではない。

2　前項の場合、乙は甲に対して甲の必要とする情報の提供を行うものとし、甲は可能な限りその処理解決に乙に協力するものとする。

3　乙は目的物に起因して第三者の知的財産権を侵害し、これにより甲および甲の顧客が損害を被ったときは、これを賠償するものとする。

例６（知的財産権）　甲および乙は、目的物につき第三者との間に知的財産権上の紛争が生じたときは、相手方に通知し、甲および乙のうちその責めに帰すべき者が、その負担と責任において処理解決するものとする。

例７（買主の協力）　目的物に関し、乙（＝売主）と第三者の間に知的財産権に関する紛争が生じた場合は、乙はその責任と負担において当該紛争の解決にあたるものとし、乙の要請があったときは、甲（＝買主）はこれに協力するものとする。

⑶　関連法令

民法716条＝注文者の責任

特許法100条以下＝第２節　権利侵害

Note

⑴　平成30年度知的財産権制度説明会（初心者向け）テキスト（特許庁）『知的財産権制度入門』４頁より抜粋

⑵　産業財産権は、従来「工業所有権」と呼ばれてきたものである。2002年７月３日、首相直属の懇談会である知的財産戦略会議において「知的財産戦略大綱」が決定され、この大綱の中で「工業所有権」に代えて「産業財産権」を用いることになった。

⑶　ただし、主要国の特許は、データベース化されており、日本においても調査可能である。重要な発明は、日米欧でなされており、パテントファミリーの調査が容易にできるので、ある程度は調査することが可能である。

29　知的財産権の取扱い（第27条）

⑴　基本条文

知的財産権の取扱いについては、次のように表示される。

第27条（知的財産権の取扱い）

甲（＝買主）および乙（＝売主）は、相手方から開示された図面、仕様書、試験データ、ノウハウ、アイデアその他の情報に基づいて発明、考案、意匠の創作、回路配置の創作または著作物の創作（以下発明等という）をなした場合には、すみやかに相手方にその内容を通知し、その発明等に関する特許権、実用新案権、意匠権、回路配置利用権および著作権（以下知的財産権という）の取扱いについて、両者協議のうえ決定する。

2　甲乙間で目的物に関して共同開発が行われる場合、知的財産権等の成果の取扱いについては、別に甲乙協議して定める。

3　従業員、役員の職務発明に関し、甲および乙は、自らの就業規則および社内規程等において、特許法35条３項で規定するあらかじめ特許を受ける権利を取得する旨その他の定めを設けていなければならない。

※その他の定めとは、特許法35条２項の反対解釈（174頁）の「予約承継」である。

⑵　ポイントと記載例

㈠　目的物に関する知的財産権の通知　　目的物に知的財産権や出願中の発明、考案がある場合や、第三者が当該知的財産権を取得しようとしている場合の通知義務を課している場合があるが、すべてを通知するのは困難な場合もあり、どうするか対応を検討する必要がある。

㈡　目的物に関する知的財産権の帰属　　目的物に関した知的財産権を受ける権利の帰属については、売主、買主の貢献度合を根拠とした両者の協議により、いずれかの出願、帰属にするか、共同出願にし共有にするかを決定したい。なお、発明は技術的思想の創作であるので、思想の創作自体に関与しない者、たとえば単なる資金の提供者・管理者・補助者に過ぎない者や単なる後援者・委託者などは共同発明者には入らない。

共同出願の典型例は、共同研究等を行って当事者双方の従業員が発明をしたとき両当事者名義で出願する場合であり、法は、特許を受ける権利が共有されているならば共同出願でなければならないとする（特許法38条）。このような場合であっても、一方当事者が営業秘密として保持したいため出願を拒否すると出願は不可能になり、仮に他方当事者が単独で出願しても拒絶されるので注意を要する（特許法49条１項２号）。

(ハ)　目的物に関する知的財産権の実施権の付与　　当事者間の協議により、一方当事者に帰属することになった知的財産権について、相手方が実施権の許諾を求めてくる場合がある。しかし、実施権の付与は、取引のうえで必要な範囲に制限しておくべきあり、その範囲を超えて実施権を認める場合（たとえば、再実施権の許諾など）には、個別に保有者の承諾を条件としたい。

特許権についての実施権には、専用実施権と通常実施権がある。前者は、その特許発明を業として独占的に実施できる権利であり（特許法77条２項）、実施権設定契約で定めた範囲内（たとえば、10年以内などの期間的限定、北海道とか九州のみとする地理的限定、使用のみに限る、またはテレビ・ビデオのどちらでも使用できる発明についてビデオのみに限るなどの内容的限定、もしくは全範囲）であれば特許権者であっても実施する権限を排除されるので、物権的・排他的権利であると解されている。この専用実施権の効力は、特許権の効力と全く同じであり、その設定・移転は特許庁の特許登録原簿に登録しなければ効力を生じない。

後者、すなわち通常実施権は、専用実施権と異なり実施する権利を専有するものではなく特許権者は自ら実施できるほか、他の第三者にも全く同一の範囲で許諾することも自由である。したがって、通常実施権は、専用実施権とは異なり、債権的権利であると解されている。発生理由から分類すると、許諾実施権、法定実施権、裁定実施権の３つがある。

許諾実施権は、通常実施権のうちで最も一般的なもので、契約によって発生する。通常実施権は、複数の者に特許を実施させようとする場合に適するが、実施権を得た者が、これに基づき新製品を開発した後、他社に実施権を与えたような場合、実施権を与えられた者は困ってしまう。そこで実施権設定契約で、契約の相手方だけに通常実施権を与え、他社には与えないことを約する場合がある。これを、独占的通常実施権といい、特許権者が自己の実施を留保できる場合と留保しない場合（これを完全独占的通常実施権という）がある。

しかし、特許権者としてはできるだけ通常実施権で抑えておきたいところである。そこで、契約の相手方としては、せめて第三者に自社より有利な条件で実施権を与えるのを防ぎたい。この場合、実施権設定契約に「将来、当社より有利な条件で実施権が与えられた場合は、自社の条件も、同じ条件に変更する」という特約条項を入れることも考えられる。

また、法定実施権は、公益上の必要から、特許権者の意思とは関係なく、法律上当然に発生する通常実施権であり、職務発明に対する使用者の通常実施権、先使用による通常実施権などがその例である[(1)]。裁定実施権は、行政庁の裁定手続により強制的に発生する通常実施権である[(2)]。

(ニ)　共同研究開発の成果の改良　売主・買主の共同研究開発の成果である知的財産権そのものの取扱いについては独禁法上問題となるものは少ない。

しかし、相手方に成果である知的財産権の改良技術についての開発の制限を課したり、成果の改良発明や応用発明を行った場合、相手方よりその権利を譲り受ける義務（アサインバックという）を課したり、相手方に対し自己に権利を独占的に実施許諾する義務（独占的グラントバックという）を課したりすることは、共同研究開発の成果だけではなく、成果の改良・応用に係る知的財産権を相手方に移転しなければならず、かつ改良発明者が自ら使用したり実施許諾することができなくなるので独禁法上、不公正な取引方法に該当し、違法となるおそれが強い[(3)]。

なお、共同研究開発については、成果の取扱いも含め「共同研究開発契約書」を作成しておく必要がある。

(ホ)　従業者発明と契約当事者（使用者）の関係　売主および買主に勤務する従業者等の行った発明（従業者発明という）は次のように分類される。

〔表８〕　従業者発明の分類

分類	職務の範囲に	使用者の業務範囲に	権利の帰属	例
職務発明	属する	属する	使用者	電気製品メーカーの研究所の研究員が新しい電気器具を発明した。
業務発明（付随発明）	属しない	属する	説が分かれる	楽器会社の経理部員が、新しい楽器を発明した。
自由発明	属しない	属しない	従業者	医薬品メーカーの従業者が、職務にも会社の業務にも関係ない楽器を発明した。

労務の結果生じた従業者の発明である職務発明の権利は、雇用の原則（民法623条）からすれば、すべて使用者に属すると解される。ところが、発明行為は通常の労務提供行為とは質的に異なること、ならびに発明者でもある従業者を保護する必要があることなどから、わが国では、発明者主義が採用されている(4)。しかし、発明者主義といっても、使用者は、物的・人的・金銭的援助を行ってきたのであり、このまま発明者たる従業者に特許権がわたってしまうとすると使用者にとっては非常に酷である。そこで、このような場合には、従業者自身の発明に対する寄与と、研究費の使用、給料支払い、資材・機械設備の提供等の使用者の物的・人的あるいはノウハウ等の寄与から衡平の理念に沿って解決する必要があり、法は職務発明については、①従業員等の行った発明で、②発明するに至った行為が現在または過去の職務に属し、③その発明が使用者の業務範囲に属する場合に使用者に通常実施権があると規定した（特許法35条１項）。

もっとも、特許法35条１項の職務発明の基本概念では、特許を受ける権利は、発明完成と同時に発明者（従業者等）に帰属しているため、従業者は、①出願し特許権を取得可能であり、②「特許を受ける権利」を譲渡することも可能である。そして、職務発明である場合の会社の立場は、①従業者等が特許権を取得し、②従業者等から「特許を受ける権利」を取得できなければ特許権を取得することができず、会社は通常実施権（自ら実施のみ。前項(ハ)

参照）を無償取得できるにすぎない。そこで、共同開発など特許を受ける権利が共有に係る場合、他社の発明者たる従業者等（従業者、役員）の同意も別途得ない限り、特許を受ける権利を承継できない可能性がある。また、従業者等が特許権をライバル会社に譲渡やライセンス許諾をすることも考えられる。したがって、この場合2015年改正前特許法では、会社は、特許を受ける権利を従業者等から承継する必要があった（特許法29条、33条）。なお、従業者等から特許を受ける権利を取得していない会社の出願（冒認出願）は無効である。

このため、特許法35条３項（2015年改正）は、従業者等（従業者、役員）がした職務発明については、就業規則等の定めにおいてあらかじめ使用者等に特許を受ける権利を取得させることを定めたとき(5)は、その特許を受ける権利は、その発生した時から当該会社に帰属（原始取得）するものとしている。

就業規則等の定めにより、Ａ社・Ｂ社の共同開発による職務発明であっても、Ａ社はＢ社の従業者乙の同意を得ることなく、またＢ社はＡ社の従業者甲の同意を得ることなく、特許を受ける権利の持分を原始取得できることになる。就業規則に会社に特許権を承継させる旨を定めることも可能である（特許法35条２項の反対解釈）。

自由発明は、従業者の職務の範囲にも属さず、使用者の業務の範囲外でもあるので、その権利は、発明者個人のものとなる。

業務発明は、職務発明と自由発明の中ほどに位置し、従業者の発明行為は職務ではないが使用者の業務範囲に入るようなものをいう。特許法は、従業者等がした発明が職務発明ではない場合は、あらかじめ使用者等に特許を受ける権利を取得させ特許権を承継させること、または使用者等のため仮専用実施権もしくは専用実施権（通常実施権は除かれる(6)）を設定することを定めた契約、勤務規則その他の定めの条項は無効とするとし、職務発明と同じ扱いをすることを禁止している（特許法35条２項）。この場合でも、通常実施権の許諾の予約をしておくことは可能であるので、これらの範囲内で合理的な使用者・従業員間の契約が期待されていると解すべきであろう。

基本条文の裏には、実務的に、別に、このような発明者たる従業者の知的活動の成果を保護する原則とその権利の承継が隠れている。なお、共同発明の場合などでは当事者はそれぞれ自分の従業者との間で権利承継は必要となる。

【記載例52】　売主にとって検討すべき条文例と変更例

〔検討すべき条文例１〕

２　前項の発明等が、甲（＝買主）の提供した技術情報に基づき、または目的物、その製造方法および委託業務についてなされたものであるときは、当該発明等にかかる知的財産権は甲に帰属する。その他の場合において知的財産権は、甲乙共同でなされた発明等によるときは甲乙共有とし、乙（＝売主）の単独発明であるときは乙に帰属する。

３　前項によって、乙が単独に取得した知的財産権については、乙は甲に対して当該知的財産権の存続期間中、無償で、実施権または利用権を許諾するものとする。

（１の変更例）

２　前項の発明等が、甲の提供した技術情報に基づきなされたものであるときは、当該発明等にかかる知的財産権は甲に帰属する。その他の場合において知的財産権は、甲乙共同でなされた発明等によるときは甲乙共有とし、乙の単独発明であるときは乙に帰属する。

３　前項における従業員等の職務発明に関し甲乙は、自らの就業規則および社内規程等において、特許法35条３項で規定するあらかじめ特許を受ける権利を取得する旨、その他の定めを設けていなければならない。

４　第２項によって、乙が単独に取得した知的財産権については、甲乙協議のうえ、乙は甲に対して当該知的財産権の存続期間中、実施権または利用権を許諾するものとする。

〔検討すべき条文例２〕

乙（＝売主）は、目的物に関連して発明・考案が生じたときは、速やかに甲（＝買主）に通知するものとし、これに基づく知的財産権の出願、帰属等については、甲が決定するものとする。

（２の変更例）

甲または乙は、相手方から開示された図面、アイデア等の書面による技術情報に基づいて発明・考案が生じたときは、速やかに相手方に通知するものとし、これに基づく知的財産権の出願、帰属等については、甲乙協議のうえ決定するものとする。

〔検討すべき条文例3〕

甲（＝買主）は、乙（＝売主）に対し納入仕様図面にかかる知的財産権の無償の非独占的権利（再実施許諾権を含む）を実施許諾するものとする。ただし、当該実施許諾される範囲は、乙の既存特許等は含まれないものとする。

2 甲が、乙の所有する知的財産権の非独占的権利の実施許諾（再実施許諾権を含む）を申し出たときは応ずるものとし、その条件は甲乙間で別途、合意するものとする。

（3の変更例）

甲は、乙に対し納入仕様図面にかかる知的財産権の非独占的権利（再実施許諾権を含む）を実施許諾するものとし、対価については別途協議するものとする。ただし、当該実施許諾される範囲は、乙の既存特許等は含まれないものとする。

2 甲が、乙の所有する知的財産権の非独占的権利の実施許諾（再実施許諾権を含む）を申し出たときは、協議に応ずるものとする。

（注）（1の変更例）に関し、第2項は、範囲が広く曖昧になるため買主の技術情報に限定し、第4項は、前項で売主が単独で取得できる範囲がかなり狭められている中では、買主の寄与度は低いという理由から、買主・売主間で協議としたものである。

（3の変更例）に関し、第1項は製品を開発するにあたって買主が、新たに取得した知的財産権について、買主の寄与がある場合は、その寄与度によっては無償実施許諾もあり得るが、買主の寄与がなく売主独自で開発した場合にまで無償実施許諾を供与する必要はないと考えられる。

第2項は、取引の目的物とは何ら関係のない売主の知的財産権であり、売主の方針や条件によって実施許諾すべきかどうか決めればよく、買主からどのような申し出があるかわからない時点において、合意を条件とするものでもない。

【記載例53】　知的財産権の取扱い

例１（技術改良の努力）　甲および乙は、目的物の開発および製作に関する技術改良のために互いに協力し、それにより生ずる発明、考案、意匠、ノウハウその他の技術的成果の取扱いについては、甲乙協議のうえ決定する。

例２（目的物に関する知的財産権）　乙（＝売主）は目的物またはその製造方法について、乙の所有しているまたは実施権を有している知的財産権（いずれの場合も出願中のものを含む）がある場合は、あらかじめ甲にその内容を書面をもって通知する。

例３（産業財産権の帰属）　甲（＝買主）から乙（＝売主）に開示された情報（仕様書、図面、試験データ、アイデア、部品等を含む）に基づき、乙が発明・考案等をなした場合は、速やかに甲に通知し、その特許権、実用新案権、商標権、意匠権等（以下産業財産権という）を受ける権利の帰属は両者協議のうえ定めるものとする。

例４（産業財産権の取扱い）　甲または乙は、相手方の図面、仕様書に基づき、発明、考案、意匠の創作等をなした場合には、速やかに相手方に通知し、特許権、実用新案権、意匠権等（以下産業財産権という）を受ける権利の帰属は、甲乙別途協議のうえ定めるものとする。

２　甲および乙の共同開発により生じた目的物に関する産業財産権を受ける権利の帰属は、甲乙別途協議のうえ、定めるものとする。

例５（知的財産権の使用）　甲（＝買主）が目的物に関連し、乙（＝売主）の有する知的財産権の実施権もしくは技術情報の提供を受ける必要があると認めて協議を申し入れたときは、乙はこれに協力する。

例６（知的財産権の使用）　甲および乙は、あらかじめ相手方の承諾を得なければ、相手方の特許権、実用新案権、意匠権、商標権、ノウハウ、コンピュータープログラムその他の著作権等を使用してはならない。

例７（知的財産権の取扱い）　甲および乙は、あらかじめ書面による相手方の承諾を得なければ、相手方の特許権・実用新案権・意匠権・商標権・著作権、ノウハウ等を使用してはならない。

甲および乙は、相手方の図面、仕様による目的物に関連し、特許権、実用新案権、意匠権、商標権などの知的財産権の申請を行う場合には、事前にその旨を相手方に申し出て書面による承諾を得なければならない。

２　甲および乙は、目的物の製作にあたり技術改良のためお互いに協力するものとし、その成果としての発明、考案、意匠、ノウハウ等の取扱いについては、甲乙協議のうえ決定する。

例８（知的財産権の取扱い）　本契約に基づく業務遂行の過程で行われた発明、創作等によって生じた特許権、著作権、その他の知的財産権（ノウハウを含む）については、その発明、創作等が甲または乙のいずれかの単独で行われたときは、当該知的財産権はそれを行った当事者に帰属し、共同で行われたときは、甲および乙の共有に帰属するものとし、その具体的取扱いについては甲乙協議のうえ決定するものとする。

２　従業員、役員の職務発明に関し、甲および乙は、自らの就業規則およびその他の規程等において、特許権の原始取得および承継取得の定めを設けていなければならない。

３　甲および乙は、相手方から提供を受けたプログラム、マニュアルその他の資料について、知的財産権を尊重し、本契約の目的外に利用してはならない。

⑶　関連法令

独占禁止法21条＝無体財産権の行使

不公正な取引方法12項＝拘束条件付取引（改正平成21年公正取引委員会告示第18号）

特許法35条＝職務発明

同 38条＝共同出願

同 49条１項２号＝拒絶の査定

同 123条１項２号＝特許無効審判

Note

(1)　法定実施権には以下のものがある。

①　先使用による通常実施権（特許法79条）（先使用権）

②　特許権の移転の登録前の実施による通常実施権（同法79条の２）

③　無効審判請求登録前の実施による通常実施権（同法80条）（中用権）

④　職務発明に対する使用者の通常実施権（同法35条１項）

⑤　意匠権の存続期間満了後の通常実施権（同法81条・82条）

⑥　再審により回復した特許権に対する善意実施者の通常実施権（同法176条）

(2)　裁定実施権には以下の３つがある。

①　不実施の場合の通常実施権（特許法83条）

②　利用発明実施のための通常実施権（同法92条）

③　公共の利益のための通常実施権（同法93条）

(3)「共同研究開発に関する独占禁止法上の指針第２―２(1)」（改正平成22年１月公正取引委員会）

(4)　東京地判昭和54年４月16日判タ395号155頁

「発明者の指示に基づき本件発明に係る装置の作成等を担当したに過ぎない者は、発明者でない。」

(5)「改正特許法第35条第３項の適用について」特許庁平成28年１月

(6)　紋谷信男『注釈特許法』97頁（有斐閣・昭和61年）

「職務発明の場合も、特許を受ける権利は、事実上の発明者たる従業者等に帰属する。通説、判例は、これを発明者主義を表明したものと解する。」

30　専用治工具・型等の管理（第28条）

(1)　基本条文

専用治工具・型等の管理については、次のように表示される。

第28条（専用治工具・型等の管理）

乙（＝売主）が目的物のために製作した専用治工具、型、ゲージ等について、改造、廃却、譲渡等の処分を行う場合は、目的物の納入に支障をきたさないよう、あらかじめ甲（＝買主）の承諾を得るものとする。

⑵　ポイントと記載例

型や治工具等を他機種用に転用するための改造や在庫費用軽減のための廃却や譲渡は、現在流動していない製品用のもので、かつ補給部品製作のため保存しているものの場合がほとんどであろうと考えられる。

このような場合、対象目的物の今後の生産見通しや目的物の在庫状況については買主が一番よくわかっているので、補修部品の供給に関し、後日のトラブルを防止するという観点からみても、売主が専用治工具、型、ゲージなどの改造、廃却、譲渡の処分をする際に、買主の承諾や通知を必要とするのはやむを得ないと考える。そして、承諾が得られなかった場合、買主が必要と考えるなら専用金型等について買取りや移管について協議できる余地を残しておく。

本条項の趣旨からいって、目的物の納入に支障をきたさないなら買主に迷惑をかけることもないので、目的物製作のためありとあらゆる治工具等について承諾をとるのではなく、支障をきたすものに限定をすることも考えられる。

【記載例54】　売主にとって検討すべき条文例と変更例

〔検討すべき条文例〕

乙（＝売主）が目的物のために製作した専用治工具、型、ゲージ等について、改造、廃却、譲渡等の処分を行う場合は、あらかじめ甲（＝買主）の承諾を得るものとする。

（変更例）

乙が目的物のために製作した専用治工具、型、ゲージ等について、改造、廃却、譲渡等の処分を行う場合に、その目的物の納入に支障をきたすときは、その対応方法につき、あらかじめ甲乙協議するものとする。

【記載例55】　専用治工具・型等の管理

例１（型・治工具等の管理）　乙（＝売主）が、納入品のため使用した治工具、型、ゲージ等について改造、廃却、譲渡等の処分をする場合は、あらかじめ書面により通知する。

例２（型・治工具等の通知）　乙（＝売主）は、目的物の製作のため使用する専用の金型、治具等について、改造、廃棄、譲渡その他の処分をする場合には、あらかじめ甲（＝買主）にその旨を通知する。

例３（専用治工具の管理）　乙（＝売主）が目的物の製作のために使用した専用の治工具、型、ゲージ等については、改造、廃却、譲渡等の処分をする場合は補修部品の製作等に支障をきたさないよう、あらかじめ甲（＝買主）の承認を得るものとする。

例４（製作機器の管理）　乙（＝売主）は、仕様変更その他の事由により、量産用部品としての甲（＝買主）への納入がなくなった場合においても、納入部品の製作に必要な型、専用治工具その他の機械設備等については、補修部品の供給に支障をきたさないよう管理する。なお、当該機械設備等の廃却または処分の時期については、甲乙協議のうえ、個別に定める。

31　補修部品の供給（第29条）

⑴　基本条文

補修部品の供給については、次のように表示される。

第29条（補修部品の供給）

甲（＝買主）が乙（＝売主）に目的物の発注を行っている間はもとより、製造の終了、中止等により発注を中止した後においても、甲から補修部品として要請のある場合は、目的物および目的物を構成する部品の供給責任を負う。

なお、補修部品の供給期間、価格等は甲乙協議のうえ、定めるものとする。

(2)　ポイントと記載例

(イ)　補修部品の供給期間　　買主が取引基本契約で重視しなければならないことの一つは、目的物の製造が打ち切られた後の補修用部品の供給をいつまで受けてもらえるかということである。

ちなみに、家電製品については、製造を打ち切ったときからの補修用部品の最低保有期間に関する（公社）全国家庭電気製品公正取引協議会の製造業表示規約[(1)]がある。ちなみに、製品によって幅があり、電気冷蔵庫・エアコンは９年、テレビ・電子レンジは８年、電気洗濯機・電気掃除機は６年、アイロン・電気ポットは５年となっている。

(ロ)　補修部品の価格　　補修部品の価格は、目的物と同様の物を補修用部品として納入する場合であっても、必ずしも目的物と同一のコストにはならない場合が多いので、改めて価格交渉を行うことが必要となる。

たとえば、買主は補修用部品を必要となった場合のみ不定期かつ不定量にて発注してくるため製作費や在庫費が増えたり、目的物そのものが最終商品となるため１個ずつの包装費がかかったりする。そのうえ、目的物を構成する部品についても価格を決めねばならない。

買主における製品の生産が終了し、それに使用される目的物の製作が中止され、もっぱら補修品のみの少量の製作となった場合は、さらに上述のコストが増加する可能性が高い。

【記載例56】　補修部品の供給

例１（補修部品の供給）　　乙（＝売主）は、甲（＝買主）が生産を中止した製品に使用されている乙の納入した目的物について、甲より補修用として同一のもの（以下補修部品という）の供給の要求を受けたときは、これに応ずる義務を負う。ただし、補修部品の供給期間、価格等は甲乙協議のうえ定める。

2　乙は生産中止により補修部品を供給することが困難になると認められるときは、事前に甲へ通知し承諾を得るものとする。

例2（補修部品の供給）　甲（＝買主）が乙（＝売主）に商品の注文を行っている間は勿論、製造の終了、中止等または販売の終了、中止等により注文を行わなくなった後においても、甲が当該商品に対して品質保証、補修部品の供給義務を負っている期間、乙は甲の要請に従い補修部品を甲に供給する。なお、詳細については、別途甲乙協議して決める。

例3（補修部品）　乙（＝売主）は甲（＝買主）から要請があった場合は、甲が注文品の発注を行わなくなった後においても、甲の注文品の補修部品を甲に供給する。ただし、供給期間、価格等は甲乙協議のうえ、定める。

例4（補修用部品の供給）　目的物を組み込んだ製品等について甲（＝買主）が製造、販売を中止する等により、甲乙間において当該目的物について取引を行わなくなった後においても、甲が補修用部品として目的物または目的物に使用する部品等の購入を希望するときは、乙（＝売主）は甲乙別途協議のうえ可能な限り甲にこれを供給するものとする。

例5（補修用部品の供給義務）　乙（＝売主）は甲（＝買主）の要請を受けて、目的物の補給、補修に必要な物品を供給する義務を負う。ただし、供給の条件等、個別の取扱いについては甲乙協議のうえ決定する。

例6（保守用部品の供給）　乙（＝売主）は、目的物に係る保守用部品の供給について当該目的物の取引終了後においても協力する。ただし、個別の取扱いについては、甲乙協議のうえ決定する。

2　乙は、所有権の帰属の如何を問わず、保守用部品に係る治工具等生産設備の改造、滅却等供給義務に影響が生ずる事項について、事前に甲（＝買主）に申し出るものとし、個別の取扱いについては、甲乙協議のうえ決定する。

例7（補修用部品等の供給）　乙（＝売主）は、甲（＝買主）の量産用の部品等を受注した場合には、量産打切り後においても甲の補修用または海外生産用の部品等を供給するものとし、その取扱いについては甲乙協議のうえ決定する。

2　乙は部品等の製作のために使用する専用の金型、治具等について改造、廃棄、譲渡その他の処分をする場合には、あらかじめ甲にその旨を通知する。

例8（アフターサービスパーツの供給）　乙（＝売主）は、製品の保守、修理等に必要な保守部品および消耗品等（以下アフターサービスパーツという）を甲の指示する間甲（＝買主）に供給するものとする。

2　アフターサービスパーツの甲への供給条件は、甲乙協議のうえ決定するものとする。

例9（補修部品の供給責任）　乙（＝売主）は、当該部品を、仕様変更後または生産打切り後も、甲（＝買主）の定める期間内にわたり、甲の要求に応じ円滑に供給するものとし、供給期限1年前に双方協議し、事後の対応について決定するものとする。

例10（補修部品の供給）　乙（＝売主）が目的物の生産を中止する場合は、あらかじめ甲（＝買主）にその旨を書面により通知するものとし、甲乙協議のうえ、次の各号の事項を決定する。

(1)　補修用としての目的物またはその部品（以下補修品という）の供給期間、供給数量および補修品の仕入先

(2)　補修品の供給が不可能な場合でかつ補修品に乙が知的財産権を有するときは、当該補修品の生産・販売に関する乙の甲への最恵条件による再実施権付実施権の許諾

Note

(1)　(公社)全国家庭電気製品公正取引協議会「家庭電気製品製造業における公

正競争規約施行規則」第12条別表３補修用性能部品表示対象品目と保有期間

32　権利義務の譲渡制限（第30条）

⑴　基本条文

権利義務の譲渡制限については、次のように表示される。

> **第30条（権利義務の譲渡制限）**
>
> 甲（＝買主）および乙（＝売主）は、あらかじめ書面により相手方の承諾を得なければ、本契約および個別契約に定める自己の権利または義務を、第三者に譲渡しまたは担保に供することができないものとする。

⑵　ポイントと記載例

㈠　債権譲渡と債務者（相手方）の承認　債権の譲渡とは、債権をその同一性を変えないで第三者が譲り受けてその債権者（譲受人）になることである。民法に規定があり原則として認められている（改正民法466条以下）。

しかし、民法上、債権譲渡は債務者にとって、関知しない契約で変更されてしまうものであり、譲渡制限特約も善意・無重過失の譲受人には拒むことができない等の不利益や、債権の譲受人が譲渡人（旧債権者）に比べて厳しく権利を行使するというような事実上の不利益も存在するが、一方においては債権の譲渡による資金調達の円滑化の観点からは譲渡制限特約の効力をより制限すべきとの意見もある。

また、債権を自由に譲渡できるとすると、最終的な権利者が誰かが不明確になり、二重に義務を履行しなければならない（とくに買主にとっては二重払いのリスクが大きい）ことになったりする可能性もある[(1)]。

このようなことから、善意・無重過失の譲受人には拒否等ができないとしても、債務者にとってみれば、債権譲渡前に自己の承諾をとらせておきたいところである。

もっとも、債権の譲渡は、譲渡人から債務者への通知（または債務者の承諾）が債務者に対する対抗要件とされるし、さらに確定日付のある証書による通知・承諾の場合は、第三者の対抗要件をも具備する。そのため、債務者の承諾を得なくとも、善意・無重過失の譲受人に対しては本条項は及ばない。

(ロ)　売主の経営不振時の債権譲渡　売主が経営不振に陥ると、その債権者（以下第三債権者という）の要請に応じ、債権譲渡を行うことが見受けられる。この場合、第三債権者が、特定の場合[(2)]を除き、本条項の存在を知っていたことを証明することは甚だ困難である[(3)]。

経営不安のある売主は、苦しまぎれに複数の第三債権者に対しての債権の譲渡を通知してくることが十分考えられ、二重譲渡の可能性がある。

そこで、民法その他の法律の要件にそって適正に債権譲渡が行われているか、通知の態様（単純通知、確定日付通知、登記通知など）はどうか、通知到達の日時はいつか、などを確認しておくことが重要となる。とくに、確定日付のある通知を複数受領した場合、確定日付を問題とするのではなく、その通知の到着の先後で優先順位を決めることになるので、買主（債務者）の「郵便物受領の日時管理」は極めて重要である[(4)]。また、複数の通知の到着が、同時であった場合はどうであろうか。この場合、最高裁[(5)]は、各第三債権者は、債務者に対して譲受債権の全額を請求できると判示し、債務者は、いずれかの第三債権者に既に弁済をなし、または供託をしない限り、弁済を拒めないとした。譲渡通知と税務署の差押通知が混在している場合は、執行供託をなすか、債務者が供託しないと、事実上差押債権者が先に弁済を受けることになる。

複数の通知の到着の先後が不明の場合は、同時到着と同様に扱われる[(6)]。

【記載例57】　債権譲渡通知書の書式例

債権譲渡通知書

○○○○年○月○日

東京都港区元麻布１丁目９番９号

○○産業株式会社（債務者）

代表取締役○○○○殿

大阪市南区日本橋筋一丁目１番１号
株式会社▽▽▽▽（譲渡人）
代表取締役 ▽▽△△　印

当社は、当社が貴社に対し有する下記債権を、○○○○年○月○日付をもって、下記譲受人に譲渡いたしましたので、ご通知いたします。

今後は、下記債権を、直接、下記譲受人にお支払い下さい。

１　譲渡債権

当社が貴社に対し有する○○○○年10月１日から同月31日までの売買代金債権、金100万円

２　債権譲受人

名古屋市中村区名駅五丁目１番１号
□□電気株式会社
代表取締役　□□ □□　殿

（注）　この通知は、他の債権者に対抗するため、「確定日付ある通知（通常は、内容証明郵便）」で行う。また、債務者（譲渡人）から第三債務者へ通知することが重要であり、債権者（譲受人）が肩代わりして通知しても無効である。

債権譲渡を通知することは、債務者（譲渡人）の信用不安を一気に顕在化させ、債務者の倒産のトリガーを引くことにもなりかねず、かといって債権譲渡の通知が遅れれば、上述したように他の債権者に既に譲渡されていたり、債務者の支払停止の後になってしまい債権譲渡が否認される可能性もある。このような事由から、通知をいつ送付するかは非常に難しい問題である。

(ハ)　債務引受と債権者の承諾　　債務引受とは、債務をその同一性を変えないで第三者が引き受けてその債務者（引受人）になることである。たとえば、ＢのＡに対する債務をＣが引き受けてＡの債務者となった場合、Ｂがそれによって債務を免れＣのみが債務者になるのが免責的債務引受であり（改正民法472条１項）、狭義の債務引受といわれている。一方、Ｂが債務を免れ

ずに依然として債務者であり、Ｃもこれと並んで債務者となるのが併存的債務引受あるいは重畳的債務引受といわれるものであり（改正民法470条１項）、広義の債務引受ともいわれる。

債務引受は、改正前民法には基本的な要件や効果を定める規定はなかったが、判例・学説によりその有効性を認められており、改正民法は債務引受に関する規定を新設したものである（改正民法472条〜同472条の４）。経済的に見ても、免責的債務引受の場合は、債権・債務関係を簡易に決済する手段[(7)]として、債権・債務の譲渡と一体化して合併や事業譲渡の手段として重要である。また、併存的債務引受の場合には、付加された新たな債務者としての引受人の債務引受は履行確保の手段としての機能を果たす。

免責的債務引受は、①債権者・債務者・引受人間の三面契約により行うことができ、②債権者・引受人間の契約の場合は、債権者が債務者に対して通知をすれば、効力を生じる（改正民法472条２項）。では、③債務者・引受人間で債務引受契約が行われた場合はどうか。この場合であっても、債権者が引受人に対して承諾をすることで可能となる（改正民法472条３項）。なお、本条項により承諾をした場合は、引受契約時に遡って当該契約は有効となる。

併存的債務引受の場合は、上記①、②の場合は、当然問題となるものではない。では、③の場合はどうか。この場合、第三者（債権者）のためにする契約であることから、債権者の受益の意思表示（改正民法537条３項）を要するが、債権者が引受人に対し承諾をした時に効力を生じるとされる（改正民法470条３項・４項）。

【記載例58】　権利義務の譲渡禁止

例１（権利義務の譲渡禁止）　甲または乙は、あらかじめ書面による相手方の承諾を得なければ、本契約および個別契約で生じた自己の権利義務（債権および債務を含む）を、第三者に譲渡もしくは承継させることはできない。

例２（契約の譲渡等）　甲または乙は、甲乙間の文書による合意がない限り、本契約または個別契約によって生ずる権利もしくは義務を第三者に譲渡したり、承継させたり、または担保に供してはならない。

例３（権利・義務の譲渡）　甲または乙は、相手方の文書による承諾がなければ、次の各号の行為を行うことができない。

(1)　本契約または個別契約上の地位の譲渡

(2)　本契約または個別契約上の金銭債権その他債権の全部または一部を第三者に譲渡し、または担保に供すること

２　前項第１号につき、前項の承諾を得た場合でも、甲または乙は、本契約または個別契約につき相手方に対しその履行の責を免れるものではない。

３　第１項第２号につき第１項の承諾を得た場合でも、当該債権につき、第三者から差押・仮差押等の紛争を生じた場合は、甲または乙は自らの責任と負担においていっさいを処理するものとする。

例４（権利義務の譲渡）　甲および乙は、双方協議による承諾を得なければ、次の各号の行為を行ってはならない。

(1)　本契約または個別契約上の債務の全部または一部を第三者に履行せしめること

(2)　本契約または個別契約上の金銭債権その他の債権の全部または一部を第三者に譲渡し、または担保に供すること

(3)　関連法令

改正民法466条＝債権の譲渡性

同 466条の２＝譲渡制限の意思表示がされた債権に係る債務者の供託

同 466条の６＝将来債権の譲渡性

同 467条＝債権の譲渡の対抗要件

同 468条＝債権の譲渡における債務者の抗弁

同 469条＝債権の譲渡における相殺権

同 470条＝併存的債務引受の要件及び効果

同 471条＝併存的債務引受における引受人の抗弁等

同 472条＝免責的債務引受の要件及び効果

同 472条の２＝免責的債務引受における引受人の抗弁等

商法17条＝譲渡人の商号を使用した譲受人の責任等

同 18条＝譲受人による債務の引受け

会社法22条＝譲渡会社の商号を使用した譲受会社の責任等

同 23条＝譲受会社による債務の引受け

動産及び債権の譲渡の対抗要件に関する民法の特例等に関する法律〔＝動産債権譲渡特例法〕４条＝債権の譲渡の対抗要件の特例等

民法施行法５条＝確定日付のある証書

Note

⑴　債権譲渡制限特約の効力を制限する判例として、最判平成21年３月27日民集63巻３号449頁がある。

⑵　最判昭和48年７月19日民集27巻７号823頁

「譲渡禁止特約付の債権の譲受人は、その特約の存在を知らないことにつき重大な過失があるときは、その債権を取得しえない。」(銀行預金債権に対して譲渡禁止特約がついていることは、少なくとも周知の事実であるとした)

⑶　大判大正14年４月30日民集４巻209頁、大判昭和６年８月７日民集10巻783頁等

判例・通説は、債権の譲渡禁止の特約がある場合、当該債権は当然に譲渡性を失って譲渡は無効となるが、特約を知らない第三者に対しては譲渡禁止による譲渡性の欠如は対抗することができないとする。

⑷　最判昭和49年３月７日民集28巻２号174頁

「右のような民法467条の対抗要件制度の構造に鑑みれば、債権が二重に譲渡された場合、譲受人相互間の優劣は、通知又は承諾に付された確定日附の先後によつて定めるべきではなく、確定日附のある通知が債務者に到達した日時又は確定日附のある債務者の承諾の日時の先後によつて決すべきであり、また、確定日附は通知又は承諾そのものにつき必要であると解すべきである。」

⑸　最判昭和55年１月11日民集34巻１号42頁

⑹　最判平成５年３月30日民集47巻４号3334頁

⑺　たとえば、ＢがＡに対し500万円の売買代金債務があり、同時にＢがＣに対して500万円の売買代金債権がある場合、ＣはＢのＡに対する代金債務を引き受け、ＣのＢに対する代金債務の弁済に充てることによりＡＢＣ間の決済が一度で済むことになる。同様の決済方法は、為替手形（Ｂ＝振出人、Ｃ＝受取人、Ａ＝支払人）でも行われ、決済の簡便化が図られている。

33　目的物の譲渡制限（第31条）

⑴　基本条文

目的物の譲渡制限については、次のように表示される。

> **第31条（目的物の譲渡制限）**
>
> 乙（＝売主）は、次の各号のいずれかに該当する目的物を第三者に譲渡する場合は、あらかじめ書面により甲（＝買主）の承諾を得なければならない。
>
> ⑴　貸与図面に基づき乙が製作した物
>
> ⑵　納入仕様図面に基づき乙が製作した物
>
> ただし、あらかじめ甲乙協議のうえ、甲の承諾は不要と決定した製作物、乙が独自に開発した物および市販性の高い製作物は除く。
>
> ⑶　甲の考案もしくは甲乙の共同研究開発に基づき、乙が設計し製作した物

⑵　ポイントと記載例

売主が、目的物を第三者に譲渡する際に、売主の技術に基づくものである場合まで買主の承諾を必要とするのは問題が多い。目的物が規格品、汎用品あるいは売主の技術に基づくものであれば買主の事前の承諾は要しないとしたい。

公正取引委員会では「売主が独自に開発した商品で買主のノウハウ等が関与していない商品に関する譲渡制限は、売主の自主的な事業活動を制約することがある」と指摘している[(1)]。そこで、基本条文第２号のただし書が重要な意味を持っている。

また、買主が売主に対する優越的地位を利用して「自己商品と競合する商品を製造販売してはならず、これを販売したときは販売額の10倍の損害賠償を買主に支払う」と取り決めた事例で、裁判所は「売主が買主に納入した製品と類似した製品を他社に販売したとしても、それが買主の工業所有権を侵害しない限り、とくに競争社会による販売と異なった損害を生ずるわけでな

く、買主がその専属下請会社でもない売主の独自開発商品の販売についてこのような制約を加えなければならない合理的理由は見出し難い」とし「買主が自己の取引上の地位が相手方より優越していることを利用して、正常な商慣習に照らして不当に相手方に不利益となるような取引条件を設定したものとして公序に反し、民法90条により無効となるものというべきである」と判示している[(2)]。

一方、「第５条（乙の製造販売等の禁止）

⑴　乙（＝委託先・売主）は本件製品について、その類似物も含めて甲から事前の書面による許可なくいっさい製造することができず、甲（＝委託者・買主）以外の者に製造させることも販売することもできない。

⑵　前項は本件契約終了後、10年間有効とする。」という条項が、拘束条件付取引には該当しないとされた例がある（大阪地判平成18年４月27日判時1958号154頁）。

裁判所は、本製品の製造方法にはノウハウが含まれるとしたうえで、そうだとすると、継続的取引契約を締結するにあたり、上記ノウハウや、その後の変更・改良の際に得られるノウハウを守るため、製造者である売主に対し、契約終了後も、一定期間類似商品の販売を禁止することは、合理性のあるものであって、独占禁止法19条所定の不公正な取引方法に関わる「相手方の事業活動を不当に拘束する条件」ということはできないとした。

また、本条項について被告である売主が、①禁止される類似範囲が広すぎる、②競業の禁止期間が長すぎると主張した点について、本条項に違反し類似品を製造販売した売主に対し、売主の類似の製品は、製造を委託した買主の商品と成分や使用方法までもが大きな相違のない物であり、売主は、これを本契約継続中から終了後９カ月以内に販売しているのであって、このような期間と製品の限度においては、その禁止期間が長いということはできないから、その限度での本件契約の効力を否定することはできないとした。また本件契約によって製造を禁止される物は、被告売主が従来製造していた物でも、本件契約当時売主の属する業界の一般的な商品となっていた物でもないことが認められ、上記等の事実からすれば、本件契約による禁止される範囲や期間を公序良俗違反とまでいうこともできないとしている。

【記載例59】　売主にとって検討すべき条文例と変更例

〔検討すべき条文例〕

乙（＝売主）は、あらかじめ甲（＝買主）の書面による承諾を得ない限り、甲の貸与図面または甲の承認図面により製作した商品を第三者に対し販売してはならない。

（変更例）

乙は、あらかじめ甲の書面による承諾を得ない限り、甲の貸与図面または甲の納入仕様図面(3)により製作した商品を第三者に対し販売してはならない。

ただし、甲の納入仕様図面により製作した商品であっても、あらかじめ甲乙協議のうえ、甲の承諾を不要と決定した商品、乙が独自に開発した商品、および市販性の高い商品は除くものとする。

【記載例60】　目的物の譲渡制限

例1（製作・販売の禁止）　甲または乙は、相手方の書面による承諾を得ない限り、第三者に対し相手方の図面、仕様書による製作、販売を行ってはならない。

例2（製作または販売の禁止）　乙（＝売主）は、あらかじめ甲（＝買主）の書面による承諾を得ない限り、甲の貸与図面等により製作した製品ならびにその一部を変更した類似品を第三者のため、製造または販売してはならない。

例3（部品の譲渡）　乙（＝売主）は、次の各号のいずれかに該当する目的物を第三者に譲渡する場合は、あらかじめ書面により甲（＝買主）の承諾を得なければならない。

(1)　貸与図等に基づき製造する物

(2)　甲の所有する特許、実用新案、意匠、商標、コンピュータプログラムその他の著作権の使用を伴う物

(3)　納入仕様図面に基づき製造する物。ただし、あらかじめ甲乙協

議のうえ甲の承諾は不要と決定した物、および乙が独自に開発した部品を除く

例4（第三者への販売等）　乙（＝売主）は、次の各号のいずれかに該当する目的物を第三者に販売し、譲渡し、または利用させる場合には、あらかじめ書面により甲（＝買主）の承諾を得なければならない。

(1)　甲の図面等に基づいて製作された物

(2)　乙の図面等に基づき製作された物。ただし、あらかじめ甲乙協議のうえ甲の承諾が不要と決定した物および甲が関与することなく乙が独自に開発した物を除く

例5（製作物の譲渡の同意）　乙（＝売主）は、次の各号のいずれかに該当する物を第三者のために製作または譲渡する場合は、あらかじめ書面により甲（＝買主）の同意を得なければならない。

(1)　甲の技術が含まれている納入仕様図面に基づき製作する物。ただし、乙が開発した市販性の強い製作物で、甲の同意を得たものは除く

(2)　貸与図面に基づき製作する物

例6（目的物の他社販売）　乙（＝売主）は、目的物がすべて乙の設計または開発による場合を除き、目的物と同一または類似品を第三者のために製造し、もしくは販売してはならない。ただし、あらかじめ甲（＝買主）の書面による承諾があるときはこの限りでない。

例7（図面・仕様の使用禁止）　乙（＝売主）は、甲（＝買主）の文書による承諾を得た場合を除き、第三者に対し甲の図面・仕様に基づく製品の製造・販売を行ってはならない。

（直接交渉の禁止）　乙は、甲の指示のない限り、甲の注文品に関連して甲の顧客と直接交渉を行ってはならない。

(3)　関連法令

不公正な取引方法11項および12項＝排他条件付取引および拘束条件付取引

Note

(1)　公正取引委員会『自動車部品の取引に関する実態調査』（平成５年６月29日）

「契約上、売主の第三者への販売に買主の事前の承諾を要求することは、買主のノウハウ等の秘密を保持し、またはその流用を防止するために必要な範囲において実施される場合には、それ自体問題となるものでない。しかし、買主が有名メーカーであるとき、売主が独自に開発した商品で買主のノウハウ等が関与していないものについても事前承諾の対象とする場合には、売主の自由かつ自主的な事業活動を制約することがある。

また、買主のノウハウ等が関与している商品であっても、事前の承諾にあたり、ノウハウの秘密保持に必要な範囲を超えて条件を付す場合には、同様の問題を生じることがある。」

(2)　大阪地判平成元年６月５日判時1331号97頁

(3)　Ⅰ「13　仕様」(2)（84頁）参照

34　秘密保持（第32条）

(1)　基本条文

秘密保持については、次のように表示される。

> **第32条（秘密保持）**
>
> 甲（＝買主）および乙（＝売主）は、本契約または個別契約の締結および履行に関して知り得た相手方の秘密を、相手方の書面による事前の承諾を得ない限り、第三者に開示してはならない。
>
> ただし、次のいずれかに該当する場合はこの限りでない。
>
> (1)　相手方から開示を受けたときに、既に自ら所有していたもの
>
> (2)　相手方から開示を受けたときに、既に公知または公用であったもの
>
> (3)　相手方から開示を受けた後に、自己の責めに帰すべき事由によることなく公知または公用となったもの

(4)　正当な権限を有する第三者から秘密保持義務を負うことなく合法的に入手したもの
(5)　相手方から開示を受けた後に、開示された事項とは関係なく、独自に開発、知得したもの

(2)　ポイントと記載例

(イ)　営業秘密の要件　営業秘密とは、秘密として管理されている事業活動に有用な技術上または営業上の情報で公然と知られていないものをいう(不正競争防止法2条4項)。したがって、秘密は、秘密の保有者が秘密だと思っていることだけでは不十分であり、秘密だと客観的に認識できるような状態、つまり「極秘」「㊙」などの表示がされていたり、その秘密にアクセスする者が限定されていたり、保管の方法が定められていたりしていることが必要である。

基本条文だけでは、実際の管理はなかなか難しいので、重要な秘密を取り扱うことが予見されるときは、明確に規定しておく必要があり、別に秘密保持の特約を締結すべきだろう。

また、情報を受領する当事者にとっては、提供する当事者より秘密である旨の指定を受けるとか、秘密情報には「極秘」「㊙」などの表示をしてもらうとか、が必要となってくる。そして、その情報を受け取ったとき確実に自社で管理ができるかがポイントとなってこよう。

(ロ)　インサイダー取引[(1)]　内部者取引ともいわれており、対象者が、その上場会社の株価に影響を及ぼすような未公開の重要事実を利用して、株式などを取引する行為を行った場合、5年以下の懲役または（および）500万円以下の罰金が科される（金商法207条1項2号）。この対象者の中には、その会社と契約している者が含まれており、その契約の締結または履行に関し重要事実を知った場合（締結または履行に密接に関連する行為により知った場合を含む）[(2)]問題となる（金商法166条1項4号）。

(ハ)　監督官庁等への開示　法令で提出が義務づけられている場合や国税調査官や公正取引委員会の審査官等に対する開示については、相手方の承諾

を得ず行っても、本条項の違反にならない。また、相手方の公害たれ流し、脱税、談合などの反社会的な情報や違法な情報について、監督官庁へ開示したとしても、本条項に反しないことは当然である。

しかし、行政機関は、法律上提出が義務づけられているかどうかにかかわらず行政指導等で企業から情報を提出させることが多く、企業は非公開を暗黙の前提として、行政指導に応じることが多かった。行政情報公開法は、行政機関に対し企業の情報に関して開示請求があったとしても、人の生命、健康、生活または財産を保護するため公にすることが必要である情報を除き、公にすることにより自社や契約上の相手方等の正当な利益を害するおそれがある場合や公にしないとの条件で企業が提出したり、通例として公にしないとされているものや、公にしないとの条件を付すことが情報の性質、当時の状況等からして合理的だと認められるものは、非開示となるとする（同法5条2号）。

したがって、行政機関は、必ずしも必要としない情報を安易に行政指導で提出させることのないようにすべきであるが、企業としても情報公開法の規定を念頭において、要請に応ずるか判断（契約相手方と協議、あるいは開示の申請をするなど）するとともに、要請に応じ、かつ非公開を望むか否かを明確にしておく必要がある(3)。非公開を望む場合に、企業が非公開の条件を一方的に付しただけでは、行政情報公開法5条2号ロの「公にしないとの条件で任意に提出されたもの」に該当せず、行政機関が当該条件を了承していることが必要であり、この了承は書面で行うことが望ましい(4)。

㈡　**民事訴訟法の文書提出義務との関連**　相手方から受領した文書が、技術または職業の秘密にあたるときは裁判所からの文書提出命令を拒否できる（民訴法220条4号ハ）が(5)、それ以外の場合は、相手方から開示を受けた文書であるので「専ら文書の所持者の利用に供するための文書（同条4号ニ）(6)」とはいえず、原則として(7)、提出を拒否できないことになると解される。

また、その文書が、技術または職業の秘密にあたるか否か問題となるときは、裁判所は、文書の所持者にその提示をさせ、非公開のイン・カメラ手続（何人も提示された文書の開示を求めることができない）により、秘密が漏洩されることなく、その文書の提出義務の有無を判断する（民訴法223条3

項)。[8]

(ホ)　**買主の事業所内での請負業務遂行と秘密管理**　取引の方法が請負や業務委託で、かつ売主の従業員が買主の事業所内で業務を遂行する必要がある場合であっても、売主が自社の従業員に対して直接指揮監督しなければならない。したがって、買主より、災害事故防止や秘密管理上の理由で拘束を受けたとしても、その遵守義務を負うのは売主であり、買主側の担当者が直接売主の従業員に指揮監督することはできない。[9]

【記載例61】　売主にとって検討すべき条文例と変更例

〔検討すべき条文例１〕

乙（＝売主）は、本契約または個別契約の締結および履行に関して知り得た甲（＝買主）の秘密情報を甲の書面による承諾を得ないで第三者に開示、漏洩してはならない。

（１の変更例）

甲および乙は、本契約の期間中はもとよりその期間終了後○年間は本契約または個別契約の締結および履行に関して知り得た相手方の秘密情報を相手方の書面による事前の承諾を得ないで第三者に開示、漏洩してはならない。ただし、当該秘密情報が以下のいずれかに該当するときは、この限りではない。

⑴　相手方から開示を受けたときに既に公知であったもの、または相手方から開示を受けた後に、自らの責めを負わないで公知になったもの

⑵　第三者から秘密保持義務を負うことなく適法、正当に取得したもの

⑶　相手方から開示を受けたときに、既に自らが保有していたもの

⑷　相手方から開示を受けた情報を使用することなく、独自に開発、知得したもの

〔検討すべき条文例２〕

甲および乙は、本契約の有効期間中はもとよりその期間終了後○年間は、互いに本契約および個別契約に基づき知り得た相手方および相

手方の関係会社の秘密（以下秘密情報という）を事前の相手方の書面による承諾を得ることなく第三者に開示してはならない。

2　前項の定めにかかわらず、本契約の目的に関連して、または自己の権利を行使もしくは保全のため、甲は、甲の関連会社、販売会社および主たる提携先に対し、乙は第35条で規定する再委託先に対し、それぞれ相手方の秘密情報を開示できる。

3　第三者に開示する場合は、本条に定める義務と同等の義務を、第1項および第2項の開示対象者に課さねばならない。

4　前3項の場合といえども、甲および乙は、秘密情報を第三者に開示した結果、相手方に損害が発生したときは、当該損害を賠償する責めを負う。

（2の変更例）

（1項変更なし）

2　前項の定めにかかわらず、本契約の目的に関連して、または自己の権利を行使もしくは保全のため、甲は、甲の関連会社、販売会社および主たる提携先（これらを以下、関連会社等といい、関連会社等には乙と競合する会社および事前に乙が開示を制限した会社は含まないものとする）に対し、乙は第35条で規定する再委託先に対し、それぞれ相手方の秘密情報を開示できる。なお、秘密情報のうち、関連会社等および再委託先への開示を望まないものについては、予めその内容を相手方に文書にて通知するものとする。

3　（3項変更なし）

4　（4項変更なし）

（注）（検討すべき条文例1）について

両当事者が秘密保持義務を負うように双務規定に変更すべきである。両当事者の秘密保持義務が契約終了後も存続することが定められていることが必要であり、変更例のように変更するか、残存条項（I「46　残存条項」（281頁）参照）に定めておく。

（検討すべき条文例2）について

関連会社、販売会社、主たる提携先、再委託先については、あらかじめ特定しておくことも考えられる（I「19　貸与図面等の取扱い」（110頁）参照）。

何の歯止めもなくすべての秘密情報が、第２項で定める会社へ開示されるのは問題がある。

２の変更例において、重要な秘密情報について、制限をした会社にどうしても開示が必要となれば、第１項の規定に従うことになり、相手方は承諾する場合においては条件（第三者と相手方との秘密保持契約締結、秘密情報の利用範囲・利用上の条件など）を提示することになろう。

【記載例62】　秘密保持

例１（秘密保持）　甲または乙は、本契約に基づく取引により知り得た相手方の業務上の秘密（図面、仕様提示書、資料、材料、専用型、治工具、設備、知的財産権その他知り得た技術および取引上の情報）を第三者に漏洩してはならない。

例２（秘密保持）　乙（＝売主）は、甲（＝買主）から提供された技術情報の保管管理については厳重にこれを行うものとし、甲の事前の承諾を得ないで甲の個別契約の履行以外の目的に使用したり、またはこれらを第三者に閲覧させもしくは貸与、提供してはならない。

２　甲および乙は、相互の取引に関連して知り得た相手方の技術情報その他業務上の秘密を第三者に漏らしてはならない。

例３（秘密の保持）　甲および乙は、相互に知り得た相手方の業務上の秘密事項を契約の有効期間中は勿論のこと、その終了後といえども厳重に保持しなければならない。

２　乙（＝売主）は、第〇〇条（再委託）により再委託等第三者を利用した場合、第三者に対しても前項の義務を遵守させなければならない。

例４（秘密保持）　甲および乙は、取引関係を通じて知り得た相手方の営業上または技術上の秘密を、第三者に漏洩してはならない。また、相手方の書面による承諾を得ないで第三者に開示してはならない。

２　乙（＝売主）は、甲（＝買主）がとくに指定する甲の区域、施設へ立ち入る場合、甲の諸規程を遵守するとともに甲の指示に従い、情報の秘密保持については万全の措置を講じなければならない。

例5（秘密保持）　甲または乙は、事前に相手方の書面による承諾を得ない限り、次の情報を第三者に漏洩してはならない。

⑴　本契約または個別契約で知り得た相手方の技術上および営業上の情報等

⑵　本契約および個別契約の締結前に行われた交渉の段階において、図面、仕様書、資料、材料、型、設備、見積依頼、口頭の説明その他により知り得た相手方の技術上および営業上の情報等

⑶　本契約および個別契約の締結後に行われた履行の段階において、図面、仕様書、資料、材料、型、設備、見積依頼、口頭の説明その他により知り得た相手方の技術上および営業上の情報等

例6（機密保持）　甲および乙は、本契約および個別契約の存続期間中はもとより、その終了後においても本契約および個別契約により知り得た相手方の機密情報を第三者に開示、漏洩してはならない。ただし、次の各号の情報については、この限りではない。

⑴　開示を受けたときに既に公知であったもの

⑵　開示を受けたときに既に自己が所有していたもの

⑶　開示を受けた後に自己の責めに帰し得ない事由により公知となったもの

⑷　開示を受けた後に第三者から機密保持義務を負うことなく適法に取得したもの

⑸　開示の前後を問わず独自に開発したことを証明し得るもの

例7（秘密保持）　甲および乙は、事前に相手方の書面による承諾を得なければ、次の情報等を第三者に開示または漏洩してはならない。

⑴　本契約および個別契約の締結前に行われた交渉の段階もしくは締結後に行われた履行の段階において、図面、仕様書、資料、材料、型、設備、見積依頼、口頭の説明その他により知り得た相手方の技術上および取引上の情報等

⑵　前号のほか、本契約および個別契約により知り得た相手方の技術上および取引上の情報等

2　前項の規定は、次の各号に定める情報等には適用しない。

⑴　相手方から知り得た時点で既に保有している情報等

⑵　独自に開発した情報等

⑶　秘密保持契約を負うことなく第三者から正当に入手した情報等

⑷　公知になった情報等

例8（秘密保持）　甲および乙は、相手方より秘密である旨指定のうえ提供された情報を秘密として取り扱い、その管理に必要な措置を講じるものとする。ただし、次の各号のいずれかに該当する情報については、この限りではない。

⑴　秘密保持義務を負うことなく既に保有している情報

⑵　秘密保持義務を負うことなく第三者から正当に入手した情報

⑶　相手方から提供を受けた情報に関係なく、独自に開発した情報

⑷　本契約および個別契約に違反することなく、かつ、相手方からの受領の前後を問わず公知となった情報

2　甲および乙は、相手方の秘密情報を本契約および個別契約の目的の範囲内で使用するものとし、相手方の事前の書面による同意なくして第三者に開示・漏洩してはならない。

（注）　例3の第2項は、売主をして再委託先への秘密保持を義務づけている。
例4の第2項は、買主の域内への立入りおよび域内での秘密保持を規定する。

⑶　関連法令

不正競争防止法2条4項＝定義

金融商品取引法166条＝会社関係者の禁止行為

同 167条＝公開買付者等関係者の禁止行為

同 167条の2＝未公表の重要事実の伝達等の禁止

独占禁止法47条＝調査のための強制処分

国税徴収法141条＝質問及び検査

民法90条＝公序良俗

行政機関の保有する情報の公開に関する法律〔＝行政情報公開法〕5条2号＝行政文書の開示義務

民事訴訟法220条＝文書提出義務

同 223条＝文書提出命令等

Note

(1)　インサイダー取引についての詳細は、Ⅰ「41　通知義務」(246頁) 参照

(2)　神田秀樹監修『注解証券取引法』1202頁（有斐閣・平成９年）

(3)　宇賀克也『新・情報公開法の逐条解説〔第８版〕』104頁（有斐閣・2018年）

(4)　宇賀・前掲(3)104頁

(5)　田原睦夫「文書提出義務の範囲と不提出の効果」ジュリ1098号63頁

出願前の特許申請書類、第三者とのノウ・ハウ利用契約の如く、文書の表示や趣旨から技術や職業の秘密に関する文書であることが明らかに推定される文書以外の、そのような推定の働かない文書については、所持者にて秘密に関する事項が記載されていることを疎明する必要があるとする。

(6)　最決平成11年11月12日金判1081号41頁・商事法務1545号27頁・金法1563号40頁

「ある文書がその作成目的、記載内容、これを現在の所持者が所持するに至るまでの経緯、その他の事情から判断して、専ら内部の者の利用に供する目的で作成され、外部の者に開示することが予定されていない文書であって、開示されると個人のプライバシーが侵害されたり個人ないし団体の自由な意思表示が阻害されたりするなど、開示によって所持者の側に看過し難い不利益が生ずるおそれがあると認められる場合には、特段の事情がない限り、当該文書は民訴法220条４号ハ所定の『専ら文書の所持者の利用に供するための文書』に当たると解するのが相当である。」

(7)　松井秀樹「新民事訴訟法における文書提出命令と企業秘密(3)」NBL606号33頁

本来は社内で作成してもよいが、社内ではなく外注により作成される文書（報告書、設計図、調査書等）について、「自己使用文書に該当するためには、当該文書を所持する企業みずから作成したことは必ずしも要件とはならず、『もっぱら内部の者の利用に供する目的で作成され、外部の関係のない者に見せることを予定されていない文書かどうか』によって決まると解すべきである」とする。

(8)　東京地決平成10年６月１日金判1055号42頁、東京高決平成10年７月16日金判1055号39頁

裁判所が、イン・カメラ手続を行って文書を閲覧したうえで、公然と知られていない重要な技術的事項であるため、保護に値する技術または職業の秘

密に関する事項だとして文書提出命令の申立てを却下した事例である。

(9) 昭和61年労働省告示第37号（改正平成24年厚生労働省告示第518号）「労働者派遣事業と請負により行われる事業との区分に関する基準（37号告示）」

35 目的物の調査および改善（第33条）

(1) 基本条文

目的物の調査および改善については、次のように表示される。

> **第33条（調査および改善）**
>
> 乙（＝売主）は、目的物の単価、品質、機能、製作方法等の改善のために、新技術の開発、甲（＝買主）への改善提案、情報提供等を積極的に行うものとする。
>
> 2 甲は、本契約の目的を達成するため、乙の品質、生産等について改善の必要を認めた場合は、乙の書面による同意を得て、乙の事業所等での調査を行い、改善依頼および指導を行うことができる。

(2) ポイントと記載例

(イ) 売主事業所への立入り　買主の一方的判断で、売主の事業所へ立ち入ることができるとするのは問題であり、売主の事前の同意を前提としたい。

また、最近では、品質システムの国際規格であるISO9000に基づき買主だけでなく買主の顧客等の立入りを規定しているものもある[(1)]。

(ロ) 改善依頼・指導の内容　品質、コスト、納期、技術、経営、安全などの項目について支援活動が行われる。

買主が改善指導を行う際、売主に期待する点は、①品質の向上、信頼性の拡大、②技術力の向上、③納期の短縮、④価格の低減などである。

たとえば品質についてみると、不良の発生件数・発生率をもとに改善（品質向上）を行う仕入先を決定し、指導を実施することになる。売主を関連企業として育成する場合の指導項目としては、①関連企業としての経営基盤の充実、②技術的に分担・指導しての技術能力の向上・育成、③発注・納入の安定化を図るための管理力の向上などの点があげられる。

【記載例63】　売主にとって変更すべき条文例と変更例

〔検討すべき条文例〕

甲（＝買主）および甲の指定した第三者は、品質確認のため乙（＝売主）への立入検査をすることができる。

2　前項の場合、甲は乙に対して事前に書面をもって通知しなければならない。

3　前2項においては、乙の承諾のうえ、乙の再委託先または仕入先にも適用するものとする。

（変更例）

甲および乙の承諾した第三者は品質確認のため乙への立入検査をすることができる。

2　前項の場合、甲は事前に書面をもって乙の承諾を得なければならない。

3　前2項においては、「乙」を「乙の再委託先または仕入先」と読み替えたうえ、乙の再委託先または仕入先にも適用するものとする。

【記載例64】　目的物の調査および改善

例1（改善・調査）　乙（＝売主）は、目的物の価格、品質、機能、製作方法等のために新技術開発、改善提案、情報提供等を積極的に行うものとする。

2　甲（＝買主）は、必要と認めた場合は、乙に品質、製造工程等の管理資料の提出を求め、または、乙の同意を得てその品質管理、工程管理方法等の実態調査をし、改善指導を行うことができる。

3　乙は甲から各種調査の依頼があった場合、積極的に協力するものとする。

例2（製造状況の調査）　甲（＝買主）は、目的物の品質保証、原価改善、安定供給等のため必要と認められたときは、乙（＝売主）の同意を得て乙の事務所、工場、その他の施設に立ち入り目的物の品質管理、生産管理、製造設備の状況等につき調査し、かつ乙に対し「取引先実態調査表」その他の調査に必要な資料の提出を求めることができる。この場合において、乙は特段の事情がない限り甲に積極的に協力するものとする。

2　甲は、前項による調査の結果必要があれば、乙に対してその是正措置を要求することができる。

例3（調査）　甲（＝買主）は、目的物の製造の実態を確認するために必要な範囲で、乙（＝売主）に対して関係資料および情報の提出を要求し、また、目的物にかかる営業所、製造工場等においてその実態を調査することができる。

ただし、調査の範囲については、事前に甲乙間で協議して決定するものとする。

2　乙は、甲が必要と認める場合は、前項に定める調査のために第三者をして協力させるべく最大限の努力をするものとする。

例4（改善提案の協力）　乙（＝売主）は、目的物に関し品質、納期、価格等の合理化のために必要な改善提案を積極的に行うものとする。

（指導）　甲（＝買主）は、必要に応じて乙に対し経営、技術、工法、生産管理、品質管理等に関し、指導・助言を行うことができるものとする。

2　甲は、前項に基づく指導・助言を行うに際し必要あると認めるときは、乙の了解のもとに乙の工場・事務所等に立ち入ることができる。

例5（調査）　乙（＝売主）は、甲（＝買主）より支給品、貸与品の使用・管理状況および品質管理、生産管理状況の調査のため、資料を求められた場合、これに協力する。また、乙は甲よりこれらの実態調査のため、乙の工場への立入りを求められた場合、特別の事情を除き協力する。

2　甲は必要ある場合、乙に対し決算報告書等経営資料の提出を求めることができる。この場合、乙はできる限りこれに協力する。

例6（相手方事業所への立入り）　乙（＝売主）またはその代理人関係者が、個別契約の履行等の必要により甲（＝買主）の事業所へ立ち入る場合は、甲の諸規定を遵守し、安全と秩序の維持に協力する。

2　甲は、第○○条に定める立会検査のほか乙の工場調査（甲の顧客またはその代理人が品質管理等の理由により当該調査を必要とする場合も含む）等の必要がある場合には、あらかじめ乙に通知することにより乙事務所、工場等の事業所に立ち入ることができるものとする。また、甲の顧客が当該立入りを希望する場合には、甲が同伴することにより立入りができる。

ただし、乙が本件通知内容に不都合がある場合には、甲に変更を申し入れることができる。

なお、この場合、甲およびその顧客は、乙の事業所内の諸規定を遵守し安全と秩序の維持に協力する。

例7（調査・改善）　甲（＝買主）は必要に応じ、乙（＝売主）の同意を得て、生産管理、品質保証等に関する資料の提出を求めることができるものとする。

2　乙は、受注した目的物の品質、コスト、機能等の改善のために新技術開発、改善提案、情報提供等を積極的に行うものとする。

3　甲は必要と認めた場合、乙の同意を得て、品質管理、生産管理、その他の調査または点検をし、改善指導を行うことができる。

4　甲が各種調査、アンケート等を乙に依頼した場合、乙はこれに積極的に協力するものとする。

例8（改善のための努力）　乙（＝売主）は、資材の価格、品質、性能および製作方法等を改善するため、新技術の開発、改善提案および情報提供を積極的に行う。

2　甲（＝買主）は、目的物の製作、品質、納期の管理および設備改善等について必要に応じて乙を指導または指示することができる。

例9（技術指導）　乙（＝売主）は、製品の製作上技術的困難を生じたときには、甲の技術指導を依頼することができる。また、甲が必要と認めた場合、乙に技術指導を行うことができる。

例10（改善）　乙（＝売主）は、甲に引き渡す目的物の品質、価格、製作方法、仕様等の改善のために、新技術の開発、品質管理技術の向上、情報の収集等を積極的に行う。

例11（指導）　甲は、目的物の製作、品質、納期、支給品および貸与品の管理ならびに設備改善等について必要に応じ乙を指導し、または指示できるものとする。この場合、甲は書面による乙の同意を得て、乙の作業場等へ立ち入ることができる。

Note

⑴　ISO（International Organization for Standardization：国際標準化機構）は、1947年に創設された国際的な機関であり、さまざまな分野での国際的な「交換」を容易にするための諸規格を取り決め、これを普及促進させることを目的に設立されたものである。ISO9000シリーズは、製品やサービスの品質に関して行うべき管理の要素を要求事項や推奨事項として定めた「品質システム規格」である。2015年版ISO9001（日本語に翻訳されたJISQ9001：2015）は、その「8.4.3　外部提供者に対する情報」では、次のように規定する。

「8.4.3　外部提供者に対する情報　（中略）　組織は、次の事項に関する要求事項を、外部提供者に伝達しなければならない。（中略）　f）組織又はその顧客が外部提供者先での実施を意図している検証又は妥当性確認活動」

36　環境保護（第34条）

⑴　基本条文

環境保護については、次のように表示される。

第34条（環境保護）

甲（＝買主）および乙（＝売主）は、環境保全および化学物質に関する国内外の法令を遵守し、その企業活動において汚染、廃棄物、材料ロス等の排除および省エネルギー、省資源、リサイクルに努めることにより、地球環境に対する負荷を軽減すること等を目的とする環境保全活動を推進するものとする。また、乙は、甲の環境方針の主旨を理解し、材料および部品の供給、廃棄物処理等に際して環境への配慮と事故等の防止を行う。
2　乙は、甲に対し、目的物が甲の別途定める書面等で通知した化学物質（以下環境負荷物質という）中の禁止物質（以下禁止物質という）に該当しないことと禁止物質を含有しないことを表明・保証し、および目的物の製造過程において禁止物質を使用しないことを誓約する。
3　乙は、納入した目的物が禁止物質に該当し、もしくは禁止物質を含有し、または目的物の製造過程において禁止物質が使用されていることを知った場合、甲にすみやかに通知する。
4　乙が、目的物が環境負荷物質中の管理物質（以下管理物質という）に該当し、もしくは管理物質を含有し、または目的物の製造過程において管理物質を使用する場合は、甲への目的物の納入に先立ち、その旨を甲が定める書面（電子データを含む）等により通知するものとする。
5　乙が本条の規定に違反し甲に損害を与えた場合、乙は甲に対しその損害を賠償するものとする。
6　甲は、必要に応じて、事前通知のうえ、乙の事業所等または乙の委託先に立ち入り、環境保全活動の実施状況を確認するための検査等を行うことができる。

⑵　ポイントと記載例

㈠　製品含有化学物質管理の必要性　EUにおけるRoHS指令やREACH規制などの製品含有化学物質に関する規制は、各国において年々強化されており、自社がEU等に輸出をしていなくてもサプライチェーンとして自社製品が含有する化学物質の管理や顧客への情報伝達が必要となる。

買主においては、製品含有化学物質対応は売主に対する調達基準の１つであり、グリーン調達ガイドライン等を定めそれに基づいた製品含有化学物質管理を行うことが必要である。そして、これらのガイドライン等に対応できない売主は、買主のサプライヤーチェーンからの離脱を余儀なくされることになる。

現在、各国では、電気電子機器などの製品に含有化学物質規制が実施されている。

○E　U

・RoHS 指令（電気電子機器での特定の有害物質の含有を禁止する指令）

・ELV 指令（使用済み自動車が環境に与える負荷を低減するための指令）

・REACH 指令（化学物質の総合的な登録、評価、認可、制限の制度）

○日　本

・J-Moss（電気・電子機器の特定の化学物質の含有表示方法）

・化審法（化学物質の審査及び製造等の規制に関する法律）

○中　国

・電器電子製品有害物質使用制限管理弁法

○その他

・米国、韓国、ベトナム、タイ、台湾、シンガポール、インド、トルコ等

(ロ)　環境保全活動　　環境保全活動は、取引先や外注先まで含めた全体の事業活動の中で推進する必要があるため、売主としても積極的に協力しなければならない。

しかし、公害等の環境悪化の原因が、売主の責任による場合だけでなく、買主の図面、仕様書の他、残材その他の産業廃棄物の処理方法や製造方法等について買主の指示や依頼による場合も考えられる。そこで、「公害の発生した場合、売主の責任と負担による」というような条文がある場合は、買主の責任分担も加えておく必要があろう。また買主が公害等を発生させた場合、買主だけでなく売主にも責任がある場合も考えられる。

ISO14001(1)の認証を取得する場合、組織は、運用管理として、環境方針ならびに目的および目標から逸脱しないよう文書化した手順を確立し維持しなければならないとされ、また、組織が用いる物品およびサービスの特定可能な著しい環境側面に関する手順を確立し維持することと、供給者および請負

者に関連手順および要求事項を伝達することが要求されている。

これに関連して、取引基本契約書に環境管理についての条項を入れることも必要となってくる。

【記載例65】　環境保護

例1（環境保護）　乙（＝売主）は、すべての事業活動において、環境に関する法令等を遵守し、地球環境の保全・汚染の予防に関し継続的な改善を推進するよう適切な処置を講じるものとする。

2　乙は、甲（＝買主）または甲の顧客が環境保護のために定めたガイドラインを遵守するものとする。

例2（環境保証）　甲および乙は、その企業活動において汚染、廃棄物、材料ロス等の削減および省エネルギー、省資源、リサイクルに努めることにより、地球環境に与える負荷を軽減すること等を目的とする環境保全活動を推進するものとする。また、乙（＝売主）は、甲（＝買主）の環境方針の趣旨を理解し、材料、部品供給、廃棄物処理等に際して環境への配慮と事故等の防止を行うものとする。

2　乙は、常に環境管理に留意し、環境に関する法令、監督官庁の指示、命令、および「グリーン調達基準に関する覚書」を遵守するものとする。

3　乙は、甲が、必要に応じて行う環境管理に関する調査に協力するものとする。

4　乙において、環境に関する事故または公害が発生した場合には、甲に通知し、乙はすみやかに適切な措置をとるとともに、再発防止に尽くさなければならない。

例3（環境保護）　甲および乙は、企業活動において汚染、廃棄物、材料ロス等の削減および省エネルギー、省資源、リサイクルに努めるものとし、地球環境に与える負荷を軽減すること等を目的とする環境保全活動を推進するものとする。

2　乙（＝売主）は、目的物が、環境負荷化学物質中の削減物質（以下削減物質という）または環境負荷化学物質中の適正管理物質（以下適正管理物質といい、削減物質と適正管理物質を総称して要通知物質という）に該当し、もしくは要通知物質を含有し、または目的物の製造過程において要通知物質を使用する場合は、甲（＝買主）への納入に先立ち、その旨を甲が定める書面等により通知するものとする。

3 乙は納入した目的物が環境負荷化学物質中の禁止物質に該当し、もしくは禁止物質を含有し、または目的物の製造過程において禁止物質が使用されていることを知った場合、ただちに甲に通知するものとする。

4 乙が本条の規定に違反し甲に損害を与えた場合、乙は甲に対して損害を賠償するものとする。

例4（調達方針） 甲（＝買主）は、目的物を製造するにあたり、地球環境の保全という観点に基づいた環境負荷が小さい製品・部品・原料の調達（以下グリーン調達という）を推進するものとし、乙（＝売主）は次の各号に沿って、甲が行うグリーン調達の推進に協力するものとする。

(1) 環境保全活動を推進している取引先から積極的に調達するように努める。

(2) ライフサイクル（原材料調達、製造、流通、消費、廃棄等の各段階）における環境負荷が小さい製品・部品・原料を積極的に調達するように努める。

2 前項に定めるもののほか、乙は甲の調達方針を理解し、遵守するものとする。

例5（環境保護） 甲および乙は、環境に関する法令を遵守し、その企業活動において汚染、廃棄物、材料ロス等の排除および省エネルギー、省資源、リサイクルに努めることにより、地球環境に対する負荷を軽減すること等を目的とする環境保全活動を推進する。また、乙は、甲の環境方針の主旨を理解し、材料および部品の供給、廃棄物処理等に際して環境への配慮と事故等の防止を行う。

2 乙（＝売主）は、目的物の含有化学物質が品質に関わる重要事項であることを理解、認識し、甲（＝買主）に対し、目的物が甲の別途定める書面等で通知した化学物質（以下環境負荷物質という）中の禁止物質（以下禁止物質という）に該当しないことと、禁止物質を含有しないこと、および目的物の製造過程において禁止物質を使用しないことを保証する。

3　乙が、目的物が環境負荷物質中の管理物質（以下管理物質という）に該当し、もしくは管理物質を含有し、または目的物の製造過程において管理物質を使用する場合は、甲への目的物の納入に先立ち、その旨を甲が定める書面（電子データを含む）等により通知する。

4　乙は、納入した目的物が禁止物質に該当し、もしくは禁止物質を含有し、または目的物の製造過程において禁止物質が使用されていることを知った場合、甲にすみやかに通知する。

5　乙が本条の規定に違反し甲に損害を与えた場合、乙は甲に対しその損害を賠償する。この場合、乙は、賠償すべき損害の範囲および賠償額について、甲に協議を申し入れることができ、甲は誠意をもってこれに対応する。

6　甲は、必要に応じて乙の工場、事務所等または乙の委託先に事前通知のうえ立ち入り、当該検査を行うことを承諾するとともに、甲が乙の委託先に立ち入り、当該検査を行うことができるよう乙の委託先に徹底し、併せて乙の委託先へ立ち入り、当該検査に支障のないよう便宜を図る。

例6（環境法令等の遵守および化学物質管理）　乙（＝売主）は、本契約および個別契約の履行に際し、環境保全および化学物質管理に関する法令、条例等（以下法令等という）、これらに基づく所轄官庁の通達、指導等を遵守するとともに、安全、防災および公害防止に留意し、かつ乙の事業活動による環境への負荷を低減するよう努めなければならない。

2　甲（＝買主）は、乙に対し、目的物に含まれる有害な化学物質の種類および許容濃度等について、日本国および諸外国の化学物質に関する法令等に基づいた「グリーン調達基準」を定め通知する。乙は、上記「グリーン調達基準」を遵守しなければならない。

3 前項において、甲は乙に対し目的物における含有量・組成率およびデータ等について、資料の提出を求めることができる。

4 甲は、必要に応じて、乙に対して、乙の工場・事務所等への立入りにつき、事前に書面による承諾を得たうえで、管理状況等の確認をできるものとする。

5 乙は、本契約および個別契約の履行に際し、環境に関する事故が発生したときは、ただちにその旨を甲に通知し、乙の責任において適切な緊急措置をとり、かつ事故の再発防止に万全を尽くさなければならない。

6 乙は、前項の乙の責めに帰すべき事故により、甲または第三者が被った損害を賠償するものとする。ただし、乙は賠償すべき損害の範囲および損害の額について、甲に協議を申し入れることができるものとし、甲は誠意をもってこれに対応するものとする。

例7（環境等への適合） 乙（＝売主）は、個別契約の履行に際し、環境への負荷を軽減するように努力しなければならない。また、調達品について、使用上の環境負荷の軽減、リサイクル性の向上、廃棄物の減少について配慮しなければならない。

2 甲（＝買主）は、乙に対し、個別契約の履行における安全、防災、公害防止および環境管理につき必要な報告および資料の提出を求めることができる。

3 目的物に含まれる有害な化学物質の含有濃度について、対象とする目的物、化学物質の種類およびその含有許容基準を、個別契約の申込みに先立ち、または同時に甲が書面により乙に通知したときは、乙は、これに違反する目的物を納入してはならない。

4 甲が乙に対し前項に定める通知をしたときは、甲は、乙に対し、目的物に含まれる有害な化学物質の含有濃度を示す資料の提出を求めることができる。

5 甲は、乙に対し、目的物もしくは目的物を組み込んだ甲の製品による災害、公害もしくは環境汚染の発生防止のために必要な報告および資料の提出を求めることができる。

例8（環境への配慮）　甲および乙は、個別契約に定められた事項の遂行にあたり環境への負荷の低減に努力していくものとする。また、甲（＝買主）が乙（＝売主）に、環境に関わる法令等に基づき環境情報の開示を求めたときは、乙はこれに協力するものとする。

例9（環境保護）　甲および乙は、本件取引に基づく義務の履行にあたり、省資源、省エネルギー、廃棄物の削減、リサイクル等を推進し、地球環境の保護に努めるものとする。

2　乙（＝売主）は、目的物に使用または含有する化学物質を適切に管理するとともに、適用される法令等および甲（＝買主）が定めた基準を遵守する。

3　乙は、甲から要求があった場合、前各項に係る調査に協力し、必要な資料等を甲に提供するものとする。

例10（含有化学物質管理）　甲（＝買主）が次の各号に定める方法により甲の要望書等で含有禁止化学物質およびその含有量を指定し、甲乙で合意した場合、乙は当該個別契約に関わる目的物の部品材料・製造等における化学物質を管理し、目的物には合意した含有禁止物質を含有してはならないものとする。ただし、法令等で適用除外された目的物の部品材料は除くものとする。

⑴　甲の要望書等および図面または仕様書への記載

⑵　甲の要望書等および注文書への記載

2　乙（＝売主）は、甲より次の各号に定める要求を受けた場合は、すみやかに甲に回答するものとする。

⑴　目的物に含有される化学物質に関する情報の開示

⑵　要望書等で要求する書類の提出

⑶　含有化学物質の管理に関する調査への回答

⑷　法令に基づく、または社会一般に要求される化学物質調査票の提出

3　乙は、原材料、部品、工法、工程および設備等の変更により、目

的物に含有される化学物質に変化が生じるおそれがある場合、事前に甲に通知し、甲の承諾を得てから変更を行うものとする。

4　乙が、乙の責めに帰すべき事由により、本条項に違反し、第三者に対して損害を与えたことにより当該第三者から甲に損害賠償請求がなされた場合、甲は乙に対して当該請求があった旨を通知するものとする。当該通知があった場合、甲が乙に対し、甲が被った損害の賠償を請求することができるものとする。

例11（環境保護）　乙（＝売主）は、本契約および個別契約の履行に関連した事業活動を行っている各国の環境保護規制を遵守し、目的物の製造過程で用いられ、または排出される化学物質または廃棄物を適正に管理、使用もしくは処分するものとする。

2　乙は、甲が要求する場合、前項の環境関連法令およびその遵守に関する関連情報を甲に提出するものとする。

3　甲は、日本国および諸外国の化学物質に関する法令等に基づいた「グリーン調達基準」を定め通知するものとし、乙は、甲が要求する場合、目的物に含まれる有害な化学物質の含有濃度を示す資料の提出するものとする。

例12（環境保護）　乙（＝売主）は、本契約の履行に関連した事業活動を行っているすべての国の環境保護関連法を遵守し、乙の製造工程で用いられ、もしくは排出される化学薬品または廃棄物を適正に管理、使用もしくは処分するものとする。

2　乙は、甲（＝買主）が要求する場合、前項の環境関連法規およびその遵守に関する関連情報（必要な許可書の写し、産業廃棄物処理記録を含む）を甲に提出する。

3　乙は、本契約の履行に関連して、原材料または化学薬品を周囲に漏洩、放出する等、環境破壊につながる事態を生じたとき、甲に対し、ただちにその事実および漏洩、放出された物質の浄化等環境保全に対する対策について通知するものとする。

例13（安全・防災および環境管理）　乙（＝売主）は、目的物の納入にあたっては、常に安全、防災および環境管理に留意するものとし、法令、条例、監督官庁の指示、命令ならびに甲（＝買主）の定める諸規則および指示を遵守しなければならない。

2　前項に関し、損害、事故または公害が発生した場合、乙はただちに甲にその旨を通知し、乙の責任において、適切な緊急措置をとるとともに、その解決および再発防止に万全を尽くすものとする。ただし、それに要する費用の負担は、甲乙の責任割合に応じて、甲乙協議のうえ決定する。

Note

(1)　ISO14001（JISQ14001）とは

ISO14001の規格は、企業の環境マネジメント活動を管理のサイクルにまとめたものであり、要求事項に従ってPDCA を構築することになる。

なお、供給者および請負者に関する事項は8.1項に掲載されている。

「ISO14001（JISQ14001）：2015

8.1　運用の計画及び管理　（中略）　組織は、外部委託したプロセスが管理されている又は影響を及ぼされていることを確実にしなければならない。（中略）　ライフサイクルの視点に従って、組織は、次の事項を行わなければならない。

（中略）

c）　請負者を含む外部提供者に対して、関連する環境上の要求事項を伝達する。

組織は、プロセスが計画どおりに実施されたという確信をもつために必要な程度の、文書化した情報を維持しなければならない。（https://kikakurui.com/q/Q14001-2015-01.html）」

37　再委託（第35条）

(1)　基本条文

再委託については、次のように表示される。

第35条（再委託）

乙（＝売主）は、目的物の製作にあたり、委託業務の全部または一部を第三者に委託してはならない。ただし、あらかじめ甲の書面による承諾を得た場合はこの限りではない。

2　前項ただし書の場合といえども、乙は目的物の品質保証、納入、貸与図面の取扱い、知的財産権、目的物の譲渡、秘密保持等に関し、本契約および個別契約で負う責任を免れることはできない。

(2) ポイントと記載例

(イ) 再委託条項と委任契約における改正民法644条の２（復受任者の選任等）

改正民法644条の２第１項は、「委任」において、受任者は、委任者の許諾を得たとき、またはやむを得ない事由があるときでなければ、復受任者を選任することができないとしている。これは、一般に、代理に関する民法104条と同様に委任者の許諾を得た場合またはやむを得ない事由がある場合に復受任者が選任できると解されていたことによる[(1)]。

そして、第２項は、受任者が代理権を有する復受任者を選任したときは、委任者に対してその権限の範囲内において、受任者と同一の権利義務を有する旨を明記する。もっとも、本項は、法定代理に関する民法の基本的考え方（改正前民法107条２項参照、改正民法106条２項）を準用し定めたものである。

受任者または復受任者が代理権を有しないときは、第２項の適用はない。

改正民法644条の２は、委任契約のために定められた規定であり、委任契約に関してのみ適用がある。

「請負」に関しては、再請負（復請負）に関する改正民法の規定はなく、改正前と何ら変わっていない。したがって、改正民法644条の２は適用されず、請負に関する契約に再委託条項が定められていない場合、請負の趣旨（仕事の目的物を引き渡せばよい）から再請負はできることとなるので、再請負を制限するためには「再委託条項」が必要となる。

以上から、改正民法644条の２による実務上の影響は少なく、再委託の可否もしくは再委託が認められる場合の手続（再委託先を明示した書面での申請と書面回答、再委託者と再委託先間の契約締結など）、再受託者の契約不適合等の責任について再委託者が負う旨など、従来と同様の定めをしておく必要がある。

(ロ)　再委託条項の意義　買主提示型契約書においては、売主が委託した目的物の製作等の委託業務をさらに第三者に再委託することを原則として禁止あるいは制限するものが多数である。これは、買主が、売主の技術力、品質、コスト、製品性能、納期、会社としての信用などを信頼して、数ある企業の中からその売主を選定し、業務を委託しているからに他ならない。

(ハ)　再委託の制限緩和の必要性　複雑な製品になればなるほど、望まれる仕様やコストで製作するには、１社のみで完結することは困難である。

事実、日本の製造業者は、多くの仕入先（外注先）を利用しながら効率的な生産を行っており、自己の要求に対応できる下請事業者を従来の枠にとらわれず選択する動きも出ており、下請事業者１社あたりの納入先の数が増えているともいわれている[(2)]。

つまり、売主は、多くの部品について、多くの仕入先に再委託を行っているのが現状であり、取引製品について部品まで含めてすべての再委託について買主の承諾を得るのは困難な状況にある場合もある。

そこで、そのような売主においては、再委託した目的物の全部または一部が、乙が定める重要保安部品、重要部品、法規制部品等にあたる場合のみ買主の承諾を得るように変更したい。

もっとも、買主の承諾を得ることが容易な場合は、すべての再委託につき買主の承諾を要する条項を残しておいても問題とならないだろう。

(ニ)　全面的に再委託可能とする場合の問題点　ソフトウェア業界の開発委託モデル契約書には、再委託する場合に買主の承諾を必要としない文言がみられる（記載例66第７条第１項本文参照）。

それには、2002年に刊行されたJISA編[(3)]による『新しいソフトウェア開発委託取引の契約と実務』では、再委託の許容性および契約書上の記載について以下の理由があげられている[(4)]。委託者（買主）は何を判断基準として評価するのか疑問であり、評価基準をもっていないのが通常である。さらにどこの会社を再委託先として使っているかは、受託者の機密にあたる場合もあり、必ず通知せねばならないのはいきすぎであるからだとする。そのため受託者

（売主）が再委託先の選択に関与しない代わりに受託者が業務遂行に関して全責任、すなわち受託者（売主）に対して委託者（買主）が負う責任と同等の責任を負うとすることが妥当であるとする。

そして再委託の条件としては、①受託者は再委託先との秘密保持契約を締結する、あるいは再委託先の選択基準を明確にすること、②受託者は自己の責任において再委託先を選任し、再委託先に負わせた業務に関して受託者に対し自己が負担する責任と同様の責任を負う旨記載することの２点が必要であるとする。ただし、①に関しては、委託者、受託者間で秘密保持契約を締結している以上、再委託先にも秘密保持を負わせるのが当然なので、改めて秘密保持契約を締結する旨を明示する必要はないとする。

契約書上の記載としては、受託者が自己の責任において業務を第三者（再委託先）に委託できる記載をすれば、十分であり、実務上の手当てとして必要であれば別途、秘密保持契約を結ぶ、秘密情報の管理を徹底する、あるいは再委託先の選定基準の明確化や第三者機関の認証をとった業者を再委託先として選定するといった手段を講じればよいからとする。

しかし、この場合、委託者（買主）の承認を貰っても貰わなくても、受託者（売主）が再委託をする場合、再委託先についても受託者が負う責任と同様の責任を負うのは当然のことである。また、受託者は再委託先に秘密保持義務を負わせるのは当然であるから秘密保持契約保持義務を明示する必要はないとするが、たとえば再委託先が受託者から以前より委託を受けており秘密保持契約を締結しているから、「よい」としたら誤りであろう。再委託の場合、受託者と委託者間と同等の秘密保持契約の締結が必要となり、そうしないと委託者の業務委託に関する秘密の特定もできないからである。したがって、けん制・確認の意味もあり、委託者は、再委託先に対して同一の秘密保持義務を負わせる旨の明示が必要である。

その後、ソフトウェア開発モデル契約書は、2007年４月の経済産業省情報処理振興課の「システムの信頼性向上のための取引慣行・契約に関する研究会」の報告（以下「経産省報告」という）を受け、2008年にJISAおよびJEITA(5)は、新たなシステム開発モデル基本契約書を公表している。

そして、再委託に関しては、【記載例66】のとおりである。

もっとも、経産省報告では、A案として再委託における委託者（ユーザー）の事前承諾を設ける場合と、B案として再委託先の選定について原則として受託者（ベンダー）の裁量とする場合の二者選択方式を取っているが、JISAおよびJEITAのモデル基本契約書はB案を採用している。上述からベンダーとしては当然の措置であろう。

なお、委託先が委託者に対して負う義務と同様の義務を再委託先に負わせることが義務付けされ、秘密保持義務についても、委託者、受託者間と同様の秘密保持義務を締結することが規定されている。

【記載例66】　JISAソフトウェア開発委託基本モデル契約書（2008年5月）および経産省報告（再委託B案）

（再委託）

第7条　乙は、乙の責任において、各個別業務の一部を第三者（甲が指定する再委託先も含む）に再委託することができる。ただし、乙は、甲が要請した場合、再委託先の名称および住所等を甲に報告するものとし、甲において当該第三者に再委託することが不適切となる合理的な理由が存する場合、甲は乙に、書面により、その理由を通知することにより、当該第三者に対する再委託の中止を請求することができる。

2．前項ただし書により、甲から再委託の中止の請求を乙が受けた場合は、作業期間もしくは納期または委託料等の個別契約の内容の変更について、第33条（本契約および個別契約内容の変更）によるものとする。

3．乙は当該再委託先との間で、再委託に係る業務を遂行させることついて、本契約に基づいて乙が甲に対して負担するのと同様の義務を、再委託先に負わせる契約を締結するものとする。

4．乙は、再委託先の履行について甲に帰責事由がある場合を除き、自ら業務を遂行した場合と同様の責任を負うものとする。ただし、甲の指定した再委託先の履行については、乙に故意または重過失がある場合を除き、責任を負わない。

※なおJEITAの2008年ソフトウェア開発基本契約書は、JISAおよび経産省報告と第2項（下線部分）が異なる。

2．前項ただし書により、甲から再委託の中止の請求を乙が受けた場合は、作業期間もしくは納期または委託料等の個別契約の内容の変更について、第33条（本契約および個別契約内容の変更）によるものとする。<u>また、当該請求に従い乙が当該個別業務に係る当該第三者との再委託に関する契約を解除した場合（ただし、前項の合理的な理由が第52条第1項または第2項に基づき甲が本契約または個別契約を解除しうる事情に相当する場合を除く）、当該解除に伴い当該第三者に対する損害賠償費用その他解除に伴い乙に発生する費用を、甲は負担するものとする。</u>

しかし、自由に再委託できるという慣行がセキュリティに関し多くの問題を惹起せしめているのも事実である。このような慣行が、再委託先、三次委託先、四次委託先へ続くことは、もはや受託者だけでは、コントロールが不可能になる事態が発生することも考えられ、さらにセキュリティの危険性を高めることになる。

このような慣行こそが、2018年3月の日本年金機構の「年金データ[(6)]」の中国業者への再委託事件が発生した一因とも考えられよう。

しかし、このような慣行が、わが国のコストパフォーマンスの高い情報産業を支えていることも事実である。このような慣行があってもなお、委託者が安心して委託できる内容が必要である。

JISAおよびJEITAのシステム開発モデル基本契約書では、損害賠償額として委託料相当額または委託料の金額を限度とする旨が規定されている（JISA53条3項など、およびJEITA53条2項）。

しかし、このような自由に委託先が再委託できる制度のもとでは、委託料相当額とすべきではなく、実際の損害額を賠償すべきである。特に、2014年7月に発生したベネッセの再委託先のシステムエンジニアによる個人情報漏洩事件などをみると、委託者企業の損害は多額にのぼるおそれがあるからである。業界慣行等から困難であれば、委託者としては受託者に対して、情報漏洩賠償責任保険などの付保を検討する必要もあろう。

(ホ)　再委託時の売主の義務　本契約および個別契約の当事者は、あくまでも売主と買主であり、売主の意思で再委託をしている以上、買主に対し、その再委託先の行為について全責任を負うことは当然である。

しかし、買主から再委託先を指定されたときは、当該再委託先が品質、納期などの確保が困難になった場合に、売主の責任を軽減したり、再委託先を変更できる旨の特約も検討する。

(ヘ)　再委託のための再委託先への見積書提出依頼と機密保持　再委託のための見積り依頼は数社になることも多く、その際、見積りに必要な図面、仕様書を貸与することがある。

これに関して、次のような事件があった[(7)]。金融機関であるＡ社から防犯システム工事を受注したＢ社（東証一部上場会社）がＡ社の2500の拠点の防犯カメラやダミーカメラの位置、ドーム型防犯カメラの撮影方向、資金保管場所などが記された機密度の極めて高い図面を機密保持契約もせずにメーカーのＣ社に「見積りをとってもらうため」として渡していた。Ｂ社はＡ社から上記図面を電子データで「機密扱い」として受け取った。

Ｃ社は仮発注を取り消されたとして、2007年９月、Ｂ社を相手に約10億円の損害賠償を求め、提訴。Ｃ社の代理人は、同年12月「Ｂ社から発注があった証拠」として３拠点を名称を伏せて提出した。Ａ社は、2008年４月に事態を把握。Ｂ社側に地裁への閲覧制限申請を依頼し、５月に地裁が閲覧制限を決定した。閲覧可能だった半年近くの間に幸いにも関係者以外の第三者が閲覧した記録はなかった。

見積り時に、図面・仕様書等を貸与する場合には、見積り依頼先と機密保持契約を締結するのはもちろんのことだが、このような場合、継続的な再委託先に対しても秘密管理を厳格にする必要がある。

【記載例67】　売主にとって検討すべき条文例と変更例

〔検討すべき条文例１〕

乙（＝売主）は、目的物の製造、加工、組立て等の全部または一部を第三者に委託した場合は、自己が負う義務と同等の義務を当該第三者に負わせるものとする。

2　前項の場合といえども、乙は本契約および個別契約に基づく義務を免れない。

（変更例１）

乙は、図面等の情報を添付して目的物の全部または一部の見積りを第三者に依頼した場合または目的物の製造、加工、組立て等の全部または一部を第三者に委託した場合は、自己が負う義務と同等の義務を当該第三者に負わせるものとする。

2　（変更なし）

〔検討すべき条文例２〕

乙（＝売主）は、目的物の製作にあたり、その製作の全部または一部を乙の外注先へ再委託することができる。

2　前項の場合、乙は、甲（＝買主）に対して目的物の品質保証、図面・仕様書等の書類、知的財産権、秘密保持等に関して、当該外注先に対し万全の対策をとるものとするが、その場合であっても、乙が負う責任に関し、いっさいの責めを免れることはできない。

（変更例２）

乙は、目的物の製作に関し、乙の外注先に対し、見積りを依頼することができ、またその製作の全部または一部を再委託することができる。

2　前項の場合、乙は、甲に対して目的物の品質保証、図面・仕様書等の書類、知的財産権、秘密保持等に関して、当該外注先に対し万全の対策をとるものとするが、その場合であっても、乙が負う責任に関し、いっさいの責めを免れることはできない。

【記載例68】　再委託

例１（製造等の再委託）　乙（＝売主）は、目的物の製造、加工、組立て等の全部または一部を第三者に委託した場合は、自己が負う義務と同等の義務を当該第三者に負わせるものとする。

2　前項の場合といえども、乙は本契約および個別契約に基づく義務を免れない。

例2（再外注）　乙（＝売主）は、甲（＝買主）が個別契約で再外注を禁じた目的物については、第三者に委託してはならない。

例3（再委託）　乙（＝売主）は、目的物の製造または加工を第三者に委託し、またはその委託先を変更することができる。ただし、重要保安部品、保安部品その他甲（＝買主）の指定した目的物については、あらかじめ甲の書面による承認を得るものとする。

例4（再外注等）　乙（＝売主）が目的物の全部または一部を第三者に再外注したり、第三者より材料、部品を調達しようとした場合、それが品質および納期管理上重要な部分をなす場合、甲（＝買主）はこれを統制または禁止することができる。

2　乙は、前項以外のものについて乙の責任により第三者に再外注および調達をすることができる。

例5（再外注）　乙（＝売主）は、甲（＝買主）がとくに指定する注文品を除き、本契約および個別契約に基づいて乙が負担する義務と同一の義務を課すことにより、注文品の製造の一部または全部を第三者に外注することができる。

2　前項の場合、本契約および個別契約に基づく乙の履行義務は免れないものとする。

3　乙は、第1項に規定する外注先との取引に関して、次の各号を遵守するものとする。

(1)　乙は、品質および納期の確保に関しては、責任をもって万全を期すものとする。

(2)　乙は、当該外注先に対して甲乙間において適用する事項の遵守を指導するものとする。

(3)　乙は、当該外注先の製造による商品または部品に異常を発見したときは、すみやかに適切な処置を講じるとともに、その処理が困難な場合、遅滞なく甲にその旨を通知しその指示を受けるものとする。

例6（委託）　甲（＝買主）は、本契約により甲が履行すべき債務の一部を、甲の指定する委託先に履行させることができる。

2　乙（＝売主）は、甲がとくに定める場合を除いて、目的物の一部または全部の製作を第三者に委託させることができる。

3　前項により第三者に製作の一部または全部を委託する場合には、乙は本契約および個別契約その他の契約に定める事項を遵守するため、委託先に対し必要な措置をとる。

例7（再委託）　乙は、納入部品の製作にあたり、重要部品等甲がとくに定める場合を除き、その製作の一部を乙の取引先に再委託することができる。

2　前項の場合といえども、乙は、納入品の品質保証、納入、図面の取扱い、知的財産権、部品の譲渡、機密保持等に関し、本契約および個別契約に基づく履行義務を免れることはできない。

例8（再委託）　乙（＝売主）は、納入部品の製作にあたり、甲（＝買主）が定める「二次仕入先管理要領」に従って、その全部または一部を二次および三次仕入先へ再委託することができる。

2　前項の場合といえども、乙は、甲に対して、納入部品の品質、納期、図面規格書類の取扱いならびに第三者の知的財産権の非侵害の保証、第三者への納入部品の無断譲渡の禁止および秘密保持等本契約で乙が負う責任に関し、いっさいの責めを免れることはできない。

例9（再委託）　乙（＝売主）が、納入部品の製作の一部を二次および三次仕入先へ再委託する場合には、事前に甲乙協議のうえ、これを定めるものとする。

2　（例8の第2項と同一）

例10（再委託）　乙（＝売主）は受注した目的物の製作にあたり、その工程の一部または全部を、甲（＝買主）の申し出により甲乙協議のうえ、乙の仕入先へ再委託することができる。ただし、甲があらかじめ協議を不要とした目的物についてはこの限りではない。

2　前項の場合、乙は受注した目的物の品質保証、知的財産権、秘密保持等に関して、本契約または個別契約で乙が負う義務の履行に支障をきたさないよう、再委託先に対して万全の措置をとるものとする。

3　前項の場合といえども、乙は本契約および個別契約で負う責任を免れることができない。

（注）　例１は、再委託を原則容認するが、例２～例７は条件付き容認である。例９、例10は、事前の協議を必要とする。なお、例８は、再委託の原則容認に近いと解されるが、結局は二次仕入先管理要領の内容によるので、契約締結までに当該要領書を入手し検討しておくことも必要となる。

⑶　関連法令

改正民法644条の２＝復受任者の選任等

Note

⑴　筒井健夫・村松秀樹『一問一答・民法（債権関係）改正』349頁（商事法務・2018年）

⑵　佐藤芳雄ほか『下請法の運用上の問題と今後の方向―企業取引研究会報告書』17頁（公正取引委員会・平成10年）

⑶　JISA とは一般社団法人情報サービス産業協会の略称である。

⑷　㈳情報サービス産業協会法的問題委員会契約部会編『新しいソフトウェア開発委託取引と実務』171頁以下（商事法務・平成14年）。

⑸　JEITA とは一般社団法人電子情報技術産業協会の略称である。

⑹　毎日新聞2018年３月28日東京版朝刊は、日本年金機構は20日、年金データの入力を委託した東京都内の情報処理会社が、契約に反して中国の業者に作業をさせていたと発表した。他にも多くの契約違反が判明した。これを受け政府は、今月26日に予定していた年金情報とマイナンバーの連携の延期を決めた。連携によって支給手続が簡略化されるはずだった。再委託した中国の業者からの個人情報の流出はなかった。年金機構は同社の入札参加資格を３年間停止するなどの処分とした。https://www.nenkin.go.jp/oshirase/taisetu/2018/201806/20180604.files/03.pdf

⑺　朝日新聞2008年10月18日夕刊13面（朝日新聞縮刷版2008年10月号925頁）参照

38　輸出管理（第36条）

⑴　基本条文

輸出管理については、次のように表示される。

第36条（輸出管理）

甲（＝買主）または乙（＝売主）は、外国為替及び外国貿易法（以下外為法という）を遵守するものとし、目的物に外為法で定める規制対象貨物または規制対象技術に該当するものが含まれている場合は、日本国政府の許可を得るものとする。なお、甲は、当該許可取得のために、乙に対し情報提供を求めることができるものとする。

⑵　ポイントと記載例

(イ)　安全保障輸出管理　わが国では、国際的な平和および安全の維持の観点から、武器および大量破壊兵器などの製造に寄与する関連資機材、武器および通常兵器関連汎用品ならびに関連技術の輸出（提供）を規制しており、当該貨物や技術を輸出（提供）しようとする場合は、外為法に基づき、経済産業大臣の許可を受けなければならない。

経済産業大臣の許可は、規制対象物資・技術を輸出（提供）しようとする場合や規制対象物資・技術が大量破壊兵器の開発のために用いられるおそれがある場合に必要となる。

(ロ)　その他の法令遵守　包括的な法令遵守の条項を設けている場合もあるが、この場合でも、安全保障輸出管理はその１つとして含まれている。

そのほか、米国輸出管理法や独占禁止法（とくに買主に対する価格談合の禁止）などを含んでいるものもあるが、法令遵守は当然のことであり、法令遵守のために当事者の行うべき具体的内容や義務が入らないと本条項の意味はない。

【記載例69】　売主にとって検討すべき条文例と変更例

〔検討すべき条文例〕

甲（＝買主）および乙（＝売主）は、本契約および個別契約の履行に関し、安全保障輸出管理に係る「外国為替及び外国貿易法」およびこれらに係る政省令および関連する諸外国の法令等を遵守する。

（変更例）

甲は、目的物が原則として日本国内仕様であり、日本国外における乙の保証または保守サービス等が行われていないことを確認し、同意する。

2　前項に基づき、甲は、目的物を日本国内おいてのみ販売するものとし、取引先に本契約に基づき甲が負う義務と同等の義務を課すとともに、その履行に関し甲はいっさいの責任を負うものとする。

3　甲は、乙の事前の書面による承諾を得ることなく自らまたは自己の取引先を通じて目的物を輸出しないものとする。当該輸出には、「外国為替及び外国貿易法」上の非居住者に該当する日本国内の個人および団体との取引を含むものとする。

【記載例70】　輸出管理

例1（法令の遵守）　甲および乙は、本契約および個別契約の履行に際し、国内外の関係する法令を遵守するものとする。

2　乙（＝売主）は、目的物が外国為替及び外国貿易法、輸出貿易管理令、外国為替管理令およびその他の法律により、輸出または技術等などの提供をするにあたり、日本国政府の許可を要する法令で特定された貨物および技術に該当する場合には、甲（＝買主）にその旨を通知するものとする。

3　乙は、甲が前項に関する情報の提供を求めた場合、すみやかに応じるものとする。

例2（輸出管理）　甲および乙は、本契約および個別契約の履行に際し、外国為替及び外国貿易法およびこれらに関する省令等（以下外為法等という）を遵守するものとする。

2　乙（＝売主）は、甲（＝買主）が支給した支給材もしくは貸与・売却した金型・設備等または甲が貸与した購入仕様書等の外国への持ち出しや輸出の必要が生じた場合、ただちにその旨を甲に通知し、事前に甲の承諾を得たうえで、甲の指示に従い処置するものとする。

3　乙は、目的物または目的物に関して、乙から甲に提出される技術資料が外為法等により規制されている貨物または技術に該当する場合は、甲への当該目的物の納入に先立ち、甲に提出する納入仕様図面等にその旨を明記する等により、甲に通知するものとする。

4　甲が前各項に関する報告または資料の提供を求めた場合、乙はすみやかにこれに応ずるものとする。

例3（輸出管理）　甲（＝買主）は、本契約および個別契約に基づき納入された納入物品を輸出する場合には、外国為替及び外国貿易法等、技術輸出に関する関連法規を遵守するものとする。なお、甲は、米国輸出管理法等、外国の輸出関連法規が適用される場合にはそれらの法規も遵守するものとする。

例4（技術輸出管理）　甲（＝買主）は、甲が乙（＝売主）から購入・賃貸借・使用許諾等により提供を受けた目的物（目的物には、目的物自体の他にコンピュータプログラム、図面、取扱説明書等に含まれる技術も含む）を輸出（外国への持ち出し、商社等を通じた間接輸出、国内における非居住者への開示を含む）する場合には、経済産業大臣の輸出許可等を取得するなど、「外国為替及び外国貿易法」および輸出入に関する国内外の関連法規等（以下関連法規等という）に基づく適正な手続をとるものとする。

2　この趣旨を徹底するために、乙は、甲に購入・賃貸借・使用許諾等により提供する目的物（目的物には、目的物自体の他にコンピュータプログラム、図面、取扱説明書等に含まれる技術も含む）が、関連法規等の規制に該当する場合、甲に対し、その旨、通知するものとする。

また、甲の求めに応じ輸出手続に必要な技術資料の提供に協力するものとする。

例５（輸出管理法令の遵守）　甲（＝買主）は、目的物または目的物を組み込んだ物品を輸出し、または、輸出業者に販売する場合には、外国為替及び外国貿易法、輸出貿易管理令、外国為替管理令等の関連法令を遵守し、法令の定めにより必要な場合には、経済産業大臣の輸出許可等を取得しなければならない。

２　前項の目的のため、目的物または目的物を組み込んだ物品の輸出に際し、甲が目的物の技術的判定の助言および輸出手続に必要な技術資料の提供を求めた場合、乙は誠意をもって協力するものとする。

例６（輸出管理）　甲および乙は、本契約および個別契約の履行に際し、日本国もしくは対象国の輸出入に関する関連法令を遵守するものとする。

２　甲（＝買主）は、目的物または目的物に付随する資料等（以下本条において目的物等という）が、輸出入管理法令により規制対象となるか否かについての報告および資料提出を求めることができ、これにつき乙はすみやかに応ずるものとする。

３　乙（＝売主）は、目的物等が輸出入管理法令に規制され、または抵触するおそれのあるものと判断した場合には、甲に対して、すみやかに文書にて通知するものとする。

４　乙は、甲が支給または貸与した支給品または貸与品、貸与資料について輸出（外国への持ち出し、商社等を通じた間接輸出、国内における非居住者への開示を含む）する必要が生じた場合、事前にその旨を甲に対して文書にて通知し、甲の指示に従うものとする。

例７（安全保障輸出管理）　甲および乙は、本契約および個別契約の履行に際し、安全保障輸出管理に係る「外国為替及び外国貿易法」およびこれらに係る政省令および関連する諸外国の法令等（以下関連法令等という）を遵守するものとする。

２　乙（＝売主）は、甲が支給した支給品もしくは貸与した金型等（甲が別途乙に売却したものを含む）または甲（＝買主）が貸与した仕様書等を外国へ輸出（外国への持ち出し、商社等を通じた間接輸出、国内における非居住者への開示を含む）する必要が生じた場合、ただちにその旨を甲に通知し、甲に事前の承諾を得たうえで関連法令等に従いこれを行うものとする。

3　乙は、目的物または目的物に関連して甲から輸出される仕様書等の技術資料が関連法令等により規制されているかの判定（以下該非判定という）について責任を負うものとし、乙は納入に先立ち、その旨を甲に書面で通知するものとする。また、乙は、目的物の仕様変更、関連法令等の改正等により当該該非判定結果に変更が生じた場合には、ただちに変更理由を明示し、かつこれを証する書類を添えて、その旨を甲に通知するものとする。

4　甲（＝買主）が目的物の該非判定について確認を求めた場合、乙はただちに該非判定の内容および理由を甲に書面で回答するものとする。また、甲が前2項に関し、報告または資料の提出を求めた場合、乙はすみやかにこれに応ずるものとする。

（注） 例3は、米国産品等の再輸出についても特約を設けている。

⑶　関連法令

外国為替及び外国貿易法〔＝外為法〕48条＝輸出の許可等

同 25条＝役務取引等

輸出貿易管理令別表第1・1の項～15の項

外国為替令別表・1の項～15の項

輸出貿易管理令別表第1・16の項

外国為替令別表・16の項

39　解約予告（第37条）

⑴　基本条文

解約予告については、次のように表示される。

第37条（解約予告）

甲（＝買主）および乙（＝売主）は、本契約および個別契約を解除する必要が生じたときは、３カ月前までに、相手方に書面で通知することにより当該契約を解除することができる。

⑵　ポイントと記載例

(イ)　解約予告発生の理由　取引基本契約書に基づく取引は、一般的に長期間の取引になるため、契約締結当初では考えられなかった目的物の需要の減少、売主の技術力の衰退、価格競争力の減退、買主の商品・販売・事業戦略の変更、買主のリストラクチャリングによる内製化・工場の海外移転等の環境変化により、やむなく取引の解消をされる場合も考えられる。

(ロ)　解除と解約（告知）　解除とは、有効に成立した契約を、当事者の一方が一定の要件に基づいた意思表示（解除権の行使）によりはじめから契約の効果がなかったと同様の効果を生じさせることである。

このように解除は、契約の効力を遡及的に消滅させるものであるが、広義の解除の意味の中には、単に契約の効力を将来に向かってのみ消滅させるに過ぎないものがあり、これらは告知あるいは解約告知または解約予告と呼ばれる。

告知は継続的債権関係を解消する手段として認められるものであり、これについて民法は解約（617条・619条・627条・629条・631条等）と呼んだり解除（607条・610条・612条・620条・625条・626条・628条・630条・651条等）と呼んだりしている。

したがって、取引基本契約書上においても解除、解約（告知）のいずれもが使用されても問題はないことになるが、この場合の解除は当然にその効果は将来に向かってのみ生じることとなる。

(ハ)　継続的取引の解除　取引基本契約は、契約当事者間において信頼性を基礎として行われる継続的契約である。

そのため、一方当事者から理由のない一方的な解約や当事者の軽微な債務不履行を問題とした解除を認めるのは適当ではない[(1)]（255頁(ロ)参照）。

いずれにしても当条項を鵜呑みにするのではなく、まず、解除を行う当事者としては、通知の前に、相手方の納得を得ておくことである。裁判例には

「解除権を留保することができるが、全く自由とは解しがたく解除権の行使には取引関係を継続しがたいような不信行為の存在等やむをえない事由が必要であると解するのが相当である[(2)]」とするものや、「そもそも本来当事者間で結ばれる契約は自由であることを鑑みると、たとえ本件特約店契約が継続的供給契約であることを考慮しても、『当事者双方は30日以上の予告期間を置いて解約できるとする約定解除権の規定』により本件特約店契約を解約するにはそれを正当とすべき事由ないしはやむを得ない事由はとくに必要ではないと解すべきである[(3)]」と判示するものがある。

いずれにしても、契約を解除できるかどうかについては、今まで継続的取引関係にあった期間、取引内容、その取引に関する設備投資、解約理由等の他、事前に説明を行ったかどうかなども斟酌されることになる。

㈡　**相当の解約予告期間**　相手方から解除の意思を示されたとき、売主にとっては製造着手の時期、原材料の購入や従業員等の手配の時期など、また買主にとっては新しい仕入先の決定とそこで生産できるまでの期間などから見て対応可能な予告期間を確保しておくことが必要となる。

単に買主の事業上の都合など、売主に帰すべき理由がないような場合、契約書上に予告期間があったとしても、売主の事業体制立て直し等に必要な期間をとって解約予告をするか、相当の営業補償が必要となるだろう。

なお、必要な予告期間は、６カ月から１年間程度の取引継続を前提とした場合の利益が判決[(4)]から認容されている事実から類推すると、取引期間が非常に長期間であるものを除き[(5)]、その程度まで必要であろうと考えられる。

そうだとすると、トラブルを起こさないためには、契約により決められている予告期間にかかわらず、相手方の状況によっては、最大１年程度の余裕をもって予告する必要がある。この期間は、前ならば前になるほどトラブルは少なくなり、訴訟になっても勝訴の可能性が高くなるので、取引を解消することが決まったらできる限り早く相手方への説明を行うべきである。

短い予告期間は買主が解約を予告する場合だけではなく、売主が予告する場合にも買主にとって問題となる場合もある。たとえば、売主は下請事業者で、買主は大企業の場合で、「１カ月の予告期間」を設定していたと想定してみよう（一般的には、解約は、たいてい買主側から予告されているため、買主の都合で短い予告期間を設定する例も多いようである）。

たとえば、売主である中小企業が、利益が出ておらず、将来の展望もないので廃業するとの理由で、契約解除を申し出てきた場合、買主は１カ月では他の売主を選定し、支障なく生産を続けることは困難である。

この場合、買主は、他の売主を選定し、全く同等の品質の目的物の円滑な生産活動がなされるまで数カ月の猶予期間が必要となる。そのため、約定どおりの１カ月の解除を掲げた売主との交渉では、買主が不利に立たされ、不当に高い価格でのその間の目的物の購入や型等の購入、さらには売主の会社自体の購入を余儀なくされることも十分考えられる。相当な予告期間とされる期間を、契約書上に記載していたらこれらの問題は発生しなかったはずである。

㈭　**発注停止と取引の大幅減少**　　買主は、通常、従来モデルから新モデルへ切り換わるタイミングを見計らって現在の仕入先から他の仕入先へ発注変更を行うので、個別契約を解除する場合は少ない。また、取引がなくても、取引基本契約を解除しないでそのまま維持しておく場合も多い。しかし、そのような場合であっても、相手方とのトラブルは起こるであろうし、予告や説明がないだけその発生の可能性も高くなることも予測されるので、㈡と同様のタイミングで解約予告が必要となる。

経済産業大臣の定める「下請中小企業振興法第３条第１項の規定に基づく振興基準」によれば、「親事業者は、継続的な取引関係を有する下請事業者との取引を停止し、又は大幅に取引を減少しようとする場合には、下請事業者の経営に著しい影響を与えないよう最大限の配慮を行い、相当の猶予期間をもって予告するものとする」となっており、相手方の経営に著しい影響を与えないための配慮と猶予期間がポイントとなる。この配慮とは、たとえば当該下請事業者に対する発注量を取引停止の相当期間前から徐々に減少していくこととか、可能であれば他の仕事を斡旋する等のことをいう[(6)]。

【記載例71】　解約予告

例１（任意解約）　甲および乙は、いつでも６カ月以上の予告期間をもって、その旨書面で相手方に通知することにより、本契約を解除

できる。

例２（解約予告）　甲および乙は、３カ月の予告期間をもって本契約を解約することができる。ただし、本契約を解約した場合においても現に存在する個別契約については、当該個別契約の当事者の義務の履行が完了するまでなお効力は存続する。

例３（有効期間）

２　前項の有効期間中といえども、甲および乙は、本契約を解除する必要が生じたときは、３カ月の予告期間をもって相手方に通知することにより、本契約を解決することができる。

例４（取引停止の予告）　甲または乙は、３カ月以上にわたって、すべての目的物に関する取引の停止をする場合は、個別契約に定める最終の納期の２カ月前までに相手方にその旨予告するものとする。

例５（取引停止の予告）　甲または乙は、目的物に関する取引をすべて停止し、または著しく減少させる場合には、相当の猶予期間をもって相手方にその旨を予告する。

例６（取引停止の予告）　甲または乙は、すべての納入品に関する取引を停止する場合には、個別契約に定める最終の納期の６カ月前までに、相手方にその旨予告するものとする。

ただし、甲乙協議により、予告期間は短縮することができる。

例７（取引停止等の予告）　甲または乙は、取引を長期にわたって停止または著しく変更する場合は、相当の猶予期間をもって相手方に通知するものとする。

例８（生産中止の予告）　甲または乙は、目的物または目的物を組み込んだ製品を生産することが困難または不可能と判断したときは、その旨を生産中止の１年前までに相手方に予告し、生産中止までの発注量および対策について甲乙協議する。

（注）　例３は、有効期間条項の第２項として規定したものである。

例８は、どちらかというと全体の取引停止よりも、売主からの特定目的物に関する生産中止、取引停止に主眼を置いている。

以上のほか、有効期間条項の中で定める例として**【記載例86】**例５（279

頁）がある。

⑶　関連法令等

下請中小企業振興法第３条第１項の規定に基づく振興基準第２　８）取引停止の予告（平成31年１月）

民法540条＝解除権の行使

Note

⑴　太田穣「代理店契約」田邊光政先生還暦記念『現代企業取引法』195頁（税務経理協会・1998年）

⑵　東京高判平成６年９月14日判時1507号43頁

⑶　東京地判平成６年７月18日判時1500号４頁

⑷　東京地判昭和57年10月19日判時1076号72頁

期間の定めのない専属的下請契約において継続的に下請をなしてきたところ、発注者が一方的に発注を停止した事案で「受注者は、発注者に対応するため相当の投資をして、必要な機械設備、人員等の確保に努めてきたものということができるが、右のように受注者が受注のため相当の金銭的出捐をなしている場合は、発注者はやむを得ない特段の事情がなければ、相当の予告期間を設けるか、または相当の損失補償をなさない限り一方的に取引を中止することは許されない」とし６カ月分の逸失利益の賠償を命じた。

・名古屋高判昭和46年３月29日判時634号50頁

被告である海苔等の製造販売業者㈱山本山の名古屋地区での一手販売権をもつ原告Ｘは、被告と海苔等を継続的に供給する期間の定めのない契約を締結し、多額の費用を投じて広告・宣伝等を行ってきたが、両者間にマージン率の引き下げ等の問題が発生し対立が生じ、被告は取引を中止する旨申し入れ、納品拒否に出た。そこで原告は被告に対し、損害賠償の請求をした事案で、裁判所は「かかる特定商品の一手販売供給契約にして、供給を受ける者において相当の金銭を出捐等をしたときは期間の定めのないものといえども、供給をなす者において相当の予告期間を設けるか、または相当の損失補償をしない限り、供給を受ける者に著しい不信行為、販売成績の不良等取引関係を継続しがたい重大な事由が存するのでなければ、供給をなす者は一方的に解約をすることができない」とし、本件解約はこの要件を欠くものであり不当解約であるとして１年分の得べかりし利益の損害賠償の支払義務があるとした。

・東京地判平成22年７月30日金判1352号59頁

ワイン販売会社（X 社）とオーストラリアのワイン会社（Y 社）は、Y ブランドワインの日本における独占的輸入販売を内容とする輸入販売代理店契約を締結し、18年という長期にわたり取引関係を継続してきており、その間に X 社と Y 社は日本における Y ブランドワインの売上げを大きく伸ばしてきたこと等に照らせば、X 社において将来にわたって Y 社の Y ブランドワインが継続的に供給されると信頼することは保護に値するものであるから、Y 社が本件販売代理店契約を解約するには、1 年の予告期間を設けるか、その期間に相当する損失を補償すべき義務を負うものと解され、債務不履行に当たる。

以上のとおり、Y 社が損失補償をしないまま予告期間を 4 カ月と定めた本件解約をしたことにより、X 社に予告期間として相当な 1 年から上記 4 カ月を差し引いた 8 カ月分の Y 社ブランドワインの売上げに係る損害（営業利益の喪失分）を与えたものということができる。

(5)　東京地判平成16年 4 月15日判時1872号69頁

医薬品製造業者と家庭用医薬品配置業者との間の継続的商品供給契約において、解約をするには相当ないし合理的理由と相当期間の猶予が必要であるとし、一応の合理的理由があるとしたうえで、相当期間の判断にあたっては、原告らと被告の取引の期間、取引の額、原告らの取引依存の程度、原告らの営業の規模といった点を総合的に判断する必要があるとして、たとえば取引期間が100年以上にのぼり、取引依存度も極めて高く、営業の規模も小さい配置業者では解約申入れ後10年程度の期間は必要とした。

(6)　中小企業庁下請企業課監修『下請取引ハンドブック〔第 4 版〕』156頁（通産資料調査会・平成 4 年）

40　反社会的勢力の排除（第38条）

(1)　基本条文

反社会的勢力の排除については、次のように表示される。

第38条（反社会的勢力の排除）

甲（＝買主）および乙（＝売主）は、本契約の締結時において、自己または自己の役員等〔自己の業務を執行する社員、取締役、執行役またはこれらに準ずる者をいい、相談役、顧問その他いかなる名称であるかを問わずこれらの者と同等以上の支配力を有する者（以上の者を含めて役員等という）を含む〕が、暴力団、暴力団員、暴力団員でなくなった時から5年を経過しない者、暴力団準構成員、暴力団関係企業、総会屋、政治活動・宗教活動・社会運動標ぼうゴロ、特殊知能暴力団等その他のこれらに準ずる者（以下これらを反社会的勢力という）に該当しないこと、および次の各号のいずれにも該当しないことを表明し、かつ将来にわたって該当しないことを確約する。

(1)　反社会的勢力が経営を支配していると認められる関係を有すること

(2)　反社会的勢力が経営に実質的に関与していると認められる関係を有すること

(3)　自社もしくは第三者の不正の利益を図る目的または第三者に損害を加える目的をもってするなど、不当に反社会的勢力を利用していると認められる関係を有すること

(4)　反社会的勢力に対して資金等を提供し、または便宜を供与するなどの関与をしていると認められる関係を有すること

(5)　役員等が反社会的勢力と社会的に非難されるべき関係を有すること

2　甲および乙は、自らまたは役員等は、第三者を利用して次の各号の一にでも該当する行為を行わないことを確約する。

(1)　暴力的な要求行為

(2)　法的な責任を超えた不当な要求行為

(3)　取引に関して、脅迫的な言動をし、または暴力を用いる行為

(4)　風説を流布し、偽計を用いまたは威力を用いて相手方の信用を毀損し、または相手方の業務を妨害する行為

(5)　その他前各号に準ずる行為

3　甲または乙は、相手方が前項に該当するか否かを判定するために調査を要すると判断した場合、相手方の求めに応じその調査に協力し、このために必要であると相手方が判断する資料を提出しなければならない。

4　甲または乙は、相手方が第1項または第2項の行為に該当すると判明した場合、ただちに契約解除等の措置をとることができる。

(1) 甲または乙は、催告その他の手続を要することなく、本契約のみならず相手方との間のすべての契約をただちに解除することができ、解除した場合には、すべての取引等により生じたいっさいの債務について、当然に期限の利益を喪失するものとし、相手方は当該債務をただちに弁済しなければならない。

(2) 甲または乙は、前号の規定により、契約を解除した場合、相手方に発生した損害を賠償する責めを負わない。

(3) 第1号の規定により甲または乙が契約を解除した場合、相手方に対する損害賠償請求を妨げない。

(2) ポイントと記載例

(イ) 反社会的勢力排除条項の意義　反社会的勢力に該当しないことの確約の規定を置くことにより、①相手方が反社会的勢力であること等を申し出た場合には、反社会的勢力排除条項に基づき、契約を締結しないことができる、②相手方が反社会的勢力であること等について明確な回答をしない場合には、契約自由の原則に基づき、契約を締結しないことができる、③相手方が反社会的勢力であることについて否定した場合でも、後に違反する事実が判明した場合には、契約を解除できる（警察庁「売買契約書のモデル条項例の解説」〈www.npa.go.jp/sosikihanzai/bouryokudan/boutai9/baibaikaisetsu.pdf〉参照）。

反社会的勢力の排除条項の参考例としては、上記警察庁のほか、一般社団法人全国銀行協会[(1)]、不動産流通4団体[(2)]、一般社団法人日本建設業連合会[(3)]、一般社団法人信託協会[(4)]、一般社団法人生命保険協会[(5)]などがある。基本条文は、一般社団法人全国銀行協会の銀行取引約定書用などを参考にしている。

反社会的勢力の排除条項については、取引基本契約書の覚書として、別に取り交わす例も多く、基本条文に基づいた記載例を掲載した（記載例74（243頁）参照）。

(ロ) 確約違反についての無催告解除　反社会的勢力に該当しないことの確約違反については、社団法人日本建設業連合会、不動産4団体などの条文の参考例においては、無催告解除となっている（(イ)の注(2)(3)（245頁）参照)。ただし、無催告解除条項であっても違反内容によっては催告なしの解除は認められない場合もある。したがって、催告するかどうか、解除を行うかどうかは、解除する側の判断によることになるので、違反と解除の時期、違反の内容、取引の期間、取引の状況、解除による相手方の不利益などを十分考慮のうえ、法律専門家と協議のうえ、決定すべきである。

ちなみに、東京都暴力団排除条例では、第18条に事業者の契約時における措置として努力義務が規定されている。第1項は「当該事業に係る契約の相手方等が暴力団関係者でないことを確認すること」についてであるが、第2項は「判明したときの無催告解除等の特約を定めることなど」についての努力義務である。

【記載例72】　売主にとって検討すべき条文例と変更例

〔検討すべき条文例〕

乙（＝売主）は、次の各号のいずれにも該当しないことを表明し、かつ将来にわたって該当しないことを確約する。

(1)　反社会的勢力が出資者として存在すること。

（以下略）

（変更例）　乙が上場会社である場合

甲（＝買主）または乙は、次の各号のいずれにも該当しないことを表明し、かつ将来にわたって該当しないことを確約する。

(1)　反社会的勢力が経営を支配していると認められる関係を有すること。

（以下略）

会社法上の非公開会社（全部の株式の内容として譲渡による株式の取得について会社の承認を要する旨の定款の定めを設けている会社）に対しては、「反社会的勢力が出資者として存在しないことの確約」または「株主に反社会的勢力が含まれないことの確約」は必要である。

一方、上場会社などの公開会社においては、株式の譲渡は自由であり、いつでもだれでも取得でき、このような文言は、【記載例72】の変更例のようにすべきであろう。

【記載例73】　売主にとって検討すべき条文例と変更例

〔検討すべき条文例〕

乙（＝売主）または乙の委託先（委託が数次にわたるときはそのすべてを含む）は暴力団、暴力団員、暴力団準構成員、暴力団関係者、総会屋その他の反社会的勢力（以下まとめて反社会的勢力という）のいずれでもなく、また、役員または経営に実質的に関与している者が反社会的勢力と社会的に非難されるべき関係を有しないことを表明し、かつ将来にわたっても該当しないことを確約する。

〔変更例〕

甲（＝買主）および乙（＝売主）は、相手方に対し、暴力団、暴力団員、暴力団準構成員、暴力団関係者、総会屋その他の反社会的勢力（以下まとめて「反社会的勢力」という）のいずれでもなく、また、役員または経営に実質的に関与している者が反社会的勢力と社会的に非難されるべき関係を有しないことを表明し、かつ将来にわたっても該当しないことを確約する。なお、甲および乙は、自己の関係会社についても当該表明・確約に含めるものとする。
また、乙は、乙の委託先から、同様の表明・確約を受けるものとする。乙の再委託先などについては、反社会的勢力でないこと、役員または経営に実質的に関与している者が反社会的勢力と社会的に非難されるべき関係を有しないことについて万全の注意を払うものとする。

乙の委託先（乙の関係会社を除く）について、反社会的勢力ではなく反社会的勢力が経営に関与する法人でないことを、乙が将来にわたって表明・確約することについては、乙自身の表明・確約と同等に扱うことはできない。この場合、乙は、乙の委託先から同様の表明・確約を受けていればよいものとしたい。さらに後順位の委託先については、万全の注意を払うことにとどめるしか方法はないであろう。

【記載例74】　反社会的勢力排除の覚書

覚　　書

甲（買主）および乙（売主）は、甲乙間で締結した取引基本契約書に付随して反社会的勢力との取引の排除に関し、次のとおり覚書を締結する。

1　甲または乙は、相手方に対し、現在および将来において、自己またはその取締役、執行役、監査役、もしくは執行役員（以下役員等という）が、現在、暴力団、暴力団員、暴力団員でなくなった時から5年を経過しない者、暴力団準構成員、暴力団関係企業、総会屋等、社会運動標ぼうゴロまたは特殊知能暴力集団等、その他これらに準ずる者（以下これらを暴力団員等という）に該当しないことおよび次の各号のいずれにも該当しないことを表明し、将来にわたっても該当しないことを確約する。

⑴　暴力団員等が経営を支配していると認められる関係を有すること

⑵　暴力団員等が経営に実質的に関与していると認められる関係を有すること

⑶　自己または自社もしくは第三者の不正の利益を図る目的または第三者に損害を加える目的をもってするなど、不当に暴力団員等を利用していると認められる関係を有すること

⑷　暴力団員等に対して資金等を提供し、または便宜を供与するなどの関与をしていると認められる関係を有すること

⑸　役員等または経営に実質的に関与している者が暴力団員等と社会的に非難されるべき関係を有すること

2　甲または乙は、自らまたは第三者を利用して次の各号に該当する行為を行わないことを確約する。

⑴　暴力的な要求行為

⑵　法的な責任を超えた不当な要求行為

⑶　偽計または威力を用いて相手方の業務を妨害し、または信用を毀損する行為

⑷　その他前各号に準ずる行為

3　甲または乙は、相手方またはその役員等が暴力団員等もしくは第1項各号のいずれかに該当し、もしくは前項各号のいずれかに該当する行為をし、または第1項の規定に基づく表明・確約に関して虚偽の申告をしたことが判明したときは、相手方に対し書面により通知を行うことにより、取引基本契約およびこれに基づく個別契約のみならず相手方との間のすべての契約を解除し、かつこれによって被った損害の賠償を請求することができる。この場合において、契約解除の通知を受けた相手方は、すべての契約の終了により損害を生じたとしてもその賠償を甲または乙に請求することはできない。

4　甲または乙は、相手方から前項の契約解除の通知を受けたときは、相手方に対して負担するいっさいの債務について期限の利益を喪失し、ただちに債務の全額を弁済しなければならない。

5　甲または乙は、自己または役員等が暴力団員等もしくは第1項各号のいずれかに該当することを知ったとき、または第2項各号のいずれかに該当する行為が行われたことを知ったときは、ただちにその旨を相手方に通知するものとする。

以上の覚書締結を証するため、本書2通を作成し、甲乙記名押印のうえ、各1通を保有する。

○○○○年○月○日

甲

乙

【記載例75】　売主にとって検討すべき条文例と変更例

〔検討すべき条文例〕

甲（＝買主）は、乙（＝売主）が前項の反社会的勢力等に該当しない旨の表明・確約に反したことが判明した場合、乙に対して何らの催告を要せずして、ただちに本契約およびの個別契約を解除することができる。

（変更例）

(1)……

……

(n)　甲または乙は、その相手方が前項の反社会的勢力等に該当しない旨の表明・確約に反したことが判明した場合、相手方に対して、何らの催告を要せずして、ただちに本契約およびの個別契約を解除することができる。

※双務条項とする。

（注）　上記の条文例は、片務条項としているが、当然に、売主も同一の義務を負う双務条項とすべきである。反社会的勢力の排除条項については、通常、相手方から義務を軽減する変更要求などでてくることは考えられない。相手方から要求があるとしたら、当該条項の双務条項化と、そのうえでさらに厳格なものへの変更であろう。

Note

(1)　一般社団法人全国銀行協会「融資取引および当座勘定取引における暴力団排除条項参考例の一部改正について」〈http://www.zenginkyo.or.jp/news/2011/n3156/〉参照。

(2)　国土交通省「不動産流通４団体による、不動産取引からの暴力団等反社会的勢力の排除に向けた取組について（暴力団等反社会的勢力の排除のためのモデル条項の導入）」〈http://www.mlit.go.jp/report/press/sogo16_hh_000056.html〉参照。

(3)　一般社団法人日本建設業連合会「暴力団排除条項に関する参考例（ひな型）」〈http://www.nikkenren.com/about/haijo.html〉参照。

(4)　一般社団法人信託協会「指定金銭信託約款に係る暴力団排除条項の参考例」〈http://www.shintaku-kyokai.or.jp/profile/business/compliance.html〉

参照。

(5)　一般社団法人生命保険協会「反社会的勢力への対応に関する保険約款の規定例」〈http://www.seiho.or.jp/activity/guideline/pdf/hansya-example.pdf〉参照。

41　通知義務（第39条）

(1)　基本条文

通知義務については、次のように表示される。

> **第39条（通知義務）**
> 　乙（＝売主）は、次の各号のいずれかに該当する事実が生じたとき、もしくはそのおそれのあるときは、すみやかに甲（＝買主）に通知しなければならない。また、乙は、甲から依頼があった場合には、乙の納入先または仕入先の第３号に該当する事実の発生、またはそのおそれがあることにつき、すみやかに甲に通知しなければならない。
> (1)　住所、代表者、商号または甲との取引に関連する組織の変更
> (2)　事業の譲渡、貸与、合併その他これに準ずる経営上の重要事項の変動
> (3)　次条第１項各号の事由

(2)　ポイントと記載例

ポイントと記載例についてはⅡ「22　提出書類」(2)（405頁）およびⅡ「23　通知事項」(2)（407頁）を併せて参照されたい。

(イ)　売主の通知義務　　買主提示型における売主の通知内容のポイントは、売主が買主の要求に沿った安定的かつ継続的な納入が履行できる状況かどうか確認できることにある。

そのような視点からみると、売主の取引先の経営状況の悪化や取引先の対象事業からの撤退などが、直接売主に及んでくる場合もあるので、売主にとって主要な取引先の状況もできるだけ報告してもらうのが望ましい。

(ロ)　**買主の通知義務**　　売主にとって買主の信用状態に少しでも不安があるならば、この条項を双務規定に変更してもらうことも必要である。

(ハ)　**通知の内容**　　条文中に単に「その他経営上の重要な変更」「その他取引上の重要な変更」と記載してあるものがあるが、内容について売主に確認しておく必要がある。

たとえば、上場会社の場合、代表者の変更、資本金の増加、組織の変更などの情報は相手方にとって入手も容易であり、新聞等により公知の場合も多いうえ、ある程度頻繁に行われるものであるので、重要な変更に入れるのかどうかも明確にしておく必要がある。社長や直接担当の代表取締役の変更でなく、数人いる代表取締役のうちの直接当該取引の担当ではない者が変更になった場合、あるいは増資や自己株消却等による減資のような場合の通知義務をどうするかも決めておきたい。

(ニ)　**第40条第１項各号の通知とインサイダー取引規制**　　インサイダー取引とは、上場会社の会社関係者が、その地位や立場上知った重要情報が公表される前に、当該上場会社の株式の売買を行うことである。たとえば、売主に、第１回の不渡りが発生し、本条項に基づき売主より買主にすみやかにその旨の通知があったとする。この場合、銀行取引停止処分が公表されたり、破産の申立てが公表されれば、売主の株価は急落し、整理ポストに入れられることが予想される。この公表前に買主の経理担当取締役が自社の保有する売主の株式を売却してしまうことはインサイダー取引となる。この結果、重要事実を知った者だけが損をせず、その他の知らない投資家のすべてが損失を被ることになる。このようなことが行われれば、証券市場の公正性は損なわれ、投資家の信頼も失われてしまう。

金融商品取引法は、インサイダー取引として売買が禁止される重要事実を掲げている（金商法166条２項[(1)]）が、基本条文ならびに【記載例76】および基本条文第40条第１項各号の内容と重複するものが多い。

相手方が上場会社であるなら、このような事実を通知義務とし、公表前に入手した場合は、会社関係者[(2)]に対する当該株式の売買禁止の対策が必要となる。とくに、合併などの組織再編や業務提携などは、今後の取引継続のために早い段階で通知義務を履行してくる場合も多いうえに、インサイダー取引に関する制裁として課徴金制度が導入されている点からも、通知受領後の社内体制の整備が喫緊の課題である。

インサイダー取引事件で、契約締結者が知った重要事実で、かつ本条（含む次条第1項各号）に掲げる事項に該当する裁判例として、デジタル事件がある。

この事件は、㈱デジタルと取引基本契約を締結している因幡電機産業㈱の代表取締役社長Aが、㈱デジタルの役員からフランスのシュネデール・エレクトリック社と資本業務提携を行うこと（重要事実）について決定した事実の伝達を受け、さらに㈱デジタルと取引基本契約の履行に関し、上記の決定事項を知ったため、Aは公表前にデジタル株式2500株を買い付けたものである。Aは、平成16年5月31日証券取引等監視委員会から告発された。大阪地裁は、Aに懲役1年6月、執行猶予3年、罰金100万円、追徴金945万円を言い渡した。

【記載例76】　通知義務

例1（通知義務）　甲および乙は、次の各号のいずれかに該当する事実が生じたときは、すみやかに相手方に通知しなければならない。

⑴　第38条第1項・第2項に関する虚偽申告もしくは違反をしたとき、または第40条第1項の各号のいずれかに該当したとき

⑵　取引に関連ある営業を譲渡し、または譲り受けたとき

⑶　住所、代表者、商号その他取引上の重要な変更が生じたとき

例2（通知義務）　乙（＝売主）は、以下の各号に該当する事実が発生したときは、またはそのおそれがあるときは、ただちに甲（＝買主）に通知しなければならない。

⑴　営業の譲渡、合併、その他経営上の重要な変更

⑵　商号、代表者、本店または重要な組織の変更

⑶　第38条第1項から第2項に掲げる事項の虚偽申告もしくは違反、または第40条第1項第1号から第8号に掲げる事項

2　前項第3号の場合、乙は、甲からの貸与物件、無償支給品、および代金完済前の有償支給品等がある場合は、これらの物件を自己の

財産から分離し、第三者をしてこれらの物件が甲の所有であることを認めさせるに足る処理をとるものとする。

例3（申告義務）　乙（＝売主）は、本契約の締結後、商号変更、資本の増減、合併、組織の変更、事務所または工場の移転その他乙の事業につき重要な変更の生じた場合は、甲（＝買主）所定の調査表、届出書等を甲に提出するものとする。

例4（申告義務）　乙（＝売主）は、甲（＝買主）との取引開始の際、甲に対し、甲が要求する事項を甲所定の様式により報告する。

2　乙は、次の場合は事前に甲に通知する。

(1)　前項の報告内容に変更が生じる場合

(2)　乙の合併、減資、解散、営業の全部または一部の譲渡または貸与その他資産もしくは事業の状態に著しい変動をきたす、またはきたすおそれのある場合

3　第1項および前項に定める事項のほか、甲が依頼した事項につき、乙は、甲所定の様式による調査表等の提出に協力する。

例5（通知義務）　乙（＝売主）もしくは目的物の製作を委託している仕入先に、次の各号のいずれかに該当する事実が生じたとき、またはそのおそれがあるときは、乙は、すみやかに甲（＝買主）に通知しなければならない。

(1)　合併または営業の譲渡・譲受け

(2)　商号、代表者、住所または重要な組織の変更

(3)　前条第1項もしくは第2項の虚偽申告・違反、または次条第1項各号の事由

例6（重要事実の通知義務）　乙（＝売主）は、次の各号のいずれかに該当する事実が生じたときは、すみやかに甲（＝買主）に通知しなければならない。

(1)　第40条第1項に定める事由が生じたとき

(2)　社名、代表者、住所、商号、その他甲に対する届出事項に変更が生じたとき

(3)　資本減少、重要な生産設備の縮小、主要取引先の変更等甲乙間

の取引に重大な影響を及ぼすおそれが生じたとき

（注）　例２の第２項は、売主の信用がなくなるような状況になったら、売主に対し買主の所有物に何らかの明認方法（プレート、名札貼付・看板の設置等）を施すことを義務づける。

例１の第１号、例２の第１項第３号、例５の第３号、例６の第１号は、次条の基本条文第40条第１項の契約解除事由を意味している。

(3)　関連法令

金融商品取引法166条＝会社関係者の禁止行為

Note

(1)　金融商品取引法166条２項に掲げる重要事実

a.　取引の相手方である上場会社の業務執行に関する意思決定に関するもの（１号）

	重　要　事　実	軽微基準による適用除外の有無
イ	会社法199条１項に規定する株式もしくはその処分する自己株式を引き受ける者の募集または同法238条１項に規定する募集新株予約権を引き受ける者の募集	有
ロ	資本金の額の減少	無
ハ	資本準備金または利益準備金の額の減少	無
ニ	会社法156条１項（同法163条および165条３項の規定により読み替えて適用する場合を含む）の規定またはこれらに相当する外国の法令の規定による自己株式の取得	無
ホ	株式無償割当て	有
ヘ	株式（優先出資を含む）の分割	有
ト	剰余金の配当	有
チ	株式交換　①　完全親会社となる場合	有
	②　完全子会社となる場合	無
リ	株式移転	無
ヌ	合併　①　新設合併	無
	②　吸収合併（消滅会社）	無
	③　吸収合併（存続会社）	有
ル	会社分割　①　分割会社	有

	②　承継会社	有
ヲ	事業の全部または一部の譲渡または譲受け　①　譲渡側	有
	②　譲受け側	有
ワ	解散（除く合併による解散）	無
カ	新製品または新技術の企業化	有
ヨ	業務上の提携（証取令28条１号）　①　資本提携を伴う場合	有
	②　合弁会社設立の場合	有
	③　①、②以外の場合	有
	業務上の提携の解消（証取令28条１号）　①　資本提携を伴う業務提携解消の場合	有
	②　合弁新会社設立を伴う業務提携の解消	有
	③　①、②以外の場合	有
	子会社の異動を伴う株式または持分の譲渡または取得（証取令28条２号）	
	①　既存の子会社が異動する場合	有
	②　子会社を設立する場合	有
	固定資産の譲渡または取得（証取令28条３号）	有
	営業の全部または一部の休廃止（証取令28条４号）	有
	上場廃止の申請（証取令28条５号）	無
	店頭登録の取消しの申請（証取令28条６号）	無
	株券の取扱有価証券としての指定の取消しの申請（証取令28条７号）	無
	破産、再生手続開始または更生手続開始の申立て（証取令28条８号）	無
	新規事業の開始（証取令28条９号）	有
	防戦買いの要請（証取令28条10号）	無
	預金保険法74条５項の申出（証取令28条11号）	無

b.　取引の相手方である上場会社の意思に関わりなく発生した事実（２号）

	重　要　事　実	軽微基準による適用除外の有無
イ	災害または業務に起因する損害	有
ロ	主要株主の異動	無
ハ	特定有価証券または特定有価証券にかかるオプションの上場の廃止または登録の取消しの原因となる事実	有

ニ	財産上の請求に係る訴え、判決等（証取令28条の２第１号）	有
	事業差止め等の仮処分の申立て、裁判等（証取令28条の２第２号）	有
	免許取消、営業停止等の行政処分（証取令28条の２第３号）	有
	親会社の異動（証取令28条の２第４号）	無
	債権者等による破産申立て等（証取令28条の２第５号）	無
	手形不渡り（支払資金の不足を事由とするものに限る）または取引停止処分（証取令28条の２第６号）	無
	親会社に係る破産の申立て等（証取令28条の２第７号）	無
	売掛金、貸付金その他の債権または求償権の債務不履行のおそれの発生（証取令28条の２第８号）	有
	主要取引先との取引停止（証取令28条の２第９号）	有
	債権者による債務免除、第三者による債務引受もしくは弁済（証取令28条の２第10号）	有
	資源の発見（証取令28条の２第11号）	有
	特定有価証券等の指定の取消しの原因となる事実（証取令28条の２第12号）	有
	特別支配株主による株式等売渡請求の決定等（証取令28条の２第13号）	無

c.　取引の相手方である上場会社の決算や業績予想に係る事実（３号）

	重　要　事　実	
イ	売上高	適用の対象となる基準有
ロ	経常利益	
ハ	純利益	
ニ	剰余金の配当等	
ホ	グループの売上高等	

d.　バスケット条項（４号）

これらのものに該当しない事実であっても、相手方上場会社の運営、業務、財産に関する重要な事実であって、投資家の投資判断に著しい影響を及ぼすもの。

e.　取引の相手方である上場会社等の子会社についての決定事項および発生した事実（５号～７号）およびバスケット条項（８号）

具体的内容については金融商品取引法166条２項５号ないし７号および８号を参照のこと。

⑵　会社関係者のうち、取引基本契約に関連して問題となるのは、当該上場会社等（売買等の対象となる特定有価証券の発行会社である当該上場会社だけでなく、当該上場会社等の親会社および子会社が含まれる）と契約を締結している者や契約交渉をしている者であり、これらの者が契約の締結、交渉、履行に関して未公表の重要事実を知った場合、重要事実の公表がされた後でなければ売買等をしてはならない（金商法166条1項本文および1号・4号）。

したがって、契約の相手方から通知等を受けた者は、当該契約の締結または履行に関し知ったときにあたり、法人の場合には、その者は、その法人の役員、代理人、使用人その他の従業者を含み、その者が法人内で重要事実を他の役員、代理人、使用人その他の従業員へ移転し、それが職務に関し知ったときであれば移転を受けた者も含まれる（金商法166条1項5号）。法人でない場合にはその代理人、使用人を含む（同項2号・4号）。契約の種類、名称、形式を問わない。書面で正式の契約をしている者だけに限らず、顧問弁護士、監査契約のある公認会計士、監査法人等も含まれる。

42　契約の解除（第40条）

⑴　基本条文

契約の解除については、次のように表示される。

第40条（契約の解除）

甲（＝買主）または乙（＝売主）は、相手方が次の各号のいずれかに該当したときは、催告その他の手続を要しないで、ただちに本契約および個別契約の全部または一部を解除することができる。

⑴　監督官庁より営業の取消し、停止等の処分を受けたとき

⑵　支払停止もしくは支払不能の状態に陥ったとき、もしくは手形交換所から警告もしくは不渡り処分を受けたとき、または電子記録債権が支払不能となったとき

⑶　信用資力の著しい低下があったとき、またはこれに影響を及ぼす営業上の重要な変更があったとき

⑷　第三者より差押え、仮差押え、仮処分、その他強制執行または競売の申立て、もしくは公租公課の滞納処分を受けたとき

⑸　破産手続開始、民事再生手続開始、会社更生手続開始の申立て等

　　の事実が生じたとき
　(6)　解散の決議をし、または他の会社と合併したとき
　(7)　災害、労働争議等、本契約または個別契約の履行を困難にする事項が生じたとき
　(8)　株主構成、役員等の変動等により会社の実質的支配関係が変化し、従前の会社との同一性がなくなったとき
　(9)　相手方に対する詐術その他の背信的行為があったとき
2　甲または乙は、相手方が本契約の各条項または個別契約に違反し、相当の期間をおいて催告したにもかかわらず是正しないときは、本契約および個別契約の全部または一部を解除することができる。
3　甲または乙は、第37条および前2項の他、相手方の同意を得て、本契約および個別契約の全部または一部を解除することができる。

(2)　ポイントと記載例

「契約の解除」とは、有効に成立した契約を当事者の一方の解除権により、その成立の時に遡って契約を解消させることである。ただし、継続的契約の解除については、契約の成立の時に遡って解消させると、それまでに行われた多くの個別契約の履行が白紙に戻ることになるので、将来効のみが認められている。ポイントと記載例については、Ⅱ「26　契約の解除」(2)（412頁）を併せて参照されたい。

(イ)　契約解除と改正民法　　契約の解除の類型としては、本条（任意解除）のような当事者の合意による約定解除および当事者の契約解消の合意に基づく合意解除などの「約定解除」と法律によって解除権が付与される「法定解除」の2つがある。

契約の法定解除に関し、改正前民法は、債務不履行に基づく解除は、債務者の帰責事由があったとき契約を解除できるものとされていた（改正前民法543条ただし書）。

改正民法は、この規定を削除し、債務者の債務不履行に帰責事由がなくても、契約を解除することができるものとした。改正民法は、改正前民法543

条ただし書を削除したことにより解除の要件として債務者の帰責事由を不要にしたと解されている。

解除制度に関し、改正民法は、債権者の債務者に対する責任追及という考え方から、債務の履行を得られなかった債権者を契約の拘束力から解放するという考え方へ転換したためである。

ただし、改正民法は、債務不履行が債権者の帰責事由によるものであるときは、債権者による契約解除を認めない（改正民法543条）。

(ロ) 改正民法における軽微な不履行の催告解除　改正民法541条ただし書は、催告期間を経過した時における債務の不履行がその契約および社会通念に照らして軽微であるときは契約解除できないと定める。軽微であるとは、不履行の部分が数量的に僅かであるだけでなく付随的な債務不履行に過ぎない場合も含まれる。

軽微な不履行では解除できないとする判例（最判昭和36年11月21日民集13巻10号2507頁）その他[(1)]を、規定化したものである。なお判例によると、軽微には、数量的に僅かな場合だけでなく付随的な義務の不履行にあたる場合も含まれるとされる。

本ただし書は、強行規定であると解する見解[(2)]もあり、軽微であるかどうか慎重に判断して、契約解除をすべきである。また、軽微な債務不履行に関しては、損害賠償請求で対応すべきである。

また、一般的にみて債務不履行の程度が少ない場合については、軽微による解除かどうかを巡って当事者間でトラブルが発生する可能性があるため、そのような行為でも結果的に影響が大きく軽微とはいえないものについては、軽微とはいえない旨を、契約条項に定めておく必要がある。

たとえば、ある製品を製作するための部品を供給する契約において、債務者が供給しなかった部品が数量的に僅かであるものの当該製品の製作にとっては必要不可欠である場合には、その不履行は当該契約および取引上の社会通念に照らして軽微であるとはいえないため、債権者は契約解除できるとされている[(3)]。

上記に関しては、次のようなケースが考えられる。

ジャストインタイム生産方式により目的物の納入をしている売主が、目的物の生産が間に合わず、1時間遅れの次の便により納入せざるを得なくなったような場合、社会一般的にいえば1時間の遅れは軽微であるが、そのことにより在庫をもたない買主は、指示どおり部品が納入されなくなり、即座に操業の停止に陥り、買主やその顧客に重大な影響を及ぼすことになる。

これに関しては、些少な時間の遅れであっても、製造ラインの停止のリスクを孕んでいるため、納入の遅滞は、取引上重要な問題であることを、前文、目的条項、納入条項などで明らかにしておく必要がある。

その他、1つの事象をとればそれが軽微なミスであっても、度重なる場合には、軽微を構成しないことも考えられるため、契約上、その旨を確認することが必要であろう。

(ハ) **契約解除の事由**　25社の取引基本契約を調べたところ、13社以上に共通して取り上げられていた契約解除事由は、以下のとおりであった。

① 破産手続開始申立て、再生手続開始申立て、会社更生手続開始申立て
② 支払停止、不渡り処分（銀行取引停止処分[(4)]）
③ 仮差押え、仮処分、強制執行
④ 営業停止、営業許可取消し
⑤ 営業譲渡、合併、解散
⑥ 契約違反（催告後の不是正を含む）
⑦ 財産状態の悪化、信用状況の低下

破産等の倒産については自己申立てであっても第三者申立てであっても、倒産状態に陥ったと推定できるので申立て時点で問題ないだろう。ただし、任意整理については記載がない場合が多い。これは、支払停止にあたると解されるからだと思われが、明確にするには「任意整理の表明」との条文も挿入したほうがよい[(5)]。

支払停止とは、相手方が債務の支払いができないことを明示または黙示の方法により表示したときで、たとえば、口頭、通知、広告、夜逃げなどの場合である。振り出した手形や小切手を不渡りにすることも支払停止状態となったと推定される。一方、「支払不能」とは債務者が支払能力を欠くため一般的かつ継続的に弁済することができない状態（破産法２条11項）で、信用や労務の収入も判断された客観的な状態である点で、主観的な行為である

「支払停止」とは異なる。

不渡処分とは、手形・小切手の不渡りの場合になされる不渡報告への掲載および銀行取引停止処分のことをいう。１回でも不渡りがあると不渡届が提出され、手形交換所は不渡報告に掲載して参加銀行に通知する。また、銀行取引停止処分は同一人（不渡報告に掲載された者）が、６カ月以内に２回目の不渡りがあったときになされる処分（東京手形交換所規則65条）であり、銀行取引停止処分のみを契約解除事由とすると、遅きに失することとなるので、１回目の不渡りが発生したとき（不渡報告へ掲載されたとき）に解除権を行使できるようにしている。

仮差押え、仮処分、強制執行については、「申立てのあったとき」あるいは「処分を受けたとき」となっている。旧銀行約定書ひな型[(6)]第５条の期限の利益喪失約款では、「私または保証人の預金その他の貴行に対する債権について仮差押え、保全差押え、または差押えの命令、通知が発送されたとき」となっているが、これは仮差押え等の申請は却下されることもあるので申立て時点ではなく通知・発送時点まで待つべきという批判からこのようにしているとのことである[(7)]。取引基本契約では、早めの対応が損害を少なくすることから、処分時点より申立て時点の方が妥当であろう。なお、公租公課については、契約解除事由としては「督促のあったとき」ではなくて「滞納処分を受けたとき」とするのが一般的である。

営業停止、営業許可取消しについては、事前規制から事後規制への流れの中で、国土交通省関東運輸局が東京の大手タクシー会社に対して一般乗用旅客自動車運送事業者としての許可取消しを行った例のほか、東証一部上場会社にあっても、監督官庁が談合・カルテルを行った会社やその他の違法行為を行った会社に対して指名停止や営業停止処分をした例、人材派遣会社に対して事業停止命令を出した例、通販会社に対して訪問販売事業において業務停止命令を出した例など、散見される。近時、比較的必要性が高くなっている解除事由である。

㈡　**倒産手続開始申立て時の契約解除の制限**　　基本条文第１項第５号のうち、会社更生や民事再生手続の場合は、電気、ガス、水道その他の継続的給付を目的とする双務契約については開始申立て前の給付の対価の未払いを理由として売主は新たな供給を拒否できないとする（会更法62条１項、民事再生法50条１項）。相手方が継続的給付義務を負う双務契約は、そのほか、部品の供給契約などの継続的な製作物供給契約、継続的なビルの清掃契約や運送契約などの継続的請負契約があげられる(8)。

一方、売買契約について倒産手続の申立てとなるべき事実が発生したことを契約解除事由とする特約が、買主側の会社更生手続の趣旨・目的（会更法１条）を害するものとして無効とされた判例もある(9)。

また、法律は、倒産手続開始時において契約当事者双方ともに債務を履行していない双務契約について解除するかまたは履行するかの選択権は、破産管財人、管財人または再生債務者（DIP）(10)に与えられており、相手方からは契約の解除はできないとする（破産法53条１項、会更法61条１項、民再法49条１項）。

㈭　**催告不要の特約**　一般的に、基本条文第１項のような柱書に該当する内容において、各号の１つに「本契約または個別契約に違反したとき」という文言が入っている場合が多い。

早期の解除を行うため無催告解除とすることも合理的である。しかし、履行遅滞により契約違反の場合を考えてみると、履行遅滞は原則として履行は可能であり、たとえば、売主が目的物を在庫として保有していたがたまたま納期を間違えていた場合や買主が支払期日をほんの数日間違えていた場合までも、ただちに契約を解除されてしまうのでは、該当する当事者にとって酷である。また、治癒が可能な契約違反であっても無催告解除ができるとなると、相手方が契約を解除したいと考えているときや当事者間で意見の対立などがあるときに、わずかな契約違反であっても絶好の言質を与え契約が解除されてしまう可能性もある。

そこで、上記文書の「本契約または個別契約に違反し、相当の期間を定めて催告しても、相手方が当該期間内に是正しないとき」という文言に修正するか、基本条文第２項のようにすべきである。なお、この場合でも、前項㈺で述べた通り、軽微な契約違反は解除することができない。

㈬　**催告通知**　以下は、納期遅延の場合の催告通知書である。

【記載例77】　催告通知書の書式例

○○○○年○月○日

東京都○○区○○二丁目○番○号
株式会社○○○○
代表取締役社長 ○○　○○ 殿

東京都○○区○○二丁目○番○号
○○工業株式会社
代表取締役社長 ○○　○○ 印

催　告　書

当社と貴社の間で、○○○○年○月○日付の取引基本契約（以下基本契約という）に基づく○○○製品の納入につきましては、納期が経過しているにもかかわらず、貴社は納入を怠っています。

つきましては、下記内容にて契約どおり納入していただくよう催告いたします。

記

1．納期遅延製品および納期遅延個数
　　製品○○（品番123456789）　3500個
2．発注番号
　　１２３４５
3．納期　　　　　　○○○○年○月○日
4．催告後の納期　　○○○○年○月○日
5．なお当該納期遅延により、当社に損害が発生した場合は、基本契約第41条に基づき賠償を請求いたします。

以上

催告通知は、納期遅延後、ただちに相手方へ通知すると同時に配達証明付内容証明郵便にて送付する。

(ト)　**契約解除通知**　　契約解除する場合、①どの契約のどの条項に基づいて、②具体的には、どのような違反に基づいて、③どの取引を、④いつから解除するのか、などを「契約解除通知書」に具体的に記入する。

【記載例78】　契約解除通知書の書式例

○○○○年○月○日

東京都○○区○○二丁目○番○号
株式会社○○○○
代表取締役社長 ○○　○○ 殿

東京都○○区○○二丁目○番○号
○○工業株式会社
代表取締役社長 ○○　○○ 印

契 約 解 除 通 知 書

当社と貴社の間で、○○○○年○月○日付をもって締結しました取引基本契約を同契約書第40条第２項に基づき、契約を解除しましたので通知します。

記

1．契約解除事由

製品○○（品番123456789） 3500個（発注番号12345）の納入につき、催告したにもかかわらず、催告後の納期までに納入がなかった。

2．当該納期遅延により、当社に損害が発生しておりますので、損害額算定後、基本契約第42条に基づき賠償を請求いたします。

以上

契約解除通知は、後日のトラブル防止のために、必ず配達証明付内容証明郵便にて送付する。

【記載例79】　売主にとって検討すべき条文例と変更例

〔検討すべき条文例〕

甲（＝買主）は、乙（＝売主）が次の各号の一に該当するとき、本契約または個別契約の全部もしくは一部を、乙に対する何らの催告なしに解除することができる。

(1)　本契約または個別契約に違反したとき

(2)　…………

〔変更例〕

甲または乙は、相手方が次の各号の一に該当するとき、本契約または個別契約の全部もしくは一部を、相手方に対する何らの催告なしに解除することができる。

(1)　本契約または個別契約に違反し、その違反が軽微であるときを除き相当な期間を定めて催告しても違反を是正しないとき

(2)　…………

（注）　信用を損なうような状況が発生した場合、買主よりもむしろ売主の方が解除権を行使する緊急性や必要性が多いと考えられるので、双務条項にしておく。

【記載例80】　検討すべき条文例と変更例

〔検討すべき条文例〕

甲（＝買主）または乙（＝売主）は、次の各号の事由が一でも生じた場合は、相手方から通知催告等がなくても、相手方に対するいっさいの債務について当然に期限の利益を失い、ただちに債務を弁済するものとし、相手方は本契約および個別契約の全部または一部を解除することができる。

(1)　自己が振り出しまたは引き受けた手形もしくは小切手が不渡りとなったとき、もしくは一般の支払い停止したとき

(2)　……

（変更例）

(1)　自己が振り出しまたは引き受けた手形もしくは小切手が不渡りとなったとき、または自己が発生させた電子記録債権が支払不能となったとき、もしくは一般の支払いを停止したとき

【記載例81】　契約の解除

例１（解除）　甲または乙は、相手方において次の各号の一にでも該当したときは、何らの通知催告を要することなく、ただちに本契約および個別契約の全部または一部を解除することができる。

(1)　本契約または個別契約に違反し、相手方が相当の期間を定めて催告をしたにもかかわらず当該期間内にこれを是正しないとき

(2)　資本減少もしくは営業規模の縮小を行ったとき

(3)　自ら振り出しまたは引き受けた手形、小切手もしくは電子記録債権が不渡りとなったとき、または支払停止状態に至ったとき

(4)　公租公課の滞納処分を受けたとき

(5)　差押え、仮差押え、仮処分、競売その他の公権力の処分を受け、もしくは破産、民事再生法による再生、会社更生法による更生の手続開始の申立てのあったとき、または清算に入る等事実上営業を停止したとき

(6)　財産状態が悪化しまたはそのおそれがあると認められる客観的な事情が発生したとき

２　甲または乙は、前項に基づき本契約または個別契約の全部または一部を解除した場合は、これにより被った損害の賠償を相手方に請求することができる。

例２（契約の解除および解約）　甲または乙は、当事者の一方に本契約に違反する行為がある場合において、相手方が相当の期間を定めて書面にて催告したにもかかわらず、かかる違反が是正されない場

合は、相手方はただちに本契約の全部または一部を解約できるものとする。

2　当事者の一方に、次の一にでも該当する事由が生じた場合には、他方当事者は催告せずにただちに本契約を解約できるものとする。

(1)　仮差押え、差押えもしくは競売の申請、破産、再生、会社更生手続開始の申立てがあったとき、または清算に入ったとき

(2)　租税公課を滞納して保全差押えを受けたとき

(3)　支払いを停止したとき

(4)　手形交換所の取引停止処分があったとき、または電子記録債権の取引停止処分があったとき

(5)　資産、信用または事業に重大な変化が生じ、本契約に基づく債務の履行が困難になるおそれがあると認められるとき

3　本条に基づく基本契約の解約は、同時にすべての関連補足契約および個別契約の解約とみなすものとする。

例3（本契約および個別契約の解除）　甲および乙につき、次の各号の事由が一つでも生じた場合には、相手方に対するいっさいの債務（第三者の債権を譲り受けたときは、その債務も含む）は、相手方から通知催告がなくても当然に期限の利益を失い、相手方はただちに債務の履行を請求することができ、また本契約および個別契約の全部または一部を解除することができる。

(1)　本契約または個別契約に違反し、相手方が相当の期間を定めて催告をしたにもかかわらず当該期間内にこれを是正しないとき

(2)　目的物を納入する見込みがないとき

(3)　破産、民事再生手続、会社更生手続の開始の申立てがあったとき、清算手続に入ったとき

(4)　支払いの停止（1回だけの手形または小切手の不渡りも含む）があったとき、電子記録債権の支払不能処分を受けたとき、または手形交換所の取引停止処分を受けたとき、もしくは電子記録債権の取引停止処分を受けたとき

(5)　差押え、仮差押え、仮処分もしくは競売の申立てがあったとき、

または滞納処分を受けたとき

⑹　関係官庁から営業の許可取消処分または停止処分を受けたとき

⑺　相手方または第三者に対する債務の履行猶予の申し出、債権者集会の招集準備または主要資産の処分の準備その他債務の履行が困難と認められる事由が生じたとき

例4（解除権）　甲または乙は、相手方が次の各号の一に該当するとき、本契約または個別契約の全部もしくは一部を、相手方に対する何らの催告も要せず解除することができる。

⑴　差押え、仮差押え、仮処分、租税滞納処分、その他公権力の処分を受け、または会社更生、破産、民事再生の手続開始もしくは競売等の申立てを受け、または自ら整理もしくは民事再生、会社更生、破産の手続開始の申立てをしたとき

⑵　行政庁より営業停止または営業免許もしくは営業登録の取消処分を受けたとき

⑶　電子記録債権または手形・小切手の不渡り、支払停止その他財産状態が悪化したと認められるとき

⑷　本契約または個別契約の履行に関し、相手方またはその使用人もしくは代理人等に不正な行為があったとき

2　甲または乙は、相手方が次の各号の一に該当し、甲の催告後1カ月を経過しても、なお是正されない場合は、本契約または個別契約の全部または一部を解除することができる。ただし、軽微な債務不履行は除く。

⑴　正当な理由によらず本契約または個別契約の全部または一部を履行しないときまたは履行の見込みがないと認められるとき

⑵　検査、再検査、受入検査の結果が不合格であるとき

⑶　本契約または個別契約上の義務に違反したとき

（注）　例1の第2項については、Ⅰ「44　損害賠償責任」の⑵㈫（271頁）参照。

⑶　関連法令

公益社団財団法29条＝公益認定の取消し

一般社団財団法202条＝解散の事由

　同　261条＝解散命令

会社法824条＝会社の解散命令

電気通信事業法14条＝登録の取消し

民事執行法２条＝執行機関

民事保全法２条＝民事保全の機関及び保全執行裁判所

民事保全規則１条＝申立ての方式

民事執行法180条以下＝第３章　担保権の実行としての競売等

国税徴収法47条＝差押の要件

破産法18条＝破産手続開始の申立て

　同　19条＝法人の破産手続開始の申立て

民事再生法21条＝再生手続開始の申立て

　同　22条＝破産手続開始等の申立義務と再生手続開始の申立て

会社更生法17条＝更生手続開始の申立て

会社法471条＝解散の事由

　同　511条＝特別清算開始の申立て

　同　743条以下＝組織変更、合併、会社分割、株式交換及び株式移転

改正民法541条＝催告による解除

　同　542条＝催告によらない解除

　同　543条＝債務者の責めに帰すべき事由による場合

　同　545条＝解除の効果

破産法53条・54条＝双務契約

　同　55条＝継続的給付を目的とする双務契約

会社更生法61条＝双務契約

　同　62条＝継続的給付を目的とする双務契約

民事再生法49条＝双務契約

　同　50条＝継続的給付を目的とする双務契約

Note

⑴　大判昭和13年９月30日民集17巻1775頁、大判昭和14年12月13日大審院判決全集７輯４号10頁。なお、最判昭和43年２月23日民集22巻２号281頁は、軽微だとする買主側の主張が認められなかった事例であり、契約解除契約解除代金を完済するまで土地購入者は工作物を築造してはならない旨の付随的な約款がある場合に、買主が２間×２間半のブロック基礎工事をしたため契約解除したことにつき、最高裁は、買主も合意しており、約款の不履行は、契約の目的達成に重大な影響を与えるものであり、このような債務は売買契約の要素たる債務に入り、売買契約を解除できるとする。

⑵　日本司法書士会連合会編『民法（債権関係）改正と司法書士実務』15頁（民事法研究会・2017年）

⑶　法制審民法（債権関係）第90回会議の部会資料79-3 第13頁

⑷　手形支払いのため、適法な呈示をされたにもかかわらず、支払拒絶となることを手形の不渡りという。手形交換所を介した決済において不渡り届が提出され（ただし、手形要件の不備等適法な呈示でないことを理由とする不渡りについては提出されない）、不渡りが手形交換所の不渡り報告に掲載された後、当該不渡り手形の交換日から６カ月以内に２回目（同一銀行とは限らない）の不渡り届が提出されると銀行取引停止処分を受ける。この取引停止処分を受けると、処分日から２年間、手形交換所加盟の全金融機関との間でいっさいの与信取引（当座勘定および借入、割引等の取引）を行うことができなくなる。

⑸　荒木新吾ほか『ケーススタディ債権管理』48頁（商事法務研究会・平成５年）

⑹　全国銀行協会は、昭和37年に制定（昭和52年に一部改正）した銀行取引約定書ひな型を、平成12年４月の同協会理事会において廃止したため、「旧銀行取引約定書ひな型」として表記した。

なお、現在の各行の銀行取引約定書にも継続されている（天野佳洋監修『銀行取引約定書の解釈と実務』253頁、259頁、265頁参照（経済法令研究会・2014年）。

⑺　荒木・前掲⑸48頁

⑻　伊藤眞ほか『注釈民事再生法・上巻』157頁（金融財政事情研究会・新版・平成14年）

⑼　最判昭和57年３月30日民集36巻３号484頁・金法1004号46頁・判時1039号127頁、東京地決昭和55年12月25日判時1003号123頁

⑽　高木新二郎『アメリカ連邦倒産法』314頁（商事法務研究会・平成８年）

「米国連邦倒産法第11章（チャプターイレブンという）の再建事件においては、管財人を選任せず、債務者が占有を継続する債務者（debtor in possession、DIP と略称する）として権限を失わず、第11章事件の管財人が有する権利権限を有し義務を負担するのを本則とする。DIP は、管財人の靴を履く（This section places a debtor in possession in the shoes of a trustee in every way.）と比喩的に表現される。」

43　期限の利益の喪失（第41条）

(1)　基本条文

期限の利益の喪失については、次のように表示される。

> **第41条（期限の利益の喪失）**
>
> 甲（＝買主）または乙（＝売主）は、相手方に第40条第１項の各号の一にでも該当する事由があるときはいつでも、相手方に対して負担するいっさいの債務につき自動的に期限の利益を喪失するものとし、債務のすべてをただちに相手方に弁済しなければならない。本契約または個別契約が解除されたときも同様とする。

(2)　ポイントと記載例

ポイントと記載例についてはⅡ「27　期限の利益の喪失」(2)（415頁）を併せて参照されたい。

(イ)　期限の利益とは　期限とは、当事者が、代金は「10月31日までに支払う」ということを定めたその一定期日のことをいう。この場合、債務者（買主）は10月31日になってはじめて支払えばよいことになる。つまり、債務者（買主）は、10月31日までの期間支払わなくてもよいという利益を与えられたことになる。

このような利益のことを「期限の利益」と呼んでいる。この場合、債権者（売主）が請求しても、債務者（買主）は10月31日まで支払いを拒否できることになる。

しかし、債務者に信頼関係を壊すような行為があった場合にまで債務者（買主）に利益を与える必要はなく、期限の利益をなくしてしまう必要がある。

(ロ)　期限の利益喪失条項の必要性　　民法は、買主が破産手続開始決定を受けたり、担保を壊したり減少させたり、担保提供義務があるのに提供しなかった場合に限って、期限の利益を喪失できると定めている（民法137条）。

しかし、この規定だけでは、債務者（買主）が商品を受け取った直後に第1回の不渡り手形を出したとしても、債権者（売主）は傍観せざるを得ず、支払期日まで不安の中で待たなければならないことになってしまう。また、債務者（買主）の経営状態が悪化し、他の債権者から仮差押えを受けたときでも同様のことがいえる。

そこで、売主として、債務者（買主）に一定の事由が発生したときに期限の利益を失うという特約をして、ただちに支払いを受けられるようにしておくことが必要となる。

期限の利益喪失条項は、契約解除条項と一体となって規定するものがほとんどであり、本基本条文のように期限の利益喪失事由として契約解除条項に列挙した解除事由を適用するものと、期限の利益喪失条項に列挙した喪失事由を契約解除条項の解除事由として適用するものがある。

【記載例82】　期限の利益の喪失

例１（期限の利益の喪失）　　甲または乙は、前条第１項各号のいずれかに該当する事由が発生したとき、または前条第２項または第３項に定める契約の解除がなされたとき、相手方に対するいっさいの債務について、通知催告を受けなくても当然に期限の利益を喪失し、ただちに相手方に弁済しなければならない。

例２（期限の利益の喪失）　　甲または乙は、前条第１項または第２項または第３項により本契約および個別契約を解除された場合、相手方に対するいっさいの債務の履行につき期限の利益を失い、ただちに債務全額を支払う。

例３（期限利益の喪失）　　甲または乙が前条第１項各号の一に該当したとき、相手方は催告その他何らの手続を要することなく、ただちに本契約および個別契約の全部または一部を解除できるものとする。

例４（期限の利益の喪失）　前条第１項により契約の解除または解約の事由が生じた場合、乙は有償支給品代金、貸与品の賃借料、その他乙（＝売主）の甲（＝買主）に対するいっさいの金銭債務は何らの手続を要せず当然に期限の利益を失い、乙はこれにただちに支払わなければならない。

例５（期限の利益の喪失）　甲または乙について次の各号の事由が一つでも生じた場合には、相手方からの通知催告等がなくても、相手方に対するいっさいの債務について当然期限の利益を失い、ただちに債務を弁済するものとする。

(1)　相手方に対する支払義務を１つでも怠ったとき

(2)　仮差押え、差押え、仮処分、処分、強制執行、担保権の実行としての競売の申立て、または破産手続開始、民事再生手続開始、会社更生手続開始の申立てもしくは特別清算開始の申立てがあったとき

(3)　電子記録債権、手形、小切手につき不渡り処分を受けたとき

2　甲または乙について次の各号の１つでも生じた場合には、相手方の請求により、相手方に対するいっさいの債務について期限の利益を失い、ただちに弁済するものとする。

(1)　第１項第１号に定める以外で、本契約または個別契約に違反したとき

(2)　監督官庁より営業停止または営業免許もしくは営業登録の取消処分を受けたとき

(3)　財産状態が悪化し、またはそのおそれのあると認められる相当の事由が生じたとき

（注）　例５は、期限の利益喪失を、当然喪失型と請求喪失型の２種類に分けている。前者は、その事由が生じたら、相手方は当然に期限の利益を喪失するというものであり、後者は、その事由が生じたら、買主は、売主からの請求により期限の利益を喪失するというものである。２つに分けた理由は、契約違反などについては、その内容、程度によって軽重があるので、一律に期限の利益を喪失させることが困難であるからとする。

⑶　関連法令

民法136条＝期限の利益及びその放棄

同 137条＝期限の利益の喪失

44　損害賠償責任（第42条）

⑴　基本条文

損害賠償責任については、次のように表示される。

第42条（損害賠償責任）

甲（＝買主）または乙（＝売主）は、第37条および第40条のいずれかに該当する事由により、もしくは本契約または個別契約に違反し、相手方に損害を与えたときは、その損害のすべてにつき責任を負う。

⑵　ポイントと記載例

㈠　民法改正の債務不履行による損害賠償請求の要件・判断の明確化　改正前民法の415条１項は、債務不履行による損害賠償について、履行不能の場合を除き、債務者に帰責事由がない場合に免責が認められるかどうか定めがなかった。もっとも、判例は、債務不履行一般について帰責事由のない場合の免責を認めているため、改正民法415条１項のただし書で、この点を明らかにし、「債務者の責めに帰することができない事由によるものであるときは、この限りでない。」としており、債務者に帰責事由のないことの立証責任は、債務者がしなければならないことも明らかにしている。

また、改正民法415条１項ただし書は、「契約その他の債務の発生原因及び取引上の社会通念に照らして」帰責事由の有無の判断がされることを明記している。これについては、「契約の性質、契約の目的、契約の締結に至る経緯等の債務の発生原因となった契約に関する諸事情を考慮し、併せて取引に関して形成された社会通念をも勘案して判断され[(1)]」る意味であるとされる。

なお、民法改正前においても、債権者は、債務の履行が不能の場合に債務の履行に代わる損害賠償（てん補賠償）請求が認められていたが、その旨を改正民法415条２項柱書および１号において明確化している。

(ロ)　損害賠償の範囲　賠償すべき損害賠償の範囲は、債務不履行と相当因果関係のある関係に立つ全損害であり、民法416条は、この相当因果関係を定めたものとする（通説・判例）。しかし、裁判例は、民法416条と相当因果関係との関係が明確ではなく、相当因果関係に言及しても、相当性の判断基準を解釈論的に分析したうえで賠償範囲を定めているものではなく、多くは民法416条の通常損害と特別損害の区別のみによっているとされる[(2)]。

また、損害賠償の範囲の根拠を契約当事者の契約の合理的意思に求める保護範囲説も有力となっている。

債務不履行に対する損害賠償の範囲に関し、改正民法416条は次のように定める。

第１項は、「損害賠償の請求は、これによって通常生ずべき損害の賠償をさせることをその目的とする」とし、改正前と変わりはない。債務不履行から通常発生する「通常損害」について定め、この場合は、予見可能性の立証をしなくても損害賠償の範囲とすることを規定する。

第２項は、「特別の事情によって生じた損害であってもその事情を予見すべきであったときは、債権者は、その賠償をすることができる。」とし、特別な事情があるとき、その特別な事情が予見すべきであったときに限り、その事情によって生じた損害（すなわち「特別損害」）について損害賠償の範囲とすることを規定する。

改正前の「予見し、予見することができたときは」を、「予見すべきであった」と改正した。これにより、契約締結後に債権者が債務者に対してある特別の事情が存在することを告げさえすればその特別の事情によって生じた損害がすべて損害の賠償の範囲に含まれるというのは相当ではなく、債務者が予見すべきであったと規範的に評価されると、賠償の範囲は、あくまでも当事者が予見すべきであったと客観的に評価される事情によって生じた損害に限定される解釈が可能となるため、「予見すべきであった」に改めたものである[(3)]。

何が「通常損害」か、何が「特別損害」かは、契約ごとに個別具体的な判断を加えられることになる。そのためには、契約の前文、契約の目的条項、損害賠償条項等で特別損害を客観的に予見できる内容を具体的に定めておく必要があるほか、契約後は、契約の変更、追加などだけでなく、書面等で通知しておくことも必要である。

通説・判例の立場(4)は、予見する当事者は債務者を意味し、予見の時期を不履行時とする。この場合、債権者は、債務者が予見できたこと（民法改正後は予見すべきであったこと）を立証すれば、特別損害を請求できることになる。しかし、裁判例は明確な基準を示しておらず、通説は両損害を等置する以上の説明をしていないので、実際問題として通常損害と特別損害の認定は極めて困難である。

なお、実際の契約において使用されることが多い「直接損害」「間接損害」は、法律用語ではなく、裁判上、どのように扱われるかは、ケースバイケースである。「直接損害」の直接性の概念は曖昧であり、当事者間でトラブルの発生等を考慮すると「通常損害」としたほうがベターである。契約に「直接損害」を定めたいときは、定義を定めておくことが必要である。

(ハ)　契約解除時の損害賠償　　改正民法545条４項は、契約の解除をしても、損害賠償の請求をすることを妨げないと定めているので、基本条文は、これを確認的に規定したものである。債務不履行があった場合、これによって損害が生じていて、解除するだけでは損害を填補できない場合には、その賠償を認めるのが妥当だからである。

(ニ)　他の損害賠償条項との関連　　契約違反による損害賠償については、基本条文第５条第２項の個別契約の変更時の売主の損害、同第６条第３項の納入に関する債務不履行時の買主の損害、同第14条の支給品不良時の売主の損害、同第15条第２項の支給品滅失時の買主の損害、同第20条の不良品発生時の買主の損害、同第25条の製造物責任に起因した買主の損害、同第26条第４項の第三者との知的財産権紛争時の買主の損害等が個別に規定されている。したがって、本基本条文の下段は、包括的に、基本条文または個別契約に違反したことにより、相手方に与えた損害の賠償義務を定める。

個別の損害賠償条項にもあてはまるが、売主としては、賠償義務を合理的な範囲（たとえば、「通常損害のみ」「○○円を限度」「売上の○カ月分を限度」など）に限定しておくことも考慮したい。また売主としては、突然、予期しない額の請求通知を防ぐべく、事前の協議により額の決定を図るなど、買主・売主間で協議による決定を定めておくことも検討する。

(ホ)　**買主の破産手続開始による請負契約解除時の損害賠償**　最高裁判例・通説は、買主に破産手続が開始された場合、破産法53条の特則とされる民法642条が適用されるとしている。

改正民法642条１項・２項は、請負契約において、買主（注文者）に破産手続が開始されると、破産管財人または売主（請負人）のいずれからでもこの契約を解除でき、売主のすでになした仕事の報酬および費用の請求権は破産債権になるとする。これにより各当事者に損害が発生した場合、同条３項の規定が優先的に適用され（破産管財人が契約解除しても破産法53条の適用ではないことに注意）、売主が解除したときは、破産管財人の損害賠償請求権も売主の損害賠償請求権も認められず、ただ破産管財人が解除したときに限って請負人の損害賠償請求権のみが認められ破産債権になる。

つまり、請負的要素を有する親事業者の下請事業者に対する「製造委託」「修理委託」「情報成果物作成委託」および「役務提供委託」を目的とする下請取引契約や物の製造面では請負的性格、物の供給面では売買的性格を有する製作物供給契約[(5)]等の場合、取引内容によっては、改正民法642条３項が適用され売主が契約解除したときは、売主はその解除によって生じた損害の賠償を請求できないことになる。

【記載例83】　検討すべき条文例と変更例

〔検討すべき条文例〕

甲（＝買主）および乙（＝売主）は、本契約または個別契約の違反もしくは第37条および第40条に基づく契約解除により損害を受けたときは、相手方に対して損害のすべてにつき賠償を請求できる。

（変更例）

甲および乙は、本契約または個別契約の違反もしくは第37条および第40条に基づく契約解除により損害を受けたときは、相手方に対して<u>通常生ずべき損害かつ現実に生じた</u>損害につき賠償を請求できる<u>もの</u>

とし、賠償額については甲乙協議のうえ決定する。

【記載例84】　損害賠償責任

例１（損害賠償請求）　甲または乙は、第37条および第40条に基づき本契約を解除し、または相手方が本契約もしくは個別契約に違反した場合、これにより被った損害の賠償を相手方に請求できるものとする。

例２（損害の補償）　甲または乙は、次の各号のいずれかに該当する場合は、相手方に対し被った損害の補償を請求できる。

(1)　甲または乙が本契約および個別契約に違反したとき

(2)　甲または乙が第37条および第40条に定める契約解除を行ったとき

例３（損害賠償）　甲または乙は、第40条第２項および第３項に定める事由が生じた場合、相手方に対して解除権の行使に代え、または解除権の行使とともに、生じた損害の賠償を請求することができる。

例４（損害賠償責任）　甲または乙は、本契約の履行または不履行に関して相手方または第三者に損害（弁護士費用を含む）を与えたときは、これを賠償するものとする。

２　前項の責任および本契約または法令の定めにより生じるその他の責任ならびにこれらに対応する救済手段は、重畳するものであって、他のものを排斥しないことを確認する。

例５（損害賠償）　甲および乙は、相手方の本契約、個別契約または附属契約の違反により損害を被ったときは、相手方に対し、この賠償を請求できる。

例６（損害賠償請求）　甲および乙は、次の各号に該当する場合で損害を被ったときは、相手方に対しその賠償を請求することができる。

(1)　相手方が本契約または個別契約に違反し損害を被ったとき、または相手方が個別契約の内容を変更して損害を被ったとき

⑵　乙の責めに帰すべき事由により、乙が納期に目的物を納入できず、そのため甲が損害を被ったとき
⑶　第○○条（契約不適合責任）において、甲が損害を被ったとき
⑷　第○○条（契約の解除）に基づく契約解除を行ったときにおいて損害を被ったとき

⑶　関連法令

改正民法415条以下＝債務不履行による損害賠償、以下
　同 545条４項＝解除の効果
　同 642条３項＝注文者についての破産手続の開始による解除
破産法53条・54条＝双務契約
会社更生法61条５項＝双務契約
民事再生法49条５項＝双務契約

Note

⑴　筒井健夫＝村松秀樹『一問一答・民法（債権関係）改正』74頁（商事法務・2018年）
⑵　北川善太郎『債権総論〔第３版〕』161頁（有斐閣・2004年）
⑶　筒井＝村松・前掲⑴７頁、法制審民法（債権関係）部会79-3・12頁
⑷　大判大正７年８月27日民録24輯1658頁
⑸　北川善太郎『債権各論〔第３版〕』116頁（有斐閣・2003年）
「この契約が混合契約であるとする説も多いが、売買説や請負説も有力でありその整理は容易ではない。」

45　契約終了時の措置（第43条）

⑴　基本条文

契約終了時の措置については、次のように表示される。

第43条（契約終了時の措置）
　本契約の期間満了または契約解除の場合、乙（＝売主）は貸与図面

および甲（＝買主）が貸与した型、治工具、無償支給品等を遅滞なく返却しなければならない。

2　前項の場合、甲は目的物、仕掛品、有償支給品および目的物の製作のために使用した専用の型、治工具、ゲージ等を、第三者に優先して乙から買い取る権利を有する。

⑵　ポイントと記載例

㈠　貸与物の返却　貸与物品は、通常、目的物の製作のため必要であった物であり、他の用途に転用できるものではないので、契約が終了した以上貸与物品を売主の手元に置いておく必要もない。ただし、長期の貸与により貸与物の内容も貸与時に比べて大きく変容していることも考えられ、原状回復に相当の費用がかかることもあり、契約終了時にその返却についてトラブルが発生することも予測される。

そこで、対策として条文の中に「適正な使用・管理を行っていた場合は原状回復義務を免れ、現状有姿のままで返却する旨」の文言を挿入することをすすめたい。これにより、通常の使用であれば、売主は買主から貸与を受けた状態まで回復して買主に返還する必要はなく、契約終了時点の姿のまま返却すればよいことになる。

また、返却する時に、物品の取外しや運搬などで費用が発生する場合もあるので、費用負担について取決めをしておくことも必要である。

一般的には、任意解除の場合は告知を行った当事者が、その他の契約解除では解除事由を発生させた当事者が費用を負担するのが公平であろう。

㈡　トラブルによる契約解除と貸与品返却　基本条文第39条第１項および第２項に基づく場合、とりわけ売主の倒産などによる契約解除の場合、貸与品を円滑に回収しないと、今後の目的物の製作に重大な支障を生ずるおそれがある。当事者間の信頼関係が失われてしまっている場合には、売主側からの返却の協力が得られない可能性もあるので、このような場合の貸与品返却に関する協力規定を設けておくのもやむを得ない。

たとえば、次のような文言を規定する。「２　前項の場合、甲が緊急に返却を要請したときは乙はただちに原状有姿のままで返却するものとし、甲は原状回復に要した費用を請求するものとする。なお、甲が、乙の事業所等の貸与品の設置場所または保管場所に立ち入り、貸与品を引き取る場合には、乙は何らの異議も申し立てず全面的に協力するものとし、引き取りに要する費用については乙が負担するものとする。」

⑻　**目的物等の譲渡**　契約が終了した場合、売主は、通常、目的物やその仕掛品、目的物の製作のために使用した部品は不要になるので、買主にこれらの物品を譲渡したい。

⑼　**型・治工具・ゲージ等の協議**　これらの物は売主のノウハウが入っている場合が多い。買主としては、これらのハードウェアだけでは目的物を製作できない場合も多く、円滑な目的物の製作には売主の保有する製作ノウハウも必要となろう。

このような場合であれば、買主の一方的に定めた買取条件に従って、売主が型、治工具等を譲渡しなければならないのではなく、双方の協議により、製作ノウハウも含めて対応方法を決定するようにしたい。

⑽　**その他の取引終了時の措置**　契約終了の月日、債権債務の確認、貸与品・無償支給品の内容確認と返還の月日、有償支給品や仕掛品の処置方法、残存条項の確認などの内容を記載した「取引終了確認書」を買主から売主へ提示し、買主が内容を確認し押印してもらうことも必要である。通常の場合は自動更新の特約（Ⅰ「47　有効期間」⑵⑴（284頁）参照）がついているので、買主・売主間で明確な終了の確認がないと、当事者が知らない間に、契約は何年も継続していたということにもなりかねない。

⑾　**契約終了後の措置**　売主が、自社が特許権を有する製品の販売権を買主に付与していた場合に、契約解除後の同様の機能を有する競争品の研究開発を禁止する定めを設けるなど[(1)]の不公正な取引方法に該当する可能性についての審査をしておくべきである。

【記載例85】　売主にとって検討すべき条文例と変更例

〔検討すべき条文例１〕

本契約の期間満了または解除により終了した場合、乙（＝売主）は、甲（＝買主）から貸与を受けた図面・資料等および型・治工具・無償支給品等の物品を遅滞なく甲に返却しなければならない。

（1の変更例）

本契約の期間満了または解除により終了した場合、乙は、甲から貸与を受けた図面・資料等および型・治工具・無償支給品等の物品を遅滞なく返却時における現状有姿のままで甲に返却しなければならない。

なお、乙は、適正な管理・使用状態において生じた損耗・摩耗についての原状回復義務を負担しないものとし、返却に要する費用負担については、第37条および第40条第3項においては通知をなした者、第40条第1項および第2項においては解除を受けた者が支払う。

〔検討すべき条文例2〕

本契約および個別契約が解除されたとき、甲（＝買主）が、乙（＝売主）の所有する甲の有償支給品、専用型等ならびに納入品、仕掛品について、その全部または一部の譲受けを申し出た場合、乙は、ただちに当該物件を甲に引き渡すものとする。

（2の変更例）

本契約および個別契約が解除されたとき、甲が、乙の所有する甲の有償支給品、専用型等ならびに納入品、仕掛品について、その全部または一部の譲受けを申し出た場合、甲乙は、その対応につき、協議のうえ決定する。

【記載例86】　契約終了時の措置

例1（契約終了時の措置）　本契約の解除の場合、乙（＝売主）は、甲（＝買主）の請求に基づいて、納入前の注文品（仕掛品を含む）および乙の所有権が移転した有償支給品を甲に売り渡すものとする。なお、乙から甲への売渡し代金は、甲乙協議のうえ決定する。

例2（解除後の措置）　本契約の終了または取引停止の場合、乙（＝売主）は、甲（＝買主）に無償支給品および貸与図面をただちに返却しなければならない。

2　前項の場合、甲は、乙の所有する納入部品、仕掛品、有償支給品および納入部品の製作に使用した専用治工具、型、ゲージ等を第三者に優先して買い取る権利があるものとする。

例3（契約終了後の措置）　本契約が終了した場合には、乙（＝売主）はただちに無償支給品、貸与図面、仕様書類および貸与物件を甲に返還しなければならない。

2　前項の場合、甲（＝買主）は乙の納入品、半製品、仕掛品、有償支給品、またはそれらを製造するに要する機械、装置、専用治工具、型、ゲージ等については、第三者に優先して乙より買い取ることができる。

例4（契約解除時の措置）　乙（＝売主）は、契約が解除された場合、ただちに次の各号に定める事項を履行し、かつこれに同意する。

(1)　乙は、支給品、貸与品、貸与書類等甲（＝買主）の所有に関わるいっさいをただちに返還しなければならない。また、返還が完了するまでは善良な管理者の注意をもって保管しなければならない。

(2)　乙は、個別契約による注文品（仕掛品を含む）について、甲から納入を受けた注文品について出来高に応じ甲乙協議した金額を乙に支払う。ただし、すでに支払済みの前渡し金または損害金等、甲が乙に対し請求権を有する場合は、その分を支払金額から控除することができる。

(3)　乙は、前項により注文品を甲に引き渡すとき、乙所有の材料、機器、図面、治工具等につき甲が注文品の完成に必要なときは、第三者に優先して、甲に譲渡もしくは貸与するものとし、その譲渡価格もしくは貸与料については甲乙協議して定める。

例5（契約終了後の措置）　本契約が終了したときは、甲（＝買主）は他の第三者に優先して、乙（＝売主）が所有権を有する目的物およびその仕掛品を買い取り、代金受領済みの有償支給材料等を買い戻すことができる。なお、この場合の買取り価格については、甲乙協議のうえ決定するものとする。

2　本契約が期間満了もしくは解除等により効力を失った場合においても、現に存続する個別契約については、当該個別契約の存続期間中、本契約が適用される。

例6（契約終了後の措置）　本契約が終了した場合、乙（＝売主）は甲（＝買主）より貸与を受けた物件・資料等を、返還時における現状有姿のままで遅滞なく甲に返還する。

例7（貸与品の返還）　本契約が期間満了または解除等により終了した場合、乙（＝売主）は甲（＝買主）から貸与された図面、資料等、型、治工具、無償支給品等をただちに甲に返却するとともに、甲が乙の工場、事務所等に立ち入り、これらを引き取るにあたり何らの異議を申し立てることなく協力するものとし、また乙の委託先に存するものについても甲による引き取りに支障のないよう万全の配慮をなすものとする。

⑶　関連法令

改正民法545条＝解除の効果

同 597条＝期間満了等による使用貸借の終了

同 598条＝使用貸借の解除

同 599条＝借主による収去等

同 600条＝損害賠償及び費用の償還の請求権についての期間の制限

同 617条＝期間の定めのない賃貸借の解約の申入れ

同 620条＝賃貸借解除の効力

同 621条＝賃借人の原状回復義務

独占禁止法２条９項＝不公正な取引方法

不公正な取引方法第11項＝排他条件付取引、第12項＝拘束条件付取引

Note

⑴　公正取引委員会「共同研究開発に関する独占禁止法上の指針」（改正平成

29年６月・共同研究開発ガイドライン）および同「知的財産の利用に関する独占禁止法上の指針」（改正平成28年１月・知的財産ガイドライン）には、契約終了後の取り決めについて次のような記述がある。

「ライセンサーがライセンシーに対し、ライセンス技術又はその競争技術に関し、ライセンシーが研究開発を行うことを禁止するなど、ライセンシーの自由な研究開発活動を制限する行為は、一般に研究開発をめぐる競争への影響を通じて将来の技術市場又は製品市場における競争を減殺するおそれがあり、公正競争阻害性を有する。したがって、このような制限は原則として不公正な取引方法に該当する（不公正な取引方法第12項〈拘束条件付取引〉）（知的財産ガイドライン第4-5(7)研究開発活動の制限）。」

自社が特許権を保有する目的物の販売権を付与した相手方に対して、契約終了後の研究開発の禁止などの制限を課すことは、技術に係る知的財産のライセンスを行う場合と同様に考えられる。すなわち、契約終了後の競争品の研究開発等を制限することは、相手方が競争品を含め新たな製品が開発される途が閉ざされることになり、研究開発を巡る競争への影響を通じて将来の技術市場または製品市場における競争を減殺するおそれがあり、独占禁止法上問題となるおそれがある（https://www.jftc.go.jp/dk/soudanjirei/h22/h21nendomokuji/gijutu10.html）。なお、契約期間中に相手方の研究開発に制限を課すことも同様である。

46　残存条項（第44条）

(1)　基本条文

残存条項については、次のように表示される。

> **第44条（残存条項）**
>
> 甲（＝買主）および乙（＝売主）は、本契約の期間満了後または解除後においても第○○条ならびに第○○条の義務を負う。

(2)　ポイントと記載例

(イ)　契約の余後効　　契約が終了した後に持続する当事者間の特別な法律関係を契約の余後効といい、これを当事者間で規定したものが残存条項である。

契約が終了したからといって、当事者間のすべての権利・義務が消滅すると考えるのは妥当ではなく、契約終了後も、引き続き効力を生じる権利・義務は、「残存条項」として明確にしておくべきである。なお、残存条項として残すべきかどうかは、当事者間の取引関係、目的物、取引形態、買主とその顧客、売主とその仕入先との関係などと各条項の内容から総合的に判断することが大切である。残されるものは、合理的理由のある期間・内容に限定されるべきであり、その限度を越えるものは、不公正な取引方法（優越的地位の濫用、拘束条件付取引、排他条件付取引）にあたる可能性もある。

(ロ)　残存条項の項目　　以下の内容は、22社の取引基本契約書を調査したところ、12社以上で共通に残存条項として取り決められていたものである。

①　機密保持

②　第三者への目的物の販売禁止

③　契約不適合責任（含むクレーム補償責任）

④　知的財産権の帰属

⑤　知的財産権侵害時の対応

これらに続いて多かった項目（５社以上）は、権利義務の譲渡禁止、製造物責任、補修部品の供給、不合格品の措置、貸与図等図面の取扱い、などであった。なお、③は、調査時の「瑕疵担保責任」を変更した。

【記載例87】　検討すべき条文例と変更例

〔検討すべき条文例〕

甲（＝売主）および乙（＝買主）は、本契約および個別契約の期間満了後または解除後においても、本契約および個別契約に定められた義務および責任を負う。

（変更例）

甲および乙は、本契約および個別契約の期間満了後または解除後においても、第○○条（目的物の契約不適合責任）、第○○条（知的財産権の帰属）、第○○条（知的財産権の侵害）、第○○条（製造物責任）、第○○条（補給部品の供給）に定められた義務および責任を負う。ただし、第○○条（機密保持）は、本契約および個別契約の期間満了後または解除後３年間、定められた義務および責任を負う。

【記載例88】　残存条項

例１（残存義務）　甲または乙は、本契約および個別契約の期間満了後または解除後（以下契約終了後という）においても次の各号に関する義務を負うものとする。

⑴　第○○条に定める秘密保持については、契約終了後３年間

⑵　第○○条に定める知的財産権に関する事項

例２（存続事項）　本契約がいかなる事由により終了した場合においても、個別契約が有効に存続している間本契約は当該個別契約についてのみ有効に存続するとともに、次の各条項は引き続き有効とする。

第○○条（注文品の契約不適合）

第○○条（知的財産権の帰属）

第○○条（第三者の知的財産権の侵害）

第○○条（秘密保持）

第○○条（第三者への販売）

第○○条（補給部品の供給）

例３（残存義務）　本契約が期間満了もしくは解除等により終了し、または個別契約が解除等により終了した場合でも、第○○条、第○○条、第○○条、第○○条および本条の規定はなお有効とし、甲および乙は当該条項に基づく債務を履行する。

（注）　例１は、期限の定めのあるものと、定めのないものの両方を残存条項として規定する。

⑶　関連法令等

改正民法545条＝解除の効果

不公正な取引方法第11項＝排他条件付取引

同第12項＝拘束条件付取引

独占禁止法２条９項５号＝優越的地位の濫用

47　有効期間（第45条）

⑴　基本条文

有効期間については、次のように表示される。

第45条（有効期間）

本契約の有効期間は、契約締結の日から１年間とする。ただし、期間満了の２カ月前までに、甲（＝買主）または乙（＝売主）から書面による解約の申し出がないときは、本契約と同一条件でさらに１年間継続し、以後も同様とする。

⑵　ポイントと記載例

㈠　自動更新の特約　取引基本契約においては、通常、契約の存続期間を定めるが、継続的取引関係を基礎にしたものであるので実際上は比較的長期間にならざるを得ず、契約が取り決めた存続期間で終了し、改めて契約を締結することになれば手続上も煩雑となる。

そこで、契約期間が満了しても、自動的に契約が更新されるように自動更新の特約を定めておくのが一般的である。

㈡　自動更新の特約のない場合（基本条文のただし書のないもの）　１年ないし３年程度の期間が満了したつど、別に、更新契約を締結する契約にあっては、たとえ、その契約が相当の回数の更新を重ねてきたものであっても、契約書の規定を厳格に解すると、１年ないし３年ごとに当事者において取引を継続するのか否か、継続するとしても契約書の内容に変更の有無を検討する機会を与えられているものと捉え、継続的契約であるとはいえない可能性が高い[(1)]。

そうだとすると、長期間の継続的契約における公平の原則ないし信義誠実の原則に照らして、取引関係を継続しがたい重大な事項が存しなければ、相当の予告期間、相当の損失補填を設けないかぎり一方的な解約が制限されるとする契約継続・安定性の要請は考慮されない（Ⅰ「39　解除予告」⑵233頁以下）。

20年という長期の契約期間について、当事者間の地位に差異が認められ、かつ契約条項中には優越的地位の濫用（独禁法２条９項５号）や不公正な取引方法（独禁法19条）が含まれているので、独禁法違反、公序良俗（民法90条）違反であるとし、契約期間20年を無効として期間の定めのない契約と解するとした裁判例がある[(2)]。しかし、これは、契約内容自体に問題があり、それを長期にわたり押し付けることが違法であるとしたのであって、契約期間が長いことがその理由ではない[(3)]。

⑶　**期間の終了の申し出期間**　「期間満了の○カ月前に甲または乙から何らの意思表示がないときは……」の○カ月をどれだけの期間にするかは、相手方から解約の意思を示されたとき[(4)]、十分対応可能な期間を確保しておけることが、１つの判断材料となる（Ⅰ「39　解除予告」⑵（233頁以下）を参照）。

⑷　**本条項のない場合**　契約期間の定めのない継続的契約であっても無制限に契約の効力が存続するわけではなく、この場合は、原則的には「いつでも」契約を解除することができると解される（民法617条、641条〈仕事完成前における注文者〉、改正民法651条、民法663条等）。

以上からすれば、期間の定めがない、または契約解除の定めがない場合に、やむをえない場合または信頼関係を破壊するような事由などがなければ解除できないとする合理的根拠はないと解される[(5)]。

また契約解除の定めがない場合には、債務不履行となったときに、債権者は帰責事由の有無に関係なく契約の催告解除や無催告解除をすることができる（改正前民法543条ただし書の削除、改正民法541条、542条）。これは、債務の履行がなかったとき債権者を契約の拘束力から解放することとしたものとされる。このことは、債権者が故意に債務不履行を妨げたうえで、契約解除が可能になることから、改正民法は債務不履行が債権者の帰責事由による場合は、債権者は契約を解除することができないと定めている（改正民法543条）。

また、判例法理から、債務不履行が軽微であるときは催告解除をすることができないことを明文化した（改正民法541条ただし書）。

【記載例89】　有効期間

例１（有効期間）　本契約の有効期間は、契約締結の日から、〇〇〇〇年３月末日までとする。ただし、期間満了の２カ月前までに甲または乙のいずれからも終了の意思表示のない限り、本契約は自動的に１年間延長されるものとし、以後も同様とする。

例２（契約の有効期間）　本契約の有効期間は、本契約の締結の日から１年間とし、期間満了の２カ月前までに甲または乙のいずれからも終了の意思表示がない限り、本契約は自動的に１年間延長されるものとし、以後も同様とする。

２　前項の有効期間にかかわらず、本契約の初年度の有効期間は、締結の日から１年以内に到達する３月末日までとする。

例３（有効期間）　本契約の有効期間は〇〇〇〇年〇月〇〇日から〇〇〇〇年〇月〇〇日までとする。ただし、期間満了の１カ月前までに甲または乙から書面による変更・解約の申し出のないときは、本契約と同一条件でさらに１年間継続するものとし、その後もこの例によるものとする。

２　前項による本契約の失効時に個別契約が存続する場合、本契約は、当該個別契約の存続期間中有効とする。

例４（契約期間）　本契約の有効期間は、締結の日から１年間とし、甲または乙から何ら申し出のない限り、本契約の期間を１年間延長するものとし、以後もこれに準ずる。ただし、その申し出は、期間満了の４カ月前までの予告をもってなすものとし、期間満了の３カ月前までに甲乙間で合意が成立しない場合は、期間満了により本契約は終了する。

（注）　例１の前段および例２の第２項のような有効期間にすると、買主からすると、取引基本契約を締結したすべての仕入先の期間満了を、毎年３月末日に合わせることができ合理的である。こうしておけば、現行の取引基本契約を終了して、新たな取引基本契約を締結したい場合にも、全仕入先に対して一斉に行うことができるので、仕入先を多く抱えている買主にとっては有効である。

⑶　関連法令

民法138条以下＝第６章　期間の計算

Note

⑴　東京地判昭和62年12月16日判時1289号68頁、東京高判平成４年10月20日判タ811号149頁

⑵　東京地判昭和56年９月30日判時1045号105頁・判タ456号112頁

⑶　川越憲治『最新販売店契約ハンドブック〔増補版〕』154頁（ビジネス社・平成６年）

⑷　東京地判平成20年９月18日判時2042号20頁

「期間の定めのある継続的契約の契約期間内における解約は原則として認められず、債務不履行や信頼関係の破壊等、契約期間内において契約関係が一方的に解消されてもやむを得ないと認められる特段の事情を必要とする……。これを本件についてみると、……特段の事由の存在を認めることはできない。

次に、期間の定めのある継続的契約の更新拒絶については、相当の予告期間をおき、かつ更新拒絶に合理的な理由がある限り認められるというべきである……。これを本件についてみると、前記契約における予告期間は、……１か月と解されるところ、……契約関係を終了させる合理的理由はあった〔編注：更新拒絶にかかる双方の状況を総合して判断〕というべきである。」

「したがって、……解約は無効であるが、……更新拒絶については有効というべきであるから被告〔編注：買主〕には、……約１か月分の発注義務の債務不履行が認められる」とした裁判例がある。

⑸　升田純『現代取引社会における継続的契約の法理と判例』94頁～95頁（日本加除出版・2013年）、東京地判平成23年７月28日判時2143号128頁

48　協議解決（第46条）

⑴　基本条文

協議解決については、次のように表示される。

> **第46条（協議解決）**
>
> 本契約もしくは個別契約に定めのない事項、または本契約もしくは個別契約の解釈について疑義が生じたときは、甲（＝買主）乙（＝売

主）誠意をもって協議のうえ解決する。

(2)　ポイントと記載例

継続的な取引関係を内容とする取引基本契約では、契約期間も自動更新条項により、長期間にならざるを得ないため、契約締結時には予想もできなかった問題も発生するおそれもあるし、そもそも、多くても数10条の項目で取引のすべてについて網羅できるとするのは難しい。

そこで、取引にあたり、契約に定めのない事項や、あるいは契約の条項の運用にあたり疑義が生じた場合、その処理について、買主・売主間の協議により解決する原則を定めることが必要となってくる。

こうすれば、強行規定を除いて、まず当事者間で新たな定めを協議できることになる。

一般に、契約書に「協議解決条項」がないと、法律の任意規定や商慣習法が適用されることになっても異議が申し立てられなくなるので、そうならないために本条項を設定しているのだと解されている。

しかし、当事者間での協議は、当然のことであり、相互の信頼のもとに契約をしてこそ契約の契約たる意味をなすのであって、本条項はいうまでもないという感がある。

けだし、欧米の契約書には、「信義誠実の原則に基づく」あるいは「誠意をもって」等の表現の入った条項はみられない。つまり、契約に書いてないことは話し合い、話し合って決められる限りにおいては、この条項は、全く機能しないからである。

ところが、わが国では、「信義誠実の原則」や「誠意に基づいた協議」の言葉に拘束され、裁判や調停など法的な解決方法を回避できると考えられているところがある[(1)]。

さらに、「協議解決条項」には、予見性の不足を補おうとする気持も含まれているとされる。予見性とは、将来、どういうリスクがどのような場合に発生するかを見極めることであり、契約書作成と契約交渉において、極めて重要である。予見性の不足が、しばしば紛争や取り返しのつかない事態を引き起こしているのである（予見性の不足が紛争を引き起こした例として、Ⅱ「11　価格」(2)(二)（345頁）参照[(2)]）。

本条項の実質は、契約書全体の格調を高め、体裁を整えるところにしか意義を見出せない。

【記載例90】　協議解決

> **例１（協議解決）**　本契約および個別契約に関する疑義、または定めのない事項については、甲乙協議して解決する。
>
> **例２（協議）**　本契約および個別契約に規定のない事項あるいは本契約および個別契約の解釈または履行につき生じた疑義について、両当事者は信義誠実の原則に基づき協議を行い友好的に解決するものとする。
>
> **例３（取り決めのない事項、疑義）**　本契約の解釈につき疑義を生じた場合、もしくは内容の変更を必要とする場合、甲乙は信義誠実をもって協議のうえ解決を図る。
>
> **例４（協議事項）**　甲および乙は、本契約ならびに個別契約の規定に関する解釈上の疑義を生じた場合、または規定のない事項について商慣習によるほか信義誠実の精神に基づき別途協議して解決するものとする。
>
> **例５（疑義解釈）**　本契約または個別契約に規定のない事項、本契約条項のうち疑義のある事項および本契約の変更については、甲乙別途協議のうえ、これを決定する。
>
> **例６（協議解決）**　本契約および個別契約の各条項に関する紛争もしくは疑義またはこれらの契約に定めのない事項については、甲乙協議のうえ決定する。

(3)　関連法令

民法１条２項＝基本原則

改正民法90条＝公序良俗

民法91条＝任意規定と異なる意思表示

商法１条２項＝趣旨等

Note

⑴　柏木昇「契約締結前の法律プラクティスとしての予防法学㊤」NBL242号36頁、柏木昇『アメリカの弁護士』８頁（有斐閣・昭和63年）、北川善太郎編『現代契約法入門』103頁〔石田喜久夫〕（有斐閣・昭和49年）

⑵　田中齋治ほか『契約文章読本』25頁（東京布井出版・平成５年）

49　管轄裁判所（第47条）

⑴　基本条文

管轄裁判所については、次のように表示される。

> **第47条（管轄裁判所）**
> 　甲（＝買主）および乙（＝売主）は、本契約に関し裁判上の紛争が生じたときは、〇〇地方裁判所を第一審の専属的合意管轄裁判所とすることに合意する。

⑵　ポイントと記載例

㈠　合意管轄　　起訴前に、当事者の合意によりなされた管轄を「合意管轄」といい法定管轄のうち専属管轄がある場合を除いて、一定の法律関係に基づく訴え[(1)]については、第一審に限って契約当事者の書面による合意[(2)]により管轄を定めることができる（民訴法11条）。したがって、買主が自己に有利な裁判所での紛争処理を定めたとしても、売主が同意するなら法律上問題はない。そうだとしても、上級審の管轄を合意することはできないし、不便だからといって裁判所の支部まで合意できるわけではない。ましてや、裁判所の部や裁判官までも合意により定めることはできない。

合意管轄であるから、当然に、売主の意見も入れての管轄の合意である。もっとも、契約当事者双方の住所が離れている場合、買主にとっては買主の住所地の裁判所にした方が有利となるので、買主提示型ではほとんどの場合、買主の住所地にある裁判所を専属的合意管轄裁判所と定めている。逆に、買主が遠隔地にあるなど売主にとって不利となる場合には、専属的合意管轄条項の削除や付加的合意管轄を交渉した方が合理的であり公平である。

以上のように合意には、選択的（付加的）合意と専属的合意がある。

選択的合意とは、法定管轄外の裁判所に付加的に管轄を認める合意であり、「本契約に関する訴訟については、法定管轄による裁判所の他、○○地方裁判所を合意管轄裁判所とする」とするものである。

専属的合意とは、法定管轄の有無を問わず、特定の裁判所だけに管轄を認めるものである。そのいずれかが明確でないときは、合意の解釈問題となるとされ、その解釈基準として「法定の管轄裁判所を特定し、あるいはそのあるものの管轄を否定する主旨の合意は専属的と解すべく、そうでなければ選択的（付加的）と認めるべきである」とする見解が有力である[(3)]。

「甲の本支店所在地を管轄する裁判所を合意管轄裁判所とする[(4)]」や「専属的」の文言のない「本件に関する訴訟は債権者の甲の本店所在地の管轄裁判所の審判を受くべき旨合意する」との条項は、専属的合意管轄を定めたものではないとの判例もある[(5)]。

このように専属的合意管轄を定めたものと認められない場合は、法定管轄の裁判所にも提訴できることになる。したがって、専属的合意を意図するものであれば明確化の観点から「専属的合意」の旨を明記しておくべきである。

(ロ)　専属管轄　　専属管轄は、強い公共的理由から、特定の裁判所だけに裁判を認めるという管轄で、当事者の合意があっても変更することはできない。民事執行事件およびこれに付随する訴訟（民執法19条）や支払督促の申立て（民訴法383条１項：常に簡易裁判所の職分管轄に属す）は専属管轄の定めがあるので合意管轄は認められない。ただし、特許権等に関する訴えの専属管轄については、(ニ)参照のこと。

(ハ)　任意管轄　　専属管轄以外の法定管轄をいい、主として、当事者の便宜や公平を図る見地から定められるものであり、当事者の合意がない場合、つまり合意管轄条項がないような場合に適用されるものである。

この場合、一般的かつ原則的には、法人その他の社団・財団が被告なら

「その主たる事務所または営業所の所在地」の裁判所に常に管轄権を生じるもので「普通裁判籍」という（民訴法４条）。

しかし、この原則のほかに、事件の特殊性や、当事者および裁判所の利益も考慮して、事件と関連する土地を管轄する裁判所にも訴えを提起できる余地を認めておりこれを「特別裁判籍」といい、原告は、「普通裁判籍」か「特別裁判籍」のどちらかを選んで訴えることができる。

したがって、財産上の訴えは義務履行地、手形または小切手による金銭の支払請求の訴えは手形小切手の支払地、不法行為に関する訴えは不法行為があった地を管轄する裁判所にも提起できる（民訴法５条）。

㈡　**特許権等に関する訴えの管轄**　　平成15年の民事訴訟法改正により、特許権等に関する訴えについて、名古屋高等裁判所管内以東に所在する地方裁判所に土地管轄が認められる事件については、東京地方裁判所の専属管轄が規定され、大阪高等裁判所以西に所在する地方裁判所に土地管轄が認められる事件については、大阪地方裁判所の専属管轄が規定された（民訴法６条）。ただし、本来の専属管轄とは異なり当事者利益重視のため合意管轄も認められている（民訴法13条２項）。

意匠権に関する訴えについては、本来の土地管轄をもつ地方裁判所に加えて、上記と同様、名古屋高裁管内以東なら東京地方裁判所、大阪高裁以西なら大阪地方裁判所にも訴えを提起できるものとしている（民訴法６条の２）。

もっとも東京地裁、大阪地裁のいずれかが地域的に便利かという判断もあるので、特許権等に関する訴えにおいても管轄裁判所を合意しておく意義はある。

㈭　**仲裁合意**　　仲裁とは、仲裁により紛争を解決しようとする当事者間の合意（これを仲裁合意という）に基づき、第三者の仲裁人を選定し、仲裁人による仲裁判断によって紛争の解決を図る制度である。仲裁判断は、確定判決と同一の効力を認められている。

仲裁合意は、紛争発生後に行ってもよいが、紛争発生前にあらかじめ締結しておく場合が多い。その場合には、仲裁合意は本取引基本契約のような当事者間の主たる契約の一条項（仲裁条項）として挿入されるのが一般的である。

仲裁合意は、書面性を要求され、契約当事者全員が署名もしくは記名押印した取引基本契約書であり、かつ当該契約書中に仲裁合意の条項が記載されていればこれに該当するとされる（仲裁法13条２項）。

この場合、当該取引基本契約の無効、取消しまたは解除によって同様に仲裁合意が無効、取消しまたは解除になるわけではなく、主たる契約に関し発生する紛争を解決するために仲裁合意の条項を置いた以上は、仲裁合意の独立性は認められ、当然には、その効力に影響を及ぼさない（仲裁法13条６項）[(6)]。

仲裁は、各国間の条約により、仲裁判断を外国で執行することは、判決を外国で執行することに比べかなり容易となっている。そこで、今日では、およそ国際取引契約の90％が、仲裁条項を含むといわれているが、国内取引契約の場合は、建設請負契約[(7)]など仲裁が特定の目的で法制化されたものを除き、仲裁条項を含まないのが一般的であるといわれている。

たとえば、情報関連取引に関する訴訟では、情報技術など専門性が高い部分が争点となるので、当事者は、事実関係の審理に非常に多くの時間と労力がかかることを覚悟せねばならない。そこで、最近、専門性の高い内容を含む契約では、合意管轄条項に代えて、仲裁条項を採用するケースが徐々に多くなっているといわれている[(8)]。

仲裁により解決できる紛争の範囲は、和解可能な民事上の紛争に限られており、仲裁条項があればあらゆる紛争が仲裁で解決できるのではない。和解可能性のない紛争を対象とする仲裁合意は無効である。この点、問題となるのは知的財産権に関する紛争である。特許侵害事件については仲裁により解決可能であるが、特許の無効確認請求事件などは、一般に和解可能性がなく裁判所の判断を経なければならないとされる（仲裁法13条１項[(9)]）。

仲裁は、当事者が選定した専門家による判断、具体的事案に即した妥当な解決、迅速性、非公開、国際性などの長所を有するが、仲裁合意が必要であり、前述した一定の紛争の制限もあり、結果の予測が困難で、強制力がなく、一審限りなどの短所も併せ持っている。

しかし、当事者である企業にとってみれば、技術・専門知識（建設、海事、国際商取引、医療、特許など）の観点のみならず、法的知識内での特殊領域

（たとえば銀行法、海上交通法）の観点からその紛争事案に最も適した仲裁人を選ぶことができ、仲裁は非公開が原則であるので事実（取引秘密、ノウハウ、商品の欠陥、ライセンスの無効、企業の財政的損失や財政困難など）を競業者、顧客、一般公衆（ときには官庁）などから秘匿することができ、これらの点からいえば、企業の要請に十分応えうる紛争解決方式といえる。[10]

わが国の仲裁機関としては、従来より国際商事仲裁協会（現在の一般社団法人日本商事仲裁協会）、社団法人日本海運集会所（現在は一般社団法人）、国土交通省の建設工事紛争審査会などが存在していたが、国際取引紛争、海事紛争、建設工事紛争などの紛争に特化されており、国内企業間の取引紛争などを訴訟に代わって解決するものとしては利用されてこなかった。[11]

しかし、1990年代に入り、第二東京弁護士会仲裁センターを皮切りに全国各地に各弁護士会が運営する「紛争解決センター[12]（ADR）」が開設され、まずまずの成功を収めているといわれている。1998年には弁理士会と日本弁護士連合会による「工業所有権仲裁センター」（現在の日本知的財産仲裁センター）も設立され、また2003年には「UNCITRAL 国際商事仲裁モデル法」に沿った仲裁法が成立し、仲裁制度の整備が図られている。

【記載例91】　検討すべき条文例と変更例

〔検討すべき条文例１〕

本契約または個別契約に関し、甲乙間に生じたいっさいの訴訟については、山口地方裁判所宇部支部を管轄裁判所とすることに合意する。

（１の変更例①）

本契約または個別契約に関し、甲乙間に生じたいっさいの訴訟については、山口地方裁判所を専属的合意管轄裁判所とすることに合意する。

（１の変更例②）

本契約または個別契約に関し、甲乙間で生じたいっさいの訴訟について山口地方裁判所を非専属的管轄裁判所とすることに合意する。

（１の変更例③）

（条文を削除し、「任意管轄」とする）

〔検討すべき条文例２〕

本契約および個別契約に関する訴訟の第一審の専属的合意管轄裁判所は名古屋地方裁判所とする。

（２の変更例①）

本契約および個別契約に関する訴訟の第一審の合意管轄裁判所は名古屋地方裁判所または仙台地方裁判所とする。

（２の変更例②）

本契約および個別契約に関する特許権、実用新案権、回路配置利用権またはプログラムの著作物についての著作者の権利に関する訴訟の第一審の専属的合意管轄裁判所は大阪地方裁判所とする。

２　前項を除く、本契約および個別契約に関する訴訟の第一審の専属的合意管轄裁判所は名古屋地方裁判所とする。

（注）　１の変更例②は、付加的合意管轄としたものであり法定管轄にプラスして山口地方裁判所を定めるものである。２の変更例①は、付加的合意管轄としたものであり、変更例のように「専属的」の文字を削除する。２の変更例②は、変更しないとすることも可能である（民訴法13条２項）。

【記載例92】　管轄裁判所

例１（合意管轄裁判所）　本契約に関し訴訟の必要が生じたときには、○○地方裁判所を第一審の専属的合意管轄裁判所とする。

例２（合意管轄裁判所）　本契約等により生じる権利義務に関する訴訟については、甲（＝買主）の本店所在地を管轄する裁判所をもって専属的合意管轄裁判所とする。

例３（合意管轄）　本契約および個別売買契約に関する訴訟の管轄裁判所は、訴額に応じ、この契約書に記載の甲（＝買主）の住所地を管轄する地方裁判所または簡易裁判所とする。

例４（合意管轄）　本契約に関し、甲乙間に紛争が生じた場合には、甲（＝買主）の本店所在地または乙を担当する甲の支社もしくは支店所在地を管轄する地方裁判所を第一審の合意管轄裁判所とする。

例５（紛争の解決）　本契約または個別契約に起因しもしくは関連する甲乙間のいっさいの紛争、異議その他の争いは甲乙間の協議により解決されるものとするが、甲または乙が協議を申し入れした後も解決できないものは、訴訟によることとし、この場合は、東京地方裁判所を唯一の管轄裁判所とする。ただし、甲（＝買主）が乙の所在する地に訴訟を提起することを妨げない。

例６（仲裁の合意）　本契約または個別契約に関し甲乙間に紛争が生じた場合には、（一社）日本商事仲裁協会の商事仲裁規則に従って、名古屋市において仲裁により解決される。

例７（仲裁）　甲および乙は、本契約に関するいっさいの紛争については、東京において○○仲裁機関により、同機関の仲裁規則に従い、仲裁によって最終的に解決する。

⑶　関連法令

民事訴訟法11条＝管轄の合意
　同　４条＝普通裁判籍による管轄
　同　５条＝財産上の訴え等についての管轄
　同　６条＝特許権等に関する訴え等の管轄
　同　６条の２＝意匠権等に関する訴えの管轄
　同　13条＝専属管轄の場合の適用除外等
民事執行法19条＝専属管轄
民事保全法６条＝専属管轄
仲裁法２条＝定義
　同　13条＝仲裁合意の効力等
　同　45条＝仲裁判断の承認

Note

⑴　民事訴訟法11条２項により「一定の法律関係に基づく」必要があるので、「取引基本契約から生じるいっさいの紛争」や「売買契約に基づくいっさい

の訴訟」など法律関係を特定しておけばよいが、法律関係を特定せず「甲乙間に関するいっさいの紛争」は無効となる。

⑵　平成16年の民事訴訟法改正により、同法11条３項の規定が新設されたため、平成17年４月１日（同改正の施行日）以降の電磁的記録による管轄の合意は書面によってされたものとみなされるので、有効である。

⑶　兼子一ほか『条解民事訴訟法』69頁〔新堂幸司〕（弘文堂・昭和61年）、斎藤秀夫編『注解民事訴訟法⑴』155頁（第一法規出版・昭和43年）、三ケ月章『民事訴訟法』254頁（弘文堂・昭和56年）

⑷　東京高決昭和58年１月19日判タ491号70頁・判時1076号65頁

「本規約に関することがらで、会員とＸとの間での訴訟の必要が生じた場合は、Ｘ本支店所在地を管轄する裁判所を合意裁判所とします」との条項に関して裁判所は、「競合する法定管轄裁判所のうち一つを特定して管轄裁判所とすることを合意し、そのほかの管轄を排除することが明白である等の特段の事情のない限り、当該合意は競合的（＝付加的）合意を定めたものと解するのが相当である」とした。

⑸　大阪高決平成２年２月21日判タ732号270頁

「いわゆる専属的管轄の合意であるのか、いわゆる付加的管轄の合意であるのか、それが合意の文言上明らかでない限り、当該合意を合理的に解釈してこれを決する外はないところ、管轄の合意が経済的に優位な一方当事者の便宜のためになされる場合が多いこと、専属的管轄の合意は合意された裁判所以外の裁判所の法定管轄権をすべて排除し、当事者の一方に訴訟上重大な不利益をもたらすものであること、及びこのような不利益はできるだけ少なくしようとするのが当事者の普通の意思であること等を考えると、合意された管轄が専属的か明らかでない場合には、通常は付加的管轄の合意がなされたものと観るべきであり、これを専属的管轄の合意と認めるには、法定管轄裁判所の中の一つを特定して管轄裁判所とする合意である等、首肯するに足る特段の事情が存在しなければならないものと解するのが相当である」とし、本件管轄条項については、甲の本店所在地を専属的な管轄裁判所とする趣旨の記載はなく、専属的管轄の合意を認めるべき特段の事情が存在しないとして、専属的管轄の合意とは認められないとした。

⑹　最判昭和50年７月15日民集29巻６号1061頁

⑺　民間（旧四会）連合協定工事請負契約約款（平成23年５月版）

第34条　紛争の解決

１号　省略

２号　発注者または受注者が本条１号により紛争を解決する見込がないと認めたとき、または審査会があっせんもしくは調停をしないものとしたときは、発注者または受注者は、仲裁合意書にもとづいて審査会の仲裁に付することができる。

⑻　小野原正巳編『アウトソーシング契約と実務』176頁（企業研究会・平成11年）

⑼　たとえ民事上の紛争であったとしても、事業者と消費者の間の仲裁合意については、消費者が当該仲裁合意に基づく仲裁手続の仲裁申立人になった場合を除き、当分の間、消費者は当該仲裁合意を解除できる（仲裁法附則３条１項・２項）。

⑽　松浦馨「仲裁の機能と限界」JCA ジャーナル45巻３号６頁、松浦馨ほか編『現代仲裁法の論点』133頁・135頁〔飯塚重男〕（有斐閣・平成12年）

⑾　早川吉尚「米国からみた日本の ADR とその問題点⑵」JCA ジャーナル46巻８号36頁

⑿　東京、第一東京、第二東京、横浜、埼玉、新潟、大阪、京都、兵庫、愛知、岐阜、広島、岡山、島根など、全国37カ所（2017年10月現在）の34弁護士会に設置されているが、その名称は、「仲裁センター」「あっせん・仲裁センター」「示談あっせんセンター」「紛争解決センター」などさまざまである。

50　経過措置（第48条）

⑴　基本条文

経過措置については、次のように表示される。

第48条（経過措置）

　本契約の締結以前に甲（＝買主）乙（＝売主）間で締結した取引基本契約書は、本契約の締結をもってその効力を失うものとし、本契約以前に甲乙間で締結した個別契約は本契約を適用するものとする。

⑵　ポイントと記載例

(イ)　以前の取引基本契約との関係　　本契約を締結した場合、以前に締結した取引基本契約書の失効時期を明確にしておく必要がある。

(ロ)　以前の個別契約との関係　　本契約の締結以前に成立した個別契約については、「以前の取引基本契約を適用する」とするものと「本契約を適用する」とするものがある。当事者の合意で、いずれでもよいが、一般的には新しい契約ほど、条項数も多く、厳格になっているものが多いようである。しかし、本契約締結以前に締結した未履行の個別契約を考慮に入れると、これらは履行が本契約の開始以後行われるので、以前の取引基本契約ではなく本契約を適用した方がよいのではないかと思われる。

また、今回がはじめての取引基本契約の締結なら「本契約を適用する」でよい。

【記載例93】　経過措置

例１（経過処置）　甲（＝買主）から乙（＝売主）に発注される目的物の取引に関し、甲乙間における本契約締結前に締結した基本契約（以下旧契約という）は、本契約の締結をもって効力を失う。ただし、旧契約の下で締結された個別契約については旧契約がなお適用される。

例２（特約）　本契約の締結以前に甲乙間で成立した個別契約で未履行のものについては、本契約を適用する。

例３（特記）　本契約は、その締結前より存する甲乙間の個別契約にも適用されるものとする。

例４（旧契約）　本契約締結前に、甲乙間で締結された基本契約（以下旧契約という）が存する場合には、旧契約は本契約の締結と同時にその効力を失う。

2　前項の規定にかかわらず、旧契約に基づき成立した個別契約に係る債権債務については、旧契約が適用される。

3　旧契約を変更または補充するため甲乙間に締結された覚書等は、本契約を変更または補充する。

例５（特約）　本契約は、これが締結前から存する個別契約にも適用される。

例６（付則）　本契約の締結以前に甲乙間で締結した取引基本契約書は、本契約の締結と同時にその効力を失う。

2　本契約の締結以前に甲乙間で締結した個別契約の履行には、本契約を適用する。

例７（旧基本契約書の失効）　○○○○年○月○日付甲乙間の「取引基本契約書（これに追加・変更を加える目的で締結された覚書等を含み、以下旧基本契約という）」は、本契約の締結をもって失効するものとする。ただし、本契約締結時に有効な個別契約があるときは、この個別契約が終了するまで旧基本契約の各条項が適用される。

51　後　文

(1)　基本後文

後文は、次のように表示される。

本契約書の締結を証するため、本書２通を作成し、甲乙記名押印のうえ、それぞれ１通を保有する。

(2)　ポイントと記載例

契約当事者が各１通ずつ契約書の原本を保有するのが一般的であるが、その場合には、作成されたすべての原本に印紙を貼付しなければならない。

そこで、印紙税の節税のためには、原本は１通とし契約当事者のいずれかが保管し、他の契約当事者には写しを交付する方法がとられる。

この場合、原本保管者が、写しの上に「原本と相違ないことを証明する」という文言の記載と記名押印をしておく。

【記載例94】　後　文

例１　この契約の証として、本書１通を作成し、甲乙記名押印のうえ、甲がこれを保有して、乙にその写しを交付する。

例２　上記の契約を証するため甲および乙は、この契約書を２通作成し、各１通ずつ保有する。

例３　この契約の成立を証するため、本証書２通を作成し、甲乙署名捺印のうえ各１通を保有する。

⑶　関連法令

民事訴訟法228条４項＝文書の成立

52　契約書作成日

⑴　基　本

契約書作成日は、次のように表示される。

○○○○年○○月○○日

⑵　ポイントと記載例

契約締結日を記載するのか、契約作成日を記載するのか問題はあるが、契約は口頭であっても成立し、契約書はその契約をした内容の証明書という位置づけであるので、どちらかというと契約書に記載する日は、契約書を作成した日、つまり契約当事者全員がこの契約書に調印をした日であると解せられる。

そして、取引基本契約書の中で、契約の有効期間の始期（効力発生日）を別に定めなかったときは、この契約書作成日が契約締結日となり、契約効力発生日として推定される。

効力発生日が契約書作成日や契約締結日と異なる場合には、別に明記しておくことが必要となる。明記しなければ、前述のように契約書作成日から効力が発生することになるので、実際の取引の開始よりも契約書の作成が遅れた場合など、トラブルが発生する可能性もあるので効力発生日の文言を挿入することの要否を事前に検討しておく。なお、契約の効力発生を遡らせたり、遅らせたりする場合、この契約作成日の期日を変えて対処する場合があるが、事実とは異なることになり好ましくない。

日付を記入せずブランクになっているものも見受けられるが、契約締結日が訴訟等で問題となる場合も考えられるので必ず記入したい。

【記載例95】　検討すべき条文例と変更例

〔検討すべき条文例〕

第○○条（有効期間）　本契約の有効期間は、契約締結の日から１年間とし、期間満了の３カ月前までに甲（＝買主）または乙（＝売主）のいずれからも書面による変更・終了の申し出がないときは、さらに１年延長されるものとし、以後も同様とする。

20××年４月１日

（注）　契約締結日は、実際には20××年６月10日であったが、効力発生日を４月１日にしたいので、契約日をバック・デートさせて、４月１日とした。

〔変更例〕

第○○条（有効期間）　本契約の有効期間は、<u>20××年４月１日</u>から１年間とし、期間満了の３カ月前までに甲または乙のいずれからも書面による変更・終了の申し出がないときは、さらに１年延長されるものとし、以後も同様とする。

20××年６月10日

53　当事者の表示

(1)　基本当事者の表示

当事者は、次のように表示される。

甲　　東京都千代田区内幸町１―１―１
　　　株式会社○○○○

代表取締役社長　○○　○○　　印

乙　　大阪市北区中之島５―５―５
　　　△△電機株式会社
　　　代表取締役社長　△△△△　　印

⑵　**ポイントと記載例**

(イ)　**記名と署名、押印と捺印**　　署名とは、署名者が自己を表彰する文字によって氏名等の呼称を自署によって表記したものをいう。署名は筆跡鑑定により、署名者本人の筆跡であると認定されれば法的効果をもつことになる（民訴法229条１項参照）。

記名とは、氏名等について、他人による筆記、パソコン、ゴム印、印刷等により表記するものをいう。記名は、これのみでは、記名者本人の意思であるとは認定されず、押印が必要となる。

押印と捺印は、いずれも印判を押すこと（広辞苑）であるが、署名か記名かによって、印判を押す行為の呼び方が異なっている。すなわち、押印とは、自署ではない氏名等の場合に契約書等に印判を押すことをいい、捺印とは自署した氏名等の場合に契約書等に印判を押すことを意味する。

これに関し、民事訴訟法228条は、１項で「文書は、その成立が真正であることを証明しなければならない」とし、４項で「私文書は、本人またはその代理人の署名または押印があるときは、真正に成立したものと推定する」としている。ここでは、「捺印」という用語を使用してはいない。

また、平成30年改正前の商法32条は、「この法律の規定により署名すべき場合は、記名押印をもって、署名に代えることができる」としており、署名に代えることのできる記名により印判を押す行為を「記名押印」とし、「記名捺印」とはしていなかった。

これらの証拠能力は、「記名押印」よりも「署名」のほうが、さらに「署名捺印」のほうが強力であるといえる。

特に、重要契約や連帯保証人も当事者となっている契約の締結の場合には、面前での署名捺印により、当事者の意思も明確になり、かつ、その模様を撮影することもできる点で、強力な証拠能力を得ることができるため、調印式を行うことが勧められる。

(ロ) **実印と認印**　実印とは、個人の場合は住民登録をしている市町村役場に印鑑登録をしてある印鑑、会社の場合は会社の代表者が本店所在地の法務局に登録した印鑑で、いつでも印鑑証明書を求めることができる印鑑をいう。押印は、これらの登録した印鑑で行うのが正式である。

実印は、公的機関から交付を受けた印鑑証明書を添付することにより本人の印に間違いがないという公的な証明を受けることになる。したがって、甲乙以外に連帯保証人の表示をして、署名捺印（記名押印）をしてもらう場合には、必ず実印を押印してもらい印鑑証明書を添付させるのが賢明である。

実印以外の印鑑を認印といい、既に他の文書にも同様の印が押されている、あるいは印鑑の押印に立ち会っていた人の証言等により、本人の意思を確認できることになる。この場合でも、会社の調印者が、取締役○○○○の印、あるいは支店長の印など会社の役職印を有している場合は、それによる押印を求める。

会社の場合、角印という会社印（たとえば、印影が「○○株式会社之印」となっている四角い大型の印）を押すことが多いが、これは飾り印といわれており、これだけでは法律的な意味をもたないので注意が必要である。

(ハ) **住　所**　法人の住所は、法は、その主たる事務所の所在地にあるものとしている（会社法4条、一般法人法4条）。したがって、基本的には、登記簿上の本店とされている場所と、その主たる事務所の所在地は同じである。登記簿上の住所と実際の住所が異なっている場合や、本店住所を移転している場合は、必ず相手方にその理由を確認する。

しかし、本店所在地はそのままにして、実質的な営業の主体を別な場所で行っているような場合、住所としてはその法人の現在の主たる事務所の場所を記入し、それに加えて登記簿上の本店の場所もカッコ書きで「(本店住所として)」正確に表示しておく。なお、本店を移転したが、締結日現在、まだ登記が済んでいない場合も同様の処置が必要である。

㈡ **契約締結権限者**　法人が契約を締結する場合は、法人自体が締結権者となるのではなく、その法人を代表する権利をもっている者または代理する権利を持っている者が締結権限を有しているといえる。

(A) 株式会社

① 代表取締役・代表執行役　取締役会は取締役の中から、会社を代表して業務執行を担当する１名以上の代表取締役を選定し（会社法362条３項）、その氏名、住所を登記せねばならない（会社法911条３項14号）。

また、取締役会を設置しない会社では、定款、定款規定による取締役の互選、または総会決議により代表取締役を定めることができる（会社法349条３項）。定めのない場合は、取締役が何人であろうとも、各自が会社を代表する（会社法349条１項・２項）。

原則としては、この代表取締役が、第一義的に契約締結権者となる。なお、会社によっては、代表取締役であるが、取締役社長という肩書きで締結しているものもあるが、一般的に、取締役社長は代表取締役であるので問題はない。万が一、取締役社長が、実際は代表取締役でなかったとしても、表見代表取締役と考えられるので問題はない。

取締役社長、取締役副社長、その他会社を代表する権限を有すると認められる名称を付した取締役は、たとえこれらの取締役が代表権を有していなくても、相手方からみれば代表権があると誤認するおそれが強いことから表見代表取締役といわれ、会社法は、取引の相手方保護の観点から、会社が代表権のない取締役に代表権のあるかのような名称を付した場合、代表権がないという事情を知らない善意の相手方に対して責任を負うものと定めている（会社法354条[(1)]）。

同様に、指名委員会等設置会社の取締役会は執行役の中から会社を代表する代表執行役を選定し（会社法420条１項前段）、その氏名、住所を登記せねばならない（会社法911条３項22号ハ）。執行役が１人のときは、その者が代表執行役に選定されたものとされる（会社法420条１項後段）。

原則として、この代表執行役が第一義的契約締結権者となる。

② 代理人　代表取締役や代表執行役から契約締結についての代理権を授与されている者が、会社の代理人として代理権のあることを表示して

契約締結権者となることができる。この場合、相手方としては、委任状の添付[(2)]を請求する必要がある。

③　平取締役・平執行役、支店長、部長、課長　　取締役会を設置する会社の取締役は、対外的に代表取締役からの委任に基づき代表取締役を代理していると解するのが妥当である。この点は、執行役も同様である。

会社法13条により、その会社の「本店又は支店の事業の主任者たることを示すべき名称を付した使用人」はその会社の本店または支店の事業について、いっさいの裁判外の行為を行う権限を与えられている。支店長、営業部長がこの範ちゅうにあたると解せられる。

しかし、会社法では、営業以外の部長、営業課長、購買課長、資材課長などの肩書きを「事業の主任者たることを示すべき名称を付した使用人」と認めていないが、会社法14条によると、「ある種類または特定の事項の委任を受けた使用人」は、その事項に関していっさいの裁判外の行為をなす権限を与えられている。したがって、明らかにこれらの部課長の担当範囲に属する契約と認められる場合は、代理権を有していると解される。

なお、営業係長が、「ある種類または特定の事項の委任を受けた使用人」として会社を代理して売買契約を締結する権限を有するかどうか争われた事案で、係長を会社法14条の使用人として認めた例[(3)]もあるが、一般の会社の実態から言えば、課長以上としておいた方が賢明であろう。

④　取締役を兼任しない執行役員　　執行役員は、あくまでも従業員（使用人）であり、代表取締役以下の取締役の監督と指揮命令下に置かれる。このため、会社法354条の表見取締役としての責任を負う以外、対外的な独自の責任を有せず、経営幹部従業員として位置づけられる[(4)]。

会社法14条の適用範囲は、従業員から取締役までの広範な範囲をカバーしており、たとえば、取締役も会社法14条の使用人にあたるとされた判例[(5)]もあり、課長から部長まで、場合によっては取締役まで包含する概念であるのだから、執行役員についても会社法14条の使用人と解され、担当範囲の契約締結についての代理権を与えられているとみるのが相当である[(6)]。

したがって、③および④の者は、②の者とは異なり、契約締結に際して委任状を要しない。

(B) 有限会社

有限会社の場合は、取締役が1名の場合はもちろん、数名いるときでも、原則としてその各自が法律上当然に会社代表権を取得する（会社法整備法2条、会社法349条1項・2項）ので、資格名たる取締役という文言と氏名を記載する。ただし、例外として、定款の規定または社員総会の決議をもって数人の取締役のうちからとくに会社を代表する取締役を定めることができる（会社法349条3項）ので、この場合は代表取締役の資格文言を付すことになる。

(C) 合名会社、合資会社、合同会社

合名会社、合資会社、合同会社（これら3社を「持分会社」と総称する）の業務執行社員は、原則として各自会社を代表する（会社法599条1項本文、590条1項）。また、定款または持分会社の社員の互選をもって業務執行社員のうち会社を代表すべき者を定めることができる（会社法599条1項ただし書）。

なお、法人が持分会社の業務執行社員となることができ、この場合には、法人は、業務の執行を担当する自然人を職務執行者として選任し、その者の氏名および住所を社員に通知する（会社法598条）とともに、その氏名および住所を登記する（会社法912条7号、913条9号、914条8号）。

(D) 一般社団・財団法人、公益社団・財団法人

一般社団法人では、代表権は、理事が数人いる場合、理事会を設置しない場合、原則、各理事に帰属し、理事会設置の場合には代表理事に帰属する（一般法人法77条、90条）。一般財団法人は理事会が必要なので、代表理事に帰属する（一般法人法197条）。

これらの代表権に加えた制限は善意の第三者に対抗できない。代表理事その他の代表者が職務を行うについて、一般社団法人・一般財団法人は、第三者に加えた損害を賠償する責任を負う（一般法人法78条、197条）。

また、一般社団法人・一般財団法人は、代表理事以外の理事に代表権を有すると認められる名称を付した場合には、その者がした行為について、善意の第三者に対してその責任を負う（一般法人法82条、197条）。そうであって

も、代表理事を確認してその者との契約締結が望ましい。

なお、公益認定を受けた一般社団法人・一般財団法人は、公益社団法人・公益財団法人となる（公益法人法９条)。したがって、「公益認定に関する事項」、「行政庁による監督に関する事項」以外の、「法人の機関設計」、「法人の管理」等については一般法人法の適用がある。

⒠　その他の法人

①　中小企業等協同組合、農業協同組合　　事業協同組合、火災共済協同組合、信用協同組合、信用組合、およびこれらの名を冠する連合会、企業組合などの名称を付した組合は中小企業等協同組合法36条の８により、農業協同組合は農業協同組合法35条の３により、代表理事がその組合を代表するので、理事会において選定された代表理事と契約締結をすべきである。

②　消費生活協同組合　　消費生活協同組合法は、理事の定数を５人以上とし、理事会は理事の中から代表理事を選定し、代表理事の代表権の制限は善意の第三者に対抗できない（生協法27条、30条の９)。

③　NPO 法人（特定非営利活動団体）　　阪神・淡路大震災のボランティア団体等の活躍を契機に、民間 NPO（Non Profit Organization）団体の活動が重要な位置を占めるとの認識が高まり、ボランティア活動を促進することを目的に平成10年12月より施行された。理事の定数を３名以上とし、理事は、定款で代表権を制限した場合を除き、法人を代表する（非営利活動法16条)。

⒡　組　合

民法上の組合は、⒠のような特別法で認められたものとは異なり、数人が出資して共同の事業を約することによって成立する団体（民法667条）であり、法人格を持っていない。もっとも、法人格がないとして、契約締結時に多数いる組合員全員に記名押印を求めるのは、煩雑であり時間も要する。そこで、通常、組合の対外的行為は代理の法理によることになる。組合には法人格がないので組合を本人とはできないが、便宜上、組合名と肩書付きの代表者（業務執行組合員）名の表示が認められている。

しかし、組合にとって重要な契約書については、後日の紛争防止のためにも組合員全員が記名押印してもらうべきであろう。

弁護士事務所や最近よく見受けられる建設業における共同企業体[7]は、この民法上の組合である。

(G)　有限責任事業組合（LLP）

民法の組合制度の特例として「有限責任事業組合契約に関する法律」に基づき創設された組合制度で、有限責任、内部自治原則、構成員課税（組合に課税されず出資者に直接課税される）という特色をもっている。民法上の組合と同様、多くの場合、組合員の肩書き付き名義で署名または記名押印することにより契約が締結される。法人が組合員となれるのも同様であるが、この場合、組合員は自然人の職務執行者を選任しなければならない（有限組合法19条1項）。

(H)　権利能力のない社団

公益をも営利をも目的とせず、主として構成員の非営利的利益を目的とする社団で、法人格を取得していないものを「権利能力のない社団」という[8]。

最高裁は、「権利能力のない社団といいうるためには、団体としての組織を備え、そこには多数決の原則が行われ、構成員の変更にもかかわらず団体そのものが存続し、しかしてその組織によって代表の方法、総会の運営、財産の管理その他団体としての主要な点が確定しているものでなければならない」と判示している[9]。判例で認められたものとしては、町内会[10]、マンション管理組合[11]、持株会、政党・労働組合の地区委員会、労音、勤労者演劇協議会などがある。

なお、最高裁判例は、財産の帰属について総有説[12]をとっており、社員・代表者の責任を否定している[13]ので、単発的な取引を行う場合であっても十分な注意が必要である。

(I)　個人企業

個人企業の場合は、会社の名称は使用できない（会社法7条）。このような場合は、法人でないことを確認したうえ個人と契約を締結することになる。

(ホ)　両当事者の取締役・執行役兼任と利益相反取引　取締役または執行役が会社の財産を譲り受けたり、自分の財産を会社に譲り渡したり、会社から金銭の貸し付けを受けたりする等、自己または第三者のために会社と取引を行う場合、取締役等がその地位を利用して有利な条件で取引をすると会社に不利益が発生することになる。そこで、取締役等は、このような取引を行う前に、取引の重要な事実を示して取締役会の承認を受けなければならない(取締役会を設置しない会社の取締役は株主総会の承認を受けなければならない)。このように、取締役等が会社との間で行う取引を自己取引または直接取引といい、間接取引[(14)]も含めて利益相反取引と呼んでいる。この規制のねらいは、取締役等がその地位を利用して自己または第三者の利益を図ることを牽制し、会社との利害の衝突を予防し、会社の利益が損なわれないようにするためである。

第三者のためにする利益相反取引は、特に契約において、取締役等が数社の取締役等を兼任している場合に発生しやすいので注意が必要である。たとえば、A社のX取締役は、B社の代表取締役である場合の取引において、A社X取締役名、B社X代表取締役名にて契約書を取り交わすような場合、A社の取締役会の承認を要することになる。ただし、このような場合でも、B社の他の代表取締役が代表して取引を行い、実質的にもAB両社の利益が相反しない場合は、利益相反にあたらない。

また、上の例でB社がA社の100%子会社であった場合は、両社は実質的に同一会社であり利益相反関係の問題は発生しない。

〔表8〕 取締役会等の承認を要する場合

	A　社	B　社	取締役会等の承認
①	代表取締役Xまたは代表執行役X	代表取締役Xまたは代表執行役X	XがAB両社で
②	取締役X または執行役X	代表取締役X または代表執行役X	XがA社で
③	(代表取締役Xまたは代表執行役X) 取締役Yまたは執行役Y	取締役Xまたは執行役X (代表取締役Yまたは代表執行役Y)	A社取締役Yまたは執行役YがA社で、B社取締役Xまたは執行役XがB社で

同様に取締役と有限会社間の利益相反取引においては、有限会社の株主総会の承認（会社法整備法2条、会社法356条)、社員と合名会社・合資会社・

合同会社間の取引においては、他の社員の過半数の決議（会社法595条）を受けなければならない。

【記載例96】　当事者の表示

例１（株式会社）　○○市○○区○○町○○番○○号
○○産業株式会社
代表取締役　○○○○　　印

例２（株式会社）　○○市○○区○○町○○番○○号
○○産業株式会社
代表取締役　○○○○
○○市○○区○○町○○番○○号
○○産業株式会社代理人
弁護士　○○○○　　印

例３（株式会社）　○○市○○区○○町○○番○○号
○○産業株式会社
取締役　○○○○　　印

例４（株式会社）　○○市○○区○○町○○番○○号
○○産業株式会社○○支店
支店長　○○○○　　印

例５（株式会社）　○○市○○区○○町○○番○○号
○○産業株式会社
営業部長　○○○○　　印

例６（株式会社）　○○市○○区○○町○○番○○号
○○産業株式会社
資材部長　○○○○　　印

例７（株式会社）　○○市○○区○○町○○番○○号
○○産業株式会社調達部
調達一課長　○○○○　　印

例８（株式会社）　○○市○○区○○町○○番○○号
○○産業株式会社

○○担当執行役員　○○○○　　印

例9（株式会社）　○○市○○区○○町○○番○○号
（本店　××市××町×丁目××番地）
○○工業株式会社
代表取締役社長　○○○○　　印

例10（有限会社）　○○市○○区○○町○○番○○号
○○産業有限会社
取締役　○○○○　　印

例11（有限会社）　○○市○○区○○町○○番○○号
有限会社○○産業
代表取締役　○○○○　　印

例12（合名会社）　○○市○○区○○町○○番○○号
合名会社○○商店
代表社員　○○○○　　印

例13（合資会社）　○○市○○区○○町○○番○○号
合資会社○○商会
代表社員　○○○○　　印

例14（合同会社）　○○市○○区○○町○○番○○号
合同会社○○エンタープライズ
代表社員　○○産業株式会社
職務執行者　○○○○　　印

例15（特例社団法人）　○○市○○区○○町○○番○○号
社団法人○○研究会
理事長　○○○○　　印

例16（一般社団法人）　○○市○○区○○町○○番○○号
一般社団法人○○研究会
代表理事　○○○○　　印

例17（農業協同組合）　○○市○○区○○町○○番○○号
○○農業協同組合
代表理事組合長　○○○○　　印

例18（消費生活協同組合）　〇〇市〇〇区〇〇町〇〇番〇〇号
〇〇消費生活協同組合
理事組合長　〇〇〇〇　印

例19（特定非営利活動法人）　〇〇市〇〇区〇〇町〇〇番〇〇号
特定非営利活動法人〇〇国際協力グループ
代表理事　〇〇〇〇　印

例20（管理組合法人）　〇〇市〇〇区〇〇町〇〇番〇〇号
〇〇マンション管理組合法人
代表理事　〇〇〇〇　印

例21（組合）　〇〇市〇〇区〇〇町〇〇番〇〇号
〇〇組合
組合長理事　〇〇〇〇　印

例22（組合）　〇〇市〇〇区〇〇町〇〇番〇〇号
〇〇・▽▽・◇◇建設工事共同企業体
組合員　〇〇建設株式会社代表取締役　〇〇〇〇　印
組合員　▽▽建設株式会社代表取締役　〇〇〇〇　印
組合員　株式会社◇◇工務店代表取締役　〇〇〇〇　印

例23（有限責任事業組合）　〇〇市〇〇区〇〇町〇〇番〇〇号
〇〇有限責任事業組合
組合員　〇〇〇〇　印

例24（有限責任事業組合）　〇〇市〇〇区〇〇町〇〇番〇〇号
有限責任事業組合△△
組合員　□□株式会社
職務執行者　〇〇〇〇　印

例25（権利能力のない社団）　〇〇市〇〇区〇〇町〇〇番〇〇号
〇〇町内会
会長　〇〇〇〇　印

例26（個人企業）　〇〇市〇〇区〇〇町〇〇番〇〇号
〇〇商店こと　〇〇〇〇　印

（注）　例９は、本店所在地と主たる事務所の所在地が異なる場合の表示方法である。例14は、代表社員が法人である場合である。例25は、法人格を有しない団体であり、団体規約から誰が代表者なのか確認する。しかし、契約当事者能力等に問題があるので、実際の契約には十分注意すること。

⑶　関連法令

民法 22条＝住所

同 23条＝居所

一般社団法人及び一般財団法人に関する法律４条＝住所

同 ５条＝名称

同 77条＝一般社団法人の代表

同 78条＝代表者の行為についての損害賠償責任

同 82条＝表見代表理事

同 90条＝理事会の権限等

同 197条＝理事、理事会、監事及び会計監査人

公益社団法人及び公益財団法人の認定等に関する法律９条＝名称等

一般法人法及び公益法人法の施行に伴う関係法律の整備に関する法律40条＝社団法人及び財団法人の存続

同 41条＝民法施行法社団法人及び民法施行法財団法人の存続

同 42条＝名称に関する特則

会社法４条＝住所

同 911条３項２号・３号・14号・22号ハ＝株式会社の設立の登記

同 912条２号・５号・６号・７号＝合名会社の設立の登記

同 913条２号・５号・６号・８号・９号＝合資会社の設立の登記

同 914条２号・７号・８号＝合同会社の設立の登記

同 354条＝表見代表取締役

同 13条＝表見支配人

同 14条＝ある種類又は特定の事項の委任を受けた使用人

同 349条＝株式会社の代表

同 599条＝持分会社の代表

同 590条＝業務の執行

同　6条＝商号

同　7条＝会社と誤認させる名称等の使用の禁止

同 356条＝競業及び利益相反取引の制限

同 595条＝利益相反取引の制限

会社法の施行に伴う関係法律の整備等に関する法律2条＝旧有限会社の存続

中小企業等協同組合法36条の8＝代表理事

農業協同組合法35条の3＝代表理事

消費生活協同組合法42条＝民法の準用

特定非営利活動促進法16条＝理事の代表権

地方自治法260条の2＝地縁による団体

民法667条以下＝第12節　組合

有限責任事業組合契約に関する法律11条以下＝組合員の権利及び義務

民事訴訟法228条4項＝文書の成立

Note

(1)　最判昭和41年11月10日民集20巻9号1771頁、最判昭和52年10月14日民集31巻6号825頁

(2)　委任状

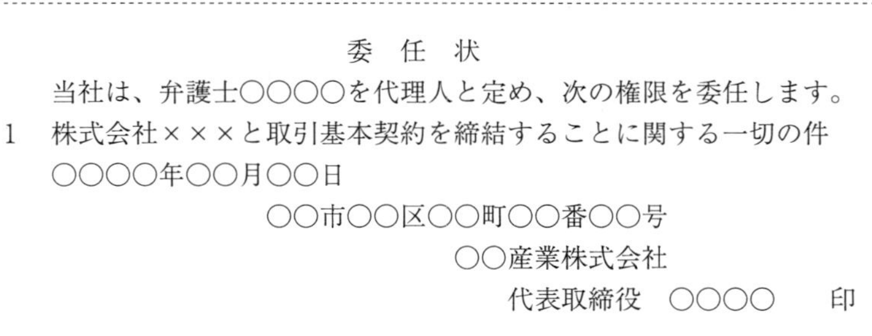

委　任　状

当社は、弁護士○○○○を代理人と定め、次の権限を委任します。

1　株式会社×××と取引基本契約を締結することに関する一切の件

○○○○年○○月○○日

○○市○○区○○町○○番○○号

○○産業株式会社

代表取締役　○○○○　　印

(3)　東京高判昭和60年5月16日判タ565号190頁、東京高判昭和60年8月7日判タ570号70頁、大阪高判昭和60年12月24日判時1196号154頁

(4)　商事法務研究会編『執行役員制の実施事例』別冊商事法務214号75頁〔安

西愈〕（商事法務研究会・平成10年）

⑸　名古屋高判昭和29年1月11日下民集5巻1号1頁、東京地判昭和30年6月9日判時59号25頁

「取締役が経理業務を担当していたのであるから、その会社の商業使用人をも兼ねていたものということができ、その地位は商法43条（注：旧商法43条。商法25条、会社法13条参照）のいわゆる番頭に該当するものというべきである。」

大阪高判昭和38年2月9日判時357号45頁

⑹　浜辺陽一郎『執行役員制度〔第4版〕』245頁（東洋経済新報社・平成20年）

⑺　鈴木禄弥編集『新版注釈民法⒄債権⑻』21頁〔福地俊雄〕（有斐閣・平成9年）

「複数の建設業者がアメリカ法上のジョイントベンチャーまたはジョイント・アドベンチャーと呼ばれる制度（これは必ずしも建設業だけに限らない）にならって結成する共同企業体には、特定工事ごとに共同請け負いをするいわゆる建設工事共同企業体と、主として中小企業が年間を通じて共同受注する目的のための建設共同企業体があるが、いずれも民法上の組合の性質を有する。」

最大判昭和45年11月11日民集24巻12号1854頁、最判昭和59年3月8日金法1070号36頁、東京地判平成9年2月27日判時1648号151頁・NBL653号54頁

⑻　我妻栄『新訂民法総則』138頁（岩波書店・昭和40年）

⑼　最判昭和39年10月15日民集18巻8号1671頁

⑽　ただし、平成3年の改正により地方自治法260条の2で「地縁による団体」が認められ所定の要件に該当すれば、実質的に法人格が認められ、同条15項により、理事の代表権については、民法53条の規定が準用される。

⑾　ただし、マンションや事務所ビルなどの建物区分所有者で構成する管理組合は、建物の区分所有等に関する法律47条その他所定の要件を満足すれば管理組合法人となることができ、同法49条により理事は数人ある場合でも、原則として各自同法人を代表するが、規約や集会（総会）の決議もしくは規約により理事の互選によっても代表理事を定めることも可能である。

⑿　最判昭和32年11月14日民集11巻12号1943頁

「権利能力なき社団の財産は、実質的には社団を構成する総社員の所謂総有に属するものであるから、総社員の同意をもって、総有の廃止その他右財産の処分に関する定めのなされない限り、現社員及び元社員は、当然には右財産に関し、共有の持ち分権又は分割請求権を有するものでないと解するのが相当である」とし、脱退した数十名からの分割請求を否定した。

⒀　最判昭和48年10月9日民集27巻9号1129頁

「権利能力のない社団の代表者が社団の名においてした取引上の債務は、社団の構成員全員に一個の義務として総有的に帰属し、社団の総有財産だけがその責任財産となり、構成員各自は、取引の相手方に対し個人的債務ないし責任を負わない。」

⒁　間接取引については、Ⅱ「34　当事者の表示」⑵(ロ)（420頁）参照

Ⅱ　売主提示型取引基本契約書

売主提示型は、売主（メーカーまたは商社）を受注者とする売買、請負等の取引に関して、買主（メーカーまたは商社）が、売主から所定の取引基本契約書の提示を受け、買主が契約内容について検討し、締結するものであり、売主が大企業あるいは技術的優位にある企業で、買主が比較的中小規模の企業である場合が多い。

売主提示型取引基本契約書の特徴は、売主のリスク回避のための債権保全上の措置が規定化されていることである。

それらは、①所有権留保、②遅延損害金、③担保（現実の担保設定あるいは将来の担保設定）、④連帯保証人であり、その他、不可抗力の免責規定などが入っているものもある。

なお、売主提示型の、条文ごとの「⑵　ポイントと記載例」および「⑶　関連法令」については、買主提示型と同内容の場合は、原則として、買主提示型の参照すべき項目、頁数の記載の表示のみにとどめた。ただ、売主提示型のみしかない項目あるいは買主提示型に記載があるが売主提示型の内容からみてさらに説明が必要な場合は説明等を加えた。

ところで、この契約書は、売主側からの提示であるので、売主を甲、買主を乙としている。Ⅰの買主提示型取引基本契約書とは甲乙が逆になっているので注意されたい。

1　タイトル

⑴　基本タイトル

タイトルは、次のように表示される。

売買基本契約書

(2)　ポイントと記載例

ポイントと記載例については、I「1　タイトル」(2)（16頁）も併せて参照されたい。

【記載例97】　タイトル

例1　販売基本契約書 例2　○○製品売買基本契約書 例3　輸出製品販売基本契約書

2　前　文

(1)　基本前文

前文は、次のように表示される。

売主（以下甲という）と買主（以下乙という）とは、甲乙間の継続的売買に関する基本的事項について次のとおり契約を締結する。

(注)　Iの買主提示型とは、甲乙が逆になっているので注意されたい（以下同じ）。

(2)　ポイントと記載例

ポイントと記載例については、I「2　前文」(2)（18頁）も併せて参照されたい。

【記載例98】　前　文

例1　売主（以下甲という）と買主（以下乙という）は、甲の製品を顧客に販売するにあたり、相互に信義と誠実の精神をもって、緊密な協力関係を保持し、共栄の実をあげるため次のとおり契約を締結する。 例2　売主（以下甲という）と買主（以下乙という）と、第3条所定の商品の販売に関して、次のとおり契約を締結した。

3　目的・基本原則（第１条）

⑴　基本条文

基本原則については、次のように表示される。

第１条（目的・基本原則）

　甲（＝売主）は、第３条に定める対象商品を継続的に乙（＝買主）に販売し、乙は当該商品を転売することを目的にこれを買い受ける。ただし、本契約は乙自ら使用するため当該商品を買い受ける場合も適用される。

２　甲および乙は、本契約に基づく売買を、相互利益尊重の理念に基づき、信義誠実の原則に従って行うものとする。

⑵　ポイントと記載例

ポイントと記載例については、Ⅰ「3　目的・基本原則」⑵（23頁）を参照されたい。

4　基本契約性（第２条）

⑴　基本条文

基本契約性については、次のように表示される。

第２条（基本契約性）

　本契約に規定する内容は、本契約に基づき甲（＝売主）乙（＝買主）が協議のうえ、定める個々の売買契約（以下個別契約という）に対して適用される。ただし、個別契約において本契約と異なる事項を定めたときは当該個別契約の定めが優先して適用される。

⑵　ポイントと記載例

ポイントと記載例については、Ⅰ「４　適用範囲」⑵（28頁）を参照されたい。

５　売買の目的物（第３条）

⑴　基本条文

売買の目的物については、次のように表示される。

> **第３条（売買の目的物）**
> 　本契約の対象となる商品（以下商品という）は、以下のとおりとする。
> （商品名）
> ……………………………………………………………
> ……………………………………………………………

⑵　ポイントと記載例

売主としては、商品が固定されているのであれば、最低発注数も合意しておきたい。とくに買主から厳格な価格を要求されているのであれば、なおさらである。

【記載例99】　売主にとって検討すべき条文例と変更例

> **〔検討すべき条文例〕**
> 　本契約において、乙（＝買主）が甲（＝売主）に製作を要求し、乙が購入する商品（以下契約商品という）は以下のとおりである。
> 　○○○○○（品番1234―9876）
>
> **（変更例）**
> 　本契約において、乙が甲に製作を要求し、乙が購入する商品（以下契約商品という）は以下のとおりである。
> 　○○○○○（品番1234―9876）

2　乙は、契約商品を以下の各号のとおり甲に発注することを保証する。
(1)　n 年度は、最低○○○○個を発注するものとする。
(2)　$n+1$ 年度以降の最低発注数は、毎年1月までに甲乙協議のうえ定めるものとする。
(3)　次年度の最低発注数が合意されなかった場合は、最後に決定された最低発注数を適用する。

【記載例100】　売買の目的物

例（売買の範囲）　甲（＝売主）が乙（＝買主）に販売する商品（以下本商品という）は別紙1に定めるものとする。

別紙1
取引基本契約第3条に定める本商品は、次のとおりとする。
(1)　○○○○
(2)　△△△△

以上

6　個別契約の成立（第4条）

(1)　基本条文

個別契約の成立については、次のように表示される。

第4条（個別契約の成立）
個別契約は、商品の発注年月日、品番、単価、納期、受渡場所等を記入した注文書等により乙（＝買主）が甲（＝売主）に発注し、甲がこれを承諾することによって成立する。

(2)　ポイントと記載例

ポイントと記載例については、Ⅰ「6　個別契約の成立」(2)（38頁）も併せて参照されたい。

基本条文では、売主が承諾をしなければ契約が成立しないことになり、買主は、売主が承諾するまでの間、不安定な状態に置かれることになる。したがって、このような継続的契約でかつ当事者が会社であるような場合は、売主が注文書交付後○○日以内に意思表示をしなければ買主の申込みを承諾したものとみなした方がよいし、その方が、商法509条の目的にも適っている。

この売主の拒絶可能な日数は、「遅滞なく」等では曖昧になるので、暦日または営業日の日数を特定しておきたい。

【記載例101】　買主にとって検討すべき条文例と変更例

〔検討すべき条文例〕

本契約に基づく甲（＝売主）乙（＝買主）間の個別契約は、乙が甲に注文書を交付して、これに対し甲が注文請書を乙に交付することによって成立する。

（変更例）

本契約に基づく甲乙間の個別契約は、乙が甲に注文書を交付して、甲がこれを承諾することによって成立する。ただし、甲より、乙の注文書交付後乙の5営業日以内に別段の意思表示がなされないときは、承諾したものとみなす。

7　納入（第5条）

(1)　基本条文

納入については、次のように表示される。

第5条（納入）

甲（＝売主）は、個別契約に基づき商品を納入するものとする。

2　甲は、債権保全上必要と認めたときは、個別契約にかかわらず、乙

（＝買主）から適切な保証を受けるまで商品の引渡しにつき数量の制限または中止をすることができる。この場合、甲は、乙の損害を補償する責めを負わないものとする。

⑵　ポイントと記載例

ポイントと記載例については、Ⅰ「8　納入」⑵（49頁）も併せて参照されたい。

㈠　同時履行の抗弁権　ある商品が売買された場合、買主が代金支払債務の履行期が到来しているのに、その債務の履行または提供をしないで商品の引渡しを請求したときは、売主は買主が代金支払債務の履行を提供するまで、商品の引渡しを拒絶できる。つまり、売買のような双務契約の当事者の一方は、相手方が債務の提供をするまで、自己の債務の履行をしないと拒否できるという権能が、同時履行の抗弁権である。

1個の契約である取引基本契約自体についても、個々の取引行為（たとえば、1カ月毎の注文書・注文請書など）における履行遅滞、履行不能、瑕疵担保責任あるいは同時履行の抗弁などが問題となる。この場合、これらの個々の取引行為も取引基本契約に含まれると解するのが相当であるから、これを「統一的な単一の契約関係」と理解すべきであるので、その不履行を理由として、次期の反対給付（たとえば翌月の商品の納入）を拒絶することができる。これを先履行の抗弁という[(1)]。

このように、買主が前期分の代金を支払わないときは、売主は前期分の代金未払いを理由として今期分の納入を拒絶することができる[(2)]。

しかし、逆に買主の方からは、今期分の供給をしないことを理由に前期分の代金支払いを拒絶することは認められておらず、売主のこの権利は、同時履行の抗弁権ではなく、一方的履行拒絶権と呼ばれるものであるとする説がある[(3)]。

㈺　契約締結後の信用不安　継続的な売買取引は、一般的に目的物の引渡しの先履行（そして代金は、目的物を引き渡した月の翌月末日に支払われるなど）によって行われている。この引渡しと支払いの関係を、同時履行に

対して異時履行と呼ぶ。(4)

　このような取引方法で契約を締結した後、目的物の先履行前に、相手方の信用不安が表面化したとしても、先履行をしなければならないのだろうか。

　先履行者としては、履行しても相手方がその後に（あるいは同時に）履行できるかどうか甚だ不安(5)であるので、欧米では、相手方に対し履行や担保の提供等の保証(6)を求め、それが行われるまで、履行を拒絶できる立法例(7)がある。わが国でも、解釈上同様の履行拒絶権すなわち不安の抗弁権を認めるのが通説であり、また下級審では肯定している判例が多い。(8)

　買主に関し不安が存しない場合は当然であるが(9)、買主の財産状況が悪化した場合であっても、売主が一方的に目的物の引渡しを行わないとすると、売主の債務不履行となり、買主から損害賠償請求を受けることも考えられる。

　基本条文第２項では、代金不払い、信用不安などの状況が買主に発生したときは、売主は納入の数量制限や中止をできるとするが、買主に担保提供などの売掛債権保全の可能性が残されているときには、まず買主と債権保全策の協議を行うべきであり、そのような対応を飛ばしての突然の納入ストップは裁判上、行き過ぎと判断される場合がある。(10)このような場合も踏まえ、買主の要求としては、本条項について削除が困難な場合は、売主が、買主の同意を得た後、納入制限を行うように変更したい。突然の制限・中止は、買主の取引先に対する債務不履行となり、倒産のトリガーにもなりかねない。

　次に、もっと問題になるのが、売主が目的物を納入した後に買主に信用不安が生じた場合であり、売主としては代金支払義務を履行してもらえるかは先述の事例以上に不安である。(11)このような場合には、相当な保証・担保提供請求と選択的に自己の未履行の先給付債務の履行拒絶権、あるいは相当な保証・担保の不提供があれば既履行の先給付目的物の保全目的での取戻請求(12)が認められる。さらに、一歩踏み込み、この相当な保証・担保の不提供の結果、契約危殆状態が債務不履行状態に転化したとみて、契約解除権も認めるべきであろう。(13)

　そこで、このような買主の信用不安が生じる場合を想定して、売主提示型取引基本契約書では、「期限の利益の喪失条項」「相殺条項」「担保提供条項・連帯保証条項（および増し担保請求条項）」「損害賠償条項」などが含まれ、有事の場合には、これらの手段を適時活用することにより信用不安リスクの回避を図っている[(14)]。

(ハ)　破産と動産売買の先取特権　しかし、事前に担保設定することは、一般的に立場の弱い売主にとっては困難な場合も多く、また現代の商取引においては商慣習や特約で売主が先に履行しなければならず（異時履行）、同時履行の抗弁権や留置権などの処置をとることができないで不幸にも買主が倒産に陥ってしまうことが、たびたび発生する。そこで、売主としては、まず自分が納入した目的物に注目することになる。売主が納入した目的物は、仕様、性能、価格などもわかっており、目的物を引き揚げた後の転売もしやすく、返品を受ければ、事実上相殺されて債権回収の実を上げることができる[(15)]。しかし、買主の倒産時には、債務者の承諾をとることが困難になってくるので、動産売買の先取特権が、がぜんクローズアップされてくる[(16)]。

動産売買において、売主が買主に売買の目的物を引き渡した後、買主が代金を支払わないとする。このとき、売主は、動産売買の先取特権に基づいて売買の目的物を差し押さえ、換価しそこから売買代金の優先的な回収を図ることができることになる（民法311条５号、321条）。動産売買の先取特権は、民法上の特別な先取特権であるので、売買の目的物を引き渡した後、破産手続開始の時において、目的物が破産財団中にあるときは、売主は別除権者たる地位を与えられる（破産法２条９項[(17)]）。

それでは、その目的物がすでに転売されてしまったときはどうか。もはや、その目的物を追及することはできない（民法333条）。しかし、この場合でも買主が転買主（第三債務者）に対して有する転売代金債権から、売買代金の優先的回収は可能となる（民法304条１項）。これが物上代位の制度である。

物上代位に関する民法304条は、旧来は抵当権についての事案が多かったが、もともと先取特権（ただし、債務者の総財産を目的とする一般先取特権は対象とならず特別先取特権のみ）に関する規定であり、昭和50年代以降、動産売買の先取特権、とりわけ買主の破産における物上代位権の行使が、一部の実務家により行われるようになった。当時の多くの下級審判例は、従来の大審院の判例[(18)]を踏襲して、買主が破産宣告を受けていたり、あるいは売主の差押えの前に、売主以外の債権者による差押えが先行していたような場合、物上代位権を否定するものが多かった。

ところが、これに対する学者や実務家からの批判を受けて、昭和59年の最高裁判決は、このような場合であっても、転買主が、買主に対して支払う前で、第三者が転付命令を取得していなければ、物上代位権を行使できるとし、この問題について決着をつけた[(19)]。これにより、実務上、動産売買の先取特権に基づく転売代金債権への物上代位が定着することになった。なお、物上代位権を行使するためには、売主は、担保権の実行として差押えを行う必要があり、その担保権を証明する文書を執行裁判所に提出することが要求される（民執法193条１項[(20)]）。

【記載例102】　買主にとって検討すべき条文例と変更例

〔検討すべき条文例〕

甲（＝売主）は、乙（＝買主）の信用資力に不安があると認めたときは、個別契約の定めにかかわらず、乙から十分な保証を受け取るまで目的物の引渡しにつき数量の制限または中止をしたりすることができる。この場合、甲は、乙に対し、乙の損害を補償する責めを負わないものとする。

（変更例）

甲は、乙の信用資力に不安があると認めたときは、個別契約の定めにかかわらず、乙の同意を得て、乙から十分な保証を受け取るまでの間、目的物の引渡しにつき数量の制限または中止をすることができる。この場合、乙に損害が発生したときは、甲乙協議し対応を決定する。

【記載例103】　納　入

例１（出荷の制限等）　甲（＝売主）は乙（＝買主）から注文を受けた場合においても、市場の景況、販売成績、乙の個別契約における代金の不払い、遅延または延期の申入れ等、甲の乙に対する信用に不安を感じる状況の発生により、出荷の制限または停止等の措置をとることができ、乙はこれに異議を述べない。

例２（受注、出荷の留保）　甲は次の場合、乙から相当の担保の提供を受け、または甲の提示する条件が合意されるまで、目的物の受注を停止し、または出荷の留保を行うことができる。

(1)　取引金額の急増等取引事情に著しい変化がある場合

(2)　甲の予定する取引金額を超える乙からの発注がある場合

(3)　乙からの支払猶予の申入れがある場合

(4)　乙が代金の支払いを遅滞した場合

(5)　乙が第24条第１項各号のいずれかに該当する場合

(6)　前各号のほか、乙による本契約の履行に影響があると甲が合理的に判断する事由が生じた場合、その他甲乙間における取引を継続するための信頼関係が損われる事態が生じた場合

(3)　関連法令

改正民法533条＝同時履行の抗弁

　同 576条＝権利を取得することができない等のおそれがある場合の買主による代金の支払の拒絶

民法 311条＝動産の先取特権

　同 321条＝動産売買の先取特権

　同 333条＝先取特権と第三取得者

　同 304条＝物上代位

Note

(1)　北川善太郎編『現代契約法入門』124頁〔森本滋〕（有斐閣・昭和49年）

(2)　最判昭和42年６月29日判時494号41頁

「継続的供給契約の当事者は、前の給付に対する相手方の債務不履行を理由として、後の給付を拒絶することができ、右相手方が自己の反対給付をしないで履行の催告をしても遅滞の効力を生じない。」

・大判昭和12年２月９日民集16巻33頁

買主が資金を供給し、売主がこれで製炭して買主に引き渡す契約において、買主がある時期に資金を渡さず、売主が木炭を引き渡さなかった事例で、

「一定又ハ不定ノ期間当事者ノ一方カ一定ノ種類ノ物品其ノ他ノモノヲ定期又ハ随時ニ給付シ相手方カ之ニ対シテ反対給付ヲ為スコトヲ約スル」として買主からした解除を無効とした。

(3)　広中俊雄『債権各論講義〔第5版〕』88頁（有斐閣・昭和54年）

(4)　北川善太郎『債権総論〔第3版〕』61頁（有斐閣・平成16年）

(5)　北川・前掲(4)63頁

「契約締結後、履行期前には、次の2つの信用不安問題がある。

①同時履行・異時履行を問わず、契約締結後履行期前に生じた契約当事者の一方の信用不安、②異時履行において、契約締結後先給付債務の履行期前に生じた後給付債務者の信用不安」

(6)　通常、以下のような保証が考えられる。

①支払条件の変更（同時履行による売買、代金支払いの先履行など）、②所有権留保の特約、③手形保証、④担保設定（物的担保、人的担保）など。

(7)　アメリカ統一商法典§2-609「適切な履行の保証に関する規定」

ブラッドフォード・ストーン（渋谷年史訳）『アメリカ統一商法典』114頁（木鐸社・平成6年）参照。「買主の履行が確実ではないという疑う理由が生じた時でも、売主はその履行を続けなければならないのであれば、売主は不当な困難を強いられることになる。……（§2-609Comment1）。そこで、このような売主や買主の不安に応えるために、三つの対応策が用意されている。相手方の履行に関して不安を感ずる合理的な根拠が生じた場合には、その当事者は、(1)書面により、契約どおりの履行に関する保証（adequate assurance）を要求することができ、(2)そのような保証を受けとるまでは、取引上合理的であれば、反対給付を受領していない部分について自らの履行を中止することができる。さらに、(3)保証の要求が正当になされてから合理的な期間内（いかなる場合も30日を超えない）に、問題の状況下で適切とされるような履行の保証がされない場合には、これをもって契約の履行拒絶とみなすことができる（§2-609Comment2 et seq.）。」

その他、フランス民法（CC）1613（売主につき）、ドイツ民法（BGB）321、スイス債務法（OR）83（双務契約上の一般債務について）等の立法例がある。

(8)　東京地判平成2年12月20日判時1389号79頁（紙オムツその他ベビー用品の販売に関する継続的供給契約で不安の抗弁権を認めた判例）

「売主（原告）が買主（被告）に対して、本件ベビー用品を約定どおりの期日に出荷、納入せず、また、買主との以後の新たな取引も停止することにしたのは、買主との継続的商品供給契約の過程において、取引高が急激に拡大し、累積債務額が与信限度を著しく超過するに至るなど取引事情に著しい変化があって、売主がこれに応じた物的担保の提供又は個人保証を求めたにもかかわらず、買主はこれに応じなかったばかりか、かえって、約定どおりの期日に既往の取引の代金決済ができなくなって、支払の延期を申し入れるなどし、売主において、既に成約した本件個別契約の約旨に従って更に商品を供給したのではその代金の回収を実現できないことを懸念するに足りる合理的な理由があり、かつ、後履行の買主の代金支払いを確保するために担保の供与を求めるなど信用不安を払拭するための措置をとるべきことを求めたにもかかわらず、買主においてこれに応じなかったところによるものであることが明らかであって、このような場合においては、取引上の信義則と公平の原則に照らして、売主は、その代金の回収の不安が解消すべき事由のない限り先履行すべき商品の供給を拒絶することができるものと解するのが相当である。」

その他以下の判例が認められる。

東京地判昭和58年３月３日判時1087号101頁、仙台高判昭和47年８月30日判時689号79頁

(9)　東京地判昭和56年１月30日判時1007号67頁、大阪地決平成５年６月21日判時1490号111頁

(10)　荒木新五ほか『ケーススタディ債権管理』91頁（商事法務研究会・平成５年）

(11)　北川・前掲(4)63頁

これは、「異時履行において、先給付後でしかも後給付債務の履行期前に生じた後給付債務者の信用不安」といわれるものである。

(12)　アメリカ統一商法典（UCC）§2-702では、売主が買主の支払不能状態を知れば返還請求ができる。前掲注(7)『アメリカ統一商法典』150頁

「買主が、支払不能状態にある間に物品を受け取っていた場合、売主がこれを知ったときには、売主は、買主が物品を受け取ってから10日以内に要求すれば物品の返還を受けることができる。ただし、引渡以前３カ月以内に、買主が売主に対して書面による支払可能との不実表示をしていた場合には、この10日間という制限は適用されない（§2-702and Comment2；cf. §2-502)。売主の返還請求権は、買主から物品を受け取った第三者の権利による制限を受けることがある（§2-702(3))。」

(13)　北川・前掲(4)64頁

(14)　北川善太郎『現代契約法Ｉ』245頁（商事法務研究会・昭和48年)、北川・前掲(4)64頁、北川編・前掲(1)99頁〔石田喜久夫〕

(15)　鎌田薫ほか「研究会・債務者の破産宣告と動産売買の先取特権」〔森井英雄の発言〕判タ429号66頁

(16)　小林秀之「動産売買先取特権の物上代位と債務者の破産宣告（判評)」ジュリ826号99頁。動産売買の先取特権がクローズアップされる理由として、

異時履行であるわが国の取引の実態からして、「同時履行の抗弁権」や「留置権」が十分に機能しておらず、動産売買の先取特権は実質的にそれらを補完する機能を営む面があることも否定できないとする。

⒄　破産管財人が民法333条の第三取得者にあたるとして別除権を否定する見解がある。しかし、破産者の財産の所有権が破産財団や破産管財人に譲渡されたわけではないので第三債務者にあたらず、破産管財人は目的物について差押債権者と同様の地位をもつにすぎないと解される。したがって、民法333条の適用はなく、民事執行法133条でも先取特権者が差押債権者に対して優先弁済権を主張することが認められていることなどからして、売主に別除権者たる地位を与えられるべきである。

⒅　大連判大正12年４月７日民集２巻209頁、大決昭和５年９月23日民集９巻918頁

⒆　最判昭和59年２月２日民集38巻３号431頁・金判695号３頁

「…単に、一般債権者が債務者（買主）に対する債務名義をもって目的債権につき差押命令を取得したにとどまる場合には、これによりもはや先取特権者が物上代位権を行使することを妨げられるとすべき理由はないというべきである。そして、債務者（買主）が破産宣告決定を受けた場合においても、その効果の実質的内容は、破産者の所有財産に対する管理処分権能が剥奪されて破産管財人に帰属せしめられるとともに、破産債権者による個別的な権利行使を禁止されることになるにとどまり、これにより破産者の財産の所有権が破産財団又は破産管財人に譲渡されたことになるものでなく、これを前記一般債権者による差押の場合と区別すべき積極的理由はない。したがって、先取特権者は、債務者が破産宣告決定を受けた後においても、物上代位権を行使することができるものと解するのが相当である。」

⒇　担保権の存在を証明する文書の意義については、準名義説と書証説の対立がある。準名義説は、先取特権の存在を債務名義に準じる程度の蓋然性をもって証明できる文書を要求する説であり、書証説は、提出された複数の文書を総合して、裁判官の自由な心証によって担保権の存在が証明できればよいとする説である。

動産売買先取特権による物上代位権行使の場合、準名義説によると、売買基本契約書や売主作成の納品書・請求書等では不十分で、買主作成の個々の商品の売買契約書や注文書・注文請書・商品受領書等が必要とされる。

・名古屋高決昭和62年６月23日判時1244号89頁

「動産売買先取特権にもとづく物上代位権を行使するには債権者は、債権者・債務者間の売買および債務者・第三者間の転売を文書によって証明することを要するが、右の証明文書は、民事執行法181条１項１号ないし３号所定の公文書である必要はなく、同条１項４号と同じく、複数の文書を総合し

て裁判所の自由心証により担保権の存在が認定できる文書をもって足りる。」

8　不可抗力免責（第6条）

⑴　基本条文

不可抗力免責については、次のように表示される。

第6条（不可抗力免責）

天災地変、戦争、暴動、内乱、その他の不可抗力、法令の制定・改廃、公権力による命令・処分、争議行為、輸送機関・通信回線または保管中の事故、仕入先の債務不履行、その他甲（＝売主）の責めに帰することができない事由による個別契約の全部または一部の履行遅滞もしくは履行不能については、甲は責任を負わない。

⑵　ポイントと記載例

㈠　不可抗力とは　　事故が予期し得たかどうか、または自然力によるか人為によるかを問わず、外部から発生した事故で、売主が、取引上あるいは社会通念上要求される手段を尽くしてもなお防止することが不可能なものを不可抗力という。このような事故が発生したとしても、契約の趣旨によっては、「売主の責めに帰さないかどうか」必ずしも明確でない場合もあり、売主からすれば、このような不可抗力についての免責を明確にしておきたいと考えるのは当然である。不可抗力免責条項は、これらの事由によって売主が、買主に目的物を引き渡せなかった場合でも、買主から責任を追及されない旨を定めたものである。

㈡　不可抗力事由による契約解除　　本条項に含まれる不可抗力事由による場合には、売主に損害賠償責任は発生しないが、不可抗力事由が相当期間継続する場合には、売主・買主の双方が契約解除できる旨の規定をおいた方が望ましい（Ⅱ「26　契約の解除」⑵㈧（413頁）ならびにⅠ「11　所有権および危険負担の移転」⑵㈠（69頁）参照）。

(ハ)　不可抗力の事由　　一般的に、どのような事由が不可抗力に該当するのか明確ではないので、条文で以下のような内容のものを不可抗力として特定し列挙しておく必要がある。

① 天災地変（風水害、地震、落雷等）
② 革命その他の無秩序状態、戦争[(1)]、内乱、暴動等の社会的事変
③ 政府の規則・法令の改廃・制定、政府等による命令・処分・指導などの公権力の行使
④ ストライキ、ロックアウト
⑤ 火　事
⑥ 輸送機関または倉庫業者の保管中の事故
⑦ 製造業者の債務不履行
⑧ 通関・入港の遅延
⑨ 以上の他、甲の責めに帰することが不可能であり、かつ支配することができない事態

これ以外にも、最近のネットワークによる取引を鑑みれば、公衆通信回線等の事故も不可抗力として入れておくべきであろう。

前掲④のうち、売主の企業内のストライキや、⑦仕入先（再委託先）の債務不履行などは、売主の責めに帰すべき事由とされる可能性が高く、不可抗力に該当するかどうかは微妙である。買主としては不可抗力の範囲をできるだけ限定し、ストライキの内容を明確にしたり、再委託先の債務不履行については削除を求めたりする必要があろう。

「その他甲の責めに帰することができない事由による履行遅滞や履行不能[(2)]」も免責しているが、買主としては、この部分については削除してもらうか、その他についても内容の明確化を図っておきたい。

列挙した例の中に、「インフレーションによるコストの上昇」が挿入されていない。もっとも、インフレーションが不可抗力とされるかどうかは問題も多い。インフレーション特約を当事者間の合意により不可抗力条項の１つとするのは不可能ではないが、実効性に乏しいとされる[(3)]。そうだとすると、当特約は、別に、事情変更の原則として、価格に関する条項の中で検討した方がよいだろう（Ⅱ「11　価格」(2)（343頁）参照）。

(ニ)　**金銭債務の特則**　不可抗力免責は、金銭債務以外の一般債務の履行について対象となるのであり、金銭債務の支払いについては対象とはならない（改正民法419条３項）（Ⅱ「13　遅延損害金」(2)(ロ)（353頁）参照）。

【記載例104】　買主にとって検討すべき条文例と変更例

〔検討すべき条文例〕

天災地変、戦争、暴動、内乱、法令の制定、公権力による命令・処分、争議行為、輸送機関・通信回線または保管中の事故、甲（＝売主）の仕入先の債務不履行その他甲の責めに帰すことのできない状況により本契約および個別契約の全部または一部（金銭債務を除く）の履行不能もしくは履行遅滞については、甲は責任を負わない。

（変更例）

天災地変、戦争、暴動、内乱、法令の制定、公権力による命令・処分、争議行為、輸送機関・通信回線または保管中の事故、仕入先の債務不履行その他甲および乙（＝買主）の責めに帰すことのできない状況により本契約および個別契約の全部または一部（金銭債務を除く）の履行不能もしくは履行遅滞については、甲および乙は責任を負わない。この場合、甲および乙は、相手方に対して契約を解除することができる。

（注）　変更例は、買主も支給品、貸与品などにつき不可抗力免責を必要とする場合があり「甲および乙」とするものである。また、前記(ロ)における双方の契約解除の必要性から「甲および乙」としている。

【記載例105】　不可抗力免責

例１（不可抗力免責）　天災地変、戦争、暴動、同盟罷業（ストライキ）、電力供給の逼迫などの社会的大変動、法令の改廃・制定、公権力による命令・処分・指導、目的物のプリント基板メーカーである株式会社○○○の製造中止・操業停止その他の不可抗力により、甲（＝売主）が乙（＝買主）に対して目的物を納入できないときは、甲は乙に対する損害賠償責任を負わない。

例２（不可抗力）　甲（＝売主）が納期までに目的物の納入を完了できないことが、天災、地変、戦争、内乱、乙（＝買主）の責めによらない火災、ストライキ、その他不可抗力によることが明らかであるときは、その事由を継続する期間に限り、甲は遅滞の責めを負わない。

ただし、かかる事由が90日以上継続した場合は、甲は解約料の支払いその他の責任を負うことなく、本契約または個別契約の全部もしくは一部を解除することができる。

２　経済事情の変動、原材料または輸送手段の調達困難等（これらに限る趣旨ではない）は、前項に定める不可抗力とはみなさない。

例３（不可抗力）　天変地異、法令の制定・改廃、行政官庁の通達・指導、労働争議、原材料不足、用役不足その他甲乙のいずれの責めにも帰し得ない事由により本契約の全部または一部の履行が困難となり、または遅延した場合は、甲乙はその責めを負わない。

例４（事情の変更）　甲および乙が、本契約の締結後、天変地異、法令の制定または改廃その他著しい事情の変更により、本契約に定めるところが不当となったと認められる場合は、本契約に定めるところを変更するため協議することができる。

例５（事情変更）　甲（＝売主）は、環境問題、技術革新、市場動向の著しい変化、経済方針の転換など、目的物の製造・販売に悪影響を及ぼす事情により、目的物の全部または一部につき製造・販売の継続が困難になったときは、乙（＝買主）に事前に通知し対応を協議したうえ、当該目的物を取引の対象から除外することができる。

（注）　例５は、不可抗力よりも自社の変化対応遅れによる場合のニュアンスが強い。

(3)　関連法令

改正民法419条３項＝金銭債務の特則

商法573条２項＝運送賃

Note

⑴　奈良地判昭和26年２月６日下民集２巻２号146頁
朝鮮で漁網用染料の製造販売業を営むＹがＸと売買契約を締結し、Ｘは担保金をＹに交付したが、Ｙは一部の商品しか引き渡さないうちに太平洋戦争が終了した事案で、継続的商品販売契約においては、当事者双方の責めに帰すことのできない事由によって契約の本旨に従って履行することのできない場合には、契約を解除することができるとし、Ｙの担保金返還請求義務のみを認めた。

⑵　これは英米法の同類解釈則（rule of ejusdem generis）といわれるものである。契約書等の法律文書で、まず具体的な言葉が記され、次に一般的な文言が記載されているときには、後者は前者と同類、同種のもののみをさすと解すべきであるとする。

⑶　北川善太郎「不可抗力免責—英米法を中心として—㈦」JCA ジャーナル21巻11号７頁

9　検収および受領（第７条）

⑴　基本条文

検収および受領については、次のように表示される。

第７条（検収および受領）

乙（＝買主）は、商品の納入後すみやかに甲乙別途協議した方法により、受入検査を実施し、合格したもののみ受け入れる（以下検収という）ものとする。乙は、受入検査の結果、商品の瑕疵を発見したときは、ただちに甲（＝売主）に通知する。

2　前項の通知に基づき、甲は、代品を納入するか、もしくは甲の乙への納入価格で買戻し処理を行うものとする。

3　甲は、受入検査の結果、数量過不足が発生したときは、超過分の引き取りもしくは追加納入を行うものとする。

4　甲は、乙による受入検査の結果に関し、疑義または異議のあるときは、遅滞なく乙にその旨申し出て、甲乙協議のうえ解決するものとする。

⑵　ポイントと記載例

ポイントと記載例については、Ⅰ「9　検収および受領」⑵（55頁）を参照されたい。

10　所有権および危険負担（第８条）

⑴　基本条文

所有権および危険負担については、次のように表示される。

> **第８条（所有権および危険負担）**
>
> 商品の所有権および危険負担は、引渡しをもって、甲（＝売主）から乙（＝買主）に移転するものとする。
>
> ただし、代金の支払いが完済されるまで、商品の所有権は移転しない旨の特約がある場合にはそれによるものとする。

⑵　ポイントと記載例

ポイントと記載例については、Ⅰ「11　所有権および危険負担の移転」⑵（69頁）も併せて参照されたい。特に「危険負担にかかる民法改正」についても69頁に記述している。

㈠　所有権留保と即時取得　　売主が、目的物の引渡し後、代金が完済されるまでの間、目的物の所有権を留保することを所有権留保といい、買主に代金不払い等の債務不履行があった場合、売主は取戻権を行使できる。

もっとも、買主に所有権があることについて第三者が善意かつ過失なく信じて取引をした場合は、売主は留保された所有権を主張できなくなる（民法192条）。ただし、自動車、建設機械、船舶などの動産については、代金完済まで買主に登録・登記を移転しない約定があれば、即時取得の適用はないものとされ、担保としての確実性を高めることができる[(1)]。また、所有権留保の特約を付けて売買されることが業界の常識となっている商品については、買主が購入後短期間で転売するような場合、当該商品を転得する第三者は、所有権の有無の調査について通常の売買より高い注意義務が課され、即時取得を否定される場合がある(2)。

なお、割賦販売では、所有権留保の特約が一般的であるので、割賦販売法では所有権留保の推定規定をおいている（割賦７条）。

(ロ)　**所有権留保特約の必要性**　通常の売買契約とは異なる項目が必要となるので、所有権留保が発生したら、別に所有権留保売買の特約を締結すべきである。以下に、一般の動産についての特約項目をあげた。

①　対象となる商品の特定　商品名、型式、製造番号、製造メーカー名、数量

②　売買代金と支払条件・支払方法（分割払いの場合は、分割回数、支払日、支払方法等）

③　引渡場所、引渡期日、商品設置場所（具体的に記載する）

④　貸与条項　商品代金が完済されるまでの間、商品の所有権は売主にあり、買主は当該商品を無償に使用する権利を付与される。

「売主は、商品の引渡しと同時に買主にこれを無償で貸与し買主はこれと引換えに売主、売主の代理人または売主の指定人に対し預り証を交付する。」

⑤　明認・保管方法条項

「１　買主は、売主の所有権を明示するために、商品に、売主の許可する明認方法を施すものとする(3)。

２　買主は善良なる管理者の注意義務をもって商品を保管する。

３　買主は商品の設置、保管、使用によって第三者が損害を被った場合、いっさいの損害を負担する。」

⑥　維持費用等の負担

「買主は、商品のメンテナンス費用、諸掛り費の他、保存利用に要するいっさいの費用およびいっさいの公租公課を負担する。」

⑦　返還請求等

「１　買主が売主に対し債務全額を支払わないときは、売主は何らの通知催告を経ることなく、使用貸借契約を解除し商品の返還請求をすることができる。

2　前項の返還請求があった場合、買主はただちに自己の費用をもって商品を売主に返還する。

3　買主が商品を返還しない場合、売主が商品の返還のために必要な措置をとったときは、買主は売主の当該措置に要したいっさいの費用を負担する。」

⑧　商品の処分

「1　売主は、返還を受けた商品を、任意に換価処分もしくは評価のうえ、法定の順序にかかわらず、その処分代金もしくは評価額をもって買主の売買代金債務および諸費用の全部または一部に充当できる。

2　前項の場合、充当金が売買代金債務および諸費用の合計に満たないときは、買主はただちにその不足額を売主に支払い、剰余を生じるときは売主はその金額を買主に支払う。」

⑶　**所有権留保と倒産**　　代金完済前に買主が破産手続等の法的倒産手続の開始決定を受けた場合、売主に留保された所有権を、これらの倒産手続上、どのように取り扱うべきかという問題である。すなわち、双方の債務は、まだ履行が完了していないと考え破産法上等の双方未履行の双務契約の規定を適用するのか、所有権が留保されていると考え取戻権を認めるのか、留保所有権という非典型担保権が設定されたものと考え別除権（会社更生手続は更生担保権）を認めるか、が議論の対象となる。

(A)　破　産

①　所有権留保売買において商品引渡し後、代金完済前に買主が破産した場合[(4)]　　破産法53条は、破産手続開始の時点で当事者双方の債務の履行が完了していない場合の双務契約の処理に関する規定[(5)]であるが、通説は、所有権は停止条件付ではあるがすでに買主に移転しているので、同条は適用されないとする[(6)]。一方、売主には、留保所有権という担保権が帰属するので、売主はこれに基づき別除権を有するのみで、取戻権は認められないとするのが判例・通説の考え方である[(7)]。近時の学説は、買主が条件付所有権という物的支配権を目的物の上に行使している以上、留保所有権は本来の意味での所有権ではなく、その実質的機能である代金債権

を担保するという目的の範囲に限定され、買主の代金支払額に対応して物権的地位を確保する担保権の一種であるとし、取戻権ではなく、別除権であるとみなす[(8)]。もっとも売主は、丸どりの取戻権でなければ、清算金の支払いと引換えに目的物の引渡しを破産管財人に請求でき、また動産売買の先取特権を有するので、これに基づき別除権の行使として目的物の競売を申し立てることもできる。

他方、代金完済時に移転登記や移転登録をする特約のある所有権留保売買では、買主の代金債務が一部でも履行されていない限り、売主の移転義務が残っていると解されるので、破産法53条の適用を受け、破産管財人の選択に従い契約が解除されるか、履行されるか決定されるので、この場合は、所有権留保売主に取戻権を認めるか、別除権を認めるかという問題は発生しない。

② 所有権留保売買において商品引渡し後、代金完済前に売主が破産した場合　　この場合も破産法53条は適用されず、買主は残代金を破産管財人に支払って目的物の完全なる所有権を取得できる。

(B) 会社更生・民事再生

① 所有権留保売買において商品引渡し後、代金完済前に買主に更生手続や再生手続が開始された場合　　破産と同様、登記や登録が移転されていない場合を除き、会社更生法61条（もしくは民事再生法49条）は適用されず、取戻権は認められず、売主は、更生担保権者（もしくは別除権者）として扱われる[(9)]。

② 売主に前掲①と同様の更生・再生手続が開始された場合　　会社更生法61条、民事再生法49条ともに適用はなく破産の場合と同様である。

【記載例106】　所有権の移転

例1（所有権移転）　　商品の所有権は、乙（＝買主）が売買代金債務を完済した時に甲（＝売主）から乙に移転する。ただし、手形支払いの場合は、手形の決済が完了するまで債務弁済の効力は生じないものとする。

（所有権の保存）　　乙は商品を善良なる管理者の注意をもって使用・

保管し、甲の所有権を侵害する行為はいっさい行わないものとする。

2　第三者より、商品の甲の所有権を侵害されるおそれのある場合に、乙は甲の所有物であることを主張・証明して、その排除に努め、ただちに甲に連絡するものとする。

3　乙が、商品の保管または設置場所を変更する場合には、事前に甲の承諾を得るものとする。

4　商品の危険負担は引渡し時から乙に移転する。

例２（所有権留保）　目的物の所有権は、乙（＝買主）が甲（＝売主）に対し当該目的物の代金を支払った時、ただし支払手形の場合は手形が決済された時、甲から乙に移転する。この時よりも先に、乙が目的物を乙の顧客に販売したときは、その販売時に、所有権は移転するものとする。

⑶　関連法令

民法192条＝即時取得

道路運送車両法５条＝登録の一般的効力

建設機械抵当法７条＝対抗要件等

割賦販売法７条＝所有権に関する推定

割賦販売法施行令３条＝所有権に関する推定に係る指定商品

破産法62条＝取戻権

　同　54条＝双務契約

会社更生法61条＝双務契約

民事再生法49条＝双務契約

民法311条５号＝動産の先取特権

　同　321条＝動産売買の先取特権

Note

⑴　最判昭和62年４月24日判時1243号24頁・判タ642号169頁・金法1167号43頁・金判778号27頁

「道路運送車両法による登録を受けている自動車については、登録が所有権の得喪並びに抵当権の得喪及び変更の公示方法とされているのであるから、民法192条（即時取得）の適用はないものと解するのが相当である。」

・大阪地判昭和41年４月28日判タ191号184頁

「既登記の建設機械については、即時取得の余地はない。」学説も、即時取得を認めないのが通説とされる。

⑵　江頭憲治郎『商取引法〔第８版〕』49頁（弘文堂・平成25年）、最判昭和42年４月27日判時492号55頁（未登記の建設機械について占有者の過失を理由に即時取得を否定した判例）

⑶　明認方法

商品に所有者が売主であることがわかるネームプレートを貼付する。

所有者	○○都○○区○○ 1-1-1 株式会社○○○○
貸与物件名称	20トンプレスＮＰ―20 製造番号1234567　○○機械株式会社製造

⑷　竹下守夫『担保権と民事執行・倒産手続』289頁（有斐閣・平成２年）

⑸　Ⅱ「26　契約の解除」*Note*⑵（414頁）参照。

⑹　大阪高判昭和59年９月27日金法1081号36頁

「売主としては、目的物を引渡した以上、契約に基づく債務をすべて履行しており、ただ、売買目的物の所有権移転を留保しているものの、買主の売買代金完済という条件にかかわらせており、右条件成就により留保された所有権移転の効果が生じ、改めて所有権留保売主の所有権移転行為を必要とするものではないから、その債務の履行が完了していないとはいえない。」

⑺　札幌高決昭和61年３月26日判タ601号74頁

「本件所有権留保ないし本件譲渡担保の実質的な目的は、あくまでも本件立替委託契約とこれによる本件弁済に基づく信販会社の求償債権を担保することにあり、いずれにしても本件自動車の所有権の信販会社に対する移転は確定的なものではないと解される。そうすると、信販会社としては、本件留保所有権ないし本件譲渡担保権に基づく別除権者として権利行使をなすべきであって、本件自動車に対する所有権を主張してその引渡を求める取戻権は有しないものというべきである。」

⑻　伊藤眞『破産法〔第４版補訂版〕』330頁（有斐閣・2006年）、伊藤眞『破産法・民事再生法〔第４版〕』484頁（有斐閣・2018年）

⑼　竹下・前掲⑷322頁、最判昭和41年４月28日民集20巻４号900頁・判時453号31頁

11　価格（第９条）

⑴　基本条文

価格については、次のように表示される。

> **第９条（価格）**
> 　商品の価格は甲（＝売主）乙（＝買主）協議のうえ決定するものとする。

⑵　ポイントと記載例

ポイントと記載例については、Ⅰ「20　目的物の単価」⑵（116頁）も併せて参照されたい。

㈠　事情変更の原則　　売主にとって、将来、予期できぬ外部的要因によって物価の著しい上昇があった場合、決定している価格を変更しうるかということは大きな問題である。

契約には拘束力があり、契約当初の状況が変化して、契約内容が自分に不利になった場合であっても、当初取り決めたとおりに「契約は守らねばならない[(1)]」のが基本原則であるが、今日では、「事情変更の原則」による若干の例外が認められている。

事情変更の原則とは、契約締結後に、契約時に前提とされた事情が変更して、当初の内容どおりの契約を実現するには、当事者の一方が著しく不公平となるような場合について、契約内容の改訂や契約解除を正当化できるとする考え方である。

この原則は、

①　当事者が予見できないような著しい事情の変更

②　事情変更が当事者の責めに帰すべからざる事由に基づくこと

③　契約どおりの内容を認めることが信義則に反すること

が要件とされ、その効果としては契約解除と契約改訂が考えられる。

なお、事情変更が発生したら、まず当事者が再交渉をすべきであり、そして契約内容の改訂をもってしてもなお契約の履行が困難な場合になってはじめて、契約解除を議論すべきであろう。

ただし、これらの要件は、戦争やオイルショックによる著しいインフレ、バブル絡みの著しい地価の乱高下など社会的・経済的動乱が発生した場合のもとでの適用と解される。下級審では認容されている判例[(2)]も見受けられるが、最高裁では、「事情変更の原則」の原則を認めてはいるが、現実の適用例はなく要件（予見可能性）について厳格な立場が貫かれている[(3)]。

ある特定の種類の契約は、特約で排除されない限り、性質上、当然に事情変更が付されていると解釈される[(4)]。

その他、契約の中に事情変更の特約を入れる場合もある。ことに契約の成立から目的物の引渡しまでが長期間かかる建設工事[(5)]においては、事情変更の特約条項が設けられる場合が多い。

(ロ)　事情変更の原則と協議義務　(イ)で述べたような判例の状況では、事情変更があったとしても、裁判所が認めてくれる可能性は極めて限定される。まして、最高裁での適用例がないとすると、(イ)で掲げた要件に基づき売主が訴訟を提起したとしても、裁判所は慎重な対応をとることも否定できない。そこで、売主が事情変更の原則を適用できる程度の、相当な事情変更があるならば、まず買主に対して交渉のテーブルにつかせ得る「価格の再交渉条項」を規定しておくことが重要である。そして、当事者間で、解決のための契約改訂に全力をあげる。事情変更の原則として問題となってくるのは、長期に継続しているような価格の場合が多いと解され、継続的取引を行ってきた当事者間で契約をどうすれば維持できるか真剣に考えていくことが、両当事者にとってもプラスになると解される。もっとも再交渉条項は、相手方が法改正、経済情勢等によりコストが折り合わなくなった場合に相手方を交渉のテーブルにつかせることが目的であり、そのような事情のないときまで相手方を交渉のテーブルにつかせるものではない[(6)]。

(ハ)　価格スライド制の設定　事情変更があった場合でも、当事者協議ではすべてのコストアップ分を吸収できる可能性は少ない。そこで、売主としては、あらかじめ納入する商品の価格と関連のある部分についての物価指数や建値、為替レートなどと商品価格の全部または一部を連動させ、価格高騰リスクを減少させることも必要である。建値（たとえば、原油価格、銅、銀、金、アルミ地金）、物価指数等にスライドした価格方式の設定は、買主にとっても指数等が極端に下がった場合のリスクヘッジやコストダウンとして活用されるので、それぞれの商品と基礎となる数値との関連性が高いならば合理的な制度といえる[(7)]。しかし、買主は、指数等の暴騰の場合でも、常に、それに連動した価格で購入せざるを得ないとしたら、売主から買主に価格昂騰リスクが移転されるだけのことになってしまう。衡平性の観点からいえば、買主は、製作や販売の可能な範囲での指数等の上限を合意しておくことも必要となろう。

㈡　トラブル事例

①　長期砂糖輸入契約と事情変更　昭和49年12月、日本の全精糖メーカー32社は、豪州クインズランド政府（実務は、シドニーにある砂糖、建設資材、鉄鉱石、ボーキサイト、石炭、化学品などの生産・販売を行う豪州の大企業であるCSR.Limited.が代行した）との間で、５年間に及ぶ「原糖の長期輸入契約」を締結した。

当時、日本側は相場取引との認識をもっていたが、スーパーから次々と砂糖が姿を消した第一次オイルショック[(8)]直後のことであり、協定価格を国際相場でと主張する豪州側の意向を蹴って固定価格としたものであった。

ところが、その後、原糖の国際価格が下落を続けたため、昭和51年に入って日本側は、価格値下げ交渉を始めた。その根拠条項は、以下のようなものであった。

「（見直し条項）売主、買主双方は、本契約の期間を通じ、少なくとも１契約年度につき１回、契約の運用および継続性に関する見直しのための協議を行う。」

しかし、豪州側は、これは、配船計画など契約履行に付随する事務処理的なものを指し、価格の見直しなどは含まれないとの立場を貫いた。

結局、豪州側は、ロンドン砂糖協会に仲裁の申立てを行い、最終的には双方が仲裁を取り下げ基本契約を改訂するとの合意に達した。

本事件に関し次のような意見がある[(9)]。

「見直し条項のような『契約の運用および継続性』といったあいまいな表

現ではなしに、今回のことを予想して、相場商品である本件のような場合、価格見直しについても挿入しておくべきだろう。

最初から固定価格を前提としたからこそ、法律面のガードについては、最新の注意を払うべきであったし、とくに価格については、固定価格を選んだのであったとしても、砂糖が相場商品であることを考えれば、何らかの歯止めは工夫しておくべきであったろうと思われる。法律が、本当に役立つのは、商業ベースの政策を折り込んで、十分にそれに応えつつ、あるときは表立って、あるときは目立たぬながら、いざというときには、しかるべく法律的防禦ができるような表現に、一工夫も二工夫もするという技量が必要であろう。」

②　継続的供給契約における対価の変更条項と契約解除（東京地判平成12年8月28日判時1737号41頁）　Xは医薬品の製造販売会社、Yは医薬品原料製造販売会社であり、Yは昭和62年に本薬品原料に関し特許を取得し、その後、XY間で開発・販売契約を締結し、両社で臨床試験を分担し、平成6年本原料の製造許可にこぎつけた。そして同年7月以降Yは本原料を供給し、Xは同年10月より本薬品を販売した。

平成9年3月、新たに以下を内容とする基本契約を締結した。

「第5条1項（本薬品原料の価格）本薬品の薬価の10%に相当する価格

同条2項（実施料価格）Xの販売した全ての本製剤につき、薬価の3%に相当する額

第6条（対価の変更）経済情勢、法改正、販売量等の事情を考慮してXY協議して変更できるものとする」

Yは同年9月、価格改定を申し入れ、その後、XY間で平成10年度の購入・供給契約交渉を行ったが難航し決裂したため、Yは、決裂時（平成10年5月）から供給を停止し、供給停止は両社の代理人間で合意された同年10月まで及んだ。その後、Yは、平成11年3月末日をもって基本契約を解除するとの意思表示をし、実際には、同年6月13日付内容証明郵便で、7月5日以降の供給を停止したため、Xは基本契約に基づき納品する旨の地位の確認および薬品原料の供給を求めるとともに供給停止が債務不履行にあたるとして損害賠償を請求した。

これに対しＹは基本契約は事情変更および信頼関係の破壊を理由に解除されたとして契約関係の不存在確認の反訴をもって争った。

裁判所は、信義則上、取引関係が継続しがたいやむを得ない事情が必要であると解するのが相当であるとし、薬価制度自体の廃止等の法改正が生じた場合は購入価格の基準を再度協議することとなるが、現状ではこれまでの基準を用いて、薬価改訂に必ずしも拘束されず、経済情勢、法改正、販売量等の事情の変化により協議するとの合意がまとまり、その結果、基本契約第6条の文言となったものとして、平成12年3月時点での薬価の変更程度では、未だ取引を継続しがたい事情が発生しているとは認められないとした。

さらに、本件基本契約のような継続的供給契約においては、事情の著しい変更ないし相当な事由があるといった特段の事情が存在する場合には、取引条件の改定を求め、これに相手方が応じないときは、以後取引を拒絶しても債務不履行責任を負わないが、Ｙが「事情の変更に応じて随時協議することのできる約定（第6条）になっていたのに、Ｘがこれに反して協議に応じないことを以って特段の事情」と主張したのに対して、基本契約締結時からＹの申入れまでの間に、本製剤の販売量の変化および当事者の予期し得ない経済情勢の変化および法改正の事実はなく、Ｘが価格改定を拒絶したことは協議義務に違反したことにならず、Ｙの供給停止を正当化する特段の事情があるとは認められないと判示した。

前項㈺であげたように、事情変更条項があったとしても、第6条記載のような状況の変化により、コストが折り合わなくなった場合、まず、相手方をテーブルに着かせることが、当条項の機能であり、そこで、どうすれば価格を改定できるかを考えて、それこそ当事者が知恵を出し合ってVE（Value Engineering）などによるコストダウンも検討すべきであろう。

決裂時の売主の出荷停止は、買主にとっては宣戦布告にも匹敵するような信頼関係の崩壊である。本判決の最後に、裁判所は、和解で解決するのが相当の事案であり、いつまでも反目し争いを続けることは本薬品を頼りとする多くの市民に多大の迷惑をかけていると述べる。買主にすれば、年間40億円にも及ぶ売上げの喪失、取引先、病院ひいては使用する市民への影響を考えると、当初、事案を軽く見すぎていたともとれる。問題が小さいうちに買主による積極的な対案も必要でなかったのではないだろうか。また、真摯な、トップ同士による交渉も必要ではなかったろうか。

供給停止後においては両社とも代理人弁護士による交渉となっているが、相手と直接、交渉したくないこともわかるが、このような専門的技術や特殊な商品の場合、必ずしも得策だとも思われない。

このようなトラブルが裁判例として公表されるのは多くなく、判決が述べているように、通常は、和解で決着がついているからとも思える。しかし、買主である大企業は、このような特段の事情のない事案についても供給停止をちらつかせられると、売主のいいなりになる場合もあり、それがたとえ強迫を伴ったとしても提訴することに消極的だと解されるので、訴訟にならない同様の事案はかなりあるものと思われる。

【記載例107】　売主にとって検討すべき条文例と変更例

〔検討すべき条文例〕

商品の価格は、甲（＝売主）が提出する見積書に基づき、甲乙（＝買主）が協議のうえ決定する。

（変更例①）

商品の価格は、甲が提出する見積書に基づき、甲乙が協議のうえ決定する。

2　物価の急激な変動その他の事情変更により、前項により決定した価格によることが著しく不合理と認められる場合には、甲または乙は、相手方に対しその変更の申し入れをすることができる。

（変更例②）

商品の価格は、甲（＝売主）が提出する見積書に基づき、甲乙（＝買主）が協議のうえ決定する。

2　前項の価格の決定後の運賃、保険料、保管料、その他の諸掛費用等の増加、内外法令の制定・改廃による公租公課の増加および戦争その他の非常事態による急激な原材料等の高騰等の事情が発生した場合、甲の乙への申し入れにより、甲乙協議してその増加費用を決定し、乙に負担させることができる。

（変更例③）

商品の価格は、甲が提出する見積書に基づき、甲乙が協議のうえ決定する。

2　本契約の期間内に、予期することのできない法令の改廃・制定、物価・賃金などの経済情勢の激変により、価格の維持が困難となった場合、甲および乙は、相手方に対して理由を明示して価格の変更を求め、甲乙協議することができる。

【記載例108】　価格調整

例１（価格調整）　本契約もしくは個別契約で決定された価格は、以下の各号の範囲で、甲乙間の協議により調整される。

(1)　価格決定後効力が生じた、売主が負担する商品およびその原材料、部品の輸入関税、政府の課徴金、保険料、運賃の上昇

(2)　価格決定時には、予見されえなかった石油、燃料、エネルギー、原材料の価格の異常な上昇により惹起された商品の生産費用の上昇

(3)　ドル（その他、当該価格の支払いがなされる他の通貨）に対する日本円の為替換算率の上昇

例２（事情変更）　物価の急激な変動その他事情の変更により、本契約および個別契約によることが著しく不合理であると認められる場合には、甲または乙は、当該契約の条件の変更の申し入れをなすことができる。相手方が、これに応じないときまたは条件の変更によってはその目的を達することができないときは、これを解除することができる。

例３（価格調整）　商品の単価は、甲乙協議のうえ決定する。ただし、法令・経済情勢の変動、その他の特殊な事情に起因した原材料・エネルギー等物価の昂騰により、当該単価では納入しがたい事情が発生した場合、甲（＝売主）は当該価格の改訂を乙（＝買主）と協議

するものとし、決定した増額分は乙が負担するものとする。

例4（価格）　商品の価格は、甲乙協議のうえ決定する。

2　建値のある原材料、および建値のある原材料を使用する商品については、前月の建値平均値に基づき当月の購入価格を決定するものとし、その対象となる商品および具体的方法については別に取り決めるものとする。

note

(1)　pacta sunt servanda の原則「約束は守らなければならない＝Agreements shall be observed.」

(2)　たとえば、神戸地判昭和57年7月9日判タ483号109頁

「売主（原告）が当初の設備価格1950万円に対し、770万円の値上げを要求した事案で、裁判所は、売主はオイルショックによる資材価額の高騰という契約後の事情変更により、相当な売買代金の増額をなしうるとしたものの、売主の増額請求分にはその経済的優位な立場を利用した便乗値上げ分が含まれているとして、当時の行政指導で示された増額率などを考慮して487万円（25%）を限度とすべきとした。」

(3)　最判平成9年7月1日民集51巻6号2452頁

(4)　たとえば、民法では、改正587条の2第3項＝書面でする消費貸借等、改正609条＝減収による賃料の減額請求、改正611条＝賃借物の一部滅失による賃料減額請求等、改正651条2項＝委任の解除、借地借家法では11条＝地代等増減請求権、17条＝借地条件の変更および増改築の許可、32条＝借賃増減請求権、などである。

(5)　公共工事標準請負契約約款第25条第6項

「予期することのできない特別の事情により、工期内に日本国内において急激なインフレーション又はデフレーションを生じ、請負代金額が著しく不適当となったときは、甲又は乙は、前各項の規定にかかわらず、請負代金額の変更を請求することができる。」

民間（旧四会）連合協定工事請負約款（平成28年3月版）第29条(1)

「次の各号の一にあたるときは、当事者は、相手方に対して、その理由を明示して必要と認められる請負代金額の変更を求めることができる。

a～d　省略

e　契約期間内に予期することのできない法令の制定もしくは改廃または経済事情の激変などによって、請負代金額が明らかに適当でないと認められ

るとき。

f　長期にわたる契約で、法令の制定もしくは改廃または物価、賃金などの変動によって、この契約を締結したときから１年を経過したのちの工事部分に対する請負代金相当額が適当でないと認められるとき。

g　中止した工事または災害をうけた工事を続行する場合、請負代金額が明らかに適当でないと認められるとき。」

⑹　東京地判平成12年８月28日判時1737号41頁

⑺　たとえば、銅を主体とした商品なら、価格決定時の建値（基準建値100とする）とロンドン市場の銅の１カ月平均建値の指数を出し、翌月の商品価格に反映させるなどの方法があろう。

⑻　昭和48年10月、第４次中東戦争の勃発で、OAPEC（アラブ石油輸出国機構）が石油減産とアラブ敵対国への供給制限を決定した。日本の石油事情は一変し、企業への石油電力供給制限措置がとられ省エネが叫ばれた。つづいて11月はじめ、大阪の千里ニュータウンでトイレットペーパーや紙おむつなど紙製品がスーパーから姿を消した。東京や横浜でも同様の買いだめ騒ぎが起き、庶民の狼狽をよそに現代版三白といわれる紙、洗剤、砂糖の業者たちは笑いが止まらなかった（現代用語の基礎知識1998年版別冊付録『保存版現代用語・20世紀辞典』142頁より）。

⑼　田中齋治ほか『契約文章読本』173頁（東京布井出版・平成５年）
なお、日豪間の交渉経過については、同書169頁以下。

12　支払い（第10条）

⑴　基本条文

支払いについては、次のように表示される。

> **第10条（支払い）**
> 乙（＝買主）は、商品の代金を、別途甲（＝売主）乙協議のうえ定める支払方法により支払うものとする。

⑵　ポイントと記載例

ポイントと記載例については、Ｉ「21　支払いおよび相殺」⑵（125頁）も併せて参照されたい。

【記載例109】　支払い

例１（支払条件）　本契約にかかる目的物の代金の支払条件は、毎月○○日締切、翌月○○日支払いとする。
２　乙（＝買主）は、前項に定める支払期日までに、当該代金を甲の銀行口座に振り込むものとする。ただし、個々の売買契約においては約束手形による支払いを約定することができるものとし、この場合の手形期間は、○○日以内を原則とする。

例２（支払）　乙は、目的物の代金を次のとおり支払う。
⑴　締切日　　毎月末日
⑵　支払日　　翌月20日
⑶　支払方法　代金の50％は現金振込み
残りの50％は支払期日を支払日から３カ月後とする約束手形

13　遅延損害金（第11条）

⑴　基本条文

遅延損害金については、次のように表示される。

第11条（遅延損害金）
乙（＝買主）が代金の支払いを怠ったときは、支払期日の翌日から完済に至るまで年14.6％の割合による遅延損害金を甲（＝売主）に現金で支払うものとする。

⑵　ポイントと記載例

㈠　損害賠償額の予定　たとえば、「支払いが遅延した場合、買主は、売主に年○○％の割合の遅延損害金を支払う」という約定を損害賠償額の予定という。損害賠償額の予定の目的は、実際に支払遅延が起こった場合には、債権者が損害額を立証する手間を省き、損害額に関するトラブルを予防することがあげられるが、このような金銭債務の場合については、売主にとってみれば手間よりも「履行の確保」に最大の重点が置かれている。

債務者にとって数種の遅延損害金付債務があるときは、債務者は利率の高い債権者から順に支払っていくという傾向があるといわれているので、その点も考慮に入れて適正な利率を算定する。

遅延損害金は、買主が支払遅延をしなければ支払う必要のないものであり、売主側も「当然、金銭債務の不履行はなく万が一のため」として契約交渉にあたってくる。したがって、買主からの「遅延損害金の減額や当条項の撤廃」は買主自ら信用がないことを露呈することになり、買主としては要求しにくい。

㈺　**金銭債務の特則**　　一定額の金銭の支払いを目的とする債権を金銭債権と呼ぶ。売買のような有償・双務契約では、一方の商品を引き渡す債務に対して他方が対価を支払う場合は、一方がこの対価を受ける債権つまり金銭債権を持つことになる。逆に、一方が商品を受領する債権に対して、他方はこの商品の対価を支払う金銭債務を負っているという。

改正民法419条は、金銭債務の場合の特則として、第1項では、金銭を目的とする債務不履行についての損害賠償の額は、債務者が遅滞の責任を負った最初の時点における法定利率（後述㈾）により定め、もし約定利率があるときは、そのどちらか高い方の利率による旨を規定し、第2項では、この損害賠償については、債権者は、損害の証明をなすことを要せず、第3項では、債務者は不可抗力をもって抗弁できない旨を規定している。

一般の債務不履行における損害賠償は、債務不履行の事実があっても、債権者に損害が生じないときは、損害賠償の請求をなし得ず、賠償すべき損害の範囲は、債務不履行と相当因果関係に立つ損害であり、しかも債務者の責めに帰すべき事由に基づく場合に限られる。一方、金銭債務の不履行については、債権者が法定利率以上の損害があったことを立証しても法定利率を超えて損害賠償請求をすることはできないとされる[(1)]。

また、債務者は履行を遅滞したことが不可抗力によることを証明しても責任を免れることはできない。通説は、債務者に無過失責任を負わせる趣旨とする。

したがって、金銭債務の債務者は、履行期を徒過した以上、常に遅延利息を支払うことになる。遅滞が債務者の責めに帰すべき事由に基づかないこと（故意・過失およびそれと同視すべき事由の不存在）を理由に責めを免れることもできない[(2)]。

(ハ)　改正民法における遅延損害金の利率　遅延損害金は、契約で取り決めていない場合は、その利息が生じた最初の時点における法定利率が適用され、改正民法施行時は年３％とされるが、市中金利との乖離是正のため３年に一度見直すものとされる（改正民法404条）。

もっとも、年３％程度の利率では、履行を強制する力にはならないと思えば自由に利率を決めることができる。この売買取引等の約定利率の上限について民法・商法に規定はないが、異常に高い場合[(3)]は、公序良俗に違反すると考えられる。

一方、貸金債権の遅延損害金の上限は、利息制限法の制限を受ける。すなわち金銭を目的とする消費貸借上の債務の不履行による賠償額の予定は、利息制限法１条１項に定められている利率の1.46倍までとされる（利息法４条[(4)]）。

(ニ)　下請法上の遅延損害金　下請事業者への下請代金の支払遅延に対する遅延利息の利率は、年14.6％であり、昭和37年の制定時に「日歩４銭」と定められていたものを昭和45年に年利率（パーセント）方式に改めたものである。

【記載例110】　買主にとって検討すべき条文例と変更例

〔検討すべき条文例〕

乙（＝買主）が甲（＝売主）に対する債務の支払いを怠ったときは、乙は支払期日の翌日より完済の日までの遅延損害金を年14.6％の割合によって甲に現金で支払う。

（変更例）

甲または乙が相手方に対する債務の履行を怠ったときは、その遅滞の日より受領の日まで、未払金額もしくは契約金額の履行遅滞部分相当額につき年14.6％の割合による遅延損害金を相手方に現金で支払う。

（注）　買主が支払遅延したときのペナルティーを定めるのであれば、売主が納入遅延した場合も規定しておきたい。

【記載例111】　遅延損害金

例１（遅延損害金）　　乙（＝買主）が甲（＝売主）に対する債務の支払いを怠ったときは、乙は支払期日の翌日より完済の日までの遅延損害金を年18.25％の割合によって甲に現金で支払う。

例２（遅延損害金）　　乙（＝買主）の甲（＝売主）に対する債務については、その遅滞の日から完済に至るまで、年〇〇％の割合による遅延損害金を併せて支払わなければならない。

例３（遅延損害金）　　甲（＝売主）は、必要と認めるときは、個別契約にあたり遅延損害金付きの特約事項を付すことができる。

例４（遅延利息）　　乙（＝買主）が、売買代金その他の債務の履行を遅滞したときは、甲（＝売主）に対し、甲が別に定める割合による遅延利息を支払わねばならない。

例５（支払遅延利息）　　乙（＝買主）が、約定期間内に代金を乙に支払わない場合は、約定期間満了の翌日から支払いをするまでの日数に応じ、未支払金額に対し、年14.6％の率を乗じて計算した金額を遅延利息として甲（＝売主）に支払わなければならない。ただし、約定期間内に支払いをしないことが、天災地変等やむを得ない理由による場合は、当該理由の継続する期間は約定期間に算入せず、または遅延利息を支払う日数に計算しないものとする。

例６（遅延利息）　　乙（＝買主）が、天災地変等のやむを得ない事由による場合を除き、前条に定める期間内に代金を支払わなかったときは、その期間満了の翌日から支払いをなした日までの日数に応じ、当該支払金額に対し年〇〇％の割合で計算した金額を遅延利息として乙に支払うものとする。

⑶　関連法令

改正民法419条＝金銭債務の特則

　同 420条＝賠償額の予定

　同 90条＝公序良俗

利息制限法４条＝賠償額予定の制限

出資の受入れ、預り金及び金利等の取締りに関する法律５条

　＝高金利の処罰

Note

⑴　最判昭和48年10月11日金判394号２頁

⑵　奥田昌道編『注釈民法⑽』695頁〔能見善久〕（有斐閣・昭和62年）

⑶「出資の受入れ、預り金及び金利等の取締りに関する法律」５条（高金利の処罰）は年109.5％、日当たり0.3％の利息以下（債務の不履行について予定される賠償額を含む）であれば問題はないとする。

　そうだとしても、当事者間で交渉力に大きな差があるような場合、高率の遅延利息は問題となる可能性が高い。参考ではあるが、消費者契約法（平成13年４月１日施行）は事業者と消費者間の契約において、遅延損害金として年14.6％を超えるものはその超える部分を無効とする（同法９条２号）。

⑷　いわゆる「商工ローン」問題が社会問題化したことに伴い、出資法に関しては、金銭の貸付を行う者が業として金銭の貸付を行う場合の高金利の処罰規定（出資法５条２項）におけるいわゆる刑罰金利の水準を年29.2％としている。また、利息制限法４条１項は、「金銭を目的とする消費貸借上の債務の不履行による賠償額の予定は、その賠償額の元本に規定する割合が第１条に規定する率の1.46倍を超えるときは、その超過部分について、無効とする」としている。つまり、元本10万円未満の場合は29.2％、元本10万円以上100万円未満の場合は年26.28％、元本100万円以上の場合は年21.9％が、それぞれ賠償額の上限となる。

14　相殺予約（第12条）

⑴　基本条文

相殺予約については、次のように表示される。

第12条（相殺予約）

甲（＝売主）または乙（＝買主）は、相手方より支払いを受けるべき金銭債権を有するときは、いつでも相手方の自己に対する金銭債権と対当額にて相殺することができる。

⑵　ポイントと記載例

ポイントと記載例については、Ⅰ「21　支払いおよび相殺」⑵㈡（127頁）も併せて参照されたい。

㈠　相殺の担保的機能　債権者にとって、相殺は、便宜的な決済方法であるとともに、いつでも相殺することにより自己の債権の弁済を確保できるという重要な担保的機能を持つ。相殺は、相手方が倒産に陥ったときこそ、最も強く期待されるものである。たとえば、破産の場合、相殺を許さないとすると、自己の債権は破産債権としか扱われなくなってしまい、逆に自己の債務は破産財団に対して完全に履行しなければならないという不均衡が生ずる。そこで、破産法は、債権者が相殺権の行使により破産手続によらず、他の破産債権者に優先して満足を得ることを認めている（破産法67条１項）。

ただ、破産手続が破産財団の終局的な清算処理手続であるのに対し、民事再生手続や会社更生手続は再建型手続であり、両手続の目的の違いは相殺規制に差異をもたらす。

事実、民事再生法や会社更生法は、再生債権や更生債権の届出期間満了までに自働債権が履行期に至らない場合、条件付きの場合、非金銭債権である場合には相殺することはできないという点で、破産に比べかなり相殺に制限が加えられている。

法的な倒産手続で認められる相殺は、債権者平等の例外として債権者に優先的な満足を認めるものであるので、相殺の担保的機能を尊重して相殺権と呼ばれる。

㈡　破産における相殺権の拡張と制限

(A)　相殺権の拡張

民法上の相殺では、民法505条１項により対立する両債権が同種の目的を有し、かつ双方の債務が弁済期にあることを要する。一方、破産法上の相殺権は、破産債権者が破産手続開始時に破産者に対して債務を負担するときは両債権は同種の目的を有する必要はなく、また破産手続開始時に期限未到来であっても期限が到来したものとみなされる。なお、自働債権は破産債権であり、その現在化、金銭化に合わせて、期限付きで手続開始時に弁済期になくてもよく、解除条件付きであってもよく、非金銭債権、金額不確定の金銭債権、外国通貨債権、または存続期間の不確定な定期金債権であってもよい（破産法67条２項前段）[(1)]。これに対し受働債権は、破産財団に属する債権であり、破産法は、金銭化を認めていないので、金銭債権かまたは金銭化前の自働債権と同種の目的を有するものであることを要するが、しかし、期限付き、条件付き、または将来の債権であっても相殺は許される（破産法67条２項後段）。

(B)　相殺の制限

民法・商法等の実体法で相殺が禁止されている場合（改正民法505条２項・民法510条、会社法208条３項など）は、破産債権者も当然には相殺は許されない。

破産法は、相殺の濫用を防止し破産債権者間の公平を図るため、相殺権の範囲を破産手続開始時とし破産手続開始後に債務を負担し、債権を取得しても相殺はできないとし、また破産手続開始時に相殺権を取得しても、それが支払停止や破産手続開始申し立て後の危機時期であれば相殺が否定される場合があるとする（破産法71条１項１号、３号、４号、同72条１項１号、３号、４号）。

また、支払停止や手続開始申立の前であっても、支払不能という危機時期において、これを知って破産債権者が特定の債務を負担したり、もしくは破産者に債務を負担する者が特定の破産債権を負担したときは、相殺が禁止される（破産法71条１項２号、同72条１項２号）。

すなわち、下表の場合には、破産法上相殺は制限され、禁止に該当する相殺は当然に無効であり、たとえ、当事者間で相殺を有効とする合意がなされても許されない[(2)]。

〔表９〕　破産債権者の債務負担に関する相殺の制限

破産債権者は次の場合相殺は禁止される（破産法71条１項） ①　破産手続開始後に、破産財団に対して債務を負担したとき（１号） ②　支払不能になったという事実を知って、以下の債務を負担したとき（２号） ア　破産者との間で、もっぱら破産債権者との相殺に供する目的で、破産者の財産を処分する契約を締結した場合 イ　破産者に対し債務を負担する者の債務を引き受ける契約を締結した場合 ③　支払停止があった後に、それを知って、破産者に対して債務を負担したとき（ただし、支払停止時に支払不能でなかったときは除く）（３号） ④　破産手続開始申立て後、それを知って債務を負担したとき（４号） ただし、上記②ないし④の事由があっても次の原因に基づく場合は相殺は禁止されない（同条２項） ア　法定の原因（１号） イ　支払不能であったことまたは支払停止もしくは破産手続開始の申立てがあったことを、破産債権者が知った時より前に生じた原因（２号） ウ　破産手続開始の申立てより１年以上前に生じた原因（３号）

〔表10〕　破産者に対して債務を負担する者の相殺の制限

破産者に対して債務を負担する者は相殺を禁止される（破産法72条１項） ①　破産手続開始後に他人の破産債権を取得したとき（１号） ②　支払不能になったという事実を知って、破産債権を取得したとき（２号） ③　支払停止があった後に、それを知って、破産債権を取得したとき（ただし、支払停止時に支払不能でなかったときは除く）（３号） ④　破産手続開始申立て後、それを知って破産債権を取得したとき（４号） ただし、上記②ないし④の事由があっても次の原因に基づく場合は相殺は禁止されない（同条２項） ア　法定の原因（１号） イ　支払不能であったことまたは支払停止もしくは破産手続開始の申立てがあったことを、破産者に対して債務を負担する者が知った時より前に生じた原因（２号） ウ　破産手続開始の申立てより１年以上前に生じた原因（３号） エ　破産者に対し債務を負担する者と破産者間の契約（４号）

(C)　相殺の相手方

破産手続開始時に破産者に帰属する差押え可能な財産（受働債権も含まれる）は破産財団に帰属する。破産財団の管理処分権は、裁判所によって選任された破産管財人に専属するので、相殺の通知（＝意思表示）は、破産管財人に対してなされ、その期間に別段の制限はないので、理論的には破産手続終了までは可能である。

なお、倒産時に、相殺通知を省略する特約に基づいて相殺することは無効であり、必ず配達証明付内容証明郵便等により通知する[(3)]。

(ハ)　会社更生・民事再生における相殺権の制限

(A)　相殺権行使の時間的制限

会社更生や民事再生の場合、破産に比べて相殺が制限されるのは、相殺を広範囲に認めると、その目的である再建が困難になることや、相殺によって消滅する債権債務の範囲が明確にならないと更生・再生計画の作成や手続の進行等に支障をきたすことになるなどの理由があげられる。会社更生・民事再生の場合は、少なくとも自働債権の弁済期が債権届出期間満了までに到来していなければならず、相殺の意思表示も届出期間満了までになされなければならない。前述のように破産では、相殺の時期について手続終結まで制限はなかったので、これにならって届出期間を経過してしまうと相殺を否定され、逆に債務については全額の支払請求を受けることになるので注意を要する。

(B)　相殺予約の効力

昭和45年の最高裁大法廷判決[(4)]は、相殺予約あるいは期限の利益喪失条項が「契約自由の原則上有効であることは論をまたない」として、その効力を全面的に認めた。しかし、特約の効力を無条件に認めることは、会社更生法の存在を無意味なものにしてしまうという問題を生じるという見解[(5)]もあった。

ただし、民事再生法では、会社更生法とは異なり、物上担保権者は別除権者であり、再生手続に服する者として扱われていないので、相殺予約あるいは期限の利益喪失条項の有効性が認められるとされる[(6)]。

(C)　相殺の禁止

破産と同様であるので前掲(ロ)(B)を参照されたい（会更法49条、49条の２、民再法93条、93条の２）。

(D)　相殺の相手方

会社更生の場合、通常相殺の通知は管財人に対してなすべきである。けだし、更生手続開始後は、会社財産の管理権は管財人に専属し、会社はこの通知を受領する能力をもたない。また、手続開始申立て後、保全管理人が選任されたときは、会社財産の管理権は、保全管理人に専属するので、この場合の通知は保全管理人になすべきである。

民事再生の場合、相殺の通知は、通常、再生債務者（代表者）に対してなすことになるが、保全管理人や管財人が選任されているときは、これらの者に会社財産の管理処分権が専属するので、相殺の通知もこれらの者に出すことになる。

(二)　**差押えと相殺**　　差押えと相殺の関係については、従来より銀行預金に対する国税滞納処分としての差押えと銀行がその貸付金を自働債権とする相殺の効力に関する問題として判例・学説上しばしば論じられてきた。最高裁の昭和39年12月23日の大法廷判決は、差押えの時に自働債権（貸付金）の弁済期が未到来で受働債権（銀行預金）の弁済期が到来している場合に、差押え後、自働債権の弁済期到来時に相殺しても差押債権者に対抗できず、相殺予約の特約をしていても対抗できないとした（制限説）[(7)]。その後、昭和45年６月24日の最高裁大法廷は、民法511条（注：改正前）の反対解釈として「第三債務者は、その債権が差押え後に取得されたものでない限り、自働債権および受働債権の弁済期の先後を問わず、相殺適状に達しさえすれば、差押え後においても、これを自働債権として相殺をなしうる（無制限説）」と判示した[(8)]。さらに銀行・借主間の相殺予約の特約（期限の利益喪失条項）についても「契約自由の原則上有効である」として「差押えの時に全部相殺適状が生じた」ことになり、銀行（債権者）の相殺の意思表示は、その時点に「遡って効力を生じる」旨判示した。本判決により銀行（債権者）は、貸付債権を差押え前に取得しさえしていれば、差押えに対抗して預金債権と相殺できることになり、相殺適状の要件も、相殺予約を全面的に有効としたため、実際上は不要となった。

現在では、法務・金融において無制限説に基づく実務が確立されており、改正民法511条１項は無制限説の採用を明文化したものである。

(3)　関連法令

改正民法505条以下＝第２款　相殺

破産法67条以下＝相殺権

会社更正法48条＝相殺権

　同 49条・49条の２＝相殺の禁止

民事再生法92条＝相殺権

　同 93条・93条の２＝相殺の禁止

Note

(1)　相殺する債権者側の自働債権については、破産手続開始の時点で期限未到来であっても期限が到来したものと扱われることを「現在化」といい、また非金銭債権であっても金銭に換算されることを「金銭化」という。またこれらを総称して「等質化」という場合もある。
(2)　最判昭和52年12月６日民集31巻７号961頁
(3)　大阪地判昭和47年９月26日判タ288号332頁
(4)　最大判昭和45年６月24日民集24巻６号587頁・金判215号２頁
(5)　兼子一ほか『条解会社更生法㈲〔補訂〕』885頁（弘文堂・平成４年）
(6)　山本克巳「Ⅲ民事再生手続の論点⑩相殺権」金判1086号74頁
(7)　最大判昭和39年12月23日民集18巻10号2217頁
(8)　前掲(4)

15　担保（第13条）

(1)　基本条文

担保については、次のように表示される。

> **第13条（担保）**
>
> 　債権保全のため必要と認められたときは、甲（＝売主）は乙（＝買主）に対する請求によって、甲が承認する物件を売買代金債務、その他本契約から生じるいっさいの債務不履行の担保として、遅滞なく甲

に提供するものとする。
2　前項により乙が甲に対し担保を提供したときは、乙は遅滞なく自己の費用をもって甲の指示するところに従い、必要な登記もしくは登記手続、その他担保権の成立および対抗要件具備の手続をとるものとする。
3　乙および担保提供者の経営上の重要な変化による信用の低下、担保価値の減少もしくは消滅、または債権額の増大等の著しい変化が生じたときは、甲は、乙または担保提供者に対して増担保の提供を請求することができる。増担保の内容については、甲が決定する。
4　乙が、第25条により、期限の利益を失った場合、甲はただちに担保物件を、法令の定める手続によらず、適当と認める方法および価格をもって任意に処分し、その代価をもって乙の甲に対する債務の弁済に充当し、または代物弁済としてその所有権を取得することができる。この場合、乙は甲に対し何ら異議を申し立てないものとする。

⑵　ポイントと記載例

㈠　担保とは　　債務不履行に備えて債権者（この場合、売主）に提供され、債務の弁済を確保する手段となるものをいい、本条で述べている物的担保と、次条で述べる保証人による人的担保がある。

物的担保は、買主や第三者が所有している土地、建物、機械、株式、定期預金などの特定財産を担保するものであり、民法上規定がある（典型担保という）留置権、先取特権、質権、抵当権（根抵当権）と民法上規定のない（非典型担保という）譲渡担保、仮登記担保、所有権留保等がある。

担保提供者が株式会社である場合、買主であっても第三者であっても、多額の担保の供与は、重要な業務執行に含まれるので取締役会の決議が必要となる。また、A会社がA会社の取締役個人のために、あるいはA会社の取締役が他のB会社の代表取締役であるときにB会社のために担保提供する場合は、利益相反取引に該当するので、額の多寡には関係なく取締役会の承認を要する。[(1)]

(ロ)　将来の担保の保証（担保提供義務条項）　取引開始の際に、売主が担保を取得することは困難な場合も多い。そこで、将来、必要になったとき担保設定できるよう担保提供義務を取り決めておくことが重要となってくる。こうしておけば、今後、買主の信用状態に不安を感じたときの担保設定も可能となり、また、万が一、買主から担保設定を拒否されても民法に基づき契約解除や期限の利益の喪失ができることになる（改正民法541条、民法137条）。

しかし、買主にとってみれば、契約上、売主からいつでも担保設定を請求されるには好ましくなく、客観的、一般的にみて、債権保全の必要性が認められる場合にこのような義務を課すとするのが妥当であろう。そこで、基本条文のような「債権保全のため必要と認められるときは」「乙および担保提供者の……等の著しい変化」という文言が挿入されているものが多い。このような文言は、旧銀行取引約定書ひな型(2)第4条（担保）の規定を引用しているものと思われるが、包括的であり具体性・明確性に乏しいという批判もある。そのため、より具体的、客観的、かつ義務内容の明確化を図るため三井住友銀行銀行取引約定書では、次のように規定されている(3)。

「①　次の各場合において、乙（＝銀行）が請求したときは、甲（＝お客様）は直ちに乙が適当と認める担保もしくは増し担保を提供し、または保証人をたてもしくはこれを追加するものとします。

1．乙に提供されている担保について乙の責めに帰すことのできない事由により毀損、滅失または価値の客観的な減少が生じたとき

2．甲の保証人について第5条第1項または第2項の各号の事由がひとつでも生じたとき

②　乙の債権保全を必要とする相当の事由が生じたと客観的に認められる場合において、乙が書面によりその事由を明示し、相当の期間を定めて請求したときは、前項と同様とします。」

なお、上記の「第5条第1項または第2項」とは、期限の利益喪失条項であり、その項目は、本契約書の契約解除条項（Ⅱ「26　契約の解除」（411頁）参照）とほぼ同内容であると考えていただきたい。

いずれにせよ、一般的に、売主が担保提供義務条項に基づき担保提供を依頼するときは、買主の経営や信用状態に懸念がでてきたときであり、買主に

とって受諾できる状況にないことも多く、買主が受け入れたとしても担保を取得するまで難航が予測される。売主の期待どおりの担保設定ができるかどうかは、売主が買主にとってどれだけ重要な位置を占めているかにかかっているといっても過言ではない。

担保を取得するチャンスは、①取引開始のとき、②新しい商品の販売で買主の売上額や利益額の急増が見込まれるとき、③相手方が支払期限の猶予を申し入れてきたときなど、ほんのわずかしかないといわれている。売主にとっては、まず、少しでも懸念があるなら取引開始時での担保の取得に全力をあげるべきであろう。

(ハ)　任意処分の機能と限界　　担保権を実行するためには、まず民事執行法などに定める権利行使手続による方法が考えられるが、手間や費用がかかり、しかも処分価格も任意の売買よりも低くなることが普通である。そこで、民事執行法等による手続によらないで、担保を任意に処分して、優先的かつ有利な価格により債権を回収する手続が行われており、これを任意処分という。任意処分には、①処分につき担保提供者の協力を得て行う方法（これを共同実行型任意処分という）と、②契約時にあらかじめ債権者が担保提供者から任意に処分する旨を取り決めておき、実際に処分する場合、債権者が担保提供者から協力を得ないで行う方法（これを債権者単独実行型任意処分という）がある。基本条文第４項は、民法その他の法令に規定する担保権の実行方法とは別に、債権者が単独で、担保提供者の協力を得ずに担保物権を処分することを可能ならしめる債権者単独実行型任意処分の条項である。

この単独実行型で実行できる場面は、限定されていることを認識しておく必要がある。すなわち、抵当不動産を売却するには、所有権移転登記と不動産の引渡しが必要であり、そのためには抵当不動産所有者の協力を得なければならず、共同実行型でなければ行えないし、譲渡担保についても、その一般的用法である目的物の占有が債務者にある場合においては、債権者は、任意に目的物の引渡しを受けなければ処分できないことになるので、共同実行型による任意処分が必要となる。

なお、債権者単独実行型で行う場合であっても、実務上、処分価格については「適当と認める方法および価格」についての判断の基準が明確ではなく、トラブルに発展する可能性もあるので買主の承諾を得たうえで換価するものとしたい[(4)]。

基本条文第４項は、売主が担保として取得し所持している動産や有価証券または債権などの売主の直接支配下にある担保には有効であるが、前述のような売主の直接支配下にない担保についてはそのままでは適用できない。本条項を適用させるためには、買主（たとえば、不動産の所有者など）から、任意処分するために必要ないっさいの書類を預かったり、動産の引渡しを受けておかねばならない。

また、後順位担保権者がいたり、仮差押えがされていたり、強制競売が開始されている場合に、任意処分を行うには、これらの債権者の同意も必要となるので、本条項を適用することは事実上不可能である。

㈡　**買主からの担保の請求**　　商品取引の実際は、買主が売主の債務の履行後に対価を支払う異時履行（商品納入後の代金決済）の場合が圧倒的に多く、この問題については売主は担保や所有権留保等の法的・実際的な考慮が必要となる[(5)]が、一方、逆の異時履行（商品の納入前の代金決済）についても、買主に同様の考慮が必要となる。

たとえば、個別契約の締結からその履行完了まで相当長期間を要し、かつその目的物の製作や調達等の契約の履行の着手についても、売主は相当の資金を必要とし、これを買主が放置すると製作や調達に困難をきたしたり、金額も大幅に増加したりするような場合、結果的には買主は、有利な価格や希望する納期での契約締結が不可能になったり、売主の資金繰りの悪化から履行遅滞や、さらには履行不能にまで陥ってしまうことも懸念される[(6)]。

このような場合、買主としては、売主の事情を考慮して、支払うべき債務の履行期到来前に、全部または一部の支払いをなし、目的物の完全な履行の確保を図ろうとすることがある[(7)]。

この逆の異時履行についても、買主は、担保（含む人的担保[(8)]）や所有権の移転を前払い時点とする措置が必要となる。

【記載例112】　検討すべき条文例と変更例

〔検討すべき条文例１〕

債権保全を必要とする相当の事由が発生したときは、甲（＝売主）は乙（＝買主）に対する請求に基づき、乙は、ただちに甲が承認する担保を提供するものとする。

（１の変更例①）

甲は債権保全を必要とする相当の事由が発生したと客観的に認められる場合において、甲が乙に対し、書面によりその事由を明示し相当の期間を定めて請求したときは、乙は、ただちに甲が適当と認める担保を提供するものとする。

（１の変更例②）

甲は債権保全を必要とする相当の事由が発生したと客観的に認められる場合において、甲が乙に対し、書面によりその事由を明示し相当の期間を定めて請求したときは、その対応方法について乙は甲と協議するものとし、乙は、甲と取り決めた内容および方法で担保を提供するものとする。

（１の変更例③）

（当条項を削除してもらう）

〔検討すべき条文例２〕

乙（＝買主）が第25条により期限の利益を失った場合、甲（＝売主）は、担保を必ずしも法定の手続によらないで一般に適当と認められる方法、時期、価格等により甲において取立てまたは処分のうえ、その取得金から諸費用を差し引いた残額を法定の順序にかかわらず債務の弁済に充当できるものとし、なお残債務がある場合は、乙はただちに弁済するものとする。

（２の変更例①）

乙が第25条により期限の利益を失った場合、甲は、担保を必ずしも法定の手続によらないで一般に適当と認められる方法、時期、価格等により甲において取立てまたは処分のうえ、その取得金から諸費用を差し引いた残額を法定の順序にかかわらず債務の弁済に充当できるものとする。取得金を乙の債務の弁済に充当した後に、なお残債務がある場合は、乙はただちに弁済するものとし、取得金に余剰が生じたときは甲はこれを権利者に返還するものとする。

（2の変更例②）

乙が第25条により期限の利益を失った場合、甲は、担保を必ずしも法定の手続によらないで、乙の承諾を得た方法、時期、価格等により甲において取立てまたは処分のうえ、その取得金から諸費用を差し引いた残額を法定の順序にかかわらず債務の弁済に充当できるものとする。（以下は、変更例①と同じ）

（2の変更例③）

（当条項を削除してもらう）

（注）　例１、例２のいずれも、変更例①は、明確化のため売主も変更を検討すべき事項である。また例２の変更例②は、後日トラブルの発生する可能性も高いので売主にとっても変更を検討すべき事項である。

【記載例113】　担　保

例１（保証金）　乙（＝買主）は本契約および個別契約に基づき、乙が甲（＝売主）に対し現在および将来にわたって負担するいっさいの債務の履行を担保するため、別に甲乙協議して定める金額を保証金として甲に差し入れる。

2　乙に第24条第１項に定める事由が生じたとき、または期間満了、解約等により本契約が終了したときは、甲は前項に定める債務と保証金を対当額で相殺することができる。なお、契約が終了した場合を除き、甲は乙に保証金の補充および増額を請求できる。

3　甲は保証金に対し、甲が別に定める金利を付すことができるものとし、金利は保証金として充当する。

例２（担保）　乙は前条の保証金に代えて、またはこれに追加して、甲（＝売主）の請求により有価証券または担保物権を甲に提供する。

2　前項の担保の設定、変更に伴う費用は乙が負担する。

例３（保証金）　乙は、本契約および個別契約から生じる債務および損害賠償義務の履行を担保するため、金○○○○円を取引に基づく保証金として甲（＝売主）に預託する。

2　保証金には金利を付せず、本契約が終了したときは、甲は前項の金員あるときは、これを控除したのち乙に返還する。

例４（担保権設定）　乙（＝買主）は、本契約および個別契約から生じるいっさいの債務を担保するために、別に甲乙協議して定める乙および丙所有の不動産に根抵当権を設定する。

2　乙および丙は、前項の根抵当権設定登記に必要ないっさいの手続に協力し、かつそのための費用を負担する。

例５（保証金等の提供）　乙（＝買主）は、甲（＝売主）の請求あるときは、本契約および／または個別契約より生ずるいっさいの債務の履行を担保するために、甲の指定する金額の保証金、甲の承認する担保物権もしくは連帯保証人のいずれかまたはすべてを提供する。

2　本契約が終了するまで、甲は前項の保証金を無利息にて預かるものとし、この間に乙の債務不履行があったときは、保証金または担保物件について任意にその債務の弁済および不履行に基づく損害賠償金ならびに第11条記載の遅延損害金に充当できるものとする。

例６（担保物件の提供）　乙（＝買主）は、甲（＝売主）より請求を受けたときは、遅滞なく、甲が承認した次の各号のいずれかまたは２つ以上のものを、本契約および個別契約から生じるいっさいの債務履行の担保として、甲に提供する。

⑴　現　金

⑵　有価証券（裏書または譲渡証付）

⑶　不動産

⑷　定期預金

例７（根抵当権設定）　乙（＝買主）は、本契約から生ずる債務を担保するために、乙および丙所有の別紙不動産につき債権極度額○○○○万円の根抵当権を設定する。

⑶　関連法令

会社法362条４項２号＝取締役会の権限

　同　356条＝競業及び利益相反取引の制限

改正民法541条＝催告による解除

民法137条＝期限の利益の喪失

民事執行法180条以下＝第３章　担保権の実行としての競売等

Note

⑴　利益相反取引に関し、取締役会を設置していない株式会社は株主総会の承認（会社法356条）、持分会社は、社員の過半数の承認を要する（会社法595条）。

⑵　Ⅰ「42　契約の解除」*Note*(6)（266頁）

⑶　三上徹「住友銀行における新銀行取引約定書の提案」銀行法務21第562号12頁、天野佳洋監修『銀行取引約定書の解釈と実務』256頁（経済法令研究会・2014年）

⑷　上野隆司監修『任意処分の法律と実務』７頁〔田中博文〕（金融財政事情研究会・平成４年）

「本条項の『一般に適当と認められる価格』とはきわめて漠然とした表現であるが、要するに、取引通念上妥当と認められ、信義則に従った方法により処分された結果の価格である必要があると解されている。」

⑸　北川善太郎『現代契約法Ⅰ』238頁（商事法務研究会・昭和48年）

⑹　山下正美『国鉄の契約』358頁（交通日本社・昭和50年）

⑺　山下・前掲⑹358頁

⑻　建築工事請負契約においては、請負代金の全部または一部の前払い前に、注文主は、請負業者に保証人を立てる旨の請求ができるとされ、建設業者が立てないときは、注文者は、契約の定めにかかわらず前払いをしないことができるとされる（建設業法21条）。

16　連帯保証人（第14条）

⑴　基本条文

連帯保証人については、次のように表示される。

第14条（連帯保証人）

連帯保証人○○○○（以下丙という）は、乙（＝買主）が甲（＝売主）に対し本契約に基づき負担するいっさいの債務につき、極度額金○○○○万円の範囲内で乙と連帯して保証する。

2　丙は、乙から民法465条の10第1項各号の事項につき、書面による情報提供を受けたことを確認する。

3　甲が丙に対して履行の請求をしたときは、当該請求の効力は乙に対しても及ぶ。

⑵　ポイントと記載例

㈠　連帯保証人　相手方以外の者に、買主と連帯して債務を負担してもらい、万一、相手方の財産状態が悪化し支払いが滞った場合、その相手方以外の者に保証債務の履行を請求し代金を回収することができる。この場合の相手方以外の者を連帯保証人という。連帯保証には催告・検索の抗弁権や分別の利益がないので、連帯保証人に対する請求は買主に対する請求と全く同一の効力を有する[(1)]。なお、保証契約は書面または電磁的記録によってしなければ、その効力を生じない（改正民法446条2項）。

本条項による保証契約は、取引基本契約の一条項という形であるため、保証人の了解も取りつけやすい反面、これに頼るとトラブル発生につながる可能性があり、本条項では保証内容のポイントのみ規定し、同時に売主と保証人間で保証契約（記載例120）を結ぶことを推奨したい。

㈡　改正民法における貸金等債務以外の個人保証　本契約に係る連帯保証は、基本的に事業のための貸金等債務ではないので、個人の連帯保証人の公正証書による保証意思の確認は、通常は、必要とされない。ただし、「事業のために負担した貸金等債務を主たる債務とする保証契約」または「主たる債務の範囲に事業のために負担する貸金等債務が含まれる根保証契約」については原則、公正証書により保証意思の表示が必要となる（改正民法465条の6第1項・3項）。

改正民法は、貸金等債務に限らない個人保証に関しても保証人保護の定めを新設している。主な改正点は、①契約締結時の主たる債務者の情報提供義務（改正民法465条の10)、②個人根保証契約における極度額の定め（改正民法465条の２)、③契約締結後の債権者の情報提供義務（改正民法458条の２、458条の３)、④個人根保証契約の元本確定事由（改正民法465条の４）であり、取引基本契約の性質上、根保証を中心に以下(ハ)～(ト)で述べる。

(ハ)　契約締結時の主債務者の個人保証受託者に対する情報提供義務　保証契約締結時に、主債務者は、事業のために負担する債務を主債務とする保証、または主債務の範囲に事業のために負担する債務が含まれる根保証の委託をするときは、個人である保証受託者に対して、①財産および収支の状況、②主債務以外に負担している債務の有無・額・履行状況、③主債務の担保として提供し、または提供しようとするものがあるときはその旨・内容、について情報を提供しなければならない（改正民法465条の10第１項)。本情報提供義務は、個人保証締結時に問題とされている情義的委託（「絶対に迷惑をかけない」「名前だけ貸してほしい」などの主債務者からの強い要請を受けて受諾する場合）を回避することを期待したものである。

主債務者が、この情報提供義務を怠ったことにより、契約締結時における主債務者の財産の状況等について誤認をし、それによって保証契約を締結した場合に、債権者が情報提供義務違反を知り、または知ることができた場合には、保証人は保証契約を取り消すことができる（改正民法465条の10第２項)。

この点において、債権者は、保証契約を取り消され回収不能となるおそれもあるため、保証受託者と主債務者の間で、事実の情報提供義務が確実に履践されたかどうかに十分に注意を払うことが重要となる。

本情報提供義務は、保証受諾者が法人である場合には適用されないが（改正民法465条の10第３項)、公正証書作成の場合（改正民法465条の９）とは異なり、保証人になろうとする者が法人の理事、取締役、執行役、支配株主、および主債務者の共同事業者、配偶者については情報提供が必要となる。

(ニ)　個人根保証契約における極度額の定め　取引基本契約における連帯保証は、その取引が継続的なものであるので、取引関係から発生すると見込まれるいっさいの債務について連帯保証人に保証（包括保証）してもらうことが前提となる。

改正前民法においては、個人貸金等根保証契約の保証人の責任等に限定して、極度額を定めていたが、改正民法は、これを個人根保証契約一般の保証人の責任等に拡大した（改正民法465条の２）。ただし、元本確定期日の定め（改正前民法465条の３）は、従前と同様、個人貸金等根保証契約に限って適用するものとした（改正民法465条の３）。

個人根保証契約の保証人は、主債務の元本、利息、違約金、損害賠償その他その債務に従たるすべてのもの、およびその保証債務について約定された違約金、損害賠償の額について、その全部に係る極度額を限度として、その履行をする責任を負う（改正民法465条の２第１項）。

極度額は書面または電磁的記録により定めないと当該根保証契約が無効となるので（改正民法465条の２第２項・３項）、民法改正にあたり、取引基本契約書の改訂を行う際には、売主は、連帯保証人条項に極度額の定めが追加してあるか、必ず確認すべきである。

極度額自体の限度等に関する法律の規定はないので、債権者と保証人間で合意した合理的な金額を本契約に規定することになる。主債務者の資金需要や保証人の資力等を勘案し著しく高額の極度額が定められたときは、保証契約自体が公序良俗違反で無効とされる可能性がある。

以上から、法人が保証人である場合の根保証契約に極度額の定めがないときでも、当該法人根保証契約は無効とはならない。ただし、法人の根保証契約（機関保証契約等）であっても極度額の定めがないときは、当該根保証契約の保証人の主債務者に対する求償権に関する個人保証契約は効力を生じない（改正民法465条の５第１項・３項）。法人根保証であっても極度額の定めが必要となる。ただし、求償権についての保証契約が個人根保証契約となる場合は、当該個人根保証契約自体に極度額を定めなければならないので（改正民法465条の２第２項）、上記の定めは適用されない。

㈭　契約締結後の債権者の情報提供義務　保証人（個人・法人を問わない）に主債務者の履行状況等を確認できるようにするため、保証人の請求がある場合、債権者は、主債務者の履行状況等（主たる債務の元本・利息、違約金、損害賠償その他の債務に従たるすべてのものについての不履行の有無、残額、弁済期が到来しているものの額に関する情報）についての情報を提供しなければならない（改正民法458条の２）。

また、主債務者が期限の利益を喪失した場合、債権者は、個人である保証人に対して、その期限の利益の喪失を知った時から２カ月以内にその旨を通知しなければならない（改正民法458条の３第１項・３項）。２カ月以内の通知を怠った場合、債権者は、原則として、期限の利益喪失時から通知されるまでに生じた遅延損害金に係る保証債務を履行請求できない（同458条の３第２項）。

(ヘ)　**個人根保証契約における元本確定事由**　　個人根保証の元本確定（これ以後、保証債務は増加しない）事由について、改正民法は、個人根保証一般についての元本確定事由（改正民法465条の４第１項）と個人貸金等根保証についての元本確定事由（同条２項）を分けて定めている。

個人根保証一般については、①債権者が保証人の財産について金銭債権についての強制執行または担保権実行の手続の開始を申し立てた場合（手続の開始があったときに限る）、②保証人が破産手続開始の決定を受けたとき、③主債務者・保証人が死亡したとき、に元本が確定する（改正民法465条の４第１項）。

取引基本契約のような継続的契約の保証は長期間に及ぶことになり元本確定の事実を看過しやすいため、債権管理にあたっては注意が必要となる。

(ト)　**その他の民法改正**　　改正前民法448条（保証債務の附従性）は改正民法448条１項において維持され、改正前の解釈として保証契約締結後に、主債務の目的・態様が加重されても保証人の負担は加重されないとされていたが、これについて明文化された（改正民法448条２項）。

改正民法457条２項は、主債務者が債権者に対して抗弁権を有している場合の保証人の抗弁をもって対抗できる旨を判例(2)および一般的な理解から明文化し、また同条３項は、主債務者が取消権、解除権を有している場合に保証人の履行拒絶の抗弁権を現在の支配的見解(3)から明文化した。

改正民法458条は、連帯債務に関する絶対効・相対効を定める規定（改正民法441条）の改正を準用したものであり、更改（改正民法438条）、相殺

（改正民法439条１項）、混同（改正民法440条）の場合を除き相対的効力の原則（改正民法441条）の規定ついて連帯保証人に準用するものとしている。

履行の請求（改正前民法434条）は、改正により絶対的効力から相対的効力となったため、連帯保証人に対する履行の請求は、主債務者に対して効力を生じないこととなるため、効力を生じさせることが必要な場合には、別段の意思表示をすることになる（改正民法441条ただし書）。

【記載例114】　連帯保証人が個人の場合に売主にとって検討すべき条文例と変更例

〔変更すべき条文例〕

第○条（連帯保証人）

　連帯保証人丙は、乙（＝買主）が甲（＝売主）に対し本契約に基づき負担するいっさいの債務につき連帯保証し、乙とともにその全額の支払いの責めを負う。

（変更例①）

第○条（連帯保証人）

　連帯保証人丙は、乙（＝買主）が甲（＝売主）に対し本契約に基づき負担するいっさいの債務につき連帯保証し、乙とともにその全額の支払いの責めを負う。

2　前項に基づく丙の極度額は、金○○○○万円とする。

3　乙および丙は、甲が請求したときは、乙の負担で、甲とともに本契約および個別契約に基づく乙の債務について強制執行文言付公正証書の作成手続を行わなければならない。

4　乙は、本契約を締結するにあたり、丙に対して、民法465条の10第１項に定める事項につき、書面をもって、真実および正確な情報提供を行うものとし、丙は当該情報を受けたことを確認する。また、乙は、甲および丙に対して、当該情報提供の内容が、真実かつ正確であることを表明し、保証する。

5　甲は、丙の請求があったときは、丙に対し、遅滞なく民法458条の２に定める情報を提供しなければならない。

6　甲は、乙が第25条に基づき期限の利益を喪失したことを知ったときは、丙に対し２カ月以内にその旨を通知しなければならない。

7　甲が丙に対し履行の請求をしたときは、当該履行請求の効力は、乙に対しても及ぶ。

8　丙が保証債務を履行したときは、丙は甲の同意がなければ、代位によって甲から取得した権利を甲と乙との取引継続中は行使しない。甲が請求したときは、丙はその権利または順位を甲に無償で譲渡する。

（変更例②）

第○条（連帯保証）

本契約の締結にあたり、連帯保証人丙は乙（＝買主）が甲（＝売主）に対し本契約に基づき負担するいっさいの債務につき保証するため、別途、甲乙丙が協議のうえ、連帯保証約定書を締結しなければならない。

2　本連帯保証約定書に基づき甲が丙に履行請求をしたときは、民法458条および同法441条の規定にかかわらず、乙に対しても効力が及ぶものとする。

3　乙は、本連帯保証約定書が締結される際に、甲に対し、丙に提供した前項の情報が真実かつ正確であることを表明し保証するものとする。

（注）（変更例①の第２項）　賃金等根保証契約以外の一般の根保証契約は、民法改正前とは異なり、極度額の定めは必要的事項であり、極度額の定めがない場合は無効となる（改正民法465条の２第２項）。

（変更例①の第４項）　本条項は、保証人が主債務者の財産状況等について誤認したときで、かつ主債務者がその情報の虚偽や不提供等を知っているか知ることができた場合には、保証人は保証契約を取り消すことが可能となる（改正民法465条の10）。本条項の定めることにより、債権者は、主債務者が適切な情報提供を行っていたことを主張でき、保証人から取り消しを主張されるリスクを軽減できることも考えられる。

（変更例①の第５項）　本条項は、改正民法458条の２について確認的に定めたものである。ただし、改正民法458条の２の規定に違反したとしても、明文の規定はなく、売主は、本契約の第24条第２項、第42条に基づき責任（または、および改正民法415条１項の損害賠償責任）を負うことになる。

（変更例①の第６項）　本条項は、改正民法458条の３第１項について確認的に定めたものである。期間内の通知を怠ったときは、売主は保証人に対して、通知後の遅延損害金しか請求することができない（同458条の3第2項）。

（変更例①の第7項）　改正民法441条を準用する同458条により別段の意思表示をしていないときは、連帯保証人に履行の請求をしても、主債務者にはその効力が及ばないため、本条項を追加したものである。

（変更例②について）　改正民法では、貸金等保証契約以外の個人保証契約を締結する際の留意点につき定めがあるため、別途、連帯保証契約を締結するものである。ただし、連帯保証契約は、基本的には債権者（甲）と連帯保証人（丙）との間の契約であり、主債務者（買主・乙）は当事者とはならないため甲乙間の取引基本契約において乙の義務等を定めておく必要があり、第2項と第3項はその例である。

【記載例115】　連帯保証書の書式例

連帯保証約定書（個人根保証）

債権者○○株式会社（以下甲という）と連帯保証人○○○○（以下丙という）とは、以下の通り連帯保証契約を締結する。

第1条（連帯保証）

丙は、主債務者◇◇株式会社（以下乙という）が甲との間で○○○○年○月○日に締結した取引基本契約に基づき、乙が甲に対して負担するいっさいの債務（以下主債務という）について、乙と連帯して保証債務を負担する。

2　前項に基づく丙の極度額は金○○○○万円とする。

第2条（被担保債務）

丙は、甲（債権者）と乙（主債務者）の間で○○○○年○○月○○日締結の取引基本契約に基づき発生する乙の売買代金支払債務を負担する。

第3条（履行請求の効力）

甲が丙に履行請求をしたときは、民法458条および同法441条の規定にかかわらず、乙に対しても効力が及ぶものとする。

第4条（乙の情報提供の確認）

丙は、乙から民法465条の10第1項所定の事項につき情報提供を受けていることを確認する。また、丙は、乙が前項の提供した情報が真実かつ正確であることを、丙に対し表明・保証していることを確認する。

第5条（甲の情報提供義務）

甲は、丙の請求があったときは、遅滞なく乙の債務の元本およびその債務の利息、違約金、損害賠償額その他その債務に従たるすべてのものについての不履行の有無ならびにこれらの残額およびそのうち弁済期が到来しているものの額に関する情報を提供しなければならない。

2　乙が期限の利益を喪失したときは、甲は、丙に対し、その利益の喪失を知った時から2カ月以内にその旨を通知しなければならない。

第6条（代位等請求の不行使）

丙は、甲に対し、保証債務を履行した場合でも、甲の書面による同意がなければ代位その他の請求権を行使しないものとする。

第7条（担保保存義務の免除）

丙は、甲が担保その他の保証を変更、解除しても、免責を主張しないものとする。

○○○○年○月○○日

甲（債権者）

東京都○○区○○1―1―1

○○株式会社

代表取締役○○○○㊞

丙（保証人）

東京都○○区○○2―2―2

○○○○㊞（実印）

㈠　公正証書化と即決和解　買主や連帯保証人が、弁済しないとき、権利を実現させるには確定判決等の債務名義（民執法22条）が必要となる。この債務名義には、「金銭の一定額の支払いまたはその他の代替物もしくは有価証券の一定の数量の給付を目的とする請求について、公証人が作成した公正証書で債務者がただちに強制執行に服する旨の陳述（執行受諾文言という）が記載されているもの」（民執法22条５号）も含まれる。

そこで、確定判決を得ないで直接に強制執行できるように、売主の請求で、買主や連帯保証人に対し本契約や個別契約に関して執行受諾文言付公正証書を作成可能にしておくことも検討する。

万一の場合の公正証書化が必要なら、以下のような条文を挿入する。

【記載例116】　公正証書作成の予約条項

> **第○○条（公正証書作成）**
> 　乙（＝買主）および連帯保証人は、甲（＝売主）が請求したときは、甲と共に、本契約および個別契約に基づく乙の債務についての強制執行文言付公正証書の作成手続をしなければならない。
> 2　乙は、前項の公正証書作成に要する費用を負担する。

【記載例117】　強制執行の受諾条項

> **第○○条（執行受諾）**
> 　乙（＝買主）および連帯保証人は、本契約に定める金銭債務の履行を怠ったとき、その財産につき強制執行を受ける旨を受諾した。

公正証書では、金銭による支払いの請求にしか及ばず、買主や連帯保証人が、不動産や商品を持っている場合でも、その明渡しや引渡しなどはできない。また、契約書に譲渡担保の条項を入れることにより、動産や不動産も対象として、回収を確実なものにしておきたい。そこで、このように金銭債権以外にも債務名義の効力を及ぼしたい場合に、即決和解が有効となる。即決和解（起訴前の和解ともいう）は、当事者間で和解内容に同意ができてから、通常、和解条項を添付して簡易裁判所に申し立てることになる。裁判所では、当事者立ち会いのうえ、１回期日を入れ、和解調書に記載し、和解を成立させるものであり、和解調書の記載は、確定判決と同じ効力を発揮する。

【記載例118】　即決和解条項

第○○条（即決和解）

乙（＝買主）および連帯保証人は、本契約に定める金銭債務の履行を怠ったときは、甲（＝売主）の即決和解の申立てに協力し、当該和解により解決しなければならない。

⑴　**保証予約と保証**　　保証予約とは、将来の保証契約の成立を約束する契約のことをいう（Ⅱ「15　担保」⑵⑾（364頁）参照）。保証予約には、保証締結義務型、予約完結権行使型、停止条件付の３種類がある[(4)]。いずれにせよ、保証予約義務者は、保証と同様の義務を負い、主たる債務者が（買主）が金銭債務を弁済できなければ、保証債務を履行せざるをえない。

元来、保証予約は、保証契約自体が現時点では存在しないことを理由に、貸借対照表への注記をしなくともよいとの説もあり、実務上、注記をしなかった会社がほとんどであった。しかし、保証予約は、結果的には保証債務を負うことになり、「保証債務等の偶発債務……は、貸借対照表に注記しなければならない」（企業会計原則第三貸借対照表原則 IC、その他、財務諸表規則58条参照）となっていることからして、貸借対照表に注記しなければならないものと考えられる。なお、1999年２月に日本公認会計士協会は保証予約を注記の対象に含めるとするガイドラインを出しているので、その後の保証予約は貸借対照表に注記されることになる[(5)]。

では、保証予約が、借財にあたり、それが多額である場合、会社法362条４項２号により取締役会の決議を要するのであろうか。「借財」とは、実質的な債務負担行為であれば足り、保証だけでなく保証予約も借財に含まれると解される[(6)]。そこで、「多額」かどうかが問題となるが、これについては、Ⅱ「34　当事者の表示」⑵（420頁）を参照いただきたい。

⑽　**買主側の保証の拒否と経営指導念書**　　保証は、保証額が多額になる場

合、取締役会での承認決議（会社法362条４項２号）が必要であり、また貸借対照表への注記や附属明細書への記載が必要となるので、買主の親会社から保証を得ることは困難な場合が多い。

そこで、保証書の代わりに、「経営指導念書」が作成されることがある。

経営指導念書は、コンフォートレター[(7)]などと呼ばれ、もともと、国際取引や融資において使用されていたものが、国内の融資や取引にも用いられるようになったものである[(8)]。内容的にも多様であり、全く法的義務のないものから、保証に近いものまで千差万別であるので、その法的効力は個々の経営指導念書を見てみないと一概にはいえない[(9)]。

しかし、親会社としては、保証契約を締結することを拒否して念書を作成する以上、なるべく法的な責任は生じないような契約書面を主張するであろう。経営指導念書といわれるものは、親会社に何らかの法的責任を負わせるものもあるが、一般的には、親会社としての子会社に対する経営方針、指導、資金援助等の支援の約束が主であり、法的責任を伴わないと解すのが相当であろう[(10)]。

なお、下級審判例は、「弊行関連会社であるＡの後記借入有価証券については、期日到来まで、契約金利の利払いを遵守させ、期日にはご返済申し上げます[(11)]」、あるいは「関連会社の経営改善には万全の体制で臨む所存であり、貴社に対する債務履行にはご迷惑をおかけしないよう十分配慮する[(12)]」という文言の解釈、およびこれらの経営指導念書作成の経緯等から、いずれも連帯保証の主旨を認めることができないとしている[(13)]。

【記載例119】　買主にとって検討すべき条文例と変更例

〔検討すべき条文例〕

第○○条（連帯保証）

○○○○（以下連帯保証人という）は、乙（＝買主）が甲（＝売主）に対し本契約に基づき負担するいっさいの債務につき極度額○○万円の範囲内で連帯保証し、乙とともにその支払いの責めを負う。

(変更例①)

（当条項を削除）

（変更例②）

第○○条（経営指導）

乙は、乙の親会社である○○株式会社（以下丙という）が乙の経営につき責任をもって指導する旨の念書を甲に差し出すこと、およびその内容につき丙も含め協議することにつき、丙が確約していることを認める。

（変更例③）

第○○条（経営指導）

○○株式会社（以下丙という）は、乙の親会社として乙が甲に対して負担する債務を滞りなく履行しうるように、乙の経営・財務について健全な状態を保つよう指導することを確約する。

【記載例120】　連帯保証人

例１（連帯保証）　丙（＝連帯保証人）は、乙（＝買主）に対し、本契約に基づき乙が甲（＝売主）に対し現在および将来負担するいっさいの債務（以下主債務という）につき、極度額○○万円の範囲内で、乙と連帯してその支払の責めを負う。

２　丙は、民法465条の10第１項に定める事項に関する情報につき、乙からその情報の提供を受けたことを確認する。

３　乙は、丙に提供した前項の情報が真実かつ正確であることを、甲および丙に対し表明し保証する。

４　甲は、丙から請求があったときは、丙に対し遅滞なく民法458条の２に定める情報を提供しなければならない。

５　甲が丙に対し履行請求をしたときは、乙に対しても効力が及ぶものとする。

例２（連帯保証人）　丙（＝連帯保証人）は、甲（＝売主）に対し、乙（＝買主）が本契約上負担するいっさいの債務を連帯して保証する。

2　前項に基づき丙が負担する債務の極度額は、金○○万円とする。

3　乙は、丙に対して、本契約に先立ち、下記の項目について別紙のとおり、情報の提供を行うものとし、丙は情報の提供を受けたことを確認する。

(1)　乙の財産および収支の状況

(2)　乙が主債務以外に負担している債務の有無、額、その履行状況

(3)　主債務の担保として提供し、または提供しようとするものがあるときはその旨・内容

例３（連帯保証人）　連帯保証人（＝丙）は、甲（＝売主）が乙（＝買主）に対し本契約に基づき負担するいっさいの債務につき、保証極度額○○万円の範囲内において連帯保証をする。

2　保証期間は○○○○年○月○日から１年間とする。ただし、期間満了の２カ月前までに、甲および丙が、相手方に対して更新しない旨の通知をしなかったときは、契約を更新したものとみなし、その有効期間は更新日から１年間延長される。契約の更新については、以後も同様とする。

例４（連帯保証人）　連帯保証人○○○○（以下丙という）は、乙（＝買主）の連帯保証人となり、本契約および個別契約に基づき乙が甲（＝売主）に負担するいっさいの債務（以下主債務という）につき、極度額○○万円の範囲内で、乙と連帯して支払いを保証するものとする。

2　乙は、丙に対して、本契約締結の時までに以下の事項に関する情報を提供し、丙は、その情報を受けたことを確認する。

(1)　財産および収支の状況

(2)　主たる債務以外に負担している債務の有無ならびにその額および履行状況

(3)　主たる債務の担保として他に提供し、または提供しようとするものがあるときは、その旨およびその内容

3　乙および丙は、甲が請求した場合、乙の費用負担により、甲とともに、本契約および個別契約に基づく乙の債務についての強制執行

文言付公正証書の作成手続を行わなければならない。

4　甲は、丙から請求があったときは、丙に対し、遅滞なく乙の債務の元本および乙の債務に関する利息、違約金、損害賠償額その他その債務に従たるすべてのものについての不履行の有無ならびにこれらの残額およびそのうち弁済期が到来しているものの額に関する情報を提供しなければならない。

5　乙が期限の利益を喪失したときは、甲は、この利益の喪失を知った時から2カ月以内にその旨を丙に通知しなければならない。甲がこの期間内に通知をしなかったときは、甲は、丙に対し、乙が支払いを怠り期限の利益を喪失した時から通知を現にするまでに生じた遅延損害金（期限の利益を喪失しなかったとしても生ずべきものを除く）に係る連帯保証債務の履行を請求することができない。

6　主債務の元本は、次の各号の場合に、確定する。

(1)　甲が、丙の財産について、金銭の目的とする債権についての強制執行または担保権の実行を申し立てたとき（強制執行または担保権の実行の手続の開始があったとき限る）

(2)　丙が破産手続開始の決定を受けたとき

(3)　乙または丙が死亡したとき

7　甲が丙に対し履行の請求をしたときは、乙に対しても請求の効力が生じるものとする。

例5（連帯保証）　連帯保証人○○○○（以下丙という）は、甲（＝売主）に対し、乙（＝買主）が甲に対して現在および将来負担する本契約および個別契約に基づく売買代金債務（以下主債務という）について、保証債務を負う。

2　前項に基づく保証債務は、主債務の元本、主債務に関する利息、違約金、損害賠償その他その債務に従たるすべてのものおよびその保証債務について約定された違約金または損害賠償の額について、その全部に係る極度額○○万円の範囲内とする。

3　主債務の元本は、次の各号の場合に、確定する。ただし、第1号に掲げる場合にあっては、強制執行または担保権の実行の手続の開始があったとき限る。

⑴　甲が、丙の財産について、金銭の目的とする債権についての強制執行または担保権の実行を申し立てたとき

⑵　丙が破産手続開始の決定を受けたとき

⑶　乙または丙が死亡したとき

例6（連帯保証人）　乙（＝買主）の親会社である○○○○株式会社（以下丙という）は、乙の連帯保証人となり、本契約および個別契約に基づき乙が甲（＝売主）に負担するいっさいの債務につき、乙と連帯して支払いを保証する。

2　丙は、前項に定める範囲の債務の保証の他に、甲乙間で行われるすべての取引に基づき乙が甲に負担するいっさいの債務についても、乙と連帯して保証する。

3　丙が乙のために甲に対してこの契約以外で連帯保証債務を負うときは、特別に定めのある場合を除き、丙の保証債務額もしくは保証限度額は累積的に効力を生じる。

例7（連帯保証人）　甲（＝売主）が必要であると認めたときは、乙（＝買主）は、担保物権のいかんにかかわらず、本契約および個々の取引に基づく、乙の甲に対するいっさいの債務の履行を担保するため、連帯保証人を立てるものとする。

2　連帯保証人は乙と連帯して保証の責めを負う。

例8（連帯保証人）　○○○○株式会社（以下丙という）は、乙（＝買主）の連帯保証人となり、乙が甲（＝売主）との取引によって負担するいっさいの債務について、乙と連帯して履行の責めを負う。

例9（連帯保証）　甲（＝売主）が必要と認めた場合には、甲乙協議のうえ別に連帯保証人を定めるものとし、連帯保証人は本契約および個別契約より生ずるいっさいの乙の債務につき、甲に対し乙（＝買主）と連帯してその責めを負うものとする。なお、連帯保証人が個人の場合には、極度額を定めるものとする。

例10（連帯保証人）　乙（＝買主）は、甲（＝売主）が必要と認めたときは、乙の親会社を連帯保証人として定めなければならない。

2　連帯保証人は、本契約および個別契約に基づくいっさいの債務につき履行の責めを負う。

例11（保証条項）　乙（＝買主）の代表取締役○○○○は、甲（＝売主）に対する乙の債務を極度額○○万円の範囲内で乙と連帯して保証するため、別に連帯保証契約を定めるものとする。

例12（連帯保証人）　乙（＝買主）は、甲（＝売主）の同意する乙の役員その他の第三者を、本契約および個別契約に基づく乙の債務に関する連帯保証人を立てなければならない。

2　連帯保証人は極度額の範囲内で、乙と連帯し、甲に対して乙の負担する本契約および個別契約上のいっさいの債務を履行する責めに任ずる。

3　連帯保証人のうち、保証能力を失った者が生じた場合には、乙は、ただちに、この旨を甲に通知するとともに、甲の同意を得た保証能力のある連帯保証人を立てなければならない。

例13（連帯保証人）　本契約および個別契約に基づく乙（＝買主）の債務の担保として、甲（＝売主）は乙の代表取締役に対して、各取締役相互間で連帯しかつ乙と連帯して、乙の債務を保証する旨を約した個人保証書の提出を請求することができる。

（注）　例１から例５は、個人根保証に係る記載例である。また、例６、８、10、11、12は、法人根保証に係る記載例である。

⑶　関連法令

改正民法446条以下＝第５款　保証債務

商法511条＝多数当事者間の債務の連帯

民事執行法22条５号＝債務名義

民事訴訟法275条＝訴え提起前の和解

　同　267条＝和解調書等の効力

会社法362条４項２号＝取締役会の権限

企業会計原則第三貸借対照表原則―Ｃ

財務諸表の用語、様式及び作成方法に関する規則（財務諸表規則）58条

＝偶発債務の注記

note

⑴　我妻栄『新訂債権総論』497頁以下（岩波書店・昭和39年）

⑵　最判昭和40年９月21日民集19巻６号1542頁

⑶　大判昭和15年10月９日民集19巻1966頁

⑷　①　保証締結義務型保証予約…狭義の保証予約といわれるものであり、保証予約義務者が保証予約権利者に対し保証契約の締結義務を負うもの。

保証予約義務者が保証契約の締結を拒否した場合は、保証予約権利者が保証予約義務者に対して承諾を請求する訴えを提起し、確定判決を得て保証契約を成立させて保証債務の履行を求める。

②　予約完結権行使型保証予約…保証予約権利者に予約完結権を与え、予約権利者が予約完結権を行使すれば、保証契約が成立するもの。

③　停止条件付保証予約…借主の債務不履行などの停止条件を付し、停止条件が成就すると保証契約の成立を認めるもの。

⑸　日本公認会計士協会「監査委員会報告第61号債務保証及び保証類似行為の会計処理及び表示に関する監査上の取扱い」JICPA ジャーナル525号109頁

「本報告は、保証類似行為が債務保証又は債務保証に準ずるものに該当するか否かについての法律的な解釈を示すことを目的とするものでなく、法律的な解釈を必要とする場合には法律専門家等の見解を参考にする必要がある」としながらも「財務諸表において、注記の対象とする債務保証には通常の債務保証のほか、以下に掲げる保証類似行為を含めるものとしている。

⑴　保証予約

１）停止条件付保証契約及び予約完結権行使型保証予約については、債務保証とおおむね同一の性格を有するものと考えられるため、債務保証に準ずるものとして注記の対象に含める。

２）保証契約締結義務型保証予約については、現実には保証契約を締結せざるを得ないのが通常であることから、原則として、他の保証予約と同様に債務保証に準ずるものとして注記の対象に含める。

⑹　大隅健一郎・今井宏『会社法論中巻〔第３版〕』186頁（有斐閣・平成４年）

⑺　comfort letter, letter of comfort, letter of awareness, support letter, keep well letter など内容によりさまざまな呼び方をしている。

⑻　渡部晃「保証予約と保証類似行為⑵」取締役の法務66号107頁、飯田泰弘「いわゆる経営指導念証の法的性質と効力」手形研究393号４頁

⑼　渡部・前掲⑻107頁および秦光昭「経営指導念書の効力」銀行法務21・560

号47頁によると次のような内容のものが認められる。「子会社が融資を受けたことを認識するもの。子会社が債務不履行にならないよう指導、支援する意図であるもの。子会社に一定の持ち株比率を維持し、親会社としての地位を維持することを約したもの。子会社が迷惑をかけないよう配慮するもの。子会社の債務不履行により損害が生じた場合その損害を填補するもの。」

日本公認会計士協会・前掲(5)110頁では、「経営指導念書等についても、実務上は、保証契約又は保証予約契約と同様の効果を期待されて、経営指導念書等の差入れが行われていることも少なくない」とし「記載内容に基づく法的効力が保証契約又は保証予約契約と同様と認められる経営指導念書等の差入れについては、債務保証又は保証予約の取扱いに準ずるもの」とする。

「債権者との関係及び経営指導念書等の差入れの経緯その他の状況から、実質的に、債務保証義務又は損害担保義務を負っていると認められるもの又は保証予約と同様であると認められるものについては、債務保証に準ずるものとして注記の対象に含める。

なお、上記の法的効力や債務保証義務又は損害担保義務の解釈に当たっては法律専門家等の見解を考慮することが望ましい」としている。

(10)　秦・前掲(9)51頁

(11)　東京地判平成9年4月28日金判1040号48頁

「『弊行（＝阪和銀行）関連会社である阪和リース株式会社の後記借入有価証券については、期日到来まで契約金利の利払いを遵守させ、期日にはご返済申し上げます。』という確認書について確かに、本件文言の『期日にはご返済申し上げます』との部分は、被告が自ら返済することを約束したように読めないわけではない。しかし、本件文言が連帯保証の約束だとすると『期日到来まで契約金利の利払いを遵守させ』との部分はいかにも不自然であり、被告が阪和ギャランティの債務について原告に（＝安田信託銀行）に対して保証した契約書〈証拠略〉と対比しても、銀行間の連帯保証契約書としては、その表現があまりに不明確であるといわざるを得ない。したがって本件文言から直ちに被告が連帯保証を契約したものと認めることができない。」

(12)　東京地判平成11年1月22日判時1687号98頁

「結局、本件念書においては、被告兵庫銀行の義務と目される文言は、『兵銀ファクター株式会社の経営改善には万全の支援体制で臨む所存であり、貴社に対する債務履行にはご迷惑をおかけしなよう十分配慮する』というにとどまっている。

右の諸点に、本件念書の作成過程において、原告と被告兵庫銀行ないし兵銀ファクターとの間で、作成される念書の法的性質については全く検討も議論もされなかったことを併せ考慮すると、本件念書の文言のみならず、その作成過程を斟酌してもなお、被告兵庫銀行が本件念書により兵銀ファクターの本件債務を保証したものとは認めることができない。」

⒀　その他の下級審判例として次のようなものがある。

東京地判平成11年６月28日金判1083号49頁・判時1703号150頁、東京地判平成11年９月30日金判1085号39頁・金法1584号85頁、東京地判平成12年４月17日金法1609号56頁、東京地判平成12年12月20日金判1115号50頁

17　契約不適合（第15条）

⑴　基本条文

契約不適合については、次のように表示される。

> **第15条（契約不適合）**
>
> 乙（＝買主）は、甲（＝売主）より商品の納入を受けたときは遅滞なく検査し合格したもののみ受け入れる（以下検収という）ものとし、万一甲の責めに帰すべき事由により契約不適合または数量不足があった場合は、ただちにその旨を甲に通知するものとする。甲は、ただちに発見できない甲の責めに帰すべき事由に基づく契約不適合があり、これにつき納入後６カ月以内に通知があった場合は、甲の費用において修理、部品の交換、代品交換に応じるものとし、その後に発見された商品の契約不適合については、いっさいの責任を負わないものとする。

⑵　ポイントと記載例

ポイントと記載例については、Ⅰ「22　クレーム補償責任」⑵（132頁）も併せて参照されたい。

㈦　改正民法の売主の担保責任　　改正民法は、「契約責任説」を採用し、売買の目的物が「種類、品質または数量に関して契約の内容に適合しない場合」に、すなわち債務不履行の場合に、買主は救済手段として、売主に対し、①目的物の修補、代替物の引渡しまたは不足分の引渡しによる履行の追完請求（改正民法562条１項）、②相当期間を定めて履行の追完の催告をし、その

期間内に履行の追完がないときの代金減額請求、または履行の追完が不能であるなどの場合の催告によらない減額請求（改正民法563条１項・２項）、③改正民法415条（債務不履行）に基づく損害賠償請求（改正民法564条）、④改正民法541条（催告解除）および改正民法542条（無催告解除）の解除権の行使（改正民法564条）をすることができる。なお、移転した権利が契約内容に不適合の場合もこれらが準用される（改正民法565条）。これらの場合、代金減額請求権の行使後については、それと両立しない損害賠償請求および解除権は行使できないものとされている[(1)]。いわゆる「特別採用」と同様の考え方である（Ⅰ「10　特別採用」（64頁）参照）。

以上の民法における売主の担保責任の規定や改正商法526条（下記(ハ)）は任意規定であり、取引基本契約においては、契約不適合条項を設け、当事者の状況等を反映すべく、異なる売主の担保責任を定めることが一般的である。

(ロ)　改正民法の買主の権利の期間制限　改正民法では、売主が「種類または品質に関して契約の内容に適合しない」目的物を買主に引き渡した場合、買主がその不適合を知った時から１年以内その旨の「通知」をしないときは、買主はその不適合を理由として、上記(イ)の権利の請求または行使をすることができないとされる（改正民法566条本文）。

契約不適合の内容について、数量に関する場合（上記(イ)参照）または移転した権利の場合は、期間制限は適用されない（改正民法566条本文）。

改正民法は、改正前民法の「１年以内の権利行使」（改正前民法570条）ではなく、「１年以内の通知」で足りる。「通知」とは、単に契約不適合がある旨を抽象的に伝えるのみでは足りず、契約不適合の種類および大体の範囲を通知することを要するが、その細目まで通知することは要しないとされる[(2)]。

ただし、売主が悪意・重過失である場合まで、売主を保護する必要性はないため、１年以内の通知の適用はない（改正民法566条ただし書）。

(ハ)　改正商法の買主の権利の期間制限　商人間の売買については、取引関係の迅速な安定を図るため改正商法526条１項および２項は、売買の専門家である買主に目的物を受領したときの検査および通知義務を定めて、義務の懈怠があったときには買主が上記(イ)の請求または行使をすることができないとし売主の利益の保護を図っている。

すなわち、商人である買主は、目的物を受領した時に遅滞なく検査を行い、目的物に契約不適合を発見したときは、また種類・品質に関して直ちに発見できない場合に6カ月以内にその不適合を発見したときは、いずれの場合もただちに売主に対して通知を発しなければ救済が認められない。

また、数量不足は、受入検査時に発見できないことは通常ありえないと考えられるため、ただちに発見できない場合は数量不足を適用除外としている（改正商法526条2項）。

商法には、民法559条（有償契約の準用規定）のような定めはなく、売買について他の有償契約に準用されず、改正商法526条は商人間の売買に限って適用される。そこで、改正商法526条の定めを、売買、請負、賃貸借等が包含されている取引基本契約に適用するには、改めて取引基本契約に同様の定めを置く必要がある(3)。

㈡　売主の無担保特約　売主の担保責任は、強行規定ではないので当事者間の特約により売主の法定責任を軽減・排除することも原則自由である。

ただし、売主が売買の目的物について、その権利が他人に属すること、数量が不足していること、他人の権利によって制限されていること、契約不適合があることなどについて知っていたにもかかわらず、買主に告知しないときは、売主は責めを免れることはできない（改正民法572条）。

無担保特約条項は、売主の力が強い（たとえば、同種の商品がない、売主の特許等権利に基づいた商品など）の場合、商品に汎用性があり買主やその再販先や最終ユーザーでどのような使い方がされるかわからないような場合、試作品や限定品のように一般市販を目的としていないような場合、すべてを買主の指示・指導により製作している製品などのような場合、買主の依頼による価格の引き下げの対抗手段とする場合に、売主より提示される可能性がある。

とくに売主としては、1個の単価は極めて安い（あるいは利益が極めて薄い）が、それに反して、契約不適合による修補、交換、損害賠償額が莫大となるような場合は、このような特約を締結するか、しないまでもできるだけ売主の負担を軽減する方向で、検討する必要がある。

一方、買主としては、無担保特約はできる限り避けたい。その商品の特性、売主の無担保特約提示の理由等を勘案しながら、一部の免責を許容したり、責任を負担する場合の範囲、期間、商品の部位や使用方法などを限定したりして、買主にとってのリスク軽減を視野に入れながら無担保特約を排除すべく交渉を行う。

㈭　**契約不適合責任条項の検討ポイント**　　基本条文については、買主は、一般的に、次の点をチェックすべきであろう。

取引基本契約書においては、契約不適合の担保責任に関し、どのような場合に、いつまでに、何を、どのように適用するのかを明確に規定しておくことが必要である。

①　売主の責めによる場合だけでよいのか。

改正民法562条２項は、契約内容不適合が、買主の責めに帰すべき事由によるときは、買主は追完請求できない旨を規定している。

民法規定は任意規定ではあるが、本条項もこれに準じた取り扱いがなされてもよいのではないかという点である。

その点で、買主からみれば、甲、乙の責めによらないで結果的に契約不適合となった場合も包含する、「買主の責めに帰すべき事由によらない契約不適合」に変更する余地はあろう。

②　補償の範囲をもっと明確化しておかなくてよいか。

たとえば、「売主は、自己の負担で、買主が請求した方法により、修補、部品の交換、代品との交換のいずれかに応じる」。これは、改正民法562条１項ただし書により、売主が決めた方法でも追完できる旨の定めがあるため、その排除を明確にしたものである。

そのほか、「履行の追完の請求に加えて、買主が被った損害を補償する」などが考えられる。

③　契約不適合の通知期間は、納入後６カ月まででよいのか。

売主からは次のような説明が考えられる。

改正民法566条の「不適合を知った時から１年以内に通知」では、消滅時効にかかるまで保証が続くことになり、期間が不安定になり、迅速な取引関係が期待できない。

また、買主が、不適合を知った時を起点とすると、売主が発行する保証書と齟齬を生じる。

商人間の売買の担保期間である受領時から６カ月を定めたものである、などである。

買主の取引先からのクレーム請求があった場合でも、売主に対して補償請求できない可能性もあるので、当該取引先との目的物のクレーム補償内容や保証書などの参考として期間を決定したい。

なお、機械等では稼働時間、自動車などでは走行距離数を補償の範囲としたり、これらと期間を組み合わせる方法も行われている。

④　補償期間後であっても、目的物が通常有している耐用期間内において、契約不適合が発見され、かつそれが重大であり、売主に責任があるような場合、売主に補償を請求することはできないか。

この場合、買主の損害の原因が、売主の過失による場合であるので、補償期間後において、売主に対し損害賠償請求ができると定めても、買主などに与えた重大な影響を考慮すれば、著しい不合理があるとはいえない。

【記載例121】　契約不適合

例１（不良補償）　乙（＝買主）は、商品の検収後１年以内に商品に甲（＝売主）の責めに帰すべきただちに発見できない契約不適合を発見した場合は、遅滞なく甲に通知し、甲は自己の責任において、その修補、部品の交換、もしくは代品との交換に応じるものとする。

２　乙は、前項の期間経過後であっても、商品または乙の製品の品質・機能に重大な影響を及ぼし、かつ甲の責めに帰すべき不良品により損害を被った場合には、甲に対しその補償を請求できる。

例２（契約不適合責任）　乙（＝買主）は、商品の受領後、種類、品質または数量に関して本契約および個別契約等の内容に適合しないこと（以下契約不適合という）を発見したときは、すみやかに甲（＝売主）にそれを通知しなければならない。

２　乙は目的物の受領後１年以内に契約不適合（数量不足を除く）を発見したときは、甲に対し甲の費用で商品の修補、代品の納入または代金減額を請求できる。

3　前項の場合に代えて、乙に生じた損害（通常損害に限る）の賠償を甲に請求することができる。

4　第1項および第2項の場合に、乙が、甲に対して、担当の期間を定めて催告をしたにもかかわらず、当該期間内に履行をしないときは、乙は本契約および個別契約の全部または一部を解除することができる。

4　商品の受領後1年を経過した場合であっても、甲がその不適合を知り、または重大な過失によって知らなかったとき、および甲の責めに帰すべき重大な契約不適合が発見されたときは、乙は、前3項の請求および解除をすることができる。

例3（契約不適合責任）　乙（＝買主）は、商品の受領後、受入検査により商品が種類、品質および数量に関して本契約および個別契約等の内容に適合しないこと（以下契約不適合という）を発見したときは、速やかに甲（＝売主）に対してその旨の通知を発することにより、履行の追完の請求、代金の減額請求、損害賠償の請求および契約の解除をすることができる。

2　商品の契約不適合がただちに発見されない場合であっても、乙が商品の受領後6カ月以内にその不適合を発見したときも、前項と同様とする。

3　前2項の規定は、商品の契約不適合につき乙に悪意・重過失があった場合は適用されない。

例4（契約不適合）　甲（＝売主）は、第○○条（引渡条件）による引渡検査完了後は、目的物につき種類、品質に関する契約内容の不適合（以下契約不適合という）について、引渡検査完了後6カ月に限り契約不適合責任を負う。

2　万一、引渡検査完了後6カ月以内に目的物につき契約不適合が発見されたときは、甲は、その不適合が乙（＝買主）の責めに帰すべき事由により生じた場合を除き、乙の請求に基づいて代替品の納入、欠陥等の修補、もしくは代金の減額に応じるものとする。

例５（契約不適合責任）　甲（＝売主）は、乙（＝買主）に納入する本製品の納入後１年間は、本契約に基づく仕様に合致し、定められた品質、機能を具備することを保証する。

２　甲は、前項の期間内に本製品が契約不適合であることを乙より通知を受けた場合、すみやかに修補または代替品を納入するものとする。

例６（契約不適合責任）　乙（＝買主）は、目的物の検収後に、種類、品質が契約の内容に適合しないこと（以下契約不適合という）を発見したときは、甲（＝売主）に対し、引渡し後６カ月以内に限り、相当の期間を定めて、乙の指定した方法により目的物の修補、代替品の納入を求めることができる。この場合、甲は、乙の指定した方法と異なる方法で履行の追完をすることができる。

２　前項により定めた相当の期間内に、目的物の修補または代替物の引渡しがないときは、乙は、甲に対して代金の減額を請求することができる。

３　前２項の定めは、契約不適合において、乙が、甲に対する損害賠償請求、または契約の解除をすることを妨げない。

例７（契約不適合の担保責任）　乙（＝買主）は、目的物の受入検査の結果、目的物に種類、品質または数量に関して契約の内容に適合しないもの（以下契約不適合という）を発見したときは、ただちにその旨を甲（＝売主）に通知するものとし、通知がない場合、甲は契約不適合について、何らの責任も負わないものとする。

２　甲は、前項の通知を受けたときは、乙（買主）の指示に従い、本製品の修理、代品の納入または不足分の納入を行うものとし、これらの履行の追完ができないときは、契約不適合の程度に応じて代金の減額に応じるものとする。

３　契約不適合が乙の責めに帰すべき事由によるものであるときは、乙は前項の請求をすることができない。

４　第２項の規定は、乙による損害賠償請求および解除権の行使を妨げない。

5　前4項の規定は、目的物に受入検査ではただちに発見できない契約不適合（数量不足の場合を除く）があり、乙が、受入検査後1年以内にその旨を通知したときも、適用される。

例8（契約不適合責任）　甲（＝売主）は、第○条（受入検査・検収）による乙（＝買主）の検収後、本件商品につきただちに発見できない種類、品質についての契約内容との不適合（以下契約不適合という）に関し、検収後6カ月に限り、担保責任を負担するものとする。

2　前項の検収後6カ月以内に、本件商品につき契約不適合が発見されたときは、甲は、その契約不適合が乙の責めに帰すべき事由により生じた場合を除き、乙の請求に基づき代替品の納入、欠陥等の修補、もしくは代金の減額に応じるものとする。

例9（品質性能保証責任）　甲（＝売主）は、目的物につき、本契約の規定に基づき検収後6カ月に限り欠陥および品質性能保証責任を負担する。本期間内に本件製品につき稼働不良、性能不足その他の欠陥等が発見されたときは、乙（＝買主）の通知により、甲は、甲乙協議のうえ、定めた当該欠陥部分の修補、代替品の供給、その他必要な措置を無償にて講ずるものとする。なお、当該措置をとることができないときは、乙の損害賠償請求を妨げない。

例10（担保責任の免除）　甲（＝売主）は、民法562条1項本文および565条または商法526条の定めにかかわらず、目的物の種類または品質に関して、乙（＝買主）に対し、いっさいの担保責任を負わない。

例11（契約不適合責任）　乙（＝買主）は、甲（＝売主）に対し、商品が種類または品質に関して本契約および個別契約の内容に適合しないことを発見したときは、商品の引渡し後1年以内に通知した場合において、商品の修補、代品の納入による履行の追完を請求することができる。ただし、甲は、乙に不相当な負担を課するものでないときは、乙が請求した方法と異なる方法による履行の追完をすることができる。

2　前項に規定する場合において、乙が、相当の期間を定めて履行の追完の催告をし、その期間内に履行の追完がないときは、乙はその不適合の程度に応じて代金の減額を請求することができる。

3　第1項に規定する場合において、乙は、損害賠償の請求または本契約の解除をすることができる。

例12（契約不適合責任）　甲（＝売主）および乙（＝買主）は、協議のうえ、目的物の取引が開始される前に検査方法を定めなければならない。乙（買主）は、甲が商品を引渡し後、○日以内に、あらかじめ売主と協議して定めた検査方法により検査を行い、書面をもって検査の合否を甲に通知するものとする。

2　甲は、前項の通知により、不合格または数量不足が判明した商品について、遅滞なく代替品の納入または追加納入を行うものとする。

3　甲が引き渡した商品の全部または一部が種類または品質に関して本契約の内容に適合しないものであるときは、引渡し後6カ月以内において、乙は甲に対し、商品の修補または代品の交換による履行の追完を請求することができる。ただし、甲は、乙に不相当な負担を課するものでないときは、乙が請求した方法と異なる方法により履行の追完をすることができる。

例13（契約不適合責任の免除）　乙（＝買主）は、商品の品質不良その他の契約不適合について、甲（＝売主）が、商品の受領時に異議を申し出なかった場合、責任を免れるものとする。

例14（契約不適合責任）　乙（＝買主）が目的物の検収を完了した後においては、甲（＝売主）は乙に対する契約不適合責任を負わないものとする。

例15（契約不適合）　乙（＝買主）が、商品の引渡しを受けた後、1年以内に商品にただちに発見されない契約不適合を発見したときは、乙の請求により、甲（＝売主）は自己の負担において修補または代品交換を行う。ただし、商品の機能やそれを使用する場合に支障をきたさない契約不適合のときは、甲は免責される。

例16（契約不適合）　乙（＝買主）が、商品納入後6カ月以内に、商品に甲（＝売主）の責めに帰すべき契約不適合（数量不足を除く）を発見した場合は、遅滞なく通知し、甲は自己の責任において修補、部品交換、または代品交換に応じるものとする。ただし、不良品率が0.2％を超えないときは、甲は免責されるものとする。

（注） 例13、例14は、無担保責任条項といわれるものである。例15は、買主の使用に支障を来さないような契約不適合について免責するものである。また、例16は、一定の率の場合は免責されるものであり、例15とともにアローワンス条項と呼ばれる。

⑶　関連法令

改正民法415条＝債務不履行による損害賠償

同　562条＝買主の追完請求権

民法559条＝有償契約への準用

改正民法566条＝目的物の種類又は品質に関する担保責任の期間の制限

同　563条＝買主の代金減額請求権

同　564条＝買主の損害賠償請求及び解除権の行使

同　416条＝損害賠償の範囲

同　572条＝担保責任を負わない旨の特約

同　636条＝請負人の担保責任の制限

同　637条＝目的物の種類又は品質に関する担保責任の期間の制限

改正商法526条＝買主による目的物の検査及び通知

下請代金支払遅延等防止法４条１項４号＝親事業者の遵守事項

Note

⑴　筒井健夫＝村松秀樹『一問一答民法（債権関係）改正』279頁（注）（商事法務・2018年）

⑵　改正前民法570条に基づき「売主に対し具体的に瑕疵の内容と請求する損害額の算定根拠を示して、損害賠償をする旨を表明して、売主の担保責任を問う意思を明確に告げる必要がある（最判平成４年10月20日民集46巻７号1129頁）」とされていたが、改正民法の通知は、改正前商法526条の商人間の売買における買主による瑕疵の通知と同様と解され、「本条の瑕疵通知は、売主に善後策を講じる機会を与えるためのものであるから、瑕疵があったことを通知しただけでは足りないが、瑕疵の種類とその大体の範囲が明らかにされていればよく、その細目までも通知する必要はない（大判大正11年４月１日民集１巻155頁）」とされる。

⑶　ただし、いわゆる製作物供給契約にも適用があるとされる（東京地判平成2年4月25日判時1368号123頁）江頭憲治郎『商取引法〔第8版〕』30頁（弘文堂・2018年）

18　製造物責任（第16条）

⑴　基本条文

製造物責任については、次のように表示される。

> **第16条（製造物責任）**
> 　商品の欠陥により第三者に損害が発生した場合には、甲（＝売主）および乙（＝買主）はその対応につき協議する。また、第三者に対して損害賠償責任が発生した場合の分担についても同様とする。

⑵　ポイントと記載例

ポイントと記載例については、I「27　製造物責任」⑵（153頁）も併せて参照されたい。

(イ)　売主提示型の特色　　基本条文は、商品の製造者である売主の責任が明確にされていないが、継続的売買における損害賠償や求償は、協議によって決定されることが一般的でありこのような条文でもよいとする場合もある。売主提示型の場合は、製造物責任の条項がない場合もあり、その場合、製造物責任法の規定が適用されることになる。

また、売主が販売業者である場合において、製造物責任条項が必要な場合、売主が製造物責任法2条3項に基づき責任を負う旨を規定する場合もある。これについては、I「27　製造物責任」⑵(ホ)（156頁）および【記載例123】例4（402頁）を参照されたい。

(ロ)　買主としての求償　　買主が、売主の納入した部品を組み込み、完成品として買主自身のブランドで販売しているような場合、被害者は買主との交渉を希望するケースも予測される。このような事案では、買主が、まず、売主に代わって被害者に損害賠償金を支払うことも十分考えられる。買主は、自己の責めに帰すべき事由に基づく場合を除き、買主から売主に確実に求償できることを確認しておくべきであろう。

【記載例122】　買主にとって検討すべき条文例と変更例

〔検討すべき条文例１〕

商品の欠陥に起因して、商品および商品を組み込んだ製品の安全性が損なわれ第三者に損害を与え、乙（＝買主）に損害が生じた場合の甲（＝売主）の賠償すべき損害の範囲および賠償額は甲乙協議して定めるものとする。ただし、甲の賠償金額は乙への納入金額を限度とし、乙の作成した仕様書等に起因する場合で、かつ欠陥が生じたことについて甲に過失がない場合は賠償義務を負わない。

（１の変更例①）

商品の欠陥に起因して、商品および商品を組み込んだ製品の安全性が損なわれ第三者に損害を与え、乙に損害が生じた場合の甲の賠償すべき損害の範囲および賠償額は甲乙協議して定めるものとする。

（注）　ただし書以下は、①製造者である甲の賠償額が限定的なものになってしまう、②甲乙両者に過失がなかった場合、乙がすべて負担することになってしまうとの理由で削除の交渉をすべきだろう。

（１の変更例②）

（本条項全体を削除し、製造物責任問題が発生したら、製造物責任法の規定に従う）

〔検討すべき条文例２〕

甲（＝売主）は、製造物責任法第２条第３項に定める製造業者等に該当する場合を除き、対象商品の欠陥に起因して乙（＝買主）および乙の販売先ならびに最終ユーザーなどの第三者（以下第三者という）の生命、身体または財産に損害を与えたことによる責任を負わないものとする。

（２の変更例）第２項を追加

２　前項の製造業者等に該当しない場合において、乙（＝買主）が第三者より対象商品の欠陥に起因して損害賠償等の請求等を受けたときは、甲は、乙の求めにより当該請求等を対象商品の製造業者等に引き継がせて対応させるものとし、乙は当該請求から離脱することができるとともに、この第三者に対して何らの責任を負わないものとする。

（注）　検討すべき条文例２について、売主は販売業者であり、製造物責任法上は、対象商品が輸入品の場合を除き、原則、責任を負わないため、このような条文も、同法の確認をする意味で正当である。

しかし、買主としては、第三者から対象商品の欠陥を理由に損害賠償等の請求を受けたとき、自己で処理対応するわけにもいかないので、第２項を設けるものである。特に売主がメーカーの商事部門の子会社であるような場合は、このような条文が必要となる。

【記載例123】　製造物責任

例１（製造物責任）　甲（＝売主）の納入した製品に起因して第三者の生命、身体または財産に損害が生じ、当該第三者から乙（＝買主）に対し製造物責任に基づく請求その他の損害賠償請求があったときは、乙からの甲への通知に基づき、その責任と費用負担につき甲乙協議のうえ、処理解決する。

例２（製造物責任）　甲（＝売主）の納入した製品に関する事故により、第三者から乙（＝買主）が訴えを提起されたとき、または裁判外で請求を受けたときは、乙はただちに甲に通知するものとし、甲はその処理につき乙を支援するものとする。

例３（製造物責任）　目的物または目的物を組み込んだ製品の欠陥に起因して、第三者の生命、身体または財産に係る損害が発生した場合、乙（＝売主）が製造物責任法２条３項に定める「製造業者等」に該当する場合は、以下の各号に従うものとする。

⑴　第三者から訴訟が提起された場合、乙は、当該訴訟の防御につき最善を尽くすものとし、乙は、訴訟費用を含む甲（＝買主）のいっさいの損害について、賠償の責めに任ずる。

⑵　第三者からのクレームに基づき乙の責任が明らかとなったときは、乙の責任と費用負担においてこれを解決するものとする。

⑶　甲がすでに第三者に対して損害を賠償したときは、当該賠償額

を含む甲が負担したいっさいの費用を求償することができる。

⑷　前各号の損害賠償に関し、第三者の損害が、乙の責任のみではなく、甲または甲乙以外の作為もしくは不作為に起因する場合は、甲乙協議のうえ、甲乙の負担する額を決定するものとする。

2　乙が、製造物責任法２条３項の「製造業者等」に該当しない場合であっても、乙は、甲の依頼に基づき対応を協議するとともに、甲と「製造業者等」との交渉等の協力をするものとする。

例４（製造物責任）　製造物責任について、乙（＝売主）が製造物責任法（同法２条３項）における「製造業者等」に該当する場合は、本条第２項ないし第３項によるものとする。

2　乙は、目的物の欠陥（製造物責任法２条２項にいう欠陥をいう。以下同じ）により、甲（＝買主）、甲の役員および従業員（派遣労働者を含み、以下「従業員等」と総称する）または第三者が損害を被った場合、当該損害を賠償するものとする。

ただし、次の各号の一に該当する場合は乙は責任を負わないものとする。

⑴　乙が目的物を甲に引き渡した時点の最高水準の科学または技術に関する知見によっては、当該目的物に欠陥があることを認識することができなかった場合

⑵　目的物の欠陥が専ら甲の設計に関する指示に従ったことにより生じ、かつその欠陥が生じたことにつき乙の過失がない場合

3　目的物に関連して、甲の従業員等または第三者が損害を被った場合、当該損害が目的物の欠陥に起因して発生した疑いがあると甲が認めたときは、乙は原因の調査に協力するものとする。

4　第２項の賠償額は、当該目的物および製品の性質、価格、甲乙の損害に対する責任度合等を考慮し、甲乙協議のうえ、乙の負担割合を決定する。

5　乙が製造物責任法（同法２条３項）における「製造業者等」に該当しない場合であっても、乙は、甲と製造業者等との間における本条第２項ないし第３項の折衝等が円滑に執り行われるよう協力しな

けれぱならない。

（注）　例３、例４は、売主が販売業者であり、買主に輸入品やPB商品等を納入する以外は、製造物責任法２条３項の製造業者等にあたらないとする場合の製造物責任条項である。

19　知的所有権（第17条）

⑴　基本条文

知的所有権については、次のように表示される。

第17条（知的所有権）

甲（＝売主）または乙（＝買主）は、相手方から開示されたアイデアならびにノウハウ、貸与図面、仕様書、試験データ等の情報をもとにして知的所有権を取得する場合には、その内容を事前に相手方に通知するとともに、当該知的所有権の帰属等の取扱いについて甲乙協議のうえ決定するものとする。

⑵　ポイントと記載例

ポイントと記載例については、Ｉ「29　知的財産権の取扱い」⑵（170頁）を参照されたい。

20　権利義務の譲渡制限（第18条）

⑴　基本条文

権利義務の譲渡制限については、次のように表示される。

第18条（権利義務の譲渡禁止）

甲（＝売主）および乙（＝買主）は、本契約および個別契約に基づく権利義務を相手方の書面による承諾なくして第三者に譲渡してはならない。

(2)　ポイントと記載例

ポイントと記載例については、Ⅰ「32　権利義務の譲渡制限」(2)（185頁）を参照されたい。

21　秘密保持（第19条）

(1)　基本条文

秘密保持については、次のように表示される。

第19条（秘密保持）

甲（＝売主）および乙（＝買主）は、相互に取引関係を通じて知り得た相手方の業務上の秘密情報および相手方の個人情報（以下本件情報という）を、相手方の事前の書面による承諾を得ないで第三者に開示もしくは漏洩してはならない。

2　甲および乙は、本件情報を業務遂行上知る必要がある役員、従業員、派遣社員（以下役員等という）に対してのみ開示できる。その場合、甲および乙は、役員等に対して、前項の義務を徹底し、遵守させるものとする。

(2)　ポイントと記載例

ポイントと記載例については、Ⅰ「34　秘密保持」(2)（196頁）を参照されたい。

22　提出書類（第20条）

(1)　基本条文

提出書類については、次のように表示される。

第20条（提出書類）

乙（＝買主）は、本契約締結にあたり以下の書類を甲（＝売主）に提出するものとする。
⑴　経歴書、会社の登記簿謄本（全部事項証明書）
⑵　印鑑証明書、使用印鑑届
⑶　その他甲が必要とする書類
2　乙は、前項に基づき甲に提出した書類に変更が生じた場合、ただちに甲にその旨を通知するものとする。

⑵　ポイントと記載例

㈠　商業登記簿（登記事項証明書）　商業登記は、会社の成立および営業上の重要事項を公示するものである。株式会社の登記事項証明書には、商号、本店の所在場所、資本金の額、設立年月日、会社の目的、代表取締役の住所・氏名、取締役の氏名などが記載されている。

なお、印鑑証明書については、Ⅰ「53　当事者の表示」⑵㈡（304頁）を参照されたい。

㈡　銀行への代表者名および使用印鑑届　乙の決済方法が手形で行われている場合、その手形に署名する代表者の署名または使用する代表者印と代表者名はあらかじめ支払銀行に届け出ておかねばならない。そして、銀行は、届けられた代表者名と印鑑のある手形で支払呈示がなされないと支払いを拒絶する。

経理部長・資材部長が代理人として手形を振り出すには、手形の振り出しの代理権限が与えられている必要があり、このような場合、銀行備え付けの「代理人届」により代理人名や印鑑（経理部長名・資材部長名の印鑑）を銀行に届けておかねばならない。手形によって支払いを受ける売主にとっては、これらに関する書類を提出させることが重要となる。

㈢　その他甲が必要とする書類　基本条文第3号により、基本的には甲が必要とするならば、あらゆる書類の提示が可能となる。しかし、本条項は本契約締結時の提出を規定するものであり、契約交渉時に特定することもできるので問題は少ない。

むしろ、契約締結時のみでなく契約期間中適用させるような条文があった場合は要注意であり、「その他、甲乙協議により取り決めた書類」「その他、甲が必要とし、乙が同意した書類」「その他甲が必要とする書類、ただし乙の機密に属する書類は除く」などのような提出書類の範囲を狭める方向での交渉が必要となる。

【記載例124】　提出書類

例1（提出義務）　乙（＝買主）は、本契約締結にあたり、経歴書、使用印鑑他甲の定める書類を提出しなければならない。

2　乙は、前項に基づき提出した内容に変更のあった場合は、すみやかにその旨を通知しなければならない。

例2（取引関係書類の提出と報告）　乙（＝買主）は甲（＝売主）と本契約を締結するにあたり次の書類を整え甲に提出する。

書類名	部数	備　　考
(1)　商業登記簿謄本（全部事項証明書）	1	発行日が本契約の締結日から3カ月以内のものとする。
(2)　委任状	1	取引を乙の代表者以外の名義をもって行う場合に必要とする。
(3)　印鑑証明書	1	発行日が本契約の締結日から3カ月以内のものとする。
(4)　業態調査表	1	甲所定の様式に調査事項を記入し提出するものとする。
(5)　財務諸表（決算報告書）	1	乙の最新の決算期にかかる貸借対照表、損益計算書が記載されたものとする。
(6)　経歴書	1	

また、第4号、第5号については、乙は年1回甲の要請に基づき最新内容の書類を提出するものとする。

2　乙は本店所在地、代表者、代理人、印鑑、連絡窓口、その他前項の提出書類につき変更が生じたときは、ただちに甲に通知するとともに変更後の書類を改めて提出するものとする。

⑶　関連法令

会社法908条＝登記の効力

　同　911条＝株式会社の設立の登記

　同　912条＝合名会社の設立の登記

　同　913条＝合資会社の設立の登記

　同　914条＝合同会社の設立の登記

商業登記法６条＝商業登記簿

　同　10条＝登記事項証明書の交付等

23　通知事項（第21条）

⑴　基本条文

通知事項については、次のように表示される。

第21条（通知事項）

　乙（＝買主）は甲（＝売主）に対し、以下の事項を事前に通知するものとする。

⑴　乙および連帯保証人の住所、氏名、商号または名称、代表者および使用印鑑等を変更するとき

⑵　乙および連帯保証人の会社または事業の譲渡、合併、増資、減資、あるいは事業内容が著しく変動するか、もしくは変動するおそれのあるとき

⑵　ポイントと記載例

ポイントと記載例については、Ⅰ「41　通知義務」⑵（246頁）も併せて参照されたい。

売主が買主の経営状況をチェックすることは、重要である。しかし、それを画一的に行うのではなく、信用状態の良好な企業には、業務上必要な部分のみとするとか、逆に、信用上若干とも不安のある企業は、定期的な報告や

追加資料の報告も可能となるような取引先管理が必要となる。

また、売主にとっては、連帯保証人がいる場合には買主と同程度に関心を払う必要があり、買主を通して、あるいは連帯保証人本人からその資産状況等を報告させるべきだろう。

買主も、売主に関するこれらの事項を知っておく必要があるので、双務規定にしておいた方がよい。

以上のほか、売主は、連帯保証人に対して、請求があれば買主の債務の履行状況等の情報を提供するほか、買主の期限の利益の喪失を知ったときには通知（個人の場合）をしなければならない。なお、連帯保証人を変更するときは新たに契約を締結しなければならない。

【記載例125】　買主にとって検討すべき条文例と変更例

〔検討すべき条文例〕

乙（＝買主）は甲（＝売主）に対し、以下の事項を事前に通知するものとする。

(1)　乙および連帯保証人の住所、商号または名称、代表者および使用印鑑等を変更するとき

(2)　乙および連帯保証人の会社について、第22条第１項各号に該当するおそれのあるときまたは該当するとき

（変更例）

甲および乙は相手方に対し、以下の事項を事前に通知するものとする。

(1)　甲乙および連帯保証人の住所、氏名、商号または名称、代表者および使用印鑑等を変更するとき

(2)　甲乙および連帯保証人の会社について、第24条第１項各号に該当するおそれのあるときまたは該当するとき

【記載例126】　通知事項

例（事前通知）　乙（＝買主）または連帯保証人に次の各号の一に該

当する事由が生じる場合、乙は事前に甲（＝売主）に通知しなければならない。

⑴　商号、所在地の変更

⑵　代表者、役員の異動または使用印鑑の変更

⑶　営業の全部または一部の譲渡、譲受け、貸与、廃止

⑷　増資または減資

⑸　合併、解散、組織変更

⑹　支店、営業所等販売拠点の新設、変更

⑺　営業分野の拡大または縮小

⑻　社内組織の重要な変更

⑼　多額の投融資

⑽　甲担当の営業担当組織、営業責任者、営業担当者の変更

⑾　その他営業または資産状態に著しい変動をきたし、またはそのおそれがある場合

24　反社会的勢力の排除（第22条）

⑴　基本条文

反社会的勢力の排除については、次のように表示される。

第22条（反社会的勢力の排除）

甲（＝売主）または乙（＝買主）は、相手方に対し、本契約書の締結時において、甲または乙（甲または乙の代表者、役員、または実質的に経営を支配する者を含む）が暴力団、暴力団員、暴力団員でなくなった時から５年を経過しない者、暴力団準構成員、暴力団関係企業、総会屋、政治活動・宗教活動・社会運動標ぼうゴロ、特殊知能暴力集団等その他のこれらに準ずる者（以下これらを反社会的勢力という）に該当しないこと、および次の各号のいずれにも該当しないことを表明し、かつ将来にわたって該当しないことを確約する。

2　甲または乙は、相手方が前項に該当するか否かを判定するために調査を要すると判断した場合、相手方の求めに応じその調査に協力し、これに必要と相手方が判断する資料を提出しなければならない。

3　甲または乙が第1項または第2項の行為に該当すると判明した場合、相手方はただちに契約解除等の措置をとることができる。

(1)　相手方は、催告その他の手続を要することなく、本契約のみならず売主または買主との間のすべての契約をただちに解除することができ、解除した場合には、甲または乙は相手方との間におけるすべての取引等により生じた相手方に対するいっさいの債務について、当然に期限の利益を喪失するものとし、甲または乙は当該債務をただちに弁済しなければならない。

(2)　相手方が、前号の規定により、契約を解除した場合に、相手方はこれにより甲または乙の損害を賠償する責めを負わない。

(3)　第1号の規定により相手方が契約を解除した場合、相手方から甲または乙に対する損害賠償請求を妨げない。

(2)　ポイントと記載例

ポイントと記載例については、Ⅰ「40　反社会的勢力の排除」(2)（240頁）を参照されたい。なお本基本条文は、前掲（Ⅰ40）に対して簡易バージョンである。

25　解約予告（第23条）

(1)　基本条文

解約予告については、次のように表示される。

第23条（解約予告）

甲（＝売主）または乙（＝買主）は、いつにても6カ月の予告期間をもって本契約を解除することができる。

⑵　ポイントと記載例

ポイントと記載例については、Ⅰ「39　解約予告」⑵（233頁）を参照されたい。

26　契約の解除（第24条）

⑴　基本条文

契約の解除については、次のように表示される。

> **第24条（契約の解除）**
>
> 甲（＝売主）または乙（＝買主）は、相手方が次の各号のいずれかに該当したときは、催告その他の手続を要しないで、ただちに本契約および個別契約の全部または一部を解除することができるものする。
>
> ⑴　監督官庁より営業の取消し、停止等の処分を受けたとき
>
> ⑵　支払停止もしくは支払不能の状態に陥ったとき、または手形、小切手または電子記録債権の不渡り処分を受けたとき
>
> ⑶　信用資力の著しい低下があったとき、またはこれに影響を及ぼす営業上の重要な変更があったとき
>
> ⑷　第三者より差押え、仮差押え、仮処分、その他強制執行もしくは競売の申立て、または公租公課の滞納処分等を受けたとき
>
> ⑸　破産手続開始もしくは、民事再生・会社更生手続開始の申立て等の事実が生じたとき
>
> ⑹　解散の決議をし、または他の会社と合併したとき
>
> ⑺　前各号に準ずる不信用な事由があったとき
>
> ⑻　災害、労働紛争その他により、本契約または個別契約の履行を困難にする事由が生じたとき
>
> ⑼　相手方に対する詐術その他背信行為があったとき
>
> 2　甲または乙は、相手方が本契約または個別契約に違反した場合、相当の期間をおいて催告のうえ本契約および個別契約の全部または一部を解除することができる。

3　甲または乙は、自己に第１項各号の一にでも該当する事由があるとき、またはそのおそれのあるときは、ただちに相手方に通知するものとする。

⑵　ポイントと記載例

ポイントと記載例については、Ⅰ「42　契約の解除」⑵（254頁）も併せて参照されたい。

㈠　会社更生手続と契約解除　　売主は、基本条文第１項第５号に基づいて買主に会社更生手続開始の申立てがなされたことを理由に契約解除しようとしても認められない可能性がある。

この点について、最高裁判例[(1)]は、所有権留保付機械割賦販売契約に関して「買主たる株式会社に更生手続開始の申立ての原因となるべき事実が生じたことを売買契約解除の事由とする旨の特約は、債権者、株主その他の利害関係人の利害を調整しつつ窮境にある株式会社の事業の維持更生を図ろうとする会社更生手続の趣旨、目的（会更法１条参照）を害するものであるから、その効力を肯認しえないものといわなければならない」と判示して、会社更生申立てを理由とする契約解除事由の効力を否定した。

また、この場合、売主の買主に対する売掛債権が保全処分命令によって弁済禁止となってしまうため、基本条文第24条第２項（前掲の基本条文第10条違反すなわち履行遅滞と考えれば、改正前民法541条と同趣旨）に基づき契約解除をすることができるだろうか。これについても最高裁は上記の判例で次のように判示して契約を解除できないとした。「更生手続開始の申立てのあった会社に対し会社更生法39条の規定により、いわゆる旧債務弁済禁止の保全処分が命じられたときは、これにより会社はその債務を弁済してはならないとの拘束を受けるのであるから、その後に、会社の負担する契約上の債務につき弁済期が到来しても、債権者は、会社の履行遅滞を理由として契約を解除することはできないとするのが相当である」。

その他、買主の会社更生手続開始の申立てに対し、継続的給付を目的とする双務契約においては、売主からは手続開始前に納入した目的物の支払いがないことを理由に、申立手続開始後の納入を拒絶できない（会更法62条１項）。また、双方未履行の双務契約[(2)]についても、管財人のみが解除権を有しているし、その場合、相手方の催告後、管財人が相当期間内に確答しないときはその解除権は放棄されたものとみなされる（会更法61条２項）。

(ロ)　その他の倒産手続と契約解除　　民事再生法については、同法１条に会社更生法１条と、また継続的給付を目的とする双務契約については同法50条に同旨の条文があるので(イ)と同様に取り扱われるものと解される。さらに、双方未履行の双務契約についても、再生債務者等が解除権を有し、その相手方は、相当の期間を定め確答するよう催告をしても、再生債務者等から確答がないときは会社更生法と同様にその解除権は放棄されたものとみなされる（会更法49条）。

一方、破産法における双方未履行の双務契約においては、破産管財人が解除権を有し、その相手方が相当の期間を定めて催告しても破産管財人から確答がないときは、破産手続が清算を目的とすることから、契約は解除されたものとみなされる（破産法53条）。

さらに、会社更生・民事再生手続開始の申立てや破産手続開始の申立て等を理由として相手方が、無催告で解除権を発生させる特約（基本条文第１項５号）は、宣告前に常に解除権を発生させ、相手方のためにいわば私的な差押禁止財産を設定するに等しいので、公平な救済を図る倒産手続の趣旨に反するとして、その特約自体の効力を否定する有力な見解がある[(3)]。

(ハ)　不可抗力事由と契約解除　　不可抗力免責のところでも述べたように（Ⅱ「8　不可抗力免責」(2)（332頁））、不可抗力事由による場合は、基本条文第６条により売主は損害賠償を免れるが、これが相当期間継続する場合には、買主としては契約解除ができるようにしておくのが望ましい。たとえば、基本条文第１項第８号を「第６条に掲げる不可抗力事由その他により、本契約または個別契約の履行を困難にするとき」と変更することも考慮したい。

(3)　関連法令

改正民法541条＝催告による解除

同 542条＝催告によらない解除

同 543条＝債権者の責めに帰すべき事由による場合

会社更生法１条＝目的

同 28条＝開始前会社の業務及び財産に関する保全処分

同 61条＝双務契約

同 62条＝継続的給付を目的とする双務契約

民事再生法１条＝目的

同 30条＝仮差押え、仮処分その他の保全処分

同 49条＝双務契約

同 50条＝継続的給付を目的とする双務契約

破産法53条・54条＝双務契約

同 55条＝継続的給付を目的とする双務契約

Note

(1)　最判昭和57年３月30日民集36巻３号484頁・金法1004号46頁・判時1039号127頁

(2)　双方未履行の双務契約とは、破産宣告および再生・更生手続開始時点で、双務契約の両当事者がともにそれぞれの債務の履行を完了していないことを要する。すなわち、両当事者が、何も履行していない場合だけでなく、一部の履行をしていたとしても、どちらも履行を完了していないのなら、ここにいう未履行の双務契約にあたる。また、一方はすでに１度履行の提供をしており、他方の会社が履行遅滞に陥っている場合であっても、ともかく現実に両当事者の債務の履行が完了していなければ、未履行の双務契約と解される（東京控判昭和６年２月26日新聞3242号４頁）。

(3)　兼子一ほか『条解会社更生法㊥〔補訂版〕』308頁（弘文堂・平成４年）、竹下守夫『担保権と民事執行・倒産手続』262頁および265頁（有斐閣・平成２年）

27　期限の利益の喪失（第25条）

(1)　基本条文

期限の利益喪失については、次のように表示される。

第25条（期限の利益の喪失）

甲（＝売主）または乙（＝買主）は、相手方が前条第１項各号の一にでも該当する事由があるときは、いつでも相手方の債務につき期限の利益を喪失させることができるものとする。

なお、本契約が解除されたとき、前条第１項もしくは第２項に基づき個別契約が解除された場合も同様とする。

⑵　ポイントと記載例

ポイントと記載例については、Ⅰ「43　期限の利益の喪失」⑵（267頁）も併せて参照されたい。

(イ)　個人の連帯保証人に対する期限の利益喪失の情報提供義務　債権者は、主たる債務者が期限の利益を喪失した場合、これを知った時から２カ月以内にその事実を保証人に通知しなければならず、その通知を怠った場合には通知を怠っていた期間の遅延損害金（期限の利益を喪失しなかったとしても生ずべきものを除く）を、保証人に請求することができない（改正民法458条の３第１項・２項）。ただし、保証人が法人である場合には適用されない（同条第３項）。

(ロ)　会社更生、民事再生申立て時の相殺と期限の利益　会社更生法48条および民事再生法92条における相殺は、債権の届出期間満了前に相殺適状になったものについて、その期間内に限って相殺が認められる。

つまり、自働債権は、債権期間内に期限が到来していなければならないことになる。期限未到来とさせないためには、取引基本契約書の期限の利益喪失条項の中に、会社更生開始の申立てだけでなく、民事再生開始の申立て（Ⅱ「26　契約の解除」⑴基本条文第１項第５号（411頁））も１つの事由として掲げておくことが必要であろう。

なおこの項に関しては、Ⅱ「14　相殺予約」⑵(ハ)（360頁）の相殺予約の効力も参照して欲しい。

【記載例127】　売主にとって検討すべき条文例と変更例

〔検討すべき条文例〕

乙（＝買主）が、前条第１項各号の一にでも該当する事由があるときは、乙の甲（＝売主）に対するすべての債務は、当然に期限の利益を失い、乙はただちに債務の全額を甲に支払うものとする。

（変更例）

乙または乙の連帯保証人が、前条第１項各号の一にでも該当する事由があるときは、甲はその旨を乙および乙の連帯保証人に通知することにより、乙の甲に対するすべての債務は、当然に期限の利益を失い、乙はただちに債務の全額を甲に支払うものとする。

【記載例128】　期限の利益の喪失

例（期限の利益の喪失）　甲（＝売主）または乙（＝買主）および乙の連帯保証人が、前条第１項各号の一にでも該当する事由があるときは、甲または乙は、相手方に対するすべての債務は当然に期限の利益を失い、ただちに債務全額を現金にて支払うものとする。

(3)　関連法令

民法136条＝期限の利益及びその放棄
同 137条＝期限の利益の喪失
会社更生法48条＝相殺権
民事再生法92条＝相殺権

28　損害賠償（第26条）

(1)　基本条文

損害賠償については、次のように表示される。

> **第26条（損害賠償）**
> 甲（＝売主）または乙（＝買主）は、自己が第23条および第24条第1項各号のいずれかに該当する事由により、相手方に損害を与えたときは、その損害のすべてについて責任を負うものとする。

⑵　ポイントと記載例

ポイントと記載例については、Ⅰ「44　損害賠償責任」⑵（270頁）を参照されたい。

29　残存条項（第27条）

⑴　基本条文

残存条項については、次のように表示される。

> **第27条（残存条項）**
> 本契約の解除もしくは終了後といえども、第〇条、第〇条、第〇条、第〇条、第〇条および第〇条は継続して効力を有するものとする。

⑵　ポイントと記載例

ポイントと記載例については、Ⅰ「46　残存条項」⑵（281頁）を参照されたい。

30　有効期間（第28条）

⑴　基本条文

有効期間については、次のように表示される。

> **第28条（有効期間）**
> 本契約の有効期間は、本契約締結の日より１年間とする。

ただし、期間満了の３カ月前までに甲（＝売主）乙（＝買主）いずれからも書面による改定、終了等の意思表示がないときは、本契約は自動的に１年間延長されるものとし、以後も同様とする。

⑵　ポイントと記載例

ポイントと記載例については、Ⅰ「47　有効期間」⑵（284頁）を参照されたい。

31　協議事項（第29条）

⑴　基本条文

協議事項については、次のように表示される。

第29条（協議事項）

本契約に定めなき事項および本契約の解釈の疑義については、甲（＝売主）乙（＝買主）協議のうえ解決するものとする。

⑵　ポイントと記載例

ポイントと記載例については、Ⅰ「48　協議解決」⑵（288頁）を参照されたい。

32　後　文

⑴　基本後文

後文は、次のように表示される。

本契約の締結を証するため、本書３通を作成し、甲（＝売主）乙（＝買主）および連帯保証人が署名捺印のうえ各自１通を保有する。

⑵　ポイントと記載例

ポイントと記載例については、Ⅰ「51　後文」⑵（300頁）も併せて参照されたい。

通常、「記名押印のうえ、各自１通を保有する」となるが、Ⅱ「34　当事者の表示」（420頁）で述べるように連帯保証人は署名捺印が望ましいのであえて「署名捺印のうえ、各自１通を保有する」とした。「記名押印・署名捺印」についてはⅠ「53　当事者の表示」⑵（303頁）を参照されたい。

上記の基本後文は、あくまでも記載例であり、Ⅱ「16　連帯保証人」⑵（371頁）の項で述べたように保証契約によることが望ましいことはいうまでもない。

33　契約書作成日

⑴　基　本

契約書作成日は、次のように表示される

○○○○年○○月○○日

⑵　ポイントと記載例

ポイントと記載例については、Ⅰ「52　契約書作成日」⑵（301頁）も併せて参照されたい。

連帯保証人が当事者として名を連ねている場合、効力発生のバック・デートは後でトラブル発生のおそれがある。この日は、当事者全員が調印した日が望ましいが、遠隔地等の都合で調印が２日～３日かかる場合には、売主・買主の押印後、連帯保証人が署名押印した日を契約書作成日とするのがよい。

34　当事者の表示

(1)　基本当事者の表示

当事者は、次のように表示される。

甲　東京都千代田区三崎町１―１―１
○○○○株式会社
代表取締役社長　○○　○○　印

乙　大阪市北区中之島５―５―５
◇◇電工株式会社
代表取締役社長　◇◇　◇◇　印

連帯保証人　神戸市須磨区○○町１―１
◇◇　◇◇　実印

(2)　ポイントと記載例

ポイントと記載例については、I「53　当事者の表示」(2)（303頁）、II「16　連帯保証人」(2)（371頁）も併せて参照されたい。

(イ)　**記名と署名、押印と捺印**　これについては302頁(イ)を参照されたい。

(ロ)　**保証人が会社の場合の措置**　買主から、個人保証を取得する場合は、買主の代表取締役などが個人として連帯保証人となる場合が多いが、その他、買主の親会社、系列会社、事業提携の相手方企業などの法人も連帯保証人になる場合がある。

(A)　重要な業務執行としての取締役会決議

会社法362条４項２号は、取締役会の決議事項として「多額の借財」を規定しているが、これには保証も含まれると解されている[(1)]。株式会社が連帯保証人となるときは、予想される保証の額に関して、取締役会規則に決議事項として定めてある場合は当然に、また定めてない場合であっても、その会社の規模、資産状態、収益力などからみて企業経営に重大な影響を与える額であるなら取締役会の決議が必要となる[(2)]。

売主としては、取締役会議事録の謄本等を提出してもらい、保証の意思の確認をする[(3)]。

(B)　利益相反取引としての取締役会決議

取締役が自己または第三者のために会社と取引を行う場合、取締役会の承認を要する（取締役会を設置しない会社の取引役は株主総会の承認を受けなければならない）。また、取締役と会社が直接取引を行わない場合であっても、たとえば、会社が会社の取締役個人の債務や会社の取締役が他の会社の代表取締役である当該会社の債務について保証する（間接取引という）ような場合は、会社法356条1項および365条1項に明定されているとおり取締役会の承認を要することとなる。承認後、取締役会議事録の謄本を徴する必要があろう。

また、その債務保証が、取締役会の承認のない利益相反取引であったとしても、善意の第三者保護の見地から、会社は、その取引について取締役会の承認を受けなかったことのほか、取引の相手方である第三者が悪意であることを主張し、立証することができなければ、その無効を相手方たる第三者に主張しえない[(4)]。

(C)　貸借対照表への計上または注記表への注記

さらに会社が保証債務を負っている場合は、貸借対照表の負債の部へ計上するか、または計上しない場合でも、保証債務（保証債務と同様の効果を有するものを含む）で重要なもの（現実に発生していないが、将来において事業の負担となる可能性のあるもの）は、その種類および保証先等を示して金額を注記表へ注記することが必要となる（会社計算規則103条5号、企業会計原則第三貸借対照表原則一C）。

(ハ)　**連帯保証人のフォロー**　　連帯保証人の項で述べたように（Ⅱ「16　連帯保証人」（370頁））、通常、取引基本契約上の保証は、根保証であるので、連帯保証人が個人の場合は、極度額を定めなければならない（改正民法465条の2第2項）。

連帯保証人条項を記載した取引基本契約の成立後、相当期間経過後に、取引金額が増加するような場合（当該契約成立時に予想された取引額を超えるような場合）、極度額の範囲内であっても、また連帯保証人から請求がなくても、当該取引額の増加を当然知りうる立場にある者（代表取締役や常勤取締役）以外が連帯保証人となっているときは、増加のつどもしくは定期的に、債権額等の情報について連帯保証人に提供しておくべきである。

【記載例129】　連帯保証人の表示

例１（連帯保証人が法人の場合）

甲　東京都千代田区三崎町１―１―１
○○○○株式会社
代表取締役社長　○○　○○　　印
乙　大阪市北区中之島５―５―５
◇◇電工株式会社
代表取締役社長　山田太郎　　印
連帯保証人　神戸市東灘区○○町１―１
株式会社▽▽▽▽
代表取締役社長　▽▽▽▽　　代表印

例２（連帯保証人が個人の場合）

連帯保証人　大阪市住吉区帝塚山１―１―１
山田太郎　　実印

⑶　関連法令

会社法362条４項２号＝取締役会の権限等
改正会社法356条＝競業及び利益相反取引の制限
同 595条＝利益相反取引の制限
会社法435条＝計算書類の作成及び保存
会社計算規則103条５号
財務諸表等の用語、様式及び作成方法に関する規則58条＝偶発債務の注記

Note

⑴　大隅健一郎・今井宏『会社法論中巻〔第３版〕』183頁（有斐閣・昭和58年）

⑵　東京弁護士会会社法部編『取締役会ガイドライン〔改訂版〕』176頁（商事法務研究会・平成５年）

アンケート調査による債務保証に関する基準が掲載されているので参考になると思われる。

・最判平成６年１月20日民集48巻１号１頁・金判943号３頁

本判決は、旧商法260条２項１号（会社法362条４項１号）の「重要な」財産の処分について判断したものであるが、同項２号の「多額」の借財についても同様に判断すべき指針とされるものである。本判決は、「当該財産の価額、その会社の総資産に占める割合、当該資産の保有目的、処分行為の態様及び会社における従来の取扱い等の事情を総合的に判断すべきものと解するのが相当である」と判示している。

なお、最近の判例では多額の概念について真正面から取り組んだものがある。

・東京地判平成９年３月17日金判1018号29頁

「東証一部上場会社が10億円の債務につき連帯保証予約することは、当該借財の額、会社の総資産及び経常利益等に占める割合、当該借財の目的及び会社における従来の取扱い等の事情を総合的に考慮すれば多額の借財に該当する。」

・東京高判平成11年１月27日金判1062号12頁

「融資の額が東証一部上場の会社の資本金、総資産合計額及び負債合計額に占める割合が、それぞれ、7.75%、0.51%及び0.75%であり、特に資本金に占める割合が相当の程度に達していること、右会社の取締役会規則において一件５億円以上の債務保証は、取締役会の付議事項とされていること等の事情を総合すると、10億円の保証予約の締結は、右会社にとって、多額の借財に当たると解するのが相当である。」

⑶　高須淳正「取締役会議事録写し徴求事務は必要か」銀行法務21第529号52頁

実務上は、以下の方法によって取締役会の決議の存在を確認することが簡明である。

ａ．取締役会議事録の原本の提示と確認

ｂ．取締役会議事録の謄本または写しの受領

ｃ．確認書（たとえば、「本件保証行為については、会社法362条４項所定の手続を経ており、有効である旨記載された会社実印付の文書」）の受領

d．上記に準ずると判断される文書の受領

(4)　たとえば最大判昭和43年12月25日民集22巻13号3511頁

「取締役と会社との間に直接成立すべき利益相反取引については、会社は、右取締役に対して、取締役会の承認を受けなかったことを理由として、その無効を主張しうるが、会社以外の第三者と取締役が会社を代表して自己のためにした取引については、取引の安全の見地より、その第三者が取締役会の承認を受けていないことについて悪意であることを主張して初めて、その無効を主張できる。」

その他最判昭和45年３月12日判時591号88頁、最判昭和45年４月23日民集24巻４号364頁

第3章

取引基本契約書例

Ⅰ　買主提示型取引基本契約書例

前章の買主提示型取引基本契約書の基本条文を順に記載したものである。

取引基本契約書

買主（以下甲という）と売主（以下乙という）とは、甲乙間の製品および部品（以下目的物という）の取引に関しその基本的事項について次のとおり契約する。

第１章　総　則

第１条（目的・基本原則）

甲および乙は、本契約に基づく取引を、相互繁栄の理念に基づき、かつ甲乙間の円滑な取引が甲の安定的な販売に寄与することを目的とし、信義誠実の原則に従って行うものとする。

第２条（適用範囲）

本契約は、特別の定めがない限り、甲乙間の目的物に関するすべての個別契約に適用する。

第２章　取　引

第１節　個別契約の成立、納入および検収

第３条（個別契約の内容）

個別契約には、発注日、目的物の名称、数量、引渡期日、引渡場所、検収完了期日、価格、支払期日等を定めるものとする。

第４条（個別契約の成立）

個別契約は、甲が原則として所定の注文書により乙に発注し、乙がこれを承諾することによって成立する。

2　乙は、甲の発注内容に疑義または異議ある場合には、注文書到達後10日以内に申し出るものとし、申し出のない場合は、甲の発注どおり承諾したものとする。

第５条（個別契約の変更）

甲は、仕様変更その他必要があると認めたときは、書面による通知のうえ、個別契約の内容を変更することができる。

2　前項の変更により、乙に損害および特別の費用が発生した場合は、乙の申し出により甲乙協議のうえ、補償内容を決定する。

第６条（納入）

乙は納期に甲の指定する場所へ、甲の指示する数量を甲所定の納入手続により納入する。

2　乙は納期に所定の数量の全部または一部を納入できない事情が生じたときまたはそのおそれのあるときは、ただちにその理由および納入予定時期等を甲に申し出て、甲乙協議のうえ、対策を決定し実施する。

3　前２項により甲が損害を被ったときは、甲は、乙に対し、その補償を請求できる。ただし、その損害につき甲の責めに帰すべき事由があるときは、その範囲において乙は義務を減免されるものとし、不可抗力または第三者の責めに帰すべき事由があるときは甲乙協議のうえ、乙の負担割合を決定する。

第７条（検収および受領）

甲は、乙による目的物の納入後、ただちに甲の定めた検査方法、検査規格に基づき受入検査を行い、合格したもののみ受け入れる（以下検収という）ものとし、不合格となったものについては、すみやかに書面等により乙に通知するものとする。

2　前項の定めにかかわらず、甲乙間であらかじめ受入検査を省略することとした場合は、甲は、乙が納入した納入品をただちに受領するものとし、これをもって検収とみなす。

3　乙は、検査の結果、不合格になったものについては、乙の負担で引き取り、甲の指定する期限までに代品納入を行い、また数量不足が判明したときには追加納入をしなければならない。

4　乙は、検査の結果、契約数量を超えて超過納入をした場合には、甲の指定する期限までに乙の負担で超過分を引き取るものとする。

5　本条第３項および第４項について別段の指示を行った場合には、乙は、これに従うものとする。また、甲は、甲が行った当該不良品の選別・修理費を請求することができる。

6　乙は、甲による受入検査結果に関し、疑義または異議のあるときは、遅滞なく書面により甲にその申し出て、甲乙協議のうえ解決するものとする。

第８条（特別採用）

甲は、受入検査の結果、不合格になった物について、その不合格が些細な事由によるものであり、甲の工夫により使用可能であると認めるときは、乙と協議のうえ、価格を決定し特別にこれを引き取ることができる。

第９条（所有権および危険負担の移転）

目的物の所有権は、第７条に定める検収をもって乙から甲へ移転する。ただし、前条の規定により特別採用された目的物の所有権については、甲が乙に対して特別採用の意思表示をした時、甲に移転する。

2　危険負担は、目的物が甲に引き渡された時をもって乙から甲に移転する。

3　本目的物が前項の甲に引き渡される前に、甲の責めに帰さない事由によって滅失したときは、甲は本契約または個別契約を解除することができる。

第２節　品質保証

第10条（品質保証）

乙は、目的物について、甲の指示する仕様に合致しており、甲の要求を満足する品質および性能を保証する。

2　乙は、目的物の品質を保証するために、目的物の品質管理基準、検査方法等を整備し、これに基づき責任をもって品質管理、検査等を行うものとする。

3　乙は、目的物の新規設計、設計変更、工程変更を行った場合は、初期管理体制の確立に努め、十分な初期管理を実施する。

4　甲は、必要と認めた場合、乙に目的物の品質を保証する書面を求めることができるものとする。

第11条（仕様）

目的物の仕様は、次の各号に準拠していなければならない。

(1) 図面、仕様書、規格、標準、各種資料およびこれらに準ずる書類で、甲が作成し、乙に貸与したもの（以下貸与図面という）

(2) 図面仕様書類で、乙が作成し、甲が受領したもの（以下納入仕様図面という）

(3) JIS 規格等、公に定められた規格

ただし、公に定められた規格と貸与図面または納入仕様図面との間に不一致がある場合は、貸与図面または納入仕様図面を優先する。

(4) 法令、条例等に定められた基準

(5) 前各号のほか、甲が乙と協議して決定した事項

2　乙は、乙または乙の製作者の図面、仕様書等について、甲から発注された目的物の製作の着手前に、甲から受領印を受けなければならない。納入仕様図面の変更もしくは追加の場合も同様とする。

3　甲または乙は、第1項各号の内容に関して疑義または異議を有するときは、遅滞なく相手方にその旨を申し出て、甲乙協議のうえ解決を図るものとする。

第3節　支給品および貸与品

第12条（支給品）

甲は、次の各号のいずれかに該当する場合は、乙と協議のうえ、乙との取引に必要な原材料、製品、半製品、部品、包装材等（以下支給品という）を乙に有償または無償で支給することができる。

(1) 目的物の品質、機能または規格を維持するため必要な場合

(2) 乙からの依頼に基づき、甲が必要と認めた場合

(3) その他、正当な理由がある場合

2　甲は、支給品を乙に支給する場合、あらかじめ品名、品番、数量、納期等を乙に通知する。

第13条（支給品の検査）

乙は、前条により甲から支給品を受領した場合は、受入検査を行い、か

かる検査の結果、数量過不足または不合格品を発見したときは、ただちにその旨を甲に通知し、甲の指示に従う。

第14条（支給品の不良補償）

乙は、検収後、工程内で、支給品につき甲または指定業者の責めに帰すべき不良品を発見した場合、次の各号の補償を請求できる。

⑴　代品納入

乙は、甲に対し、代品納入を請求することができる。

⑵　選別・修理費用

乙は、不良品の選別・修理をした場合、これに要した工賃等の費用を甲に対し請求することができる。

2　支給品に甲の責めに帰すべき重大な不良があり、そのため乙に損害を与えた場合に、乙から申し出のあるときは、その補償について甲乙で協議する。

第15条（支給品の取扱い）

乙は、甲から支給された支給品について、善良な管理者の注意をもって管理するとともに、甲の許可なく支給された用途以外に使用したり、第三者に貸与、売却または担保提供等の処分をしてはならない。

2　乙は、甲からの無償支給品について、甲の営業年度中半期ごとの甲の指定する時期に実地棚卸しを行い報告するとともに、甲が必要と判断した場合には、甲は乙の立会いのもとに実地棚卸しを行うものとする。

3　前項の場合において、在庫数を確認し、その結果、甲に損害を与えたことが明らかになったときは、甲は乙に対しその補償を請求することができる。

4　無償支給品の余剰、端材、切粉等の処置については、甲乙協議のうえ、決定するものとする。

5　無償支給品の所有権および危険負担は、乙への引渡し後も甲に帰属する。

6　有償支給品の所有権および危険負担は、乙の検収をもって甲から乙へ移転する。

第16条（貸与品）

甲は、必要に応じ甲乙協議のうえ、機械、型、治工具等を乙に貸与することができる（以下貸与品という）。

2　貸与の方法、期間、賃貸料等については、甲乙協議のうえ、決定するものとし、貸与品の取扱いについては第15条第１項、第２項、第３項、第５項を準用する。

第17条（貸与図面等の取扱い）

乙は、貸与図面について、甲が定める手続に従い、善良な管理者の注意をもって管理するものとし、甲がとくに必要と認める場合を除き、これらを所定の用途以外に使用したり、第三者に開示もしくは譲渡してはならない。

2　乙は、貸与図面を使用しなくなったときは、確実に廃却（焼却または裁断）するか、または甲からとくに要求があったときは、すみやかに貸与図面を甲に返却しなければならない。

3　甲および乙は、あらかじめ書面による相手方の承諾を得ることにより、納入仕様図面を第三者に開示または譲渡することができる。

ただし、乙は、あらかじめ甲乙協議により、甲の承諾を不要とした納入仕様図面および乙が独自に開発した製品の納入仕様図面については、甲の承諾なしに第三者に開示または譲渡することができる。

第４節　単価および支払い

第18条（目的物の単価）

目的物の単価は、乙から甲に提出される見積書に基づいて甲乙協議のうえ決定するものとする。

2　目的物の単価は、特約のない限り甲の指定場所受渡価格であり、包装費、運賃、その他いっさいの経費等を含むものとする。

3　第１項で定めた単価に、改訂の必要が生じたときは、甲乙は、再度協議するものとする。

第19条（支払いおよび相殺）

甲は、目的物の代金を、別に定める方法により、乙に支払う。

2　甲および乙は、互いに相手から支払いを受けるべき金銭債権を有するときは、いつでも当該金銭債権と前項の代金とを相殺することができる。

3　甲および乙は、前項の相殺にあたっては、相手方に対してその明細書を送付することにより通知し、所定日に相殺する。

第5節　クレーム補償

第20条（クレーム補償責任）

甲は、検収後、次の各号のいずれかに該当する乙の責めに帰すべき不良品および当該目的物に起因して付随的に不具合の発生した物品（以下総称して不良品という）により損害を被った場合は、別に定めるクレーム補償期間内に限り、乙に対し書面で通知し、その補償を請求できる。

⑴　市場に出る前に発見された不良品（以下工場クレーム品という）

⑵　市場に出た後に発見された不良品（以下市場クレーム品という）

2　前項の補償期間後といえども、甲が甲または甲の納入先の製品の機能に重大な影響を及ぼすと認定したクレームが発生した場合には、引き続き乙が補償の責めを負う。

第21条（クレームの認定）

クレーム補償の請求時までに、甲が認定すべき内容は以下の各号とする。

⑴　不良品の存在およびその内容

⑵　不良品に対する乙の責任およびその範囲

⑶　不良品により甲の被った損害および乙の負担割合

2　乙は前項の認定に対し異議がある場合には、乙は申立てを行い、甲乙協議のうえ解決する。

第22条（補償の内容）

前条の認定に基づき甲は、次の各号の補償を請求できる。

⑴　代品納入：甲は、不良品について、乙に対し、代品の納入を請求できる。

⑵　選別・修理費用：甲は、甲が不良品を選別・修復（手直し、取替え、脱着等）するために要した費用を乙に対し請求することができる。

⑶　その他の費用：甲は、人的損害その他前各号によっても補償されないいっさいの損害について、請求することができる。

第23条（支払処理）

前条各号による乙の甲に対する支払いは、甲の定めるクレーム求償手続により行う。

第24条（不良品の返却）

甲は、原則として、乙に対し不良品の返却は行わないものとする。

ただし、乙が不良品の返却を必要とする場合には、甲乙協議のうえ、取扱いを決定するものとする。

第25条（製造物責任）

乙の責めに帰すべき事由による目的物の欠陥に起因して、第三者の生命、身体または財産に損害が生じたときは、乙はその処理解決にあたり最善の努力をするものとし、これにより甲が被った損害を補償するものとする。

第６節　知的財産権

第26条（知的財産権の侵害）

乙はあらかじめ甲の承諾を得なければ、甲の特許権、実用新案権、意匠権、商標権、著作権、ノウハウ等の知的財産権を使用してはならない。

2　乙は、目的物に関して、第三者の知的財産権を侵害しないよう、万全の注意を払わなければならない。

3　乙は第三者との間において知的財産権の侵害が生じた場合、またはそのおそれがある場合には、遅滞なく書面により甲にその旨を通知する。

4　乙は、第三者との間において紛争が生じたときは、自らの責任と負担において紛争を解決するものとし、甲に何ら迷惑をかけず、また甲が被った損害を補償する。

ただし、当該紛争の原因が、甲の指定する設計・仕様に起因する場合には、この限りではない。

5　前項の場合において、知的財産権の権利者が甲との間でのみ実施権の許諾等の問題解決を希望するため、乙自身で処理解決できない場合には、甲乙協議して対応を決定するものとする。

第27条（知的財産権の取扱い）

甲および乙は、相手方から開示された図面、仕様書、試験データ、ノウハウ、アイデアその他の情報に基づいて発明、考案、意匠の創作、回路配置の創作または著作物の創作（以下発明等という）をなした場合には、すみやかに相手方にその内容を通知し、その発明等に関する特許権、実用新案権、意匠権、回路配置利用権および著作権（以下知的財産権という）の取扱いについて、両者協議のうえ決定する。

2　甲乙間で目的物に関して共同開発が行われる場合、知的財産権等の成果の取扱いについては、別に甲乙協議して定める。

3　従業員、役員の職務発明に関し、甲および乙は、自らの就業規則および社内規程等において、特許法35条３項で規定するあらかじめ特許を受ける権利を取得する旨その他の定めを設けていなければならない。

第３章　一般規定

第１節　通　則

第28条（専用治工具・型等の管理）

乙が目的物のために製作した専用治工具、型、ゲージ等について、改造、廃却、譲渡等の処分を行う場合は、目的物の納入に支障をきたさないよう、あらかじめ甲の承諾を得るものとする。

第29条（補修部品の供給）

甲が乙に目的物の発注を行っている間はもとより、製造の終了、中止等により発注を中止した後においても、甲から補修部品として要請のある場合は、目的物および目的物を構成する部品の供給責任を負う。

なお、補修部品の供給期間、価格等は甲乙協議のうえ、定めるものとする。

第30条（権利義務の譲渡制限）

甲および乙は、あらかじめ書面により相手方の承諾を得なければ、本契約および個別契約に定める自己の権利または義務を、第三者に譲渡しまたは担保に供することができないものとする。

第31条（目的物の譲渡制限）

乙は、次の各号のいずれかに該当する目的物を第三者に譲渡する場合は、あらかじめ書面により甲の承諾を得なければならない。

⑴　貸与図面に基づき乙が製作した物

⑵　納入仕様図面に基づき乙が製作した物

ただし、あらかじめ甲乙協議のうえ、甲の承諾は不要と決定した製作物、乙が独自に開発した物および市販性の高い製作物は除く。

⑶　甲の考案もしくは甲乙の共同研究開発に基づき、乙が設計し製作した物

第32条（秘密保持）

甲および乙は、本契約または個別契約の締結および履行に関して知り得た相手方の秘密を、相手方の書面による事前の承諾を得ない限り、第三者に開示してはならない。

ただし、次のいずれかに該当する場合はこの限りでない。

⑴　相手方から開示を受けたときに、既に自ら所有していたもの

⑵　相手方から開示を受けたときに、既に公知または公用であったもの

⑶　相手方から開示を受けた後に、自己の責めに帰すべき事由によることなく公知または公用となったもの

⑷　正当な権限を有する第三者から秘密保持義務を負うことなく合法的に入手したもの

⑸　相手方から開示を受けた後に、開示された事項とは関係なく、独自に開発、知得したもの

第33条（調査および改善）

乙は、目的物の単価、品質、機能、製作方法等の改善のために、新技術の開発、甲への改善提案、情報提供等を積極的に行うものとする。

2　甲は、本契約の目的を達成するため、乙の品質、生産等について改善の必要を認めた場合は、乙の書面による同意を得て、乙の事業所等での調査を行い、改善依頼および指導を行うことができる。

第34条（環境保護）

甲および乙は、環境保全および化学物質に関する国内外の法令を遵守し、その企業活動において汚染、廃棄物、材料ロス等の排除および省エネルギー、省資源、リサイクルに努めることにより、地球環境に対する負荷を軽

減すること等を目的とする環境保全活動を推進するものとする。また、乙は、甲の環境方針の主旨を理解し、材料および部品の供給、廃棄物処理等に際して環境への配慮と事故等の防止を行う。

2　乙は、甲に対し、目的物が甲の別途定める書面等で通知した化学物質（以下環境負荷物質という）中の禁止物質（以下禁止物質という）に該当しないことと禁止物質を含有しないことを表明・保証し、および目的物の製造過程において禁止物質を使用しないことを誓約する。

3　乙は、納入した目的物が禁止物質に該当し、もしくは禁止物質を含有し、または目的物の製造過程において禁止物質が使用されていることを知った場合、甲にすみやかに通知する。

4　乙が、目的物が環境負荷物質中の管理物質（以下管理物質という）に該当し、もしくは管理物質を含有し、または目的物の製造過程において管理物質を使用する場合は、甲への目的物の納入に先立ち、その旨を甲が定める書面（電子データを含む）等により通知するものとする。

5　乙が本条の規定に違反し甲に損害を与えた場合、乙は甲に対しその損害を賠償するものとする。

6　甲は、必要に応じて、事前通知のうえ、乙の事業所等または乙の委託先に立ち入り、環境保全活動の実施状況を確認するための検査等を行うことができる。

第35条（再委託）

乙は、目的物の製作にあたり、委託業務の全部または一部を第三者に委託してはならない。ただし、あらかじめ甲の書面による承諾を得た場合はこの限りではない。

2　前項ただし書の場合といえども、乙は目的物の品質保証、納入、貸与図面の取扱い、知的財産権、目的物の譲渡、秘密保持等に関し、本契約および個別契約で負う責任を免れることはできない。

第36条（輸出管理）

甲または乙は、外国為替及び外国貿易法（以下外為法という）を遵守するものとし、目的物に外為法で定める規制対象貨物または規制対象技術に該当するものが含まれている場合は、日本国政府の許可を得るものとする。

なお、甲は、当該許可取得のために、乙に対し情報提供を求めることができるものとする。

第２節　表明・確約・通知および契約終了

第37条（解約予告）

甲および乙は、本契約および個別契約を解除する必要が生じたときは、３カ月前までに、相手方に書面で通知することにより当該契約を解除することができる。

第38条（反社会的勢力の排除）

甲および乙は、本契約の締結時において、自己または自己の役員等〔自己の業務を執行する社員、取締役、執行役またはこれらに準ずる者をいい、相談役、顧問その他いかなる名称であるかを問わずこれらの者と同等以上の支配力を有する者（以上の者を含めて役員等という）を含む〕が、暴力団、暴力団員、暴力団員でなくなった時から５年を経過しない者、暴力団準構成員、暴力団関係企業、総会屋、政治活動・宗教活動・社会運動標ぼうゴロ、特殊知能暴力団等その他のこれらに準ずる者（以下これらを反社会的勢力という）に該当しないこと、および次の各号のいずれにも該当しないことを表明し、かつ将来にわたって該当しないことを確約する。

⑴　反社会的勢力が経営を支配していると認められる関係を有すること

⑵　反社会的勢力が経営に実質的に関与していると認められる関係を有すること

⑶　自社もしくは第三者の不正の利益を図る目的または第三者に損害を加える目的をもってするなど、不当に反社会的勢力を利用していると認められる関係を有すること

⑷　反社会的勢力に対して資金等を提供し、または便宜を供与するなどの関与をしていると認められる関係を有すること

⑸　役員等が反社会的勢力と社会的に非難されるべき関係を有すること

2　甲および乙は、自らまたは役員等は、第三者を利用して次の各号の一にでも該当する行為を行わないことを確約する。

⑴　暴力的な要求行為

(2)　法的な責任を超えた不当な要求行為

(3)　取引に関して、強迫的な言動をし、または暴力を用いる行為

(4)　風説を流布し、偽計を用いまたは威力を用いて相手方の信用を毀損し、または相手方の業務を妨害する行為

(5)　その他前各号に準ずる行為

3　甲または乙は、相手方が前項に該当するか否かを判定するために調査を要すると判断した場合、相手方の求めに応じその調査に協力し、このために必要であると相手方が判断する資料を提出しなければならない。

4　甲または乙は、相手方が第１項または第２項の行為に該当すると判明した場合、ただちに契約解除等の措置をとることができる。

(1)　甲または乙は、催告その他の手続を要することなく、本契約のみならず相手方との間のすべての契約をただちに解除することができ、解除した場合には、すべての取引等により生じたいっさいの債務について、当然に期限の利益を喪失するものとし、相手方は当該債務をただちに弁済しなければならない。

(2)　甲または乙は、前号の規定により、契約を解除した場合、相手方に発生した損害を賠償する責めを負わない。

(3)　第１号の規定により甲または乙が契約を解除した場合、相手方に対する損害賠償請求を妨げない。

第39条（通知義務）

乙は、次の各号のいずれかに該当する事実が生じたとき、もしくはそのおそれのあるときは、すみやかに甲に通知しなければならない。また、乙は、甲から依頼があった場合には、乙の納入先または仕入先の第３号に該当する事実の発生、またはそのおそれがあることにつき、すみやかに甲に通知しなければならない。

(1)　住所、代表者、商号または甲との取引に関連する組織の変更

(2)　事業の譲渡、貸与、合併その他これに準ずる経営上の重要事項の変動

(3)　次条第１項各号の事由

第40条（契約の解除）

甲または乙は、相手方が次の各号のいずれかに該当したときは、催告そ

の他の手続を要しないで、ただちに本契約および個別契約の全部または一部を解除することができる。

⑴　監督官庁より営業の取消し、停止等の処分を受けたとき

⑵　支払停止もしくは支払不能の状態に陥ったとき、もしくは手形交換所から警告もしくは不渡り処分を受けたとき、または電子記録債権が支払不能となったとき

⑶　信用資力の著しい低下があったとき、またはこれに影響を及ぼす営業上の重要な変更があったとき

⑷　第三者より差押え、仮差押え、仮処分、その他強制執行または競売の申立て、もしくは公租公課の滞納処分を受けたとき

⑸　破産手続開始、民事再生手続開始、会社更生手続開始の申立て等の事実が生じたとき

⑹　解散の決議をし、または他の会社と合併したとき

⑺　災害、労働争議等、本契約または個別契約の履行を困難にする事項が生じたとき

⑻　株主構成、役員等の変動等により会社の実質的支配関係が変化し、従前の会社との同一性がなくなったとき

⑼　相手方に対する詐術その他の背信的行為があったとき

2　甲または乙は、相手方が本契約の各条項または個別契約に違反し、相当の期間をおいて催告したにもかかわらず是正しないときは、本契約および個別契約の全部または一部を解除することができる。

3　甲または乙は、第37条および前２項の他、相手方の同意を得て、本契約および個別契約の全部または一部を解除することができる。

第41条（期限の利益の喪失）

甲または乙は、相手方に第40条第１項の各号の一にでも該当する事由があるときはいつでも、相手方に対して負担するいっさいの債務につき自動的に期限の利益を喪失するものとし、債務のすべてをただちに相手方に弁済しなければならない。本契約または個別契約が解除されたときも同様とする。

第42条（損害賠償責任）

甲または乙は、第37条および第40条のいずれかに該当する事由により、もしくは本契約または個別契約に違反し、相手方に損害を与えたときは、その損害のすべてにつき責任を負う。

第43条（契約終了時の措置）

本契約の期間満了または契約解除の場合、乙は貸与図面および甲が貸与した型、治工具、無償支給品等を遅滞なく返却しなければならない。

2　前項の場合、甲は目的物、仕掛品、有償支給品および目的物の製作のために使用した専用の型、治工具、ゲージ等を、第三者に優先して乙から買い取る権利を有する。

第44条（残存条項）

甲および乙は、本契約の期間満了後または解除後においても第〇〇条ならびに第〇〇条の義務を負う。

第３節　付　則

第45条（有効期間）

本契約の有効期間は、契約締結の日から１年間とする。ただし、期間満了の２カ月前までに、甲または乙から書面による解約の申し出がないときは、本契約と同一条件でさらに１年間継続し、以後も同様とする。

第46条（協議解決）

本契約もしくは個別契約に定めのない事項、または本契約もしくは個別契約の解釈について疑義が生じたときは、甲乙誠意をもって協議のうえ解決する。

第47条（管轄裁判所）

甲および乙は、本契約に関し裁判上の紛争が生じたときは、〇〇地方裁判所を第一審の専属的合意管轄裁判所とすることに合意する。

第48条（経過措置）

本契約の締結以前に甲乙間で締結した取引基本契約書は、本契約の締結をもってその効力を失うものとし、本契約以前に甲乙間で締結した個別契約は本契約を適用するものとする。

本契約書の締結を証するため、本書２通を作成し、甲乙記名押印のうえ、それぞれ１通を保有する。

〇〇〇〇年〇〇月〇〇日

甲　東京都千代田区内幸町１－１－１
株式会社〇〇〇〇
代表取締役社長　〇〇　〇〇　印

乙　大阪市北区中之島５－５－５
△△電機株式会社
代表取締役社長　△△　△△　印

Ⅱ　売主提示型取引基本契約書例

前章の売主提示型取引基本契約書の基本条文を順に記載したものである。

（注）　Ｉの買主提示型取引基本契約書例とは異なり、甲が売主、乙が買主となっており、甲乙が逆になっているので注意されたい。

売買基本契約書

売主（以下甲という）と買主（以下乙という）とは、甲乙間の継続的売買に関する基本的事項について次のとおり契約を締結する。

第１条（目的・基本原則）

甲は、第３条に定める対象商品を継続的に乙に販売し、乙は当該商品を転売することを目的にこれを買い受ける。ただし、本契約は乙自ら使用するため当該商品を買い受ける場合も適用される。

２　甲および乙は、本契約に基づく売買を、相互利益尊重の理念に基づき、信義誠実の原則に従って行うものとする。

第２条（基本契約性）

本契約に規定する内容は、本契約に基づき甲乙が協議のうえ、定める個々の売買契約（以下個別契約という）に対して適用される。ただし、個別契約において本契約と異なる事項を定めたときは当該個別契約の定めが優先して適用される。

第３条（売買の目的物）

本契約の対象となる商品（以下商品という）は以下のとおりとする。

（商品名）

第４条（個別契約の成立）

個別契約は、商品の発注年月日、品番、単価、納期、受渡場所等を記入した注文書等により乙が甲に発注し、甲がこれを承諾することによって成立する。

第５条（納入）

甲は、個別契約に基づき商品を納入するものとする。

２　甲は、債権保全上必要と認めたときは、個別契約にかかわらず、乙から適切な保証を受け取るまで商品の引渡しにつき数量の制限または中止をすることができる。この場合、甲は、乙の損害を補償する責めを負わないものとする。

第６条（不可抗力免責）

天災地変、戦争、暴動、内乱、その他の不可抗力、法令の制定・改廃、公権力による命令・処分、争議行為、輸送機関・通信回線または保管中の事故、仕入先の債務不履行、その他甲の責めに帰することができない事由による個別契約の全部または一部の履行遅滞もしくは履行不能については、甲は責任を負わない。

第７条（検収および受領）

乙は、商品の納入後すみやかに甲乙別途協議した方法により、受入検査を実施し、合格したもののみ受け入れる（以下検収という）ものとする。乙は、受入検査の結果、商品の瑕疵を発見したときは、ただちに甲に通知する。

２　前項の通知に基づき、甲は、代品を納入するか、もしくは甲の乙への納入価格で買戻し処理を行うものとする。

３　甲は、受入検査の結果、数量過不足が発生したときは、超過分の引き取りもしくは追加納入を行うものとする。

４　甲は、乙による受入検査の結果に関し、疑義または異議のあるときは、遅滞なく乙にその旨申し出て、甲乙協議のうえ解決するものとする。

第８条（所有権および危険負担）

商品の所有権および危険負担は、引渡しをもって、甲から乙に移転するものとする。

ただし、代金の支払いが完済されるまで、商品の所有権は移転しない旨の特約がある場合にはそれによるものとする。

第９条（価格）

商品の価格は甲乙協議のうえ決定するものとする。

第10条（支払い）

乙は、商品の代金を、別途甲乙協議のうえ定める支払方法により支払うものとする。

第11条（遅延損害金）

乙が代金の支払いを怠ったときは、支払期日の翌日から完済に至るまで年14.6％の割合による遅延損害金を甲に現金で支払うものとする。

第12条（相殺予約）

甲または乙は、相手方より支払いを受けるべき金銭債権を有するときは、いつでも相手方の自己に対する金銭債権と対当額にて相殺することができる。

第13条（担保）

債権保全のため必要と認められたときは、甲は乙に対する請求によって、甲が承認する物件を売買代金債務、その他本契約から生じるいっさいの債務不履行の担保として、遅滞なく甲に提供するものとする。

２　前項により乙が甲に対し担保を提供したときは、乙は遅滞なく自己の費用をもって甲の指示するところに従い、必要な登記もしくは登記手続、その他担保権の成立および対抗要件具備の手続をとるものとする。

３　乙および担保提供者の経営上の重要な変化による信用の低下、担保価値の減少もしくは消滅、または債権額の増大等の著しい変化が生じたときは、甲は、乙または担保提供者に対して増担保の提供を請求することができる。増担保の内容については、甲が決定する。

４　乙が、第25条により、期限の利益を失った場合、甲はただちに担保物件を、法令の定める手続によらず、適当と認める方法および価格をもって任意に処分し、その代価をもって乙の甲に対する債務の弁済に充当し、または代物弁済としてその所有権を取得することができる。この場合、乙は甲に対し何ら異議を申し立てないものとする。

第14条（連帯保証人）

連帯保証人○○○○（以下丙という）は、乙が甲に対し本契約に基づき負担するいっさいの債務につき、極度額金○○○○万円の範囲内で乙と連帯して保証する。

2　丙は、乙から民法465条の10第１項各号の事項につき、書面による情報提供を受けたことを確認する。

3　甲が丙に対して履行の請求をしたときは、当該請求の効力は乙に対しても及ぶ。

第15条（契約不適合）

乙は、甲より商品の納入を受けたときは遅滞なく検査し合格したもののみ受け入れる（以下検収という）ものとし、万一甲の責めに帰すべき事由により契約不適合または数量不足があった場合は、ただちにその旨を甲に通知するものとする。甲は、ただちに発見できない甲の責めに帰すべき事由に基づく契約不適合があり、これにつき納入後６カ月以内に通知があった場合は、甲の費用において修理、部品の交換、代品交換に応じるものとし、その後に発見された商品の契約不適合については、いっさいの責任を負わないものとする。

第16条（製造物責任）

商品の欠陥により第三者に損害が発生した場合には、甲および乙はその対応につき協議する。また、第三者に対して損害賠償責任が発生した場合の分担についても同様とする。

第17条（知的所有権）

甲または乙は、相手方から開示されたアイデアならびにノウハウ、貸与図面、仕様書、試験データ等の情報をもとにして知的所有権を取得する場合には、その内容を事前に相手方に通知するとともに、当該知的所有権の帰属等の取扱いについて甲乙協議のうえ決定するものとする。

第18条（権利義務の譲渡禁止）

甲および乙は、本契約および個別契約に基づく権利義務を相手方の書面による承諾なくして第三者に譲渡してはならない。

第19条（秘密保持）

甲および乙は、相互に取引関係を通じて知り得た相手方の業務上の秘密情報および相手方の個人情報（以下本件情報という）を、相手方の事前の書面による承諾を得ないで第三者に開示もしくは漏洩してはならない。

2　甲および乙は、本件情報を業務遂行上知る必要がある役員、従業員、派遣社員（以下役員等という）に対してのみ開示できる。その場合、甲および乙は、役員等に対して、前項の義務を徹底し、遵守させるものとする。

第20条（提出書類）

乙は、本契約締結にあたり以下の書類を甲に提出するものとする。

(1)　経歴書、会社の登記簿謄本（全部事項証明書）

(2)　印鑑証明書、使用印鑑届

(3)　その他甲が必要とする書類

2　乙は、前項に基づき甲に提出した書類に変更が生じた場合、ただちに甲にその旨を通知するものとする。

第21条（通知事項）

乙は甲に対し、以下の事項を事前に通知するものとする。

(1)　乙および連帯保証人の住所、氏名、商号または名称、代表者および使用印鑑等を変更するとき

(2)　乙および連帯保証人の会社または事業の譲渡、合併、増資、減資、あるいは事業内容が著しく変動するか、もしくは変動するおそれのあるとき

第22条（反社会的勢力の排除）

甲または乙は、相手方に対し、本契約書の締結時において、甲または乙（甲または乙の代表者、役員、または実質的に経営を支配する者を含む）が暴力団、暴力団員、暴力団員でなくなった時から５年を経過しない者、暴力団準構成員、暴力団関係企業、総会屋、政治活動・宗教活動・社会運動標ぼうゴロ、特殊知能暴力集団等その他のこれらに準ずる者（以下これらを反社会的勢力という）に該当しないこと、および次の各号のいずれにも該当しないことを表明し、かつ将来にわたって該当しないことを確約する。

2　甲または乙は、相手方が前項に該当するか否かを判定するために調査を要すると判断した場合、相手方の求めに応じその調査に協力し、これに必要と相手方が判断する資料を提出しなければならない。

3　甲または乙が第１項または第２項の行為に該当すると判明した場合、相手方はただちに契約解除等の措置をとることができる。

⑴　相手方は、催告その他の手続を要することなく、本契約のみならず売主または買主との間のすべての契約をただちに解除することができ、解除した場合には、甲または乙は相手方との間におけるすべての取引等により生じた相手方に対するいっさいの債務について、当然に期限の利益を喪失するものとし、甲または乙は当該債務をただちに弁済しなければならない。

⑵　相手方が、前号の規定により、契約を解除した場合に、相手方はこれにより甲または乙の損害を賠償する責めを負わない。

⑶　第１号の規定により相手方が契約を解除した場合、相手方から甲または乙に対する損害賠償請求を妨げない。

第23条（解約予告）

甲または乙は、いつにても６カ月の予告期間をもって本契約を解除することができる。

第24条（契約の解除）

甲または乙は、相手方が次の各号のいずれかに該当したときは、催告その他の手続を要しないで、ただちに本契約および個別契約の全部または一部を解除することができるものする。

⑴　監督官庁より営業の取消し、停止等の処分を受けたとき

⑵　支払停止もしくは支払不能の状態に陥ったとき、または手形、小切手または電子記録債権の不渡り処分を受けたとき

⑶　信用資力の著しい低下があったとき、またはこれに影響を及ぼす営業上の重要な変更があったとき

⑷　第三者より差押え、仮差押え、仮処分、その他強制執行もしくは競売の申立て、または公租公課の滞納処分等を受けたとき

⑸　破産手続開始もしくは、民事再生・会社更生手続開始の申立て等の事

実が生じたとき

(6)　解散の決議をし、または他の会社と合併したとき

(7)　前各号に準ずる不信用な事由があったとき

(8)　災害、労働紛争その他により、本契約または個別契約の履行を困難にする事由が生じたとき

(9)　相手方に対する詐術その他背信行為があったとき

2　甲または乙は、相手方が本契約または個別契約に違反した場合、相当の期間をおいて催告のうえ本契約および個別契約の全部または一部を解除することができる。

3　甲または乙は、自己に第１項各号の一にでも該当する事由があるとき、またはそのおそれのあるときは、ただちに相手方に通知するものとする。

第25条（期限の利益の喪失）

甲または乙は、相手方が前条第１項各号の一にでも該当する事由があるときは、いつでも相手方の債務につき期限の利益を喪失させることができるものとする。

なお、本契約が解除されたとき、前条第１項もしくは第２項に基づき個別契約が解除された場合も同様とする。

第26条（損害賠償）

甲または乙は、自己が第23条および第24条第１項各号のいずれかに該当する事由により、相手方に損害を与えたときは、その損害のすべてについて責任を負うものとする。

第27条（残存条項）

本契約の解除もしくは終了後といえども、第○条、第○条、第○条、第○条、第○条および第○条は継続して効力を有するものとする。

第28条（有効期間）

本契約の有効期間は、本契約締結の日より１年間とする。

ただし、期間満了の３カ月前までに甲乙いずれからも書面による改定、終了等の意思表示がないときは、本契約は自動的に１年間延長されるものとし、以後も同様とする。

第29条（協議事項）

本契約に定めなき事項および本契約の解釈の疑義については、甲乙協議のうえ解決するものとする。

本契約の締結を証するため、本書３通を作成し、甲乙および連帯保証人が署名捺印のうえ各自１通を保有する。

○○○○年○○月○○日

甲：東京都千代田区三崎町１－１－１
○○○○株式会社
代表取締役社長　○○　○○　印

乙：大阪市北区中之島５－５－５
◇◇株式会社
代表取締役社長　◇◇　◇◇　印

連帯保証人：神戸市須磨区○○町１－１
◇◇　◇◇　実印

● 判例索引 ●

〔／（スラッシュ）の後の数字は本文の頁数、カッコ内の数字は *note* の番号を表す〕

● 事項索引 ●

【た行】

【な行】

【は行】

【ま行】

【や行】

【ら行】

【著者略歴】

滝川　宜信（たきかわ　よしのぶ）

〔略　歴〕 昭和22年　名古屋生まれ
学習院大学法学部卒業、中央大学法学研究科博士後期課程中退
株式会社デンソー法務部長、名古屋大学大学院法学研究科客員教授、南山大学、中京大学、名城大学各非常勤講師、明治学院大学大学院法務職研究科教授などを歴任し、現在は、行政書士滝川ビジネス契約コンサルティング代表（特定行政書士）。

〔著　書〕 『経営指導念書の理論と実際』（単著・民事法研究会・平成13年）
『戦略経営ハンドブック』（共著・中央経済社・平成15年）
『社外取締役のすべて』（共著・東洋経済新報社・平成16年）
『ビジネス契約実務大全』（共著・企業研究会・平成16年）
『企業法務戦略』（共著・中央経済社・平成19年）
『リーディング会社法〔第２版〕』（単著・民事法研究会・平成22年）
『内部統制対応版企業コンプライアンス態勢のすべて〔新訂版〕』（共著・金融財政事情研究会・平成24年）
『取引基本契約書の作成と審査の実務〔第５版〕』（単著・民事法研究会・平成26年）
『業務委託（アウトソーシング）契約書の作成と審査の実務』（単著・民事法研究会・平成27年）
『M&A・アライアンス契約書の作成と審査の実務』（単著・民事法研究会・平成28年）
『リーダーを目指す人のための実践企業法務入門〔全訂版〕』（単著・民事法研究会・平成30年）

取引基本契約書の作成と審査の実務〔第６版〕

2019年11月10日　第１刷発行
2024年11月26日　第３刷発行

著　　者　滝川　宜信
発　　行　株式会社　民事法研究会
印　　刷　株式会社　太平印刷社

発行所　株式会社　民事法研究会

〒150-0013　東京都渋谷区恵比寿 3-7-16
〔営業〕TEL　03(5798)7257　FAX　03(5798)7258
〔編集〕TEL　03(5798)7277　FAX　03(5798)7278
http://www.minjiho.com/　　info@minjiho.com

落丁・乱丁はおとりかえします。　ISBN978-4-86556-319-1
カバーデザイン：前田由美子

事業再編シリーズ

手続の流れに沿って具体的かつ実践的に解説！

2013年1月刊 分割行為詐害性をめぐる判例の分析、最新の実務動向に対応して改訂増補！

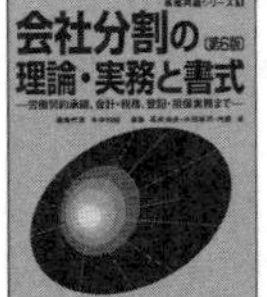

会社分割の理論・実務と書式〔第6版〕

―労働契約承継、会計・税務、登記・担保実務まで―

経営戦略として会社分割を活用するための理論・実務・ノウハウを明示した決定版！手続の流れに沿って具体的実践的に解説をしつつ、適宜の箇所に必要な書式を収録しているので極めて至便！

編集代表　今中利昭　　編集　髙井伸夫・小田修司・内藤　卓

（Ａ５判・702頁・定価 6160円（本体 5600円＋税10％））

2016年6月刊 会社法・独占禁止法・企業結合基準・商業登記規則の改正等に対応し、改訂増補！

会社合併の理論・実務と書式〔第３版〕

―労働問題、会計・税務、登記・担保実務まで―

会社合併を利用・活用しようとする経営者の立場に立った判断資料として活用でき、さらに、企画立案された後の実行を担う担当者が具体的事例における手続確定作業に役立つよう著された関係者必携の書！

編集代表　今中利昭　　編集　赫 高規・竹内陽一・丸尾拓養・内藤 卓

（Ａ５判・624頁・定価 5940円（本体 5400円＋税10％））

2011年8月刊 企業結合に関するガイドライン等の改定・策定に対応させ、判例・実務の動向を織り込み改訂！

事業譲渡の理論・実務と書式〔第２版〕

―労働問題、会計・税務、登記・担保実務まで―

事業譲渡手続を進めるにあたって必須となる、労働者の地位の保護に関わる労働問題や会計・税務問題、登記および担保実務まで周辺の諸関連知識・手続もすべて収録した至便の１冊！

編集代表　今中利昭　　編集　山形康郎・赫 高規・竹内陽一・丸尾拓養・内藤 卓

（Ａ５判・303頁・定価 3080円（本体 2800円＋税10％））

2016年8月刊 平成26年改正会社法等最新の法令・税制に対応し改訂！

株式交換・株式移転の理論・実務と書式〔第２版〕

―労務、会計・税務、登記、独占禁止法まで―

ビジネスプランニングからスケジュールの立て方・留意点、訴訟手続、経営者の責任から少数株主の保護までを網羅！　会社法上の手続はもとより、独占禁止法、労務、税務・会計、登記まで株式交換・株式移転手続をめぐる論点を解説！

編集代表　土岐敦司　　編集　唐津恵一・志田至朗・辺見紀男・小畑良晴

（Ａ５判・376頁・定価 3960円（本体 3600円＋税10％））

2019年3月刊 初動対応、手続の手法から、実務の前提となる理論を要領よく解説し、書式・記載例を満載！

私的整理の理論・実務と書式

―法的整理への移行、労務、登記、税務まで―

中小企業再生支援協議会スキーム、事業再生ＡＤＲ、特定調停など、主要な私的整理の概要や実務の留意点を簡潔に解説！　事業再生の手段として、デットリストラクチャリングの手法、事業再生計画の策定や再生ファンドの活用方法など、多彩な事例を詳解！

藤原総一郎　監修　　山崎良太・稲生隆浩　編著

（Ａ５判・455頁・定価 5830円（本体 5300円＋税10％））

発行 民事法研究会
〒150-0013 東京都渋谷区恵比寿3-7-16
（営業）ＴＥＬ03-5798-7257　ＦＡＸ 03-5798-7258
http://www.minjiho.com/　info@minjiho.com